böhlau

Václav Bůžek

Tod und Begräbnisse Ferdinands I. und seiner Söhne

Repräsentation katholischen Glaubens,
politischer Macht und dynastischen Gedächtnisses
bei den Habsburgern

BÖHLAU VERLAG WIEN KÖLN WEIMAR

Gedruckt mit Unterstützung der Jihočeská univerzita v Českých Budějovicích.

Bibliografische Information der Deutschen Bibliothek:
Die Deutsche Nationalbibliothek verzeichnet diese Publikation in der
Deutschen Nationalbibliografie; detaillierte bibliografische Daten
sind im Internet über https://dnb.de abrufbar.

© 2021 by Böhlau Verlag Ges.m.b.H. & Co. KG, Wien, Zeltgasse 1/6a, A-1080 Wien
Alle Rechte vorbehalten. Das Werk und seine Teile sind urheberrechtlich geschützt.
Jede Verwertung in anderen als den gesetzlich zugelassenen Fällen bedarf der vorherigen
schriftlichen Einwilligung des Verlages.

Umschlagabbildung: Wolf(gang) Meyerpeck (Radierer), Joachim Sorg (Radierer), Johann Mayr
(Künstler), "PHERETRVM.", Tafel 28 aus: Bartholomäus Hannewald: Parentalia Divo Ferdinando
(…) (Das Leichenbegängnis Ferdinands I. am 6. August 1565), 1566, Sammlung Wien Museum, CC0
(https://sammlung.wienmuseum.at/objekt/36815/).

Umschlaggestaltung: Michael Haderer, Wien
Korrektorat: Philipp Knüpffer, Jena
Satz: le-tex publishing services GmbH, Leipzig

Druck und Bindung: Hubert & Co. BuchPartner, Göttingen
Printed in the EU

Vandenhoeck & Ruprecht Verlage | www.vandenhoeck-ruprecht-verlage.com
ISBN 978-3-205-21294-2

Inhalt

Danksagung 7

Einleitung 9

I. Die ersten Habsburger in Mitteleuropa zu Beginn der
   Frühen Neuzeit 15

II. Letzter Abschied von Karl V. in Brüssel und Augsburg 33
   Trauerfeier in Brüssel 36
   Letzter Abschied in Augsburg 42

III. Krankheit, Tod und Begräbnisse Ferdinands I. in Wien
   und Prag 51
   Ferdinands Gesundheitszustand verschlechtert sich 55
   Die letzten Augenblicke und der Tod 64
   Vorbereitung auf das Begräbnis 69
   Begräbnisfeierlichkeiten in Wien 75
   Das Begräbnis in Prag und die Beisetzung in der Familiengruft 83
   Anna Jagiello in der Erinnerung ihres Gemahls und ihrer Söhne 86

IV. Sterben, Tod, Überführung und Begräbnis
   Maximilians II. in Prag 91
   Krankheitssymptome 94
   Leibärzte und eine Wunderheilerin 105
   Zwischen Leben und Tod 108
   Die Botschaft des toten Körpers 113
   Aus Regensburg nach Wilhering 118
   Von Wilhering nach Prag 122
   Trauerfeierlichkeiten in Prag 127
   Die letzten Augenblicke Kaiserin Marias 149

V. Letzter Abschied von Karl von Steiermark in Graz und
   seine Gruft in Seckau 157
   Trauerfeier in Graz 163
   Beisetzung in der Gruft in Seckau und deren
       Ausschmückung 171
   Tod Marias von Bayern 175

VI. Trauerzug für Ferdinand von Tirol in Innsbruck und die
    Botschaft seines Grabmals 179
    Die letzten Augenblicke von Philippine Welser und Anna
        Katharina Gonzaga 187
    Krankheiten und Tod Ferdinands von Tirol 189
    Der letzte Weg durch Innsbruck 192
    Botschaft des Grabmals 198

Schluss 201

Quellen- und Literaturverzeichnis 213

Orts- und Namensregister 239

Danksagung

Die tschechische Originalausgabe der vorliegenden Publikation entstand im Rahmen der Aktivitätem am Forschungszentrum *Habsburkové v dějinách českých zemí raného novověku*, einer Einrichtung des Historischen Instituts der Philosophischen Fakultät der Südböhmischen Universität in České Budějovice/Budweis. Bei der vorliegenden Monographie handelt es sich um eine leicht geänderte deutsche Fassung des Buchs *Smrt a pohřby Ferdinanda I. a jeho synů. Reprezentace katolické víry, politické moci a dynastické paměti Habsburků*, das 2020 im Verlag Lidové noviny in Prag auf Tschechisch erschien. Der Verfasser bedankt sich bei der Philosophischen Fakultät der Südböhmischen Universität für die finanzielle Unterstützung seiner Forschungsaufenthalte insbesondere in ausländischen Archiven und Bibliotheken. Ein besonderer Dank gebührt auch dem Deutschen Akademischen Austauschdienst sowie der Herzog August Bibliothek in Wolfenbüttel, die ihm wissenschaftliche Stipendien gewährt haben. Unter den Archiven und Bibliotheken, deren Bestände der Autor bei seiner Arbeit nutzen durfte, seien an dieser Stelle namentlich zumindest drei erwähnt: das Bayerische Hauptstaatsarchiv in München, das Haus-, Hof- und Staatsarchiv in Wien und die Herzog August Bibliothek in Wolfenbüttel. Deren immenser Reichtum an nach wie vor relativ wenig erschlossenen Quellen hat den tschechischen Historiker mit Spezialisierung auf die Geschichte Mitteleuropas in der Frühen Neuzeit immer wieder zu einem Besuch verlockt. Zu danken ist aber auch den stets zuvorkommenden und hilfsbereiten Mitarbeiterinnen und Mitarbeitern dieser Einrichtungen. Tief verbunden sieht sich der Verfasser nicht zuletzt seinen Kollegen und Schülern, allen voran Rostislav Smíšek, für inspirative Anregungen und die kritische Durchsicht des Manuskripts. Gewidmet sei das Buch dem Andenken Anton Schindlings (1947–2020), Emeritus an der Eberhard Karls Universität in Tübingen, als persönlicher Dank für dessen langjährige Zusammenarbeit mit der Südböhmischen Universität bei der Erforschung und Lehre der frühneuzeitlichen Geschichte Mitteleuropas.

Das Buch wurde aus dem Tschechischen von Markéta Ederová übersetzt.

Einleitung

Obwohl sich neuere Ansätze innerhalb der europäischen Historiographie besonders im letzten Drittel des 20. Jahrhunderts verstärkt der Geschichte des Todes sowie den verschiedenen Formen von Bestattungszeremonien zuwandten, blieben die letzten Augenblicke des irdischen Lebens einzelner habsburgischer Herrscher sowie Trauerfeierlichkeiten an deren Höfen im frühneuzeitlichen Europa doch weitgehend ausgeklammert.[1] Erst in den ausgehenden 1980er Jahren erschien eine erste umfangreichere Monografie über das Trauerzeremoniell am Wiener Hof der Barockzeit,[2] etwas später dann eine kunsthistorisch angelegte Untersuchung zur Rolle der Castra doloris und einiger anderer Arten der ephemeren Architektur anlässlich der feierlichen Leichenbegängnisse bei den Habsburgern.[3] Doch abgesehen von einigen kleineren Studien zu Tod und Begräbnis von Vertretern der österreichischen Linie des Hauses Habsburg in der Frühen Neuzeit regten diese beide Arbeiten kein weitergehendes Interesse an den genannten Forschungsfragen an.[4] Erst in letzter Zeit wurden neue Untersuchungen zum Gesundheitszustand der habsburgischen Kaiser im 16. und zu Beginn des 17. Jahrhunderts unternommen, die wertvolle Erkenntnisse über die letzten Dinge des Lebens und des Sterbens brachten. Das Begräbniszeremoniell erscheint in deren Perspektive als symbolischer Ausdruck der Repräsentation des katholischen Glaubens, der Territorialherrschaft, der politischen Macht sowie des dynastischen Gedächtnisses der verstorbenen Herrscher.[5] Viele wert-

---

1 Die wichtigsten Forschungsansätze zur Geschichte des Todes werden zusammengestellt und gewürdigt in Pavel Král, *Smrt a pohřby české šlechty na počátku novověku*, České Budějovice 2004 (= Monographia historica 4), S. 5–42 und Radmila Prchal Pavlíčková, *O útěše proti smrti. Víra, smrt a spása v pohřebních kázáních v období konfesionalizace*, Praha 2017, S. 17–30.
2 Magdalena Hawlik-van de Water, *Der schöne Tod. Zeremonialstrukturen des Wiener Hofes bei Tod und Begräbnis zwischen 1640 und 1740*, Wien-Freiburg-Basel 1989; anschließend Waltraud Stangl, *Tod und Trauer bei den Österreichischen Habsburgern 1740–1780. Dargestellt im Spiegel des Hofzeremoniells*, Saarbrücken 2010.
3 Liselotte Popelka, *Castrum doloris oder „Trauriger Schauplatz". Untersuchungen zu Entstehung und Wesen ephemerer Architektur*, Wien 1994; vgl. Michael Brix, *Die Trauerdekoration für die Habsburger in den Erblanden. Studien zur ephemeren Architektur des 16. bis 18. Jahrhunderts*, Kiel 1971 (= Dissertation).
4 Rosemarie Vocelka, *Die Begräbnisfeierlichkeiten für Kaiser Maximilian II. 1576/77*, Mitteilungen des Instituts für Österreichische Geschichtsforschung 84, 1976, S. 105–136; Elisabeth Wolfik, *„Was auf solches unser Ewiglichs absterben unser Fürstliches Begrebnus belange ...". Tod, Begräbnis und Grablege Erzherzog Ferdinands II. von Tirol (1529–1595) als Beispiel für einen „Oberschichtentod" in der Frühen Neuzeit*, Frühneuzeit-Info 11, 2000, Heft 1, S. 39–67.
5 Géza Pálffy, *Kaiserbegräbnisse in der Habsburgermonarchie – Königskrönungen in Ungarn. Ungarische Herrschaftssymbole in der Herrschaftsrepräsentation der Habsburger*, Frühneuzeit-Info

volle Anregungen zu neuen Interpretationen und Vergleichen brachte nicht zuletzt auch das dreibändige Werk eines internationalen Autorenkollektivs zur Bestattungskultur an den europäischen Höfen des 16. bis 18. Jahrhunderts.[6]

Die Quellengrundlage des vorliegenden Bandes, der sich in chronologischer Abfolge mit Krankheit, Tod und Begräbnis von Ferdinand I. (1503–1564) und seinen Söhnen Maximilian II. (1527–1576), Karl von Steiermark (1540–1590) und Ferdinand von Tirol (1529–1595) befasst, besteht primär aus Berichten päpstlicher Nuntien sowie der Wittelsbacher Gesandten in habsburgischen Residenzen, dem privaten Briefwechsel der kaiserlichen Familie, Schriftstücken höfischer Würdenträger, Trauerpredigten sowie zahlreichen Bild- und Sachzeugnissen. Darüber hinaus wurden auch die letzten Stunden von Gemahlinnen der genannten habsburgischen Herrscher berücksichtigt, sofern man auf zumindest fragmentarisch erhaltene Zeugnisse zeitgenössischer Beobachter zurückgreifen konnte.

Den theoretischen und methodologischen Ankerpunkt des vorliegenden Bandes bildet freilich nicht die Medizingeschichte, denn es sollten weder Erkrankungen der habsburgischen Herrscher retrospektiv diagnostiziert noch Ursachen ihres Todes aus der Sicht der heutigen Medizin ermittelt werden.[7] Im Fokus standen vielmehr Fragen, die sich bei der Beschäftigung mit den Auswirkungen der sich zunehmend verschlechternden Gesundheit Ferdinands I. und seiner Söhne auf die Ausübung der alltäglichen Regierungsgeschäfte ergeben hatten, wie dies insbesondere in Gesandtenberichten aus mehreren Perspektiven geschildert wird. Vor dem theoretischen Hintergrund der historischen Anthropologie und der symbolischen Kommunikation richtete sich

---

19, 2008, Heft 1, S. 41–66; Václav Bůžek – Pavel Marek, *Nemoci, smrt a pohřby Rudolfa II.*, Český časopis historický 111, 2013, S. 1–30; Václav Bůžek, *Ferdinand I. ve svědectvích o jeho nemocech, smrti a posledních rozloučeních*, Český časopis historický 112, 2014, S. 402–431; Václav Bůžek, *Die Begräbnisfeierlichkeiten nach dem Tod Ferdinands I. und seiner Söhne*, Historie – otázky – problémy 7, 2015, Nr. 2, S. 260–273; Václav Bůžek – Pavel Marek, *Smrt Rudolfa II.*, Praha 2015; dies., *Krankheiten, Sterben und Tod Kaiser Rudolfs II. in Prag*, Mitteilungen des Instituts für Österreichische Geschichtsforschung 125, 2017, S. 40–67; dies., *The Funerals of the Emperor Rudolph II in the Spanish Monarchy*, im Druck; Václav Bůžek – Rostislav Smíšek, *Pohřby Habsburků*, in: dies. (Hrsg.), Habsburkové 1526–1740. Země Koruny české ve středoevropské monarchii, Praha 2017, S. 614–624; Julia Hodapp, *Habsburgerinnen und Konfessionalisierung im späten 16. Jahrhundert*, Münster 2018 (= Reformationsgeschichtliche Studien und Texte, Band 169).

6 Juliusz A. Chrościcki – Mark Hengerer – Gérard Sabatier (Hrsg.), *Les funérailles princières en Europe, XVIe–XVIIIe siècle* I–III, Rennes-Versailles 2012–2015.

7 Wolfgang Uwe Eckart – Robert Jütte, *Medizingeschichte. Eine Einführung*, Köln-Weimar-Wien 2007, S. 325–333. Vgl. die abweichende Anwendung des historisch-anthropologischen Ansatzes zur Geschichte des kranken Körpers eines Renaissanceherrschers bei Valeria Finucci, *The Prince's Body. Vincenzo Gonzaga and Renaissance Medicine*, Cambridge-London 2015, S. 1–26.

das Forschungsinteresse anschließend auf die Art und Weise,[8] wie sich Tod und Leichenbegängnis im zeitgenössischen Kontext als Repräsentation des katholischen Glaubens, der Landesherrschaft, der politischen Macht und des dynastischen Gedächtnisses manifestierten.[9]

Besonders aufschlussreich ist in dieser Perspektive die komplexe Kommunikation zwischen den nächsten Hinterbliebenen, weiteren Verwandten und einzelnen Hofleuten, in deren Verlauf sich unmittelbar nach dem Tod Ferdinands I. und seiner Söhne und anschließend während der Trauerfeierlichkeiten das Bild des politischen Körpers des jeweiligen Herrschers konstituierte, Eingang ins dynastische Gedächtnis fand und die Auffassung der Kontinuität von Herrschaft entscheidend mitprägte.[10] Es ist naheliegend, dass insbesondere bei der Interpretation von Symbolen des letzten Abschieds auf Kantorowiczs Konzept der zwei Körper des Königs zurückgegriffen wurde. Darüber hinaus schien es jedoch erforderlich, die bei den Begräbnisfeierlichkeiten an habsburgischen Höfen des 16. Jahrhunderts zu beobachtenden Rituale auf mögliche stereotype Muster hin zu überprüfen.[11] Es darf auch nicht außer Acht gelassen werden, dass die vier Habsburger, deren Krankheiten, letzte Lebensstunden, Tod und Begräbnis im Fokus des vorliegenden Bandes stehen, nicht über gleichwertige Herrscherwürde verfügten. Dieser Umstand machte einen komparativen Forschungsansatz notwendig, der die allfälligen Gemeinsamkeiten und Unterschiede von in Innsbruck, Prag, Wien und Graz abgehaltenen Abschiedszeremonien für Ferdinand I. und seine Söhne zu berücksichtigen vermochte.

Dieser thematischen Schwerpunktsetzung entspricht auch die Gliederung des Buches in sechs Kapitel, Einleitung und Schluss. Im ersten Kapitel geht es um die Umstände des Aufstiegs der habsburgischen Dynastie zur Macht in Mitteleuropa an der Wende vom Mittelalter zur Neuzeit mit besonderem Augenmerk auf den Regierungszeiten Ferdinands I., Maximilians II. und Rudolfs II. im Römisch-deutschen Reich, den Königreichen Böhmen und Ungarn und den österreichischen Ländern. Das den Abschiedsfeierlichkeiten für Karl V.

---

8 Mit Verweisen auf ältere Literatur Barbara Stollberg-Rilinger – Tim Neu, *Einleitung*, in: Barbara Stollberg-Rilinger – Tim Neu – Christina Brauner (Hrsg.), Alles nur symbolisch? Bilanz und Perspektiven der Erforschung symbolischer Kommunikation, Köln-Weimar-Wien 2013 (= Symbolische Kommunikation in der Vormoderne. Studien zur Geschichte, Literatur und Kunst), S. 11–31.
9 Hierzu auf theoretischer Ebene insbesondere Otto Gerhard Oexle, *Memoria in der Gesellschaft und der Kultur des Mittelalters*, in: Joachim Heinzle (Hrsg.), Modernes Mittelalter. Neue Bilder einer populären Epoche, Frankfurt am Main 1994, S. 297–323, hier insbesondere S. 297.
10 Ernst H. Kantorowicz, *Dvě těla krále. Studie středověké politické teologie*, Praha 2014, insbesondere S. 25–36.
11 Barbara Stollberg-Rilinger, *Rituale*, Frankfurt am Main-New York 2013 (= Historische Einführungen, Band 16), S. 9.

(1500–1558) gewidmete zweite Kapitel beschreibt den Verlauf der Trauerzeremonien in Brüssel und Augsburg und versucht gleichzeitig aufzuzeigen, dass die Begräbnisse des älteren Bruders Ferdinands I. möglicherweise als Vorbild für vergleichbare Rituale dienten, die nach dem Tod weiterer Vertreter der habsburgischen Dynastie in der zweiten Hälfte des 16. Jahrhunderts vollzogen wurden.

Der Tod und die Begräbnisse Ferdinands I. und Maximilians II. stehen im Mittelpunkt des dritten und vierten Kapitels, die eine ähnliche Gliederung aufweisen. Detailliert untersucht wird primär die Auswirkung des sich zum Lebensende hin zunehmend verschlechternden Gesundheitszustands beider Herrscher auf die alltägliche Erfüllung ihrer amtlichen und repräsentativen Pflichten. Dabei werden zwar die Behandlungsmethoden der höfischen Leibärzte nicht ganz außer Acht gelassen, der Schwerpunkt der Untersuchung liegt jedoch vielmehr auf den Alltagsaspekten der letzten Lebensstunden dieser Herrscher. In beiden Fällen wurden der Umgang mit dem toten Körper und die Kommunikation bei der Vorbereitung des Abschiednehmens ganz besonders in den Blick genommen. Der öffentlichen Aufbahrung der sterblichen Überreste, den im Trauerzug getragenen Gegenständen, der Anordnung des Kondukts, der Ausschmückung der Castra doloris sowie dem Verlauf der Totenmesse kam der Auffassung des Autors zufolge ein hoher symbolischer Wert zu – sie repräsentierten bei den höfischen Feierlichkeiten in Wien und Prag den katholischen Glauben beider Verstorbener, den territorialen Umfang ihrer Herrschaft, ihre politische Macht sowie die Kontinuität des dynastischen Gedächtnisses. Zum Einsatz kommt, wenn auch recht skizzenhaft, auch die Genderperspektive, die insbesondere anhand der erhaltenen Leichenpredigten einen Einblick in die von Anna Jagiello (1503–1547) und Maria von Habsburg (1528–1603) während ihres Ehelebens erwarteten Rollenübernahmen gewähren.

Angesichts der Überlieferungslage war es dem Autor nicht möglich, im fünften und sechsten Kapitel, die dem Tod und den Begräbnissen Karls von Steiermark und Ferdinands von Tirol gewidmet sind, tiefergehende Analysen der Auswirkungen des Krankheitsverlaufs auf deren Alltag und Regierung anzustellen. Die zahlreichen Zeugnisse über die Trauerzüge und insbesondere die Ausstattung der jeweiligen Gruft erlauben wiederum Interpretationen von Erscheinungsformen persönlicher wie dynastischer Repräsentation beider Erzherzöge während der Trauerfeierlichkeiten in Graz und Innsbruck. Die letzten Lebensstunden ihrer Gemahlinnen Maria von Bayern (1551–1608), Philippine Welser (1527–1580) und Anna Katharina Gonzaga (1566–1621) konnten in den beiden letzten Kapiteln angesichts der lediglich fragmentarisch erhaltenen Quellen nur am Rande behandelt werden. Die abschließende Zusammenfassung fokussiert dann die Gemeinsamkeiten und Unterschiede in der konzeptuellen Auffassung und dem Verlauf der feierlichen Leichenbegängnisse, die der Verherrlichung der genannten Herrscher als christliche Ritter dienten und deren Sorge für das Gemeinwohl der Länder herausstellten, in denen sie von Gottes Gnaden als Kaiser, Könige, Herzöge und Erzherzöge regierten.[12]

---

12 Die Nummerierung der Fußnoten erfolgt in jedem Kapitel gesondert, deshalb wiederholen sich jeweils zu Beginn auch die vollständigen bibliographischen Angaben. Im weiteren Verlauf eines jeden Kapitels erscheinen sie dann in verkürzter Form.

I. Die ersten Habsburger in Mitteleuropa zu Beginn der Frühen Neuzeit

Der Aufstieg der Habsburgerdynastie in Europa verdankte sich insbesondere dem territorialen Gewinn nach dem Tod des burgundischen Herzogs Karl des Kühnen, der zu Beginn des Jahres 1477 in der Schlacht bei Nancy ums Leben kam und keine männlichen Nachkommen hinterließ.[1] Seine einzige Tochter Maria wurde noch im gleichen Jahr an Erzherzog Maximilian verheiratet, den Sohn Kaiser Friedrichs III. von Habsburg.[2] Als Maria von Burgund 1482 starb, übernahm Maximilian als Vormund seines Sohnes Philipp des Schönen die Regentschaft über die burgundischen Besitzungen. Seine Macht im Römisch-deutschen Reich konnte er insbesondere nach seiner Krönung zum römischen König 1486 stärken. 1493 schloss er mit dem französischen König Karl VIII. den Vertrag von Senlis, der ihm die Herrschaft über Franche-Comté sowie die kulturell und wirtschaftlich hochentwickelten niederländischen Provinzen sicherte.[3]

Philipp der Schöne heiratete 1496 Johanna von Kastilien und Aragon, Tochter Isabellas von Kastilien und Ferdinands von Aragon. Aus der Ehe gingen die Söhne Karl und Ferdinand sowie die Töchter Eleonore, Isabella, Maria und Katharina hervor.[4] Nach dem Tod Isabellas 1504 trat Johanna ihre Nachfolge als Königin von Kastilien an. Wegen ihrer Nervenschwäche wurden die Regierungsgeschäfte jedoch recht bald auf ihren Ehemann,[5] nach dessen frühzeitigem Ableben wenige Monate später dann auf Ferdinand von Aragon übertragen, der die Regentschaft über Kastilien seit 1506 ausübte. Nach Ferdinands Tod 1516 ging das territoriale Erbe der katholischen Könige auf der Iberischen und der Apenninenhalbinsel sowie in Übersee an Erzherzog Karl über, der im selben Jahr auch die Herrschaft über Burgund erlangte.

Friedrich III. blieb zwar bis zu seinem Tod 1493 Kaiser des Römisch-deutschen Reiches und Herrscher über die österreichischen Erblande, die politische Macht lag seit der Krönung seines Sohnes Maximilian zum römischen König allerdings immer mehr in dessen Händen. Maximilian ließ sich in Innsbruck nieder, seit seiner Kaiserkrönung 1508 Sitz der Verwaltungsbehörden des Römisch-deutschen Reiches und der österreichischen

---

1 Ausführlicher Václav Bůžek – Rostislav Smíšek, *Habsburkové uprostřed raně novověké Evropy*, in: dies. (Hrsg.), Habsburkové 1526–1740. Země Koruny české ve středoevropské monarchii, Praha 2017, S. 9–32, hier insbesondere S. 9–17.
2 Werner Paravicini, *Karel Smělý. Zánik domu burgundského*, Praha 2000, S. 104.
3 Ebd., S. 86, 104–105.
4 Alfred Kohler, *Ferdinand I. 1503–1564. Fürst, König und Kaiser*, München 2003, S. 35–43.
5 Manuel Fernández Álvarez, *Jana Šílená. Zajatkyně z Tordesillasu*, Praha-Litomyšl 2002.

Erblande.⁶ 1518 sicherte er seinem Enkel, Erzherzog Karl, durch die während des Reichstags erfolgte Kurfürstenwahl die Kaiserkrone, die Karl nach dem Tod seines Großvaters ein Jahr später annahm.⁷ Obwohl Karls jüngerer Bruder, Erzherzog Ferdinand, im Erwachsenenalter den Titel Infant von Spanien trug, bestand sein Anspruch auf die Herrschaft über Burgund und Spanien lediglich im Falle des Todes seines Bruders sowie dessen männlicher Nachkommen. Die beiden bis dahin getrennt aufwachsenden Brüder begegneten sich das erste Mal 1517 in Valladolid.⁸

Der zweitgeborene Enkel Maximilians verließ Kastilien nach einem Jahr und begab sich nach Gent, wo er sich bis April 1521 aufhielt.⁹ In diesem Jahr wurde er eigenständiger Herrscher, als er gemäß dem letzten Willen seines Großvaters durch die Regelung des Wormser Vertrags Ober- und Niederösterreich, Kärnten, Steiermark und einen Teil von Krain erhielt.¹⁰ Durch seine einen Monat später erfolgte Heirat mit Anna Jagiello wurde die Bedingung der Wiener Verträge von 1515 erfüllt, die Eheschließungen zwischen den Kindern Wladislaws II. Jagiello und den Habsburgern vorsah.¹¹ Auch Karls und Ferdinands Schwester Maria wurde deshalb an Ludwig Jagiello verheiratet.¹²

Die Wahl der Ehegatten für die übrigen Schwestern Karls und Ferdinands war ebenfalls durch die dynastischen Interessen der Habsburger in Europa vorgegeben.¹³ Eleonore heiratete den portugiesischen König Manuel I. und nach dessen frühem Tod den König von Frankreich Franz I. Isabella wurde

---

6   Hermann Wiesflecker, *Kaiser Maximilian I. Das Reich, Österreich und Europa an der Wende zur Neuzeit* I–V, Wien 1971–1986; Inge Wiesflecker-Friedhuber, *Kaiser Maximilian I. und die Stadt Innsbruck*, in: Heinz Noflatscher – Jan Paul Niederkorn (Hrsg.), Der Innsbrucker Hof. Residenz und höfische Gesellschaft in Tirol vom 15. bis 19. Jahrhundert, Wien 2005 (= Archiv für österreichische Geschichte, Band 138), S. 125–158; Heinz Noflatscher – Michael A. Chisholm – Bertrand Schnerb (Hrsg.), *Maximilian I. (1459–1519). Wahrnehmung – Übersetzungen – Gender*, Innsbruck-Wien-Bozen 2011 (= Innsbrucker historische Studien, Band 27); Karl Vocelka – Lynne Heller, *Die private Welt der Habsburger. Leben und Alltag einer Familie*, Graz-Wien-Köln 1998, S. 197.

7   A. Kohler, *Ferdinand I.*, S. 47–55, 66; ders., *Karl V. 1500–1558. Eine Biographie*, München 2000.

8   Karl Friedrich Rudolf, *„Yo el infante – ich, der Infant". Ferdinand, „Prinz in Hispanien"*, in: Wilfried Seipel (Hrsg.), Kaiser Ferdinand I. 1503–1564. Das Werden der Habsburgermonarchie, Wien-Milano 2003, S. 31–51.

9   Vgl. V. Bůžek, *Ferdinand I. – tvůrce středoevropské monarchie*, in: ders. – R. Smíšek (Hrsg.), Habsburkové 1526–1740, S. 35–42.

10 A. Kohler, *Ferdinand I.*, S. 56–59, 70.

11 Georg Heilingsetzer, *Ein Baustein zur Entstehung der Habsburgermonarchie. Die Hochzeit Erzherzog Ferdinands in Linz (1521)*, in: W. Seipel (Hrsg.), Kaiser Ferdinand I., S. 67–74.

12 Orsolya Réthelyi – Beatrix F. Romhányi – Enikö Spekner – András Végh (Hrsg.), *Mary of Hungary. The Queen and Her Court 1521–1531*, Budapest 2005.

13 Jan Paul Niederkorn, *Die dynastische Politik der Habsburger im 16. und frühen 17. Jahrhundert*, Jahrbuch der europäischen Geschichte 8, 2007, S. 29–50; Alfred Kohler, *„Tu felix Austria nube*

Gemahlin des dänischen Königs Christian II. und Katharina ging die Ehe mit Johann III., König von Portugal, ein. Verwandt waren die Habsburger weiterhin mit den Herzögen von Burgund, den Herrschern von Aragon und Kastilien aus dem Haus Trastámara sowie den Königen der Häuser Avis, Jagiello, Oldenburg und Valois.

Im Januar 1522 trat Karl V. im Vertrag von Brüssel nicht nur die Herrschaft über den restlichen Teil von Krain (Windische Mark), Görz und Gradisca, Friaul und einen Teil von Istrien mit Triest und Rijeka an seinen jüngeren Bruder ab, sondern bestellte diesen auch zum Statthalter von Tirol, Vorderösterreich, Pfirt und Württemberg, wo Erzherzog Ferdinand seit 1525 selbständig regierte. Die Unteilbarkeit des erblichen Besitzes der österreichischen Länder und die Erbansprüche von Ferdinands männlichen Nachkommen wurden 1530 auf dem Reichstag in Augsburg bestätigt. Die Verträge von Worms und Brüssel brachten dann die faktische Teilung des Hauses Habsburg in die österreichische und die spanische Linie zum Ausdruck.[14]

Nach dem plötzlichen Tod von Ludwig Jagiello in der Schlacht von Mohács am 29. August 1526 öffnete sich Erzherzog Ferdinand der Weg zur Herrschaft nicht nur in den Ländern der Böhmischen Krone (also Königreich Böhmen, Markgrafschaft Mähren, Fürstentum Schlesien, Markgrafschaft Ober- und Niederlausitz), sondern auch im Königreich Ungarn.[15] Während die böhmischen Stände auf einer freien Wahl bestanden, erkannten die ständischen Vertreter der Nebenländer der Böhmischen Krone den Erbanspruch Anna Jagiellos an und blieben der Wahl Ferdinands zum böhmischen König am 23. Oktober 1526 fern. Noch vor der Krönung am 24. Februar 1527 auf der Prager Burg bestätigte der neu gewählte Herrscher im Dezember 1526 in seinem Wahlrevers den böhmischen Ständen ihre politischen, religiösen und einige weitere Landesfreiheiten.[16]

...". *Vom Klischee zur Neubewertung dynastischer Politik in der neueren Geschichte Europas*, Zeitschrift für historische Forschung 21, 1994, S. 461–482.

14 Thomas Winkelbauer, *Ständefreiheit und Fürstenmacht. Länder und Untertanen des Hauses Habsburg im konfessionellen Zeitalter* I, Wien 2003 (= Österreichische Geschichte 1522–1699), S. 30–36.

15 Zdeněk Vybíral, *Bitva u Moháče. Krvavá porážka uherského a českého krále Ludvíka Jagellonského v boji s Osmany 29. srpna 1526*, Praha 2008; Géza Pálffy, *The Kingdom of Hungary and the Habsburg Monarchy in the Sixteenth Century*, New York 2009 (= East European Monographs DCCXXXV), S. 35–41.

16 Josef Janáček, *České dějiny. Doba předbělohorská 1526–1547*, I/1, Praha 1971, S. 40–54; ders., *České dějiny. Doba předbělohorská 1526–1547*, I/2, Praha 1984, S. 17–26; Jaroslav Pánek, *Ferdinand I. - der Schöpfer des politischen Programms der österreichischen Habsburger?*, in: Petr Maťa – Thomas Winkelbauer (Hrsg.), Die Habsburgermonarchie 1620–1740. Leistungen und Grenzen des Absolutismusparadigmas, Stuttgart 2006 (= Forschungen zur Geschichte und Kultur des östlichen Mitteleuropa, Band 24), S. 63–72, hier S. 65–66.

Als Erzherzog Ferdinand am 16. Dezember 1526 in Preßburg durch eine kleine Gruppe Verbündeter zum König von Ungarn und am 31. Dezember 1526 in Cetingrad zum König von Kroatien gewählt wurde, zeigte sich die Mehrheit des ungarischen Adels damit unzufrieden und wählte am 10. November 1526 in Stuhlweißenburg einen Gegenkönig – den siebenbürgischen Magnaten Johann Zápolya. Die Krönung Ferdinands mit der heiligen Stephanskrone in Stuhlweißenburg erfolgte aufgrund von Auseinandersetzungen mit Zápolya, der auf eine Zusammenarbeit mit Sultan Süleyman I. setzte, erst am 3. November 1527.[17] Die türkischen Angriffe auf Wien in den Jahren 1529 und 1533 ließen keine Zweifel daran aufkommen, dass es zwischen Ferdinand I. und Süleyman zum Krieg um Ungarn kommen würde, das als eine Art Pufferzone und Verteidigungswall für die österreichischen Gebiete dringend notwendig war. Als die habsburgische Armee im August 1541 bei Buda eine Niederlage erlitt und die Stadt in die Hände der Osmanen fiel, wurde Ungarn dreigeteilt. Das von Süleyman eroberte Gebiet wurde in einen Paschalik umgewandelt und ins Osmanische Reich eingegliedert, Siebenbürgen existierte nunmehr als ein osmanischer Vasallenstaat und die Herrschaft Ferdinands I. erstreckte sich deshalb lediglich auf das Königliche Ungarn mit Verwaltungszentrum in Preßburg.[18]

Die Wahl und anschließende Krönung Ferdinands I. zum römischen König am 11. Januar 1531 in Aachen hatte einen wesentlichen Einfluss auf seine Machtstellung im Römisch-deutschen Reich, das sich nach dem Reichstag zu Worms 1495 immer mehr in ein loses Bündnis einzelner Territorien mit politischen Rechten von Reichsfürsten und Reichsstädten verwandelte.[19] Die Länder der Böhmischen Krone wurden in die neue Reichsordnung nicht integriert und waren in rechtlicher Hinsicht von nun an nicht mehr Bestandteil des Reichs.[20] In den 1520er Jahren hatten die Reichsangelegenheiten eher am Rande von Ferdinands Interesse gestanden. Im Hinblick auf die bevorstehenden Ungarnkriege gegen Süleyman, die finanziert werden mussten, ergriff er in den folgenden Jahrzehnten immer mehr die Initiative und spielte bei Reichstagen und Religionsgesprächen zur Erneuerung des Katholizismus eine markantere Rolle als Kaiser Karl V. Dieser hielt sich vorwiegend in Spanien auf und unterschätzte nach Ansicht seines jüngeren Bruders die Ernsthaftigkeit der religiösen und politischen Probleme im Reich. Zu Karls Prioritäten zählten insbesondere die Expansion

---

17 T. Winkelbauer, *Ständefreiheit* I, S. 123–128; G. Pálffy, *The Kingdom*, S. 39–41.
18 G. Pálffy, *The Kingdom*, S. 42–48.
19 Heinz Angermeier, *Der Wormser Reichstag 1495 – ein europäisches Ereignis*, Historische Zeitschrift 261, 1995, S. 739–768.
20 Petr Vorel, *Státoprávní vyčlenění českých zemí ze Svaté říše římské. Důsledky říšské reformy Maxmiliána I. Habsburského*, Český časopis historický 111, 2013, S. 743–804, hier S. 792–793.

nach Übersee und die Abwehr der osmanischen Gefahr im Mittelmeer, beispielsweise in Gestalt seiner Kriegszüge nach Tunis 1535 und Algerien 1542. Dadurch wollte er, im Einklang mit dem universalistischen Herrschaftsverständnis, die mittelalterliche Idee des heiligen Krieges wiederaufleben lassen und die Werte des christlichen Rittertums vor dem Untergang retten.[21]

Die politische Position Karls V. im Römisch-deutschen Reich wurde durch die Religionskämpfe zwischen den Anhängern der Reformation und der römischen Kirche geschwächt. Als an der Wende von den dreißiger zu den vierziger Jahren des 16. Jahrhunderts alle Bemühungen um einen gemeinsamen Weg dieser beiden Konfessionen scheiterten, erwog er eine militärische Option gegen die Anhänger von Luthers Lehre, um die politische Einheit des Römisch-deutschen Reichs, der Grundlage seiner Herrschaftskonzeption, wieder zu stärken. Die Einbindung Böhmens in den von Karl V. im Nordosten des Reiches geführten Schmalkaldischen Krieg gegen die im Schmalkaldischen Bund zusammengeschlossenen protestantischen Fürsten mit dem sächsischen Kurfürsten Johann Friedrich an der Spitze rief in den Jahren 1546 und 1547 einen starken Widerstand der böhmischen Stände hervor. Sie warfen Ferdinand I. vor, dass er den böhmischen Landtag nicht um Erlaubnis gefragt hatte und das Aufgebot somit im Widerspruch zur Landesordnung erfolgt war. Da das Vorgehen des Königs ihre Ständefreiheiten einzuschränken drohte, traten sie im März 1547 eigenmächtig zusammen und entschieden über die Aufstellung eines eigenen Aufgebots, das im Falle einer wiederholten Verletzung ständischer Rechte gegen den Herrscher eingesetzt werden sollte.[22] Nach der Schlacht bei Mühlberg, in der Karl V. am 24. April 1547 die Truppen des Schmalkaldischen Bundes besiegte, löste sich die ständische Opposition gegen Ferdinand I. jedoch wieder auf.[23]

Neben den Auseinandersetzungen mit den Lutheranern im Reich und den aufsässigen böhmischen Ständen hatte Ferdinand I. auch im privaten Leben mit schweren Schicksalsschlägen zu kämpfen. Nach der Geburt der jüngsten Tochter starb am 27. Januar 1547 seine Frau Anna Jagiello. Von seinen fünfzehn

---

21 Ernst Laubach, *Ferdinand I. und das Reich*, in: W. Seipel (Hrsg.), *Kaiser Ferdinand I.*, S. 131–147, hier 135–136; A. Kohler, *Ferdinand I. und Karl V.*, in: W. Seipel (Hrsg.), Kaiser Ferdinand I., S. 15–23; Helmut Neuhaus, *Römischer König im Schatten des kaiserlichen Bruders? Zum Verhältnis zwischen Karl V. und Ferdinand I.*, in: Alfred Kohler – Barbara Haider – Christine Ottner (Hrsg.), Karl V. 1500–1558. Neue Perspektiven seiner Herrschaft in Europa und Übersee, Wien 2002 (= Zentraleuropa – Studien, Band 6), S. 345–258; Sabine Haag – Katja Schmitz von Ledebur (Hrsg.), *Kaiser Karl V. erobert Tunis*, Wien 2003.
22 J. Janáček, *České dějiny* I/2, S. 173–298; Petr Vorel (Hrsg.), *Stavovský odboj roku 1547 – první krize habsburské monarchie*, Pardubice-Praha 1999; ders., *The War of the Princes. The Bohemian Lands and the Holy Roman Empire 1546–1555*, New York 2015, S. 127–184.
23 A. Kohler, *Karl V.*, S. 295–326.

Kindern erreichten dreizehn das Erwachsenenalter, der Sohn Johann und die Tochter Ursula starben bereits im Kleinkindalter.[24] Die ältesten Kinder lebten zunächst mit ihrer Mutter in Linz, seit 1533 dann in Innsbruck. Nachdem Maximilian und Ferdinand zehn Jahre später die Tiroler Metropole verlassen hatten, blieb die Innsbrucker Hofburg ein Zuhause für die Königstöchter, denn der jüngste Sohn Karl lebte bis zu dessen Tod beim Vater.

Die Auswahl der potentiellen Heiratspartner für die meisten Töchter Ferdinands I. und Anna Jagiellos orientierte sich strikt an den dynastischen Interessen der Habsburger im Römisch-deutschen Reich, auf der Apenninenhalbinsel und im polnisch-litauischen Staat.[25] Bereits die 1543 geschlossene Ehe zwischen Erzherzogin Elisabeth und dem polnischen König Sigismund II. August sollte die Verbindung zwischen Habsburgern und Jagiellonen stärken, konnte ihren Zweck jedoch nicht erfüllen. Elisabeths epileptische Anfälle sowie die Nebenbeziehung ihres Ehemannes führten bald zur Entfremdung des in Krakau lebenden Paares. Elisabeth starb nur zwei Jahre später kinderlos.

Erzherzogin Anna heiratete 1546 den bayerischen Herzog Albrecht V. und zog nach München. Strategisch sollte diese Heirat eine Annäherung der beiden im Rahmen des Reiches politisch konkurrierenden Herrscherhäuser Habsburg und Wittelsbach bewirken. Annas und Albrechts Tochter Maria wurde 1571 in Graz mit Erzherzog Karl, dem jüngsten Bruder ihrer Mutter, verheiratet.[26] Auch die eheliche Verbindung von Erzherzogin Maria und Herzog Wilhelm V. von Jülich-Kleve-Berg in Düsseldorf 1546 hatte den Zweck, politische Verbündete zu finden.

Für Erzherzogin Katharina wurde Francesco III. Gonzaga, Herzog von Mantua, ausgewählt. Nachdem er jedoch bereits vier Monate nach der Hochzeit 1549 verstorben war, musste sich Ferdinand nach einem anderen Mann für seine Tochter umsehen und fand ihn im polnischen König Sigismund II. August, der einige Jahre zuvor mit Katharinas Schwester Elisabeth verheiratet gewesen war. Auch in diesem Fall verfolgte Ferdinands Heiratspolitik den Zweck, die dynastischen Bindungen zwischen Habsburgern und Jagiellonen zu festigen. Dennoch war auch hier die Mühe nicht von Erfolg gekrönt, denn bereits einige wenige Jahre nach der Hochzeit 1553 hatte sich das Paar so stark auseinandergelebt, dass Katharina 1566 Krakau verließ und den Rest ihres Lebens in Linz

---

24 Ders., *Ferdinand I.*, S. 96–100; W. Seipel (Hrsg.), Kaiser Ferdinand I., S. 459–461.
25 Näher hierzu V. Bůžek, *Sňatky dcer Ferdinanda I. a Anny Jagellonské*, in: ders. – R. Smíšek (Hrsg.), Habsburkové 1526–1740, S. 223–227.
26 Katrin Keller, *Erzherzogin Maria von Innerösterreich (1551–1608). Zwischen Habsburg und Wittelsbach*, Wien-Köln-Weimar 2012, S. 24–35; Julia Hodapp, *Habsburgerinnen und Konfessionalisierung im späten 16. Jahrhundert*, Münster 2018 (= Reformationsgeschichtliche Studien und Texte, Band 169), S. 126–129.

verbrachte.²⁷ 1561 ehelichte Guglielmo III. Gonzaga, der jüngere Bruder des verstorbenen Francesco III. Gonzaga, die Erzherzogin Eleonore.²⁸ Aus dieser Ehe ging unter anderem die Tochter Anna Katharina hervor, die 1582 zweite Gemahlin ihres Onkels Erzherzog Ferdinand von Tirol wurde.²⁹ Auch bei der Suche nach geeigneten Partnern für seine anderen Töchter ließ sich Ferdinand I. vor allem durch seine Absicht leiten, den habsburgischen Einfluss auf der Apenninenhalbinsel zu vertiefen. So entschied er 1563, dass Erzherzogin Barbara den Herzog von Ferrara Alfonso II. d'Este und Erzherzogin Johanna den florentinischen Herzog Francesco Maria de' Medici heiraten sollten. Beide Hochzeiten fanden gegen Ende des Jahres 1565 statt.³⁰

Drei Töchter Ferdinands I. und Anna Jagiellos blieben unverheiratet – Erzherzogin Magdalena trat 1563 ins Haller Damenstift ein, das sie zusammen mit ihren jüngeren Schwestern Margarethe und Helena in eine königliche Stiftung mit starkem jesuitischen Einfluss umwandelte.³¹

Im Oktober 1547 errichtete Ferdinand I. im Königreich Böhmen das Amt eines Statthalters, das er mit seinem zweitgeborenen Sohn Erzherzog Ferdinand besetzte.³² In den Folgejahren hielt er sich mit seinem Hofstaat vorwiegend in

---

27 Walter Pillich, *Königin Katharina von Polen in Linz*, Historisches Jahrbuch der Stadt Linz 1966, Linz 1967, S. 169–198; Anna Sucheni-Grabowska, *Zu den Beziehungen zwischen den Jagiellonen und den Habsburgern. Katharina von Österreich, die dritte Gemahlin des Königs Sigismund August*, Historisches Jahrbuch der Stadt Linz 1979, Linz 1980, S. 59–100.
28 Veronika Sandbichler, *Eleonore, Erzherzogin von Österreich, Duchessa di Mantova e Monferrato „sempre cosi lucido specchio inanti gli occhi"*, in: Sabine Haag (Hrsg.), Nozze italiane. Österreichische Erzherzoginnen im Italien des 16. Jahrhunderts, Wien 2010, S. 83–86.
29 Václav Bůžek, *Ferdinand Tyrolský mezi Prahou a Innsbruckem. Šlechta z českých zemí na cestě ke dvorům prvních Habsburků*, České Budějovice 2006 (= Monographia historica 7), S. 217–221; Elena Taddei, *Anna Caterina Gonzaga und ihre Zeit: der italienische Einfluss am Innsbrucker Hof*, in: H. Noflatscher – J. P. Niederkorn (Hrsg.), Der Innsbrucker Hof, S. 213–240.
30 Brigitte Grohs, *Italienische Hochzeiten. Die Vermählung der Erzherzoginnen Barbara und Johanna von Habsburg im Jahre 1565*, Mitteilungen des Instituts für Österreichische Geschichtsforschung 96, 1988, S. 331–381; Elena Taddei, *Barbara von Österreich d'Este. Ergänzungen zum Leben einer Habsburgerin in Ferrara*, in: Klaus Brandstätter (Hrsg.), Tirol-Österreich-Italien. Festschrift für Josef Riedmann zum 65. Geburtstag, Innsbruck 2005, S. 629–640; Katharina Seidl, *Herzogin Barbara – „allain, dass mir die waill gar lang ist"*, in: S. Haag (Hrsg.), Nozze italiane, S. 111–112; Margit Rauch, *Großherzogin Johanna – „in hochbedrangter kommernis"*, in: S. Haag (Hrsg.), Nozze italiane, S. 139–144.
31 Robert Rebitsch, *Magdalena, Erzherzogin von Österreich*, in: Biographisch-Bibliographisches Kirchenlexikon 21, Nordhausen 2003, S. 876–881; im weiteren Kontext insbesondere J. Hodapp, *Habsburgerinnen*, S. 25–81.
32 V. Bůžek, *Ferdinand Tyrolský*, S. 69–70; ders., *Ferdinand Tyrolský mezi Prahou, Innsbruckem a Ambrasem*, in: ders. – R. Smíšek (Hrsg.), Habsburkové 1526–1740, S. 227–232.

Wien auf, besuchte Prag jedoch häufiger als Innsbruck, Linz oder Preßburg.[33] Während Erzherzog Ferdinand zum Statthalter von Böhmen ernannt wurde, reiste sein älterer Bruder Maximilian nach Valladolid, wo er seine Cousine Maria heiratete.[34] Durch diese Ehe sollte vor der christlichen Welt die Einheit der beiden Linien – der spanischen und der österreichischen – des Hauses Habsburg demonstriert und Maximilians katholischer Glaube gefestigt werden. Das Ehepaar lebte in der Hauptstadt Kastiliens, wo Maximilian von seinem Onkel Karl V. zeitweilig das Amt des Statthalters in Spanien übernahm, da dessen Sohn Philipp II. die Vertretung (und ab 1555 offiziell die Regierung) in den niederländischen Provinzen innehatte.[35] Unterdessen wurde Maximilian zu Beginn des Jahres 1549 auf dem Landtag zum König von Böhmen erhoben, nachdem er sich den Ständen gegenüber verpflichtet hatte, sich nicht unmittelbar an der Regierung zu beteiligen.[36] Im Frühjahr 1551 kam es zwischen Karl V. und Ferdinand I. zu einem Zwist um die Wahl des künftigen Kaisers. Karl V. gelang es zunächst, seinen Sohn Philipp II. zum Nachteil des von Ferdinand I. protegierten Maximilian durchzusetzen, 1555 wendete sich jedoch das Blatt. Philipp II. verzichtete auf seine Nachfolge im Römisch-deutschen Reich zu Gunsten seines Cousins,[37] der nach seiner Rückkehr aus Spanien die Lösung

---

33 Anton von Gévay (Hrsg.), *Itinerar Kaiser Ferdinand's I. 1521–1564*, Wien 1843; Herbert Karner (Hrsg.), *Die Wiener Hofburg 1521–1705. Baugeschichte, Funktion und Etablierung als Kaiserresidenz*, Wien 2014 (= Österreichische Akademie der Wissenschaften. Denkschriften der philosophisch-historischen Klasse, Band 444), S. 40–43, 111–122, 495–502; Christiane Thomas, *Wien als Residenz unter Ferdinand I.*, Jahrbuch des Vereines für Geschichte der Stadt Wien 49, 1993, S. 101–117; Jaroslava Hausenblasová, *Prag in der Regierungzeit Ferdinands I. Die Stellung der Stadt im System des höfischen Residenznetzwerks*, Historie – otázky – problémy 7, 2015, Nr. 2, S. 9–28.
34 Vgl. V. Bůžek, *Maxmilián II. mezi disimulací a kompromisem*, in: ders. – R. Smíšek (Hrsg.), Habsburkové 1526–1740, S. 70–75.
35 Alexander Koller, *Maria von Spanien, die katholische Kaiserin*, in: Bettina Braun – Katrin Keller – Matthias Schnettger (Hrsg.), Nur die Frau des Kaisers? Kaiserinnen in der Frühen Neuzeit, Wien 2016 (= Veröffentlichungen des Instituts für Österreichische Geschichtsforschung, Band 64), S. 85–97, hier S. 86–87; Pavel Marek, *Marie Španělská – manželka Maxmiliána II.*, in: V. Bůžek – R. Smíšek (Hrsg.), Habsburkové 1526–1740, S. 235–237; ders., *Pernštejnské ženy. Marie Manrique de Lara a její dcery ve službách habsburské dynastie*, Praha 2018, S. 42–48.
36 Jaroslav Pánek, *Maximilian II. als König von Böhmen*, in: Friedrich Edelmayer – Alfred Kohler (Hrsg.), Kaiser Maximilian II. Kultur und Politik im 16. Jahrhundert, Wien-München 1992 (= Wiener Beiträge zur Geschichte der Neuzeit, Band 19), S. 55–69, hier S. 57.
37 Alfred Kohler, *Vom habsburgischen Gesamtsystem Karls V. zu den Teilsystemen Philipps II. und Maximilians II.*, in: F. Edelmayer – A. Kohler (Hrsg.), Kaiser Maximilian II., S. 13–37, hier S. 27–31; T. Winkelbauer, *Ständefreiheit* I, S. 35–36.

der politischen und konfessionellen Probleme im Reich in Angriff nahm.[38] Die Beziehung zwischen den beiden Cousins verbesserte sich erst Anfang der 1560er Jahre, als Maximilian nacheinander zum böhmischen (20. September 1562 in Prag), römischen (26. November 1562 in Frankfurt am Main) und ungarischen König (8. September 1563 in Preßburg) gekrönt wurde.[39]

Ende Mai 1552 trat Ferdinand I. bei den in Passau stattfindenden Verhandlungen über die Religionsfreiheit zwischen katholischen und protestantischen Ständen im Römisch-deutschen Reich als Vermittler auf.[40] Einen Monat später erzielten die Reichsstände eine vorläufige Einigung über Glauben, Krieg und Recht und legten Karl V. nahe, umgehend den Reichstag einzuberufen, auf dem die nach der protestantischen Niederlage im Schmalkaldischen Krieg anstehende Religionsfrage diskutiert werden sollte, denn nur eine rasche Lösung derselben konnte eine Grundlage für einen dauerhaften Frieden im Reich bilden. Anders als Karl V. zeigte sich Ferdinand I. in der Zeit zwischen den Passauer Verhandlungen und dem von Februar bis September 1555 in Augsburg tagenden Reichstag bereit, einen langfristigen Religionsfrieden mit den protestantischen Fürsten im Reich zu schließen.[41] Durch den Augsburger Religionsfrieden wurde ein direkter Zusammenhang zwischen Territorium und Glaube postuliert und die konfessionelle Richtung vom jeweiligen weltlichen oder geistlichen Landesherrn abhängig gemacht. Anfang August 1556 trat Karl V. vor allem im Hinblick auf das Ergebnis des Reichstags zu Augsburg als Kaiser des Römisch-deutschen Reiches zurück und führte mit dieser unerwarteten Entscheidung ein beinahe zweijähriges Interregnum herbei, das bis zur Ernennung Ferdinands I. zum Kaiser am 14. März 1558 in Frankfurt am Main

---

38 Manfred Rudersdorf, *Maximilian II. 1564–1576*, in: Anton Schindling – Walter Ziegler (Hrsg.), Die Kaiser der Neuzeit 1519–1918. Heiliges Römisches Reich, Österreich, Deutschland, München 1990, S. 79–97, hier S. 97.

39 Friedrich Edelmayer – Leopold Kammerhofer – Martin C. Mandlmayr – Walter Prenner – Karl G. Vocelka (Hrsg.), *Die Krönungen Maximilians II. zum König von Böhmen, Römischen König und König von Ungarn (1562/63) nach der Beschreibung des Hans Habersack, ediert nach CVP 7890*, Wien 1990; Jana Hubková, *Die Festlichkeiten zu Ehren Kaiser Maximilians II. in der Flugschriftenpublizistik der Jahre 1549–1564*, Studia Rudolphina 17–18, 2018, S. 35–65.

40 A. Kohler, *Ferdinand I.*, S. 225–230; Christine Pflüger, *Kommissare und Korrespondenzen. Politische Kommunikation im Alten Reich (1552–1558)*, Köln-Weimar-Wien 2005, S. 36–69; Hennig Drecoli, *Der Passauer Vertrag (1552). Einleitung und Edition*, Berlin-New York 2000; Václav Bůžek, *Pasov 1552 – Augšpurk 1555. Římsko-německá říše ve zprávách královského dvořana*, in: Eva Semotanová (Hrsg.), Cestou dějin. K poctě prof. dr. Svatavy Rakové, CSc., II, Praha 2007, S. 43– 67, hier S. 54–66.

41 A. Kohler, *Ferdinand I.*, S. 237–257; Ernst Laubach, *Ferdinand I. als Kaiser. Politik und Herrscherauffassung des Nachfolgers Karls V.*, Münster 2001, S. 29–138; Axel Gotthard, *Der Augsburger Religionsfrieden*, Münster 2004 (= Reformationsgeschichtliche Studien und Texte, Band 148)

andauerte.⁴² Karl verbrachte seine letzten Lebensjahre in Spanien und starb am 21. September 1558 im Kloster San Jerónimo de Yuste unweit von Toledo.⁴³

Ein Jahr später stellte Ferdinand I. auf dem erneut nach Augsburg einberufenen Reichstag die Eckpunkte seiner kaiserlichen Politik vor. Auf der Tagesordnung standen damals insbesondere die notwendige Überwindung des Religionsstreits im Reich, eine neue Reichsmünzordnung sowie eine Neuregelung von Steuereinnahmen zum Zweck der Verteidigung des Königreichs Ungarn gegen die osmanischen Angriffe, da es erneut zu bewaffneten Auseinandersetzungen um die strategisch bedeutsame Festung Siget sowie um Krain kam.⁴⁴ Die Verhandlungen des Reichstags verliefen außerdem im Zeichen des langwierigen Konflikts zwischen Frankreich und dem Römisch-deutschen Reich um die Bischofsstädte Metz, Toul und Verdun, die 1552 vom französischen König Heinrich II. besetzt worden waren. Die vom Waffenstillstand von Vaucelles 1556 erhoffte Normalisierung der angespannten französisch-habsburgischen Beziehungen trat jedoch nicht ein und die Streitigkeiten zogen sich noch jahrelang hin. 1557 errang Philipp II. zwar in der Schlacht von Saint-Quentin einen Sieg, musste jedoch gleichzeitig voller Sorge in Richtung Calais blicken, wo es Heinrich II. gelang, die Engländer zu vertreiben und die Stadt zurückzugewinnen. Der Krieg fand erst im Frieden von Cateau-Cambrésis im April 1559 sein Ende, dessen Bedingungen von Philipp II. verhandelt wurden. Frankreich behielt Calais, Metz, Toul und Verdun, büßte jedoch seinen Einfluss in der Lombardei zugunsten Philipps II. ein, so dass diese Region neben Neapel und Sizilien ein weiteres Bollwerk spanischer Macht auf der Apenninenhalbinsel wurde.⁴⁵ Zu Beginn der sechziger Jahre setzte sich Ferdinand I. für eine Weiterführung des mehrmals unterbrochenen Konzils von Trient ein, von dem er sich eine Reform der katholischen Kirche sowie die Normalisierung der Beziehungen zu Anhängern der Reformation erhoffte.

Nach Ferdinands Tod am 25. Juli 1564 übersiedelte sein ältester Sohn Maximilian II. in die Wiener Hofburg und erhielt gemäß dem letzten Willen seines

---

42 Helmut Neuhaus, *Von Karl V. zu Ferdinand I. Herrschaftsübergang im Heiligen Römischen Reich 1555–1558*, in: Christine Roll unter Mitarbeit von Bettina Braun und Haide Stratenwerth (Hrsg.), Recht und Reich im Zeitalter der Reformation. Festschrift für Horst Rabe, Frankfurt am Main-Berlin-Bern-New York-Paris 1997, S. 417–440; Václav Bůžek, *Symboly rituálu. Prohlášení Ferdinanda I. císařem ve Frankfurtu nad Mohanem*, in: Martin Nodl a Petr Sommer ve spolupráci s Evou Doležalovou (Hrsg.), Verba in imaginibus. Františku Šmahelovi k 70. narozeninám, Praha 2004, S. 159–167.

43 A. Kohler, *Karl V.*, S. 363–367.

44 Václav Bůžek – Rostislav Smíšek, *Říšský sněm v Augšpurku roku 1559 pohledem Jáchyma z Hradce*, Folia historica bohemica 23, 2008, S. 35–89.

45 E. Laubach, *Ferdinand I. als Kaiser*, S. 317–358; Ch. Pflüger, *Kommissare*, S. 60–64; Marc Fero, *Dějiny Francie*, Praha 2006, S. 98; Giuliano Procacci, *Dějiny Itálie*, Praha 1997, S. 130–136; V. Bůžek – R. Smíšek, *Říšský sněm*, S. 35–89.

Vaters und nach Vereinbarung mit Philipp II. die Kaiserwürde sowie die Herrschaft im Römisch-deutschen Reich, den Königreichen Böhmen und Ungarn und in Ober- und Niederösterreich. Ferdinand von Tirol zog Anfang 1567 von Prag nach Innsbruck, um Tirol und Vorderösterreich zu übernehmen, Karl von Steiermark ließ sich in Graz nieder und regierte von nun an in Innerösterreich, also Steiermark, Kärnten, Krain, Friaul, Görz und Gradisca sowie einem Teil Istriens mit Triest und Rijeka.[46]

Die Eintracht der österreichischen Linie des Hauses Habsburg wurde nicht nur durch die Erbteilung gestört, sondern nicht weniger durch die divergierende Einstellung der Söhne Ferdinands I. bezüglich der Stärkung des Einflusses der katholischen Kirche nach Abschluss des tridentinischen Konzils.[47] Der Familientradition, seiner Erziehung sowie der Ehe mit der überzeugten Katholikin Maria von Habsburg zum Trotz trat Maximilian II., ganz anders als seine jüngeren Brüder Ferdinand von Tirol und Karl von Steiermark, während seiner gesamten Regierungszeit für Kompromisse zwischen den Anhängern des Katholizismus und der Reformation ein.[48] Er strebte ein friedliches Zusammenleben von gemäßigten Katholiken und gemäßigten Protestanten im religiös gespaltenen Römisch-deutschen Reich an,[49] um dessen politische Einheit er sich zeit seines Lebens bemühte.[50] Ihren stärksten Ausdruck fand seine tolerante Einstellung zum Protestantismus zweifelsohne 1571 in der schriftlichen Bestätigung der Religionsfreiheit für den niederösterreichischen Adel.[51] Im Königreich Böhmen hätte den adeligen Nichtkatholiken im September 1575 eine über die aufgehobenen Basler Kompaktaten hinausgehende Glaubensfreiheit

---

46 T. Winkelbauer, *Ständefreiheit* I, S. 44–47.
47 A. Kohler, *Ferdinand I.*, S. 286–303.
48 Regina Pörtner, *The Counter-Reformation in Central Europe: Styria 1580–1630*, Oxford 2001; Václav Bůžek, *Ferdinand II. Tyrolský v souřadnicích politiky Habsburků a jeho sebeprezentace*, in: Ivo Purš – Hedvika Kuchařová (Hrsg.), Knihovna arcivévody Ferdinanda II. Tyrolského. Texty, Praha 2015, S. 13–40, hier S. 24; ders., *Karel Štýrský na cestě k rekatolizaci Vnitřních Rakous*, in: ders. – R. Smíšek (Hrsg.), Habsburkové 1526–1740, S. 232–235.
49 M. Rudersdorf, *Maximilian II.*, S. 97; Jochen Birkenmeier, *Via regia. Religiöse Haltung und Konfessionspolitik Kaiser Maximilians II. (1527–1576)*, Berlin 2008.
50 Albrecht P. Luttenberger, *Kurfürsten, Kaiser und Reich. Politische Führung und Friedenssicherung unter Ferdinand I. und Maximilian II.*, Mainz 1994 (= Veröffentlichungen des Instituts für europäische Geschichte Mainz, Abteilung Universalgeschichte, Band 149); Maximilian Lanzinner, *Friedenssicherung und politische Einheit des Reiches unter Kaiser Maximilian II. (1564–1576)*, Göttingen 1993.
51 Arno Strohmeyer, *Konfessionskonflikt und Herrschaftsordnung. Das Widerstandsrecht bei den österreichischen Ständen (1550–1650)*, Mainz 2006 (= Veröffentlichungen des Instituts für europäische Geschichte Mainz, Abteilung für Universalgeschichte, Band 201), S. 65–71.

gewährt werden sollen, was jedoch nicht gelang, denn es kam nicht zu einer gesetzlichen Verankerung dieser Böhmischen Konfession.[52]

Der Ruf Maximilians II. als Feldherr wurde Anfang September 1566 ernsthaft in Mitleidenschaft gezogen, als er darauf verzichtete, den Verteidigern von Siget militärische Unterstützung zukommen zu lassen und die Stadt von Süleyman I. eingenommen wurde.[53] Obwohl sich die Situation in Ungarn in Folge des zwei Jahre später mit dem Sultan Selim II. geschlossenen Friedens von Adrianopel für mehr als zwei Jahrzehnte zeitweilig beruhigte,[54] blieb das Osmanische Reich eine dauerhafte Bedrohung für den Mittelmeerraum. Nach der Schlacht von Lepanto wurde gegen Ende des Jahres 1571, vor allem auf das Insistieren von Philipp II. hin, der Beitritt des Römisch-deutschen Reiches zur Heiligen Liga aktuell, einer von Spanien, dem Papst, Venedig und Florenz gebildeten Allianz gegen die Osmanen.[55] Sein Vorhaben stieß jedoch bei den beiden jüngeren Brüdern auf Zurückhaltung sowie eine ausweichende Reaktion der Reichskurfürsten.[56]

Trotz enger verwandtschaftlicher Bindungen mit den Jagiellonen gelang es Maximilian II. nicht, sich nach dem Aussterben dieser Linie 1572 den polnisch-litauischen Thron zu sichern.[57] Den habsburgischen Misserfolg wollte sich der russische Zar Iwan IV., genannt der Schreckliche, zunutze machen und Maximilian als Verbündeten des Moskauer Großfürstentums gegen Polen und das Osmanische Reich gewinnen. Die Mitte 1576 geführten diplomatischen Verhandlungen liefen jedoch ins Leere.[58]

Die politischen Spannungen zwischen Madrid und Wien vertieften sich Ende der sechziger und zu Beginn der siebziger Jahre des 16. Jahrhunderts

---

52 Jaroslav Pánek, *Stavovská opozice a její zápas s Habsburky 1547–1577. K politické krizi feudální třídy v předbělohorském českém státě*, Praha 1982, S. 101–119.
53 Reinhard Lauer, *Siget. Heldenmythos zwischen den Nationen*, in: ders. (Hrsg.), Erinnerungskultur in Südosteuropa, Berlin-Boston 2011 (= Abhandlungen der Akademie der Wissenschaften zu Göttingen, Neue Folge, Band 12), S. 189–216.
54 G. Pálffy, *The Kingdom*, S. 89–118.
55 Stefan Hanß, *Lepanto als Ereignis, Dezentrierende Geschichte(n) der Seeschlacht von Lepanto (1571)*, Göttingen 2017 (= Berliner Mittelater- und Frühneuzeitforschung, Band 21); ders., *Die materielle Kultur der Seeschlacht von Lepanto (1571). Materialität, Medialität und die historische Produktion eines Ereignisses* I–II, Würzburg 2017 (= Istanbuler Texte und Studien, Band 38/1-2).
56 A. P. Luttenberger, *Kurfürsten*, S. 222–230.
57 Krzysztof Baczkowski, *Der polnische Adel und das Haus Österreich. Zur zeitgenössischen Diskussion über die habsburgische Kandidatur für den polnischen Thron während des Ersten und Zweiten Interregnums*, in: F. Edelmayer – A. Kohler (Hrsg.), Kaiser Maximilian II., S. 70–83; Kateřina Pražáková, *Obraz Polsko-litevského státu a Ruska ve zpravodajství české šlechty (1450–1618)*, České Budějovice 2015 (= Monographia historica 15), S. 85–134.
58 K. Pražáková, *Obraz*, S. 210–214.

noch weiter durch die abweichenden Vorstellungen Philipps II. und Maximilians II. über die adäquate Strategie zur Niederschlagung des Aufstands der niederländischen Stände gegen die spanischen Habsburger.[59] Die um die Jahresmitte 1581 entstandene Republik der Vereinigten Niederlande wurde von Spanien nicht anerkannt. Gleichzeitig konzentrierte Philipp II. seine militärischen Kräfte auf die Eroberung Portugals und erlangte mit der Erklärung der spanisch-portugiesischen Personalunion die Herrschaft über den riesigen Raum der westatlantischen Küste.[60] Die Seevormacht Spaniens und Portugals ging im Sommer 1588 im Ärmelkanal unter, als die Armada Philipps II. durch die Kriegsflotte der englischen Königin Elizabeth aus dem Hause Tudor besiegt wurde.[61]

Maximilian II. starb nach einer langwierigen Krankheit am 12. Oktober 1576 in Regensburg, als er zu dieser Zeit auf dem Reichstag weilte.[62] Aus seiner Ehe mit Maria von Habsburg sind insgesamt fünfzehn Kinder hervorgegangen,[63] von denen jedoch lediglich vier Töchter und sechs Söhne das Erwachsenenalter erreichten. Die Heiratserwägungen zielten bei den beiden ältesten Töchtern einerseits auf Stärkung der inneren Einheit des Hauses Habsburg, andererseits aber auch auf Ausdehnung des Verwandtschaftsnetzes auf weitere königliche Dynastien in Europa. Diese Politik war von Erfolg gekrönt, als sich Erzherzogin Anna 1569 mit ihrem Onkel, dem spanischen König Philipp II. vermählte und Erzherzogin Elisabeth den französischen König Karl IX. aus dem Haus Valois-Orléans heiratete.[64] Die jüngere Schwester Erzherzogin Margarethe entschied sich für ein Leben als Nonne und trat 1583 ins Kloster Descalzas Reales in Madrid ein. Im selben Jahr verlegte ihr Bruder Rudolf II., dessen kompromissbeladene Regierung wesentlich zur dynastischen, politischen und konfessionellen Krise in Mitteleuropa beitrug, seinen Hof nach Prag.[65]

In den letzten zehn Lebensjahren von Rudolf II. (1552–1612) wurde von seiner Residenz auf der Prager Burg aus ein recht widersprüchliches Bild die-

---

59 A. Kohler, *Vom habsburgischen Gesamtsystem Karls V.*, S. 33.
60 Jan Klíma, *Dějiny Portugalska*, Praha 1996, S. 76–79.
61 Josef Polišenský, *Dějiny Británie*, Praha 1982, S. 85–86.
62 Viktor Bibl, *Maximilian II. Der rätselhafte Kaiser. Ein Zeitbild*, Hellerau bei Dresden 1929, S. 395–396.
63 A. Koller, *Maria von Spanien*, S. 85; vgl. P. Marek, *Pernštejnské ženy*, S. 43.
64 Joseph F. Patrouch, *Queen's Apprentice. Archduchess Elizabeth, Empress María, the Habsburgs, and the Holy Roman Empire, 1554–1569*, Leiden 2010 (= Studies in medieval and Reformation traditions, volume 148).
65 Mit zahlreichen Literaturhinweisen Václav Bůžek, *Rudolf II. v zajetí vlastních kompromisů a osamocení*, in: ders. – R. Smíšek (Hrsg.), Habsburkové 1526–1740, S. 77–84.

ses mitteleuropäischen Herrschers aus dem Hause Habsburg vermittelt,[66] der nach dem Tod seines Vaters Maximilian II. 1576 die Regierung im Römisch-deutschen Reich sowie den böhmischen und ungarischen Ländern antrat.[67] Die offizielle Propaganda stellte den römischen Kaiser und König von Böhmen und Ungarn als einen christlichen Ritter dar, der auf dem ungarischen Schlachtfeld mit der Waffe in der Hand den Glauben Christi und die katholische Religion vor den Angriffen der Andersgläubigen verteidigt, obgleich er in Wirklichkeit nie an der Spitze seines Heeres gegen die Osmanen gezogen war.[68] Ein ganz anderes Bild bot sich in den Berichten der auswärtigen Gesandten beim kaiserlichen Hof, der Reisenden und Besucher von Prag: Rudolf als ein etwas schrulliger Einzelgänger, dessen Begeisterung für die Kunst der Spätrenaissance und des Manierismus, für die Naturwissenschaften, Alchemie, jüdische Mystik, den Okkultismus und die Jagd ein allfälliges Interesse an den Staatsgeschäften weit überstieg.[69] Abgerundet wurde das Bild eines psychisch labilen Herrschers durch Gerüchte über seinen sich rapide verschlechternden gesundheitlichen

---

66 Anton Gindely, *Rudolf II. und seine Zeit. 1600–1612* I–II, Praha 1863–1865; Jan Bedřich Novák, *Rudolf II. a jeho pád*, Praha 1935; Robert John Weston Evans, *Rudolf II and His World. A Study in Intellectual History 1576–1612*, Oxford 1973; Karl Vocelka, *Rudolf II. und seine Zeit*, Wien-Köln-Graz 1985; Josef Janáček, *Rudolf II. a jeho doba*, Praha 1987; Eliška Fučíková (Hrsg.), *Prag um 1600. Beiträge zur Kunst und Kultur am Hofe Rudolfs II.*, Essen-Freren 1988; Eliška Fučíková – Beket Bukovinská – Ivan Muchka, *Umění na dvoře Rudolfa II.*, Praha 1991; Eliška Fučíková a kol., *Rudolf II. a Praha. Císařský dvůr a rezidenční město jako kulturní a duchovní centrum střední Evropy*, Praha-London-Milano 1997; Jaroslava Hausenblasová – Michal Šroněk, *Urbs aurea. Praha císaře Rudolfa II.*, Praha 1997; Ivo Purš – Vladimír Karpenko (Hrsg.), *Alchymie a Rudolf II. Hledání tajemství přírody ve střední Evropě v 16. a 17. století*, Praha 2011; dies. (Hrsg.), *Alchemy and Rudolf II. Exploring the Secrets of Nature in Central Europe in the 16th and 17th centuries*, Praha 2016.
67 Obwohl Rudolf II. den Titel eines österreichischen Herzogs innehatte, übte er die Herrschaft in den österreichischen Ländern nicht unmittelbar aus. Das Gebiet von Ober- und Niederösterreich wurde nach dem Tod seines Vaters von seinen Brüdern verwaltet – zunächst von Erzherzog Ernst, nach dessen Übersiedlung nach Brüssel 1593 von Erzherzog Matthias. In Tirol und Vorderösterreich herrschte bis 1595 Rudolfs Onkel Ferdinand von Tirol. Nach einem langwierigen Erbstreit wurde 1602 Erzherzog Maximilian, der dritte Bruder Rudolfs II., zum Verwalter von Tirol und Vorderösterreich ernannt. Nach dem Tod von Rudolfs Onkel Erzherzog Karl im Jahre 1590 wurde in Innerösterreich zwischenzeitlich eine Vormundschaftsregierung eingesetzt, bevor 1596 ein Neffe Rudolfs II., Erzherzog Ferdinand von Steiermark, die Herrschaft übernahm. Dazu T. Winkelbauer, *Ständefreiheit* I, S. 44–47.
68 Karl Vocelka, *Die politische Propaganda Kaiser Rudolfs II. (1576–1612)*, Wien 1981, S. 219–299.
69 Cesare Campori (Hrsg.), *Roderico Alidosi, Relazione di Germania e della corte di Rodolfo II. Imperatore negli anni 1605–1607 fatta da Roderici Alidosi ambasciatore del Granduca di Toscana Ferdinando I.*, Modena 1872, S. 5–7; Alois Bejblík (Hrsg.), *Fynes Moryson – John Tylor, Cesta do Čech*, Praha 1977, S. 79–80; Eliška Fučíková (Hrsg.), *Tři francouzští kavalíři v rudolfínské Praze. Jacques Esprinchard, Pierre Bergeron, François de Bassompierre*, Praha 1989, S. 44–59; Albert Babeau, *Une ambassade en Allemagne sous Henri IV.*, Revue Historique 21, 1896, S. 28–49.

Zustand sowie seine äußerst ungeordnete Lebensführung.[70] Es konnte nicht auf Dauer unbemerkt bleiben, dass Rudolf immer wieder verschiedene Ausweichmanöver inszenierte, um nicht heiraten und legitime Nachkommen zeugen zu müssen. Im frühen 17. Jahrhundert wurde dem schillernden Porträt des mitteleuropäischen Herrschers mit Berichten über seine angeblich übermäßige sexuelle Leidenschaft eine weitere Facette hinzugefügt.[71]

Die neuere Geschichtsforschung konnte zeigen, dass das durch den Spiegel seiner Zeitgenossen reflektierte Bild Rudolfs zahlreiche Risse aufwies. Obwohl die politische Entscheidungskraft sicherlich nicht zu seinen Stärken gehörte, kann man nicht behaupten, dass er vor seinen Herrscherpflichten geflohen und den Staatsgeschäften nicht nachgekommen wäre.[72] In voller Überzeugung der Ausschließlichkeit kaiserlicher Majestät zögerte Rudolf II. nicht, gegen die Interessen seiner spanischen Verwandten zu handeln, sei es im Streit um die norditalienische Grafschaft Finale oder in Sachen seiner geplanten Vermählung mit Isabella Clara Eugenia.[73] Angesichts der angespannten religiösen und politischen Lage im Römisch-deutschen Reich und den einzelnen Ländern der Habsburgermonarchie versuchte er stets, jegliche Eskalation von Problemen zu vermeiden und langfristig den Weg des Kompromisses zu gehen, wodurch er seine Macht zu festigen hoffte. Diese Strategie schlug sich unter anderem in der langwierigen Suche nach Auswegen aus dem konfliktträchtigen Miteinander zwischen Protestanten und Katholiken nieder, das im letzten Viertel des 16. Jahrhunderts von den im Augsburger Religionsfrieden mühevoll ausgehandelten Prinzipien meilenweit entfernt war.[74]

Die Suche nach Kompromissen prägte auch seine Herrschaftskonzeption im Königreich Böhmen, das die wichtigste Grundlage seiner politischen und finanziellen Macht bildete. Hier betrieb Rudolf II. eine rigorose Rekatholisierung, setzte sich jedoch gleichzeitig dafür ein, dass sich auch die nichtkatholischen Konfessionen an der Landesverwaltung beteiligen konnten, denn er wollte um jeden Preis einen Ausbruch der in der Gesellschaft angestauten Spannung

---

70 E. Fučíková (Hrsg.), *Tři francouzští kavalíři*, S. 47, 51.
71 C. Campori (Hrsg.), *Roderico Alidosi, Relazione di Germania*, S. 5–7; A. Bejblík (Hrsg.), *Fynes Moryson – John Taylor, Cesta do Čech*, S. 79–80.
72 Jaroslav Pánek, *K povaze vlády Rudolfa II. v Českém království*, Folia historica bohemica 18, 1997, S. 71–86; Jaroslava Hausenblasová (Hrsg.), *Der Hof Kaiser Rudolfs II. Eine Edition der Hofstaatsverzeichnisse 1576–1612*, Praha 2002 (= Fontes historiae artium 9); Ryszard Skowron et alii (Hrsg.), *Documenta Polonica ex Archivo Generali Hispaniae in Simancas. Nova Series* I, Kraków 2015.
73 Pavel Marek, *La embajada española en la corte imperial 1558–1641. Figuras de los embajadores y estrategias clientelares*, Praha 2013, S. 62–82.
74 Zutreffend Volker Press, *Rudolf II. 1576–1612*, in: Anton Schindling – Walter Ziegler (Hrsg.), Die Kaiser der Neuzeit 1519–1918. Heiliges Römisches Reich, Österreich, Deutschland, München 1990, S. 99–111, 475–477, hier S. 107–109.

verhindern. Unter seinen Hofleuten fanden sich neben strenggläubigen Katholiken auch Vertrauenspersonen lutherischer und calvinistischer Konfession sowie Angehörige der verbotenen Brüder-Unität.[75] Rudolf hatte zwar lange Jahre am spanischen Königshof verbracht, wo er sich auf Wunsch seiner Mutter die Grundsätze des nachtridentinischen Katholizismus aneignen sollte – seine Alltagspolitik war jedoch viel stärker durch die Kompromisslösungen Maximilians II. inspiriert.[76] Dies schlug sich beispielsweise in seiner pragmatischen und von aktuellen Machtinteressen geprägten Haltung zum Heiligen Stuhl nieder.[77] Die politischen und religiösen Kompromisse wie der 1609 ausgestellte Majestätsbrief wurden ihm jedoch schlussendlich zum Verhängnis, wie der Zwist mit seinem jüngeren Bruder Erzherzog Matthias in den Jahren 1608 bis 1611 zeigte.[78] Die Auseinandersetzung endete für Rudolf mit dem Verlust von Mähren und Ungarn und schwächte auch seine Stellung als böhmischer König dermaßen, dass er sich, zum damaligen Zeitpunkt gesundheitlich bereits schwer angeschlagen, nur noch mit der Anwerbung einer Söldnertruppe aus Passau (auch als „Passauer Kriegsvolk" bekannt) retten zu können glaubte.[79] Der schwerstkranke und erschöpfte Kaiser starb auf der Prager Burg zwischen sechs und sieben Uhr am Morgen des 20. Januar 1612.[80]

Trotz mehrerer Fallstudien sowie des jüngst erschienenen zweibändigen Werks über die Habsburger ist es der modernen tschechischen Geschichts-

---

75 Anhand von Belegen Václav Bůžek, *Konfessionelle Pluralität in der kaiserlichen Leibkammer zu Beginn des 17. Jahrhunderts*, in: Joachim Bahlcke – Karen Lambrecht – Hans-Christian Maner (Hrsg.), Konfessionelle Pluralität als Herausforderung. Koexistenz und Konflikt in Spätmittelalter und Früher Neuzeit. Winfried Eberhard zum 65. Geburtstag, Leipzig 2006, S. 381–395; ders., *Heinrich Julius von Braunschweig-Wolfenbüttel am Prager Kaiserhof*, in: Werner Arnold – Brage Bei der Wieden – Ulrike Gleixner (Hrsg.), Herzog Heinrich Julius zu Braunschweig und Lüneburg (1564–1613): Politiker und Gelehrter mit europäischem Profil, Braunschweig 2016 (= Quellen und Forschungen zur Braunschweigischen Landesgeschichte, Band 49), S. 42–56.

76 Näher hierzu J. Pánek, *K povaze vlády*, S. 81–84.

77 Eine neue Betrachtungsweise bietet Tomáš Černušák, *Nunciatura u císařského dvora v prvních letech vlády Rudolfa II. a české země*, Český časopis historický 111, 2013, S. 728–742, hier S. 735.

78 Zuletzt Václav Bůžek (Hrsg.), *Ein Bruderzwist im Hause Habsburg (1608–1611)*, České Budějovice 2010 (= Opera historica 14); Jaroslava Hausenblasová – Jiří Mikulec – Martina Thomsen (Hrsg.), *Religion und Politik im frühneuzeitlichen Böhmen. Der Majestätsbrief Kaiser Rudolfs II. von 1609*, Stuttgart 2014 (= Forschungen zur Geschichte und Kultur des östlichen Mitteleuropa, Band 46).

79 J. Pánek, *K povaze vlády*, S. 83.

80 Václav Bůžek – Pavel Marek, *Smrt Rudolfa II.*, Praha 2015; dies., *Krankheiten, Sterben und Tod Kaiser Rudolfs II. in Prag*, Mitteilungen des Instituts für Österreichische Geschichtsforschung 125, 2017, S. 40–67; dies., *The Funerals of the Emperor Rudolph II in the Spanish Monarchy*, im Druck.

wissenschaft bisher nicht gelungen, die Herrschaft des Hauses Habsburg bzw. der habsburgisch-lothringischen Linie in Böhmen, 1526 bis 1918 Bestandteil des mitteleuropäischen Vielvölkerstaates, sachgerecht und unvoreingenommen kritisch zu bewerten.[81] Ein derartig konzeptionell anspruchsvolles Forschungsvorhaben wird nun seit einigen Jahren verfolgt und sollte in nächster Zukunft erfolgreich umgesetzt werden – in einen „tschechischen" Blick auf die Geschichte der Habsburgermonarchie, d. h. die Herrschaft der Habsburger in einer mitteleuropäischen Monarchie sowie die Repräsentation ihrer Macht und ihres Glaubens. Im Hinblick auf dieses Erkenntnisinteresse stützt sich der gewählte methodische Ansatz auf eine konsequent komparative Interpretation der Macht-, Politik-, Rechts-, Religions-, Wirtschafts- und Kulturgeschichte, die in verschiedenen Formen der Kommunikation zwischen dem Herrscher auf der einen und Gesellschaftsgruppen wie politischen Institutionen der einzelnen Länder des mitteleuropäischen Staatengebildes auf der anderen Seite manifest wurde. Als Interpretationsrahmen dient bis 1806 notwendigerweise das Römisch-deutsche Reich, die chronologische und thematische Gliederung erfolgt entlang von wohlbedacht gewählten und den Verlauf der Zivilisationsprozesse berücksichtigenden Periodisierungspunkten. Eine wichtige Voraussetzung für die Forschungsarbeit der beteiligten Autorinnen und Autoren ist sicherlich die Fähigkeit, über den reinen Erkenntnisgewinn hinaus in einem synthetisch vergleichenden Blick die bisher sehr vereinzelten Ergebnisse tschechischer Fallstudien und internationaler Forschung zum Thema zu bündeln und kritisch auszuwerten.

Einen geeigneten Ausgangspunkt für diesen angestrebten „tschechischen" Blick auf die einzelnen Abschnitte der Geschichte der mitteleuropäischen Monarchie in der Frühen Neuzeit bieten modern konzipierte wissenschaftliche Biographien einzelner habsburgischer Herrscher und ihrer Familienmitglieder im breiten gesellschaftlichen Kontext. Nutzt man Biographien als Forschungssonden in verschiedene Lebensabschnitte der habsburgischen Herrscher, lassen sich vor diesem Hintergrund die Formen ihrer Regierung, die Mittel ihrer politischen wie religiösen Repräsentation oder die Instrumente zur Erhaltung des dynastischen Gedächtnisses beschreiben und die Geschichte des mitteleuropäischen Staatengebildes angemessen interpretieren. Vor diesem Hintergrund werden im vorliegenden Band die letzten Augenblicke im Leben Ferdinands I. und seiner Söhne sowie die anschließenden Begräbnisfeierlichkeiten kontextualisiert und dargestellt.

---

81 Václav Bůžek, *Die Habsburger in der frühneuzeitlichen tschechischen Geschichtsforschung*, Opera historica 20, 2019, S. 288–315; V. Bůžek – R. Smíšek (Hrsg.), *Habsburkové 1526–1740*; Ivo Cerman (Hrsg.), *Habsburkové 1740–1918. Vznikání občanské společnosti*, Praha 2016.

II. Letzter Abschied von Karl V. in Brüssel und Augsburg

Um zu verstehen, an welchen Vorbildern man sich bei der Vorbereitung der Begräbnisse von Ferdinand I. und seinen Söhnen orientierte, ist es an dieser Stelle angebracht, einen Blick auf die nach dem Tod Karls V. in Brüssel und Augsburg veranstalteten Trauerfeierlichkeiten zu werfen. Der römische Kaiser, König von Spanien und Herzog von Burgund teilte an seinem Lebensende, in den Jahren 1555 bis 1558, die einzelnen Herrschaftsgebiete des riesigen Reiches schrittweise auf.[1] Als erstes trat er im Oktober 1555 bei einer feierlichen Zusammenkunft des alten burgundischen Adels in der Brüsseler Residenz Coudenberg die Verwaltung der niederländischen Provinzen an seinen Sohn Philipp II. ab. Die Übergabe der politischen Macht erfolgte im Festsaal der Residenz, der mit zahlreichen um 1430 im Auftrag Philipp des Guten entstandenen Tapisserien mit Jagdmotiven geschmückt war. Da es sich beim Auftraggeber dieser pompösen Verzierung zugleich um den ersten Großmeister des Ordens vom Goldenen Vlies handelte, erfolgte die Übertragung der Herrschaft vom Vater auf den Sohn an einem Ort, an dem die Erinnerung an die Tugend christlicher Ritter und das ideelle wie politische Vermächtnis der burgundischen Herzöge lebendig gehalten wurde. Bereits einige Tage zuvor stellte der abtretende Herrscher diese Kontinuität bewusst in den Vordergrund, als er in der Brüsseler Kathedrale St. Michael und St. Gudula das Amt des Großmeisters des Ordens vom Goldenen Vlies zugunsten seines Sohnes Philipp II. niederlegte.[2]

Bei der Übergabe des einstigen Territoriums der Herzöge von Burgund an Philipp II. in der Residenz Coudenberg blickte Karl V. in seiner auf Französisch gehaltenen Ansprache auf die Anfänge seiner Regierung in den niederländischen Provinzen, Spanien und dem Römisch-deutschen Reich zurück. Er erwähnte seine Vorbilder Maximilian I. und Ferdinand von Aragon, seine Großväter väter- und mütterlicherseits, an deren politisches Bestreben er bewusst anknüpfte, und zählte en détail alle während seiner Herrschaft in Europa und Afrika geführten Kriege auf. Im Einzelnen erwähnte er die Auseinandersetzungen mit Frankreich um den Machteinfluss im Norden Italiens,

---

1 Alfred Kohler, *Karl V. 1500–1558. Eine Biographie*, München 2000, S. 349–355; Stephanie Schrader, *Greater than Ever He Was. Ritual and Power in Charles V's 1558 Funeral Procession*, Nederlands Kunsthistorisch Jaarboek 49, 1998, S. 68–93, hier S. 70–71; Ariane Koller, *Die letzte Feier der monarchia universalis. Abdankung, Tod und Begräbnis Kaiser Karls V.*, in: Francine Giese – Anna Pawlak – Markus Thome (Hrsg.), Tomb, Memory, Space. Concepts of Representation in Premodern Christian and Islamic Art, Berlin-Boston 2018, S. 307–324, hier S. 310–316.
2 Ausführlicher A. Koller, *Die letzte Feier*, S. 310–312; Han van der Horst, *Dějiny Nizozemska*, Praha 2005, S. 111.

sein entschiedenes Durchgreifen gegen die Lutheraner im Römisch-deutschen Reich sowie die übers Mittelmeer zur afrikanischen Küste führenden Feldzüge gegen die Osmanen.[3] Als Höhepunkt seiner kaiserlichen Laufbahn galt ihm der Augsburger Religionsfrieden,[4] der als ein entscheidender Meilenstein zur Wiederherstellung der politischen Einheit des Römisch-deutschen Reiches dargestellt wurde. Aus Karls Mund sprach hier ein christlicher Ritter, der mit der Waffe in der Hand und an die Herrschertaten seiner Vorfahren anknüpfend den Glauben Christi gegenüber Andersgläubigen und den Anhängern der Reformation verteidigte.[5]

Nachdem Karl den Verlauf seiner Herrschaft auf Französisch skizziert hatte, wechselte er ins Spanische und erklärte vor den versammelten Adeligen, dass er die Verwaltung der niederländischen Provinzen ganz freiwillig an seinen Sohn abtrete und dessen erste Schritte als Herrscher mit großer Freude erwarte.[6] Bei Überreichung der Machtinsignien richtete er einen Dank an seine jüngere Schwester Maria, die er vor vierundzwanzig Jahren zur Regentin der Niederlande ernannt hatte. Den Festsaal verließ Karl gestützt auf seine Leibkämmerer, denn aufgrund einer Funktionsstörung der unteren Gliedmaßen konnte er nicht mehr eigenständig gehen.[7]

Die Herrschaft über Kastilien, Aragon, Sizilien und die überseeischen Territorien übergab Karl V. an seinen Sohn Philipp II. im Januar 1556.[8] Seine sieben Monate später erfolgte und völlig unerwartete Ankündigung über seinen Rücktritt als Kaiser des Römisch-deutschen Reiches zog ein Interregnum nach sich, das bis zur Annahme seiner Abdankung durch die Kurfürsten im Februar 1558 in Frankfurt am Main andauerte. Einen Monat später wurde Karls jüngerer Bruder Ferdinand I. zum neuen Herrscher über das Römisch-deutsche Reich

---

3 A. Kohler, *Karl V.*, S. 239–260, 277–326; Petr Vorel, *The War of the Princes. The Bohemian Lands and the Holy Roman Empire 1546–1555*, New York 2015; Heinz Duchhardt, *Tunis – Algier – Jerusalem? Zur Mittelmeerpolitik Karls V.*, in: Alfred Kohler – Barbora Haider – Christine Ottner unter Mitarbeit von Martina Fuchs (Hrsg.), Karl V. 1500–1558. Neue Perspektiven seiner Herrschaft in Europa und Übersee, Wien 2002 (= Zentraleuropa – Studien, Band 6), S. 685–690; Sabine Haag – Katja Schmitz-von Ledebur (Hrsg.), *Kaiser Karl V. erobert Tunis. Dokumentation eines Kriegszuges in Kartons und Tapisserien*, Wien 2013.
4 A. Kohler, *Karl V.*, S. 341–349; Václav Bůžek, *Passau 1552 – Augsburg 1559. Zeugnisse böhmischer Adliger über den Hof und die Reichspolitik Ferdinands I.*, Mitteilungen des Instituts für Österreichische Geschichtsforschung 116, 2008, S. 291–330.
5 A. Koller, *Die letzte Feier*, S. 312–313.
6 Ebd., S. 313–314.
7 Ebd., S. 314–316.
8 A. Kohler, *Karl V.*, S. 354; A. Koller, *Die letzte Feier*, S. 314–316.

ernannt.⁹ Karl hatte sich bereits im Februar 1557 ins Kloster San Jerónimo de Yuste zurückgezogen, wo er die letzten Monate seines Lebens verbrachte.¹⁰ Die sich über drei Jahre hinziehende Übergabe der Macht an den Bruder und den Sohn Karls V. bedeutete dann letztlich den Zerfall eines einheitlichen Reiches unter der Herrschaft des Hauses Habsburg.

An gesundheitlichen Beschwerden hatte Karl insbesondere unter der Gicht zu leiden, die er durch Mineralbäder und Diät zu lindern hoffte. Stark angeschlagen war er auch durch heftige Rücken- und Kopfschmerzen, hohes Fieber und unstillbaren Durst. Sein Zustand verschlechterte sich seit Mitte August 1558 zunehmend. Einen Monat lang verlor Karl immer wieder das Bewusstsein, konnte nicht mehr sprechen und erkannte auch ihm nahestehende Personen nicht mehr, so dass ihn der katholische Priester Juan de Regla langsam auf den endgültigen Abschied von dieser Welt vorbereitete. Zwischen dem 19. und 20. September 1558 nahm er Karl die Beichte ab und spendete ihm die Eucharistie sowie das Sakrament der Letzten Ölung. Das Totenbett im Kloster San Jerónimo de Yuste war von geweihten Kerzen aus Montserrat umgeben, der Sterbende umklammerte dasselbe Kruzifix, das 1539 seine Frau Isabella zum Zeitpunkt ihres Todes in Händen gehalten hatte. In seiner Nähe betete der Erzbischof von Toledo Bartolomé Carranza de Miranda. Zwei Ordensbrüder wechselten sich beim stillen Vorlesen von Passagen aus der Passion Christi und dem Lukasevangelium mit der Schilderung des Kreuzwegs, der Kreuzigung und der Grablegung Christi ab. Das irdische Leben des sterbenden Herrschers sollte sich in seinen christlichen Taten widerspiegeln. Bevor Karl V. zum letzten Mal atmete, legte ihm der Erzbischof das Kruzifix kurz auf die Brust, den Mund und die gefalteten Hände, während er mit leiser Stimme den Psalm *Quia apud Dominum misericordia* sprach.¹¹

Karl V. starb am 21. September 1558 zwischen zwei und drei Uhr morgens. Nach der Obduktion wurde sein Leichnam einbalsamiert, gekleidet und in einem Metallbehälter in den Holzsarg gebettet, der in den folgenden drei Tagen auf dem Katafalk in der Klosterkirche aufgebahrt blieb. Gemäß seinem letzten Willen wurde der Kaiser in der Krypta unter dem Hochaltar in San Jerónimo de Yuste beigesetzt. Den Höhepunkt einer bescheidenen, ohne Leichenzug ausgerichteten Trauerfeier bildete die vom Toledaner Erzbischof Bartolomé Carranza

---

9 Václav Bůžek, *Symboly rituálu. Prohlášení Ferdinanda I. císařem ve Frankfurtu nad Mohanem*, in: Verba in imaginibus. Františku Šmahelovi k 70. narozeninám k vydání připravili Martin Nodl a Petr Sommer ve spolupráci s Evou Doležalovou, Praha 2004, S. 159–167.
10 A. Kohler, *Karl V.*, S. 356.
11 Ebd., S. 363–366; Georg Khevenhüller-Metsch (Hrsg.), *Hans Khevenhüller, kaiserlicher Botschafter bei Philipp II. Geheimes Tagebuch 1548–1605*, Graz 1971, S. 9.

de Miranda zelebrierte Totenmesse.¹² Erst 1574 wurden auf Geheiß Philipps II. die sterblichen Überreste seines Vaters in die neu errichtete Familiengrablege in El Escorial überführt, wo auch Karls Frau Isabella, deren Mutter sowie zwei Schwestern ihre letzte Ruhestätte fanden.¹³

Philipp II. erfuhr erst am 1. November 1558 vom Tod seines Vaters und beauftragte sogleich den Oberstbofmeister mit den Vorbereitungen für eine pompöse Trauerfeier.¹⁴ Im Königreich Böhmen traf die Nachricht vom Ableben Karls V. weitere zwei Wochen später ein, wie man den Aufzeichnungen Pavel Korkas von Korkyně entnehmen kann. Da der erfahrene Kriegsmann den verstorbenen Kaiser persönlich kannte, konnte er seinem Eintrag über dessen Tod auch eine kurze und prägnante Charakteristik von dessen staatsmännischen Taten hinzufügen: „Dieser Kaiser hat große Taten in der Welt verrichtet, große Kriege geführt und ganze Völker unterworfen."¹⁵ Es war eben diese Auffassung der Regierung Karls V., die im Hintergrund der symbolischen Sprache in dessen Porträt beim feierlichen Einzug Ferdinands I. auf die Prager Burg am 8. November 1558 stand. Das am Triumphbogen angebrachte Konterfei stellte den älteren Bruder als einen furchtlosen Herrscher in Rüstung dar, der das imposante Reich der Habsburger in Europa, Afrika und Amerika begründet hatte.¹⁶ Als ein Zeichen der Ehrerbietung gegenüber dem Verstorbenen kann sicherlich auch die im November/Dezember 1558 erfolgte Anweisung an die ihn zum Augsburger Reichstag begleitenden Hofleute, Herren und Ritter aus dem Königreich Böhmen gelten, die ihnen das Tragen von Trauerkleidung vorschrieb.¹⁷

Trauerfeier in Brüssel

Nach dem Tod Karls V. fanden unzählige Begräbnisfeierlichkeiten statt: in Lissabon, Paris, Westminster, Konstantinopel, vielen italienischen, österreichischen

---

12 Achim Aurnhammer – Friedrich Däuble, *Die Exequien für Karl V. in Augsburg, Brüssel und Bologna*, in: Studien zur Thematik des Todes im 16. Jahrhundert, Wolfenbüttel 1983, S. 141–191, hier S. 141.

13 A. Kohler, *Karl V.*, S. 368.

14 S. Schrader, *Greater than Ever He Was*, S. 70; A. Koller, *Die letzte Feier*, S. 317.

15 Zdeněk Vybíral (Hrsg.), *Paměti Pavla Korky z Korkyně. Zápisky křesťanského rytíře z počátku novověku*, České Budějovice 2014 (= Prameny k českým dějinám 16.–18. století, Reihe B, Band 4), S. 104, hier in sinngemäßer deutscher Übersetzung.

16 Václav Bůžek, *Ferdinand Tyrolský mezi Prahou a Innsbruckem. Šlechta z českých zemí na cestě ke dvorům prvních Habsburků*, České Budějovice 2006 (= Monographia historica 7), S. 154, 157–158.

17 Z. Vybíral (Hrsg.), *Paměti Pavla Korky z Korkyně*, S. 104; Národní archiv Praha, Královská registra Nr. 62, fol. 72–73.

und spanischen Städten, an zahlreichen Orten des Römisch-deutschen Reiches und sogar in Mexiko. An dieser Stelle sind jedoch besonders zwei hervorzuheben, denen aus Sicht der Herrschaftsrepräsentation und Kontinuität der Macht eine immense Bedeutung zukam: die Exequien in Brüssel und Augsburg.[18] Die Trauerfeier in Brüssel wurde vom 29. bis 30. Dezember 1558 von Philipp II., diejenige in Augsburg vom 24. bis 25. Februar 1559 von Ferdinand I. ausgerichtet[19] – also von Karls ältestem Sohn und seinem jüngeren Bruder, die die Kontinuität der habsburgischen Herrschaft verkörperten. Aufschluss über den Verlauf der Brüsseler Feierlichkeiten gibt neben den nach Vorlagen von Hieronymus Cock entstandenen Kupferstichen der Brüder Joannes und Lucas van Doetechum (Doetecom, Duetecum) und den Aufzeichnungen des englischen Kaufmanns Richard Clough auch die detaillierte Berichterstattung aus dem Zeitungsarchiv der letzten Rosenberger.[20]

Der Leichenzug brach am 29. Dezember 1558 gegen zwei Uhr nachmittags aus der festlich geschmückten Brüsseler Residenz Coudenberg auf und begab sich zu der in Trauerflor gehüllten Kathedrale St. Michael und St. Gudula. Auch die entlang des Weges errichteten Holzsperren waren mit schwarzem Stoff überzogen. Dahinter versammelten sich die Einwohner von Brüssel, in Trauerkleidung und mit brennenden Kerzen mit kaiserlichem Wappen in der Hand. An der Spitze des Leichenzugs schritten bewaffnete Hartschiere voran, gefolgt von weißgekleideten Schulkindern, Ordensgeistlichen (Augustiner, Dominikaner, Franziskaner und Karmeliten), Pfarrgeistlichen von Brüssel, ausgewählten spanischen Priestern, einigen Äbten sowie den Bischöfen von Arras und Lüttich. Den Abschluss des vorderen Teils bildeten etwa 200 arme Personen, die Trauerkleidung trugen und ebenfalls brennende Kerzen mit kaiserlichem Wappen in der Hand hielten.

---

18 A. Aurnhammer – F. Däuble, *Die Exequien für Karl V.*, 161–162; in Auswahl vgl. María Adelaida Allo Manero – Juan Francisco Esteban Llorente, *El estudio de las exequias reales en la Monarquía hispana: siglos XVI, XVII y XVIII*, Artigrama 19, 2004, S. 39–94; Fernando Bouza Brey, *Las exequias del emperador Carlos V en la Catedral de Santiago*, Cuadernos de estudios gallegos 43, 1959, S. 267–276; Francisco Javier Campos y Fernández de Sevilla, *Exequias privadas y funerales de Estado por Carlos I/V: Yuste y Bruselas (1559)*, Boletín de Arte 22, 2001, S. 15–43; Francisco Javier Campos y Fernández de Sevilla, *Los funerales de Carlos V en Bruselas (29/30-XII-1558)*, in: Carlos I y su tiempo. Actas del Congreso Beresit III, Toledo 2002, S. 319–333 (für die Hinweise auf die spanische Literatur bedanke ich mich bei Pavel Marek). Weiterhin vgl. Liselotte Popelka, *Castrum doloris oder „trauriger Schauplatz". Untersuchungen zu Entstehung und Wesen ephemerer Architektur*, Wien 1994, S. 106–107.

19 A. Aurnhammer – F. Däuble, *Die Exequien für Karl V.*

20 Ebd., S. 147; Státní oblastní archiv Třeboň, Historica Třeboň, Sign. 4423 (*Beschreibung Kayser Caroli des Funfften Begengnus so durch Irer Kay: Mai: Son die kunigliche Wurde auß Hispanien Kunig Philippum zu Brussell im Niderlanndt ... gehalten worden*). Ein großer Dank für die Hilfe bei der Identifizierung der Namen der Trauergäste gebührt meinem Kollegen Rostislav Smíšek); S. Schrader, *Greater than Ever He Was*, S. 71–72; A. Koller, *Die letzte Feier*, S. 318.

Im zweiten Abschnitt des Kondukts schritten eine große Gruppe städtischer Beamter aus Brüssel, Vertreter der niederländischen Stände sowie Adelige aus Brabant und Luxemburg, hinter ihnen an die 300 Personen des Hofstaates Philipps II. in hierarchischer Abfolge, also niedere Bedienstete, Leibkämmerer und die höchstgestellten Hofleute mit politischem Einfluss. Abgeschlossen wurde diese Gruppe durch Vertreter des Ordens von Calatrava, des Santiagoordens und des Ritterordens vom Heiligen Grab zu Jerusalem.

An der Spitze des dritten Abschnitts des Trauerzugs waren etwa sechzehn Hofbläser zu sehen, die mit Hilfe ihrer mit kaiserlichen Standarten en miniature geschmückten Instrumente die Aufmerksamkeit auf den wichtigsten Teil des Kondukts lenken sollten. Ihnen folgte der oberste Herold des Römischdeutschen Reiches, begleitet von zwei Wappenkönig-Herolden der Grafschaften Hennegau und Artois. Hinter ihnen trugen niedere Hofleute die Herrschaftssymbole Karls V.: die kleinere Fahne mit dem kaiserlichen Wappen wurde Pedro de la Cerda anvertraut, die große Fahne mit dem Wappen des verstorbenen Herrschers in die Hände Cristóbals de Castro übergeben. Próspero de Lulin trug den Turnierhelm, Juan de Castilla den Turnierschild mit dem Wappen von Burgund und der Devise *Plus ultra*.

Die Kaiserherrschaft Karls V. wurde in Gestalt eines etwa zehn Meter langen Schiffes mit dem Namen Victoria („das Schief geziert mit zugerichten Pildern") triumphal gefeiert.[21] Die symbolische Verzierung des Schiffes umfasste drei Ebenen, die den einzelnen Bestandteilen der Schiffskonstruktion entsprachen. Der Rumpf stellte den Verstorbenen als einen christlichen Ritter dar, der den Glauben Christi mit dem Schwert in der Hand gegen die Osmanen verteidigte, mit besonderer Betonung des Feldzugs nach Tunis im Jahre 1535.[22] Bilder der Tugenden eines christlichen Ritters zierten in großer Zahl das Oberdeck. In der Mitte befand sich der leere Thron des römischen Kaisers, der von Gottes Gnaden und im Geiste ritterlicher Tugenden in der christlichen Welt regierte. Die Auffassung der Kaisermacht Karls V. als uneingeschränkte Herrschaft über die christliche Welt spiegelte sich in den mehrfach das Schiff zierenden Sprüchen *Res publica christiana* wider. Zwei hinter dem Schiff angebrachte Herkulessäulen symbolisierten durch den Verweis auf die Meerenge von Gibraltar die Ausdehnung von Karls christlichem Reich über die Grenzen des europäischen Kontinents hinaus nach Übersee. Das tobende Meer rings um das Schiff Victoria stand für den unendlichen Raum seiner Herrschaft.[23]

---

21 Státní oblastní archiv Třeboň, Historica Třeboň, Sign. 4423; A. Aurnhammer – F. Däuble, *Die Exequien für Karl V.*, S. 182; Karl Vocelka – Lynne Heller, *Die Lebenswelt der Habsburger. Kultur- und Mentalitätsgeschichte einer Familie*, Graz-Wien-Köln 1997, S. 290–291.
22 Vgl. S. Haag – K. Schmitz-von Ledebur (Hrsg.), *Kaiser Karl V. erobert Tunis*.
23 Näher hierzu A. Aurnhammer – F. Däuble, *Die Exequien für Karl V.*, S. 148–149, 182–183; S. Schrader, *Greater than Ever He Was*, S. 75–76.

Den im Leichenzug mitgetragenen Nachbildungen der Herkulessäulen fiel die Funktion zu, das Eingangstor zur Präsentation einzelner europäischen Territorien unter der Herrschaft Karls V. zu bilden. Jedes Gebiet wurde durch drei Adelige in schwarzer Kleidung vertreten. Zwei davon führten ein mit dunkler Schabracke mit Landeswappen verziertes Pferd, der dritte trug eine Fahne mit demselben Symbol der Landesrepräsentation. Die Berichterstattung über die Brüsseler Trauerfeierlichkeit liest sich stellenweise wie eine detaillierte Schilderung der Farben und Symbole der einzelnen territorialen Wappen.[24] Die drei Edelmänner gehörten zu den Gentilhombres am Hof des verstorbenen Kaisers und ihre Stellung in der Dienstthierarchie orientierte sich an der spätmittelalterlichen burgundischen Hofordnung. Zur Regierungszeit Karls V. waren die Gentilhombres de la boca (panaderos, copero, trinchante) den Gentilhombres de la casa (caballerizo) hierarchisch übergeordnet, sie standen jedoch gleichermaßen im Dienst des Kaisers, inklusive der Militärpflicht.[25]

Hintereinander waren Fahnen mit den Wappen von Flandern, Geldern, Brabant, Burgund, Ober- und Niederösterreich zu sehen. Ihnen folgte ein Herold „mit der kaiserlichen Zier", zu seiner Linken und Rechten die Herolde von Österreich und Burgund, einer von ihnen mit Pferd am Halfter, der andere mit der Fahne von „der kayserlichen Majestät Kunigreich". Die weiteren im Trauerzug getragenen Landeswappen gehörten Córdoba, Sardinien und Sevilla, ihnen folgten diejenigen von Mallorca, Aragon und vermutlich auch Galizien. Das feierliche Defilee der einzelnen Herrschaftsgebiete setzte sich fort in den Wappen von Valencia, Toledo, Granada und Navarra, ihnen folgte dasjenige von Jerusalem; heraldisch vertreten waren ebenfalls Sizilien, Neapel, León und Kastilien.

Dahinter schritten zwei kaiserliche Herolde „mit den Reichsrocken", ihnen folgend Gaspar de Fuensalida, der den Schild mit dem Wappen des Römisch-deutschen Reiches trug. Zwei Adelige führten ein geharnischtes, mit Reichswappen verziertes Pferd und ein weiteres mit goldener Schabracke an der Hand. Die große Fahne mit dem kaiserlichen Wappen im Schild wurde vermutlich von Juan Arias de Saavedra, Graf de Castellar, getragen. Rechts dahinter folgte höchstwahrscheinlich Nicolás de Rocafull mit dem Schild des burgundischen Herzogs Karl des Kühnen, der auf die Vorfahren väterlicherseits verweisen

---

24 Státní oblastní archiv Třeboň, Historica Třeboň, Sign. 4423; vgl. S. Schrader, *Greater than Ever He Was*, S. 75–76.
25 Zur näheren Identifizierung der Gentilhombres vgl. insbesondere Feliciano Barrios, *El Consejo de Estado de la monarquía española: 1521–1812*, Madrid 1984; José Martínez Millán (Hrsg.), *Carlos V y la quiebra del humanismo político en Europa (1530–1558)* I–III, Madrid 2001; ders. – Santiago Fernández Conti, *La monarchía de Felipe II: La casa del rey II*, Madrid 2005; Enrique García Hernán, *Políticos de la monarquía Hispánica (1469–1700). Ensayo y Diccionario*, Madrid 2002.

sollte, links dann Fernán Perez de Ribadeneira mit die mütterliche Seite der Ahnen Karls V. repräsentierendem Schild und Wappen von Kastilien und León. Die beiden Adeligen in nächster Folge waren rechter Hand Rodrigo Pacheco Osorio de Toledo, Marquis de Cerralbo, der den Schild mit dem Wappen von Maximilian I. trug, links San Juan de Guerena mit demjenigen Ferdinands von Kastilien und Aragon, dessen symbolische Anwesenheit im Trauerzug an das Vermächtnis des Großvaters mütterlicherseits erinnern sollte. Der Verfasser des Berichts hielt es auch für angebracht zu betonen, dass die Schilde der männlichen Nachkommen der bis zu Karl V. reichenden dynastischen Linie allesamt mit dem Symbol des Ordens vom Goldenen Vlies verziert waren. Dadurch sollten die Wurzeln der Macht, der Herrschaftsautorität und -würde Karls V. als Schöpfers einer universellen christlichen Monarchie zurückverfolgt und herausgestellt werden.

Ihnen folgte Giangirolamo Acquaviva d'Aragona, Herzog von Atri, der den kaiserlichen Helm mit Krone an der Spitze trug, neben ihm war ein weiterer Adeliger mit dem großen kaiserlichen Schild mit aufgemaltem Wappen, der goldenen Krone und dem Orden vom Goldenen Vlies zu sehen. Der Harnisch des Kaisers wurde vermutlich Carlo de Lannoy, Fürst von Sulmona, anvertraut. Den Abschluss bildeten drei Herolde mit kaiserlichen Wappen.

Der Verstorbene wurde durch ein mit einer schwarzen Samtdecke mit großem Kreuz behangenes Trauerpferd vertreten. Der Graf von Schwarzburg trug auf einem in schwarzes und goldenes Tuch gehüllten Brett den Orden vom Goldenen Vlies („der kayserlichen Majestät gross fluess") vor sich her. Luis Fernández Manrique, Marquis von Aguilar, hielt das kaiserliche Zepter in Händen, Martín de Aragón y de Sarmiento, Herzog von Villahermosa, das kaiserliche Schwert. Der Reichsapfel wurde von Wilhelm I. von Oranien getragen, die Kaiserkrone vom Oberststallmeister an Karls Hof. Hinter dem die Ritter vom Goldenen Vlies repräsentierenden Ehrenherold schritt der Obersthofmeister Fernando Álvarez de Toledo y Pimentel, Herzog von Alba. Ihm folgte ein aufgebahrter leerer Sarg, auf dessen Verzierung in dem Bericht über die Brüsseler Begräbnisfeierlichkeiten nicht näher eingegangen wird.[26]

Die gesamte Aufmerksamkeit der Trauergäste richtete sich auf die Person Philipps II., der einen schwarzen Kapuzenumhang mit dem Orden vom Goldenen Vlies trug. Dem Sohn Karls V. folgten Emanuel Philibert von Savoyen, dessen Anwesenheit auf die Heirat der Tante des Verstorbenen mit dem Herzog von Savoyen verwies, einige Gesandte des Ordens vom Goldenen Vlies sowie Vertreter der spanischen Stände, der italienischen Staaten und des Königreichs Böhmen. Den Abschluss des Leichenzugs bildeten die Hartschiere mit ihrem

---

26 Vgl. Státní oblastní archiv Třeboň, Historica Třeboň, Sign. 4423.

Befehlshaber. Nach etwa drei Stunden zogen die Trauergäste in die Kathedrale St. Michael und St. Gudula ein, wo eine Vigil für den verstorbenen Kaiser gefeiert wurde. Das Schiff Victoria und die Herkulessäulen blieben auf dem Vorplatz stehen. Weder die festliche Ausschmückung des Kircheninneren noch die Verteilung der Fahnen im Raum oder die Sitzordnung der Gäste finden im Bericht Erwähnung, man muss also davon ausgehen, dass dem unbekannten Verfasser der Zugang zum Gottesdienst verwehrt blieb. Den Erkenntnissen Stephanie Schraders zufolge wurden die Machtinsignien Karls V. auf dem Sarg und einigen erhöhten Ständern ausgestellt und bildeten einen festen Bestandteil des vor dem Hochaltar errichteten und spektakulär beleuchteten Castrum doloris.[27]

Am Morgen des 30. Dezember 1558 kamen die Trauergäste mit Ausnahme der Geistlichen vor dem königlichen Palast zusammen, um sich von dort aus wieder in die Kathedrale zu begeben und an der Totenmesse teilzunehmen. Die meisten Geistlichen hatten sich bereits zuvor in der Kirche eingefunden, um das Castrum doloris und den Hochaltar für die erneute Ausstellung der Machtinsignien herzurichten, die nach der Vigil am Abend zuvor weggetragen worden waren.

Während die meisten Pferde auf dem Platz vor der Kirche stehen blieben, wurden die Fahnen mit den Wappen der unter der Herrschaft Karls V. befindlichen Länder am Hochaltar als Opfer dargebracht. Zwei Diener legten die Funeralwaffen des Kaisers zunächst kurz auf die Mensa, um sie dann auf den festlich geschmückten Ständern unter dem Castrum doloris zu verteilen. Dieses war über einem rechteckigen Grundriss errichtet, in dessen Ecken sich vier Säulen befanden, die den oberen Sims mit dem pyramidenförmigen Dach und in mehreren Reihen aufgestellten brennenden Kerzen und Kerzenständern trugen. Die Pyramide sollte das sonnenlichtdurchflutete Firmament symbolisieren.[28] Bei den vier monumentalen Kronen im oberen Teil des Daches handelte es sich um die symbolische Krone aller Königreiche als Verweis auf die Universalmonarchie Karls V. sowie um die Königskrone von Aachen, die Krone der Lombardei und die Kaiserkrone von Rom. An den Ecken des Castrum doloris standen große brennende Kerzen, dazwischen befanden sich kleine Fahnen auf Masten, wiederum mit den Wappen von Karls Herrschaftsterritorien.[29]

Während des Offertoriums trat Wilhelm I. von Oranien an das Castrum doloris heran. Er legte seine rechte Hand aufs Herz und erklärte, dass an die

---

27 S. Schrader, *Greater than Ever He Was*, S. 72–73, 86 (die Verfasserin stützte sich auf die Kupferstiche von Joannes und Lucas van Duetecum von 1559).
28 L. Popelka, *Castrum doloris*, S. 68–71.
29 A. Aurnhammer – F. Däuble, *Die Exequien für Karl V.*, S. 152–153, 186; L. Popelka, *Castrum doloris*, S. 107, 136.

Stelle des verstorbenen Herrschers sein Sohn Philipp II. treten würde.[30] Zelebriert wurde die Totenmesse vom Bischof von Lüttich, Robert II. von Berghes. Der Weihbischof von Arras François Richardot ging in seiner auf Französisch gehaltenen Leichenpredigt insbesondere auf die Herrschertugenden Karls V. ein, den er vor dem geistigen Auge der Zuhörer als einen unsterblichen christlichen Ritter erstehen ließ.[31] Sein geistiges Vermächtnis eignete er dessen Sohn Philipp II. zu, der die Kontinuität der dynastischen Herrschermacht verkörperte.[32] Philipp trat in Begleitung zweier Adeliger an den Sarg heran, ließ den schwarzen Kapuzenumhang zu Boden gleiten und präsentierte sich, den Regeln des spätmittelalterlichen burgundischen Hofzeremoniells entsprechend, vor den Augen der Trauergäste als Nachfolger seines Vaters und Bewahrer der Herrschaftstradition.[33]

Wie Ariane Koller darlegt, handelte es sich bei dem Festakt in der Brüsseler Kathedrale um die letzte Feier einer christlichen Universalmonarchie unter Herrschaft der Habsburger, denn nachdem neun Monate zuvor Philipps Cousin Ferdinand I. von der österreichischen Linie des Herrscherhauses zum Kaiser des Römisch-deutschen Reiches erklärt worden war, zerfiel das einheitliche Reich nach dem Tod Karls V. endgültig.[34] Seine Geltung behielt das burgundische Zeremoniell am französischen Königshof, wo der letzte Abschied von einem verstorbenen Herrscher immer mit der Ausrufung eines neuen in eins fiel.[35]

Letzter Abschied in Augsburg

Die Abhaltung der Trauerfeier zu Ehren Karls V. in Augsburg wurde dem Wunsch Ferdinands I. zufolge auf den Zeitpunkt gelegt, zu dem in dieser schwäbischen Stadt der Reichstag stattfinden sollte. Der neue Kaiser legte seit dem Tod Karls die Trauerkleidung nie ab und verlangte auch von allen Adeligen seines Gefolges, Schwarz zu tragen.[36] Am 31. Dezember 1558 zog er feierlich in

---

30 Státní oblastní archiv Třeboň, Historica Třeboň, Sign. 4423; S. Schrader, *Greater than Ever He Was*, S. 85–87.
31 Vgl. Gustaaf Janssens, *El sermón funebre predicado por Francois Richardot en Bruselas ante Felipe II con la ocasión de la muerte del emperador Carlos V*, in: José Martínez Millán (Hrsg.), Carlos V y la quiebra del humanismo político en Europa (1530–1558) I, Madrid 2001, S. 349–362.
32 A. Aurnhammer – F. Däuble, *Die Exequien für Karl V.*, 153; Státní oblastní archiv Třeboň, Historica Třeboň, Sign. 4423.
33 Ernst H. Kantorowicz, *Dvě těla krále. Studie středověké politické teologie*, Praha 2014, S. 25–36.
34 A. Koller, *Die letzte Feier*, S. 321–322.
35 Vgl. Václav Bůžek – Pavel Marek, *Smrt Rudolfa II.*, Praha 2015, S. 92–93.
36 V. Bůžek – R. Smíšek, *Říšský sněm*, S. 36; G. Khevenhüller-Metsch (Hrsg.), *Hans Khevenhüller, kaiserlicher Botschafter bei Philipp II. Geheimes Tagebuch*, S. 9.

die 45.000-Seelen-Stadt ein,[37] der Reichstag sollte gleich am darauffolgenden Tag, dem 1. Januar 1559,[38] eröffnet werden. Jedoch erst am 3. März 1559 ließ der Kaiser vor der Versammlung der Reichsfürsten und Vertretern der Reichsstädte die Proposition mit den Verhandlungspunkten verlesen. Die wichtigsten waren die Beratung über die Konfessionsverhältnisse im Römisch-deutschen Reich nach dem Augsburger Religionsfrieden, die Verabschiedung der Steuer für den Aufbau einer Grenzverteidigung gegen die Osmanen, die Verhandlung über die neue Reichsmünzordnung sowie die Einrichtung des Reichshofrates.[39] Der Beginn der Tagung wurde immer wieder auf einen späteren Zeitpunkt verlegt, was zum einen mit dem Fernbleiben zahlreicher Reichs- und Kurfürsten zu tun hatte und zum anderen mit der Vorbereitung der Trauerfeierlichkeiten zusammenhing, die Ferdinand I. zu Ehren seines Bruders Karl V., seiner Schwester Maria von Ungarn und Maria Tudor, der zweiten Ehefrau des spanischen Königs Philipp II., veranstaltete.[40] So konnte der Reichstag erst am 29. März 1559 regulär zusammentreten.[41] Durch die persönliche Anwesenheit Ferdinands I. wurde die Kontinuität der Ausübung kaiserlicher Macht im Römisch-deutschen Reich demonstriert, so wie es bereits fünf Wochen zuvor während der Abschiedsfeierlichkeiten für den verstorbenen Karl V. auf der imaginären Ebene geschehen war.

Am Mittag des 24. Februar 1559 fanden sich etwa 200 Geistliche in der Moritzkirche ein und bildeten einen Trauerzug, der sich gegen ein oder zwei Uhr nachmittags hinter dem Salzburger Erzbischof Michael Kuenburg in Bewegung setzte.[42] Jeweils zu zweit gingen Bischöfe, Äbte, Ordensbrüder und Kleriker verschiedener Augsburger Kirchen mit brennenden Wachskerzen und zahlreichen

---

37 Heinz Schilling, *Die Stadt in der Frühen Neuzeit*, München 1993 (= Enzyklopädie deutscher Geschichte, Band 24), S. 11.
38 Josef Leeb (Hrsg.), *Deutsche Reichstagsakten. Reichsversammlungen 1556–1662. Der Kurfürstentag zu Frankfurt 1558 und der Reichstag zu Augsburg 1559 I–III*, Göttingen 1999; Václav Bůžek – Rostislav Smíšek, *Říšský sněm v Augšpurku roku 1559 pohledem Jáchyma z Hradce*, Folia historica bohemica 23, 2008, S. 35–89.
39 J. Leeb (Hrsg.), *Deutsche Reichstagsakten*, S. 537–548.
40 Die Trauerfeier für Maria von Ungarn (gestorben am 18. Oktober 1558) fand am 28. Februar und am 1. März 1559 statt, diejenige für Maria Tudor (gestorben am 17. November 1558) am 1. und 2. März 1559. Dazu J. Leeb (Hrsg.), *Deutsche Reichstagsakten*, S. 297–298.
41 Ebd., S. 296.
42 Falls nicht anders angegeben, stützt sich die Darstellung der Begräbnisfeierlichkeiten für Karl V. in Augsburg primär auf die veröffentlichte Beschreibung dieser Veranstaltung: *Aigentliche vnnd wahrhaffte Beschreibung weß bey der herrlichen Besingknuß so die Röm. Kay. May. Kaiser Ferdinand etc. jhrer May. lieben Bruder vnnd Herrn Kayser Carlen dem fünfften, hochlöblichster Gedächtnus, am 24. und 25. Februarii des 59. Jars, ordenlich und zierlich, gehalten, sich allenthalben verloffen vnnd zugetragen. Erstlich mit Zuberaittung in der Thumbkirchen. Vnnd dann mit der Proceszion ausz dem Kay. Palatio. Letstlich auch durch allerley Ceremonien inn bemelter Thumbkirchen geüber. Alles auffs kürtzest, doch mit gutem grund vermerckt. 1559. Getruckt zu*

liturgischen Gegenständen (Kreuzen, Weihrauchfässern, Weihwasserbehältern) in den Händen. Von der Moritzkirche aus begab sich der Trauerzug über den Weinmarkt in den prunkvollen Palast von Anton Fugger am Obstmarkt, wo Ferdinand I. während seines Aufenthalts in Augsburg untergebracht war. In dieser Residenz logierte auch der bayerische Herzog Albrecht V. von Wittelsbach. Hier versammelten sich seit Mittag die Vertreter des Stadtrates und der Reichsstände, die Mitglieder des habsburgischen Hofstaats sowie der polnische und der spanische Gesandte. Ehrenplätze unter den Trauergästen im Fuggerpalais gebührten Albrecht V., dem Erzbischof von Mainz Daniel Brendel von Homburg, dem Neffen sowie dem Bruder des Verstorbenen Karl von Steiermark und Ferdinand I. Nachdem sich gegen drei Uhr nachmittags der Trauerzug der Geistlichen vor den Toren des Palastes eingefunden hatte, vereinigten sich beide Teile des Kondukts und formierten sich unter Anweisungen von drei direkt dem Obersthofmeister Johann Trautson unterstellten Personen neu.

In der langsam hereinbrechenden Abenddämmerung, irgendwann gegen sechzehn Uhr, machte sich der Trauerzug auf den Weg in den Augsburger Dom Mariä Heimsuchung. Der von kaiserlichen Hartschieren bewachte Weg wurde an vielen Stellen mit kleinen Holzbrücken befestigt, damit sich die Trauergäste nicht mühsam durch die Schneemassen in den Augsburger Straßen durchkämpfen mussten. An einem dafür vorgesehenen Platz vor dem Fuggerpalais verkündeten an die zweihundert Arme und Kranke aus den Augsburger Spitälern in schwarzen Kapuzenumhängen die Botschaft der Demut und Barmherzigkeit.

Der erste und zweite Teil des Trauerzugs unterschieden sich in ihrer Zusammensetzung kaum von derjenigen des Brüsseler Kondukts, außer vielleicht in der Anwesenheit von Vertretern der Ritterorden. Den dritten Teil eröffneten Hoftrompeter, deren Instrumente Fahnen mit kaiserlichen Wappen zierten. Die folgenden Ehrenplätze waren, anders als in Brüssel, den Herolden der Königreiche Böhmen und Ungarn vorbehalten, die das Defilee der Pferde und Fahnen mit Landeswappen von Karls Territorien anführten. Die Anordnung der Ehrenplätze des böhmischen und des ungarischen Herolds war nicht zufällig gewählt, sondern verwies auf die Tatsache, dass der Veranstalter dieser

---

Dilingen durch Sebaldum Mayer. Der Druck befindet sich in der Österreichischen Nationalbibliothek Wien, sign. 261.754–b. Fid [urspr.] ÖNB Wien, PG. 6849. Des Weiteren wurde für die Ausführungen zur Augsburger Trauerfeier die kolorierte Darstellung des Leichenkondukts herangezogen: *Aygentliche beschreibung mit sambt der abcontrafectum der Panner unnd Pferde von Lauder samet sein bedeckht gwesen. Wer die selbigen tragen unnd geführt haben mit namen beschrieben, so die Rö. Kay. Mt. Kaiser Ferdinandt etc. für Irer Mt. geliebten Herrn und Brueder Kaiser Carlen den Fünften, Hochlöblicher gedechtnuss, am 24. unnd 25. Februari zu Augspurg, sollich besingkhnuss gehalten worden ist. Im 1559 Jarr.* (Österreichische Nationalbibliothek Wien, Cod. 7566).

Trauerfeierlichkeit Ferdinand I. als König von Böhmen und Ungarn an die Tradition der burgundischen und die Macht der österreichischen Herzöge anknüpfte. Deshalb wurde unmittelbar hinter den beiden Herolden eine Fahne mit dem Wappen von Burgund getragen, gefolgt von Dietmar von Losenstein mit derjenigen von Oberösterreich.

Im weiteren Abschnitt des Trauerzugs wurden einige der bedeutenderen Territorien auf der Iberischen und der Apenninenhalbinsel präsentiert, die den Kern des Herrschaftsbesitzes Karls V. bildeten. Georg Frannsperg von Wildesheim trug die Fahne mit dem Wappen Toledos, Joachim von Fürstenberg eine, die dasjenige von Granada zierte. Das Königreich Navarra wurde durch Niklas von Bollweyln vertreten, das Königreich Sizilien durch Wolf Dietrich von Hardegg. Hinter Joachim Schlick mit dem Wappen Neapels trug Heinrich von Fürstenberg die Fahne mit dem Wappen des Königreichs Aragon, gefolgt von Peter Wok von Rosenberg, dem die Repräsentation des Königreiches León zufiel. Abgeschlossen wurde das Defilee von Karls Besitzungen in Spanien und Italien durch das Königreich Kastilien.

Die Herrschaft des Verstorbenen über das Römisch-deutsche Reich symbolisierte eine kleinere kaiserliche Standarte mit dem Doppeladler im Schild, getragen von Ulrich von Montfort. Dem hinter ihm schreitenden Friedrich von Oetting wurde die größere kaiserliche Standarte anvertraut. Den verstorbenen Herrscher vertrat, wie schon bei der Zeremonie in Brüssel, ein von drei Edelmännern geführtes Trauerpferd, dessen schwarze Schabracke mit aufgesticktem kaiserlichem Wappen verziert war. Es folgten vier Adelige mit den Funeralwaffen, die ihren Besitzer als einen tugendhaften christlichen Ritter charakterisieren sollten. Der Funeralhelm mit Kaiserkrone und Federbusch wurde von Siegmund von Arch getragen, hinter ihm präsentierten Jaroslav von Pernstein und Wolf von Oetting den runden Schild Karls. Zuletzt folgte dann Reinhard von Solms mit dem vergoldeten Harnisch des Kaisers.

Im nächsten Abschnitt des Trauerzugs wurden die Krönungsinsignien gezeigt. Allen voran schritt Heinrich von Liegnitz, der die Schau mit dem kaiserlichen Schwert eröffnete, dahinter trug der Reichserzkämmerer und Hofratspräsident Karl von Zollern das Zepter. Es folgten der Reichserbküchenmeister Jakob von Seldenegg mit dem Reichsapfel und auf dem Ehrenplatz unmittelbar vor den nächsten Hinterbliebenen der Oberste Kanzler des Königreichs Böhmen Joachim von Neuhaus, der die goldene edelstein- und perlenbesetzte Kaiserkrone auf einem Samtkissen vor sich hertrug.

Da in diesem Leichenkondukt der aufgebahrte Sarg mit den sterblichen Überresten des verstorbenen Herrschers fehlte, nahm Ferdinand I. in Trauerkleidung den Platz unmittelbar hinter den Insignien der kaiserlichen Macht ein. Darin manifestierte sich seine Stellung als Nachfolger seines Bruders in der Kaiserwürde.[43] Bestätigt wurde dieser Anspruch durch die Anwesenheit des Gesandten des spanischen Königs Philipp II., der unmittelbar hinter dem neuen Kaiser folgte und die politischen Vereinbarungen zwischen beiden Linien des Hauses Habsburg über die Nachfolge auf dem Kaiserthron verkörperte sowie deren Einheit zur Schau stellen sollte.[44] Mit etwas Abstand folgte Ferdinands jüngster Sohn Karl von Steiermark, zu dessen Linken der bayerische Herzog Albrecht V., zur Rechten der Gesandte des Königs von Polen gingen. Ihre Anwesenheit im Trauerzug für Karl V. bezeugte die systematisch betriebene verwandtschaftliche Vernetzung der österreichischen Habsburger mit den führenden Herrscherhäusern des katholischen Europa, beispielsweise mit den bayerischen Wittelsbachern oder den im polnisch-litauischen Staat herrschenden Jagiellonen.[45] Die Gruppe der Kurfürsten wurde angeführt durch den Erzbischof von Mainz Daniel Brendel von Homburg. Über die Sicherheit der Trauergäste sollten an die fünfzig bewaffnete Hartschiere unter Leitung von Hauptmann Kaspar Colonna von Fels wachen, die den Trauerzug beschlossen.

Sobald dieser den Augsburger Dom erreicht hatte, öffneten die kaiserlichen Trabanten die Hauptpforte und ließen die höheren Geistlichen, Hofleute, Vertreter der Stände, die Adeligen mit den Fahnen der einzelnen Länder, die Kurfürsten und die nächsten Verwandten des Verstorbenen in den heiligen Raum eintreten. Die Geistlichen reihten sich entlang des alten und neuen Chors auf. Die Plätze um das hölzerne, im Mittelschiff gegenüber dem Hochaltar errichtete Castrum doloris herum waren den engsten Verwandten Karls V. sowie den Gesandten, Kurfürsten und einigen der obersten geistlichen Würdenträger reserviert. Die Fahnen mit den Wappen der unter der Herrschaft Karls V. stehenden Territorien wurden nach einer strengen Hierarchie, entsprechend ihrer Aufstellung im Kondukt, zu beiden Seiten des Hochaltars verteilt. Dem Castrum doloris am nächsten standen die größere kaiserliche Standarte mit dem Doppeladler und die Fahne mit dem Wappen des Königreichs Kastilien, die auf die kaiserliche und königliche Macht Karls verwiesen.

Den Kern der Ausschmückung des Castrum doloris bildeten zwei Herkulessäulen mit der Devise *Plus ultra*. Darüber wurde ein Dach mit einer weiteren Säule errichtet, auf der sich traubenartig zahlreiche Kerzenständer befanden. Auf dem höchsten Punkt des kunstvollen Gebildes bereitete sich der Doppeladler mit der Kaiserkrone zum Aufstieg auf den Olymp des ewigen Ruhms vor. In den Dachecken prunkten Schilde mit den heraldischen Symbolen von Karls

---

43 E. H. Kantorowicz, Dvě těla, S. 25–36.
44 Näher hierzu Alfred Kohler, *Ferdinand I. 1503–1564. Fürst, König und Kaiser*, München 2003, S. 258–271.
45 Näher hierzu Václav Bůžek, Sňatky dcer Ferdinanda I. a Anny Jagellonské, in: ders. – Rostislav Smíšek (Hrsg.), Habsburkové 1526–1740. Země Koruny české ve středoevropské monarchii, Praha 2017, S. 223–227.

Verwandten väter- wie mütterlicherseits.⁴⁶ Auf der unter dem Trauergerüst errichteten Bahre lag kein Sarg, sondern die zuvor im Trauerzug zur Schau getragenen Machtinsignien. Der Ort ihrer Ausstellung ließ das Bild des politischen Körpers des Verstorbenen erstehen. Dessen Vermächtnis übernahm Ferdinand I., der dem Castrum doloris in der Hohen Domkirche zu Augsburg am nächsten stand.

Trotz einer unterschiedlichen Ausstattung der beiden Castra doloris in Augsburg und in Brüssel wurde in beiden Fällen dieselbe Aussage vermittelt. Karl V. figurierte darin als ein christlicher Ritter, dessen territoriale Macht bei Gibraltar die Grenzen Europas überschreitet und dem es gelang, Gebiete in verschiedenen Erdteilen zu vereinigen. Dem entsprachen auf der allegorischen Ebene die Motive der Trauben und des Doppeladlers, die das Castrum doloris im Augsburger Dom zierten. Ein ganz ähnliches Bild des Kaisers und seiner Taten zeichnet Pavel Korka von Korkyně, der zwar an den Begräbnisfeierlichkeiten in Augsburg nicht teilnahm, den Kaiser aber persönlich kannte, in seinen Erinnerungen.⁴⁷ Joachim von Neuhaus wiederum, dem ein Ehrenplatz im Trauerzug zuteil geworden war, schenkte in seinen an Maximilian II. nach Wien, Prag und Preßburg gerichteten Briefen aus Augsburg der Trauerfeier keine Aufmerksamkeit.⁴⁸ Auch Peter Wok von Rosenberg hinterließ in seinen Aufzeichnungen über den Aufenthalt in Augsburg kein Zeugnis über den Trauerakt für Karl V.⁴⁹

Sobald die Trauergäste im Dom versammelt waren, eröffnete der Erzbischof von Salzburg gegen sechs Uhr abends die Vigil, die bis tief in die Nacht hinein andauerte. Die meisten Geistlichen verharrten noch bis in die frühen Morgenstunden im Gebet, um zur Totenmesse für Karl V. ausreichend vorbereitet zu sein. Die übrigen Trauernden mit Ferdinand I. an der Spitze begaben sich derweil ins Fuggerpalais und gingen zu Bett. Früh am Morgen des 25. Februar 1559, wohl irgendwann zwischen fünf und sechs Uhr, kehrten sie an ihre Plätze in der Kirche zurück. Die Totenmesse wurde vom Erzbischof von Salzburg zelebriert, die einstündige Leichenpredigt vom Koadjutor des Tridentinischen Bischofs Ludovico Madruzzo gehalten.⁵⁰ Der verstorbene Herrscher wurde wieder einmal als christlicher Ritter gelobt, der dem Aufstieg der Lutheraner im Reich einen Riegel vorgeschoben und die geistige Macht der katholischen

---

46 A. Aurnhammer – F. Däuble, *Die Exequien für Karl V.*, S. 145; L. Popelka, *Castrum doloris*, S. 107.
47 Z. Vybíral (Hrsg.), *Paměti Pavla Korky z Korkyně*, S. 104–105.
48 V. Bůžek – R. Smíšek, *Říšský sněm*, S. 61–87.
49 Jaroslav Pánek (Hrsg.), *Václav Březan, Životy posledních Rožmberků* II, Praha 1985, S. 383–386.
50 Näher hierzu Johann Ulrich Zasius an Albrecht V. (Augsburg, 12.2.1559) – Walter Goetz (Hrsg.), *Briefe und Akten zur Geschichte des 16. Jahrhunderts mit besonderer Rücksicht auf Baierns Fürstenhaus. Band 5. Beiträge zur Geschichte Herzog Albrechts V. und des Landsberger Bundes, 1556–1598*, München 1898, S. 146–148.

Kirche gefestigt hatte. Auf der Kanzel, dem Hochaltar und dem Castrum doloris standen tausende Kerzen, die den düsteren Kirchenraum erleuchteten.

Während des abschließenden Teils der Messe, des Offertoriums, wurden mehrere Pferde vor den Hochaltar geführt, die prunkvollen Trauerdecken auf ihrem Rücken mit Wappen der Territorien Karls V. bestickt. Dieselben Landeswappen waren auch auf den Fahnen der zum Hochaltar vortretenden Adeligen zu sehen. In der Reihenfolge der einzelnen Wappen, unter denen diejenigen von Burgund und Oberösterreich den Ehrenplatz einnahmen, spiegelte sich auf feierliche Weise die Kontinuität der Macht des Hauses Habsburg wider. Nacheinander traten hochgeborene Personen unter das Castrum doloris, um die auf der Bahre ausgestellten Machtinsignien Karls V. von dort hervorzuholen und sie als Gaben auf die Altarmensa zu legen. Das Vermächtnis des auf der symbolischen Ebene präsenten unsterblichen politischen Körpers des Verstorbenen übernahm von Gottes Gnaden sein Bruder und Veranstalter der Begräbnisfeierlichkeiten Ferdinand I., wodurch die Kontinuität der Macht gewahrt blieb.

Die Platzierung der Landeswappen vor dem Hochaltar des Augsburger Domes sollte signalisieren, dass der neue Herrscher an die Tradition der christlichen Macht der Herzöge von Burgund anknüpfen würde, denn diese bildete eine der festen Wurzeln von Karls Herrschaft. Sehr bedeutsam war auch die Tatsache, dass hinter der Fahne mit dem burgundischen Wappen nicht diejenige von Kastilien, sondern die von Oberösterreich zu sehen war – Ferdinand I. gab dadurch unmissverständlich zu erkennen, aus welchem Boden seine Herrschaftsmacht und -politik erwuchsen. Es wurde zwar in der Augsburger Domkirche der letzte Abschied vom Gründer einer habsburgisch regierten Universalmonarchie gefeiert, gegen Ende der Totenmesse verschob sich jedoch das Gewicht ganz eindeutig auf die Verherrlichung Ferdinands I. in der Nachfolge von Karls politischer Tradition.[51]

Obwohl der Vertreter der österreichischen Linie des Hauses Habsburg stets um die Einheit beider Linien – der spanischen und der österreichischen – bestrebt war, zerfiel die von Karl aufgebaute Universalmonarchie. An die einstige Herrschaft über die ganze christliche Welt erinnerte bei der eintägigen Abschiedsfeier am 17. April 1559 in Bologna deren symbolische Darstellung als Erdkugel auf der Spitze einer Pyramide, auf der der gekrönte Doppeladler des Römisch-deutschen Reiches saß. Die Apotheose des Kaiserreichs Karls V. bildete auch die Ausschmückung des im Spanischen Kolleg der Universität Bologna errichteten Castrum doloris. Hier wurde der Abschied vom verstorbenen Kaiser auf Veranlassung von Karls Sohn Philipp II. gefeiert.[52]

---

51 Vgl. A. Aurnhammer – F. Däuble, *Die Exequien für Karl V.*, S. 146–147.
52 Ausführlicher ebd., S. 154–160; L. Popelka, *Castrum doloris*, S. 107.

Bei allen Abweichungen im Verlauf der Zeremonien vermittelten die katholischen Trauerfeierlichkeiten während des Leichenzugs, in der Ausstattung des Castrum doloris sowie bei der Totenmesse, übereinstimmend dasselbe Bild Karls V. Sie stellten ihn als einen tugendhaften christlichen Ritter dar, der in demonstrativ nach außen getragener Nachfolge der Herzöge von Burgund sowie der Könige von Aragon und Kastilien eine habsburgisch regierte Universalmonarchie aufgebaut und mit der Waffe in der Hand den christlichen Glauben über die Grenzen Europas hinaus verbreitet, und den katholischen Glauben gleichzeitig gegen die Anhänger der Reformation insbesondere im Römisch-deutschen Reich gefestigt hatte. Ihren Höhepunkt fanden die für den verstorbenen Herrscher ausgerichteten Trauerfeierlichkeiten in den Gebeten für das Heil seiner Seele und seine baldige Aufnahme ins Pantheon des ewigen Ruhms.[53] Die Zügel der Herrschaft übernahmen aus der Hand des Verstorbenen in Brüssel und Augsburg seine Nachfolger aus dem Hause Habsburg – sein jüngerer Bruder Ferdinand I. sowie sein Sohn Philipp II. Damit repräsentierten sie die Kontinuität der politischen Herrschaft, die während der Trauerzeremonie symbolisch durch das Bild seines politischen Körpers gespiegelt wurde.[54] Anders als bei Karl V. erstreckte sich ihre Herrschaft jedoch nicht über ein Universalreich der Christen, das nach dessen Tod zerfallen war, sondern sie vertraten die Machtinteressen beider Linien der habsburgischen Dynastie und waren bestrebt, ihre politische Einheit zu erhalten. Die durch das burgundische und spanische Hofzeremoniell vorgegebenen symbolischen Handlungen und Vorgänge bei den Leichenbegängnissen für Karl V. prägten sich seinen Nachfolgern nachhaltig ein und bestimmten dann nach dem Tode Ferdinands I. sowie seiner Söhne in der zweiten Hälfte des 16. Jahrhunderts Form und Verlauf der für sie ausgerichteten Trauerfeierlichkeiten.

---

53 Die Trauerfeier in Bologna fand ihren Höhepunkt in einer Apotheose Karls V. Näher hierzu vgl. A. Aurnhammer – F. Däuble, *Die Exequien für Karl V.*, S. 161.
54 E. H. Kantorowicz, *Dvě těla*, S. 25–36.

III. Krankheit, Tod und Begräbnisse Ferdinands I. in Wien und Prag

Die bisher vorliegenden wissenschaftlichen Studien zum Leben Ferdinands I., der als ein politisch äußerst umsichtiger, zur Durchsetzung seiner zentralistischen Machtinteressen pragmatische Kompromisse mit den Ständen schließender Herrscher gelten kann, legten ihren Fokus mehrheitlich auf die politischen und religiösen Konflikte im Römisch-deutschen Reich, den Königreichen Böhmen und Ungarn sowie den österreichischen Ländern. Eine gebührende Würdigung bei den Biographen des römischen Kaisers, böhmischen und ungarischen Königs und Herzogs von Österreich fand ebenfalls seine unermüdliche Verteidigung des christlichen Glaubens in Mitteleuropa gegen die erstarkende osmanische Gefahr und den islamischen Einfluss.[1] Vor dem Hintergrund der sich wandelnden Beziehung zu seinem älteren Bruder Karl V. konnte außerdem sein Ringen um eine selbständige Politik der österreichischen Linie des Hauses Habsburg in Mitteleuropa gezeigt werden, was in den 1550er Jahren erfolgreich gelang. Die Erforschung der Mittel seiner Herrschaftsrepräsentation ging lange Zeit nicht über eine rein deskriptive Betrachtung der in seinem Auftrag entstehenden Werke geistiger und materieller Kultur hinaus.[2]

---

1 Franz Bernhard von Buchholtz, *Geschichte der Regierung Ferdinand des Ersten. Aus gedruckten und ungedruckten Quellen* I–IX, Wien 1831–1838 (Nachdruck Graz 1971); Paula Sutter Fichtner, *Ferdinand I. Wider Türken und Glaubensspaltung*, Graz-Wien-Köln 1986; Ernst Laubach, *Ferdinand I. als Kaiser. Politik und Herrscherauffassung des Nachfolgers Karls V.*, Münster 2001; Alfred Kohler, *Ferdinand I. 1503–1564. Fürst, König und Kaiser*, München 2003. Forschungsperspektiven tschechischer Historiker zusammenfassend: Jaroslav Pánek, *Regierungsstrategie und Regierungsformen Ferdinands I. in den böhmischen Ländern*, in: Martina Fuchs – Teréz Oborni – Gábor Ujváry (Hrsg.), Kaiser Ferdinand I. Ein mitteleuropäischer Herrscher, Münster 2005 (= Geschichte in der Epoche Karls V., Band 5), S. 323–337; ders., *Ferdinand I. – der Schöpfer des politischen Programms der österreichischen Habsburger?*, in: Petr Maťa – Thomas Winkelbauer (Hrsg.), Die Habsburgermonarchie 1620 bis 1740. Leistungen und Grenzen des Absolutismusparadigmas, Stuttgart 2006 (= Forschungen zur Geschichte und Kultur des östlichen Mitteleuropa, Band 24), S. 63–72; Václav Bůžek, *Ferdinand I. – tvůrce středoevropské monarchie*, in: ders. – Rostislav Smíšek (Hrsg.), Habsburkové 1526–1740. Země Koruny české ve středoevropské monarchii, Praha 2017, S. 35–42. Ansätze der österreichischen Geschichtswissenschaft werden vorgestellt von Thomas Winkelbauer, *Ständefreiheit und Fürstenmacht. Länder und Untertanen des Hauses Habsburg im konfessionellen Zeitalter* I, Wien 2003 (= Österreichische Geschichte 1522–1699), S. 30–44, 79–85, 123–138. Ein Überblick über ungarische historiographische Perspektiven findet sich bei Géza Pálffy, *The Kingdom of Hungary and the Habsburg Monarchy in the Sixteenth Century*, New York 2009 (= East European Monographs, DCCXXXV), S. 53–69.

2 Vgl. den von Wilfried Seipel herausgegeben Ausstellungskatalog von 2003 *Kaiser Ferdinand I. 1503–1564*, Wien-Milano 2003. Möglichkeiten der Perspektivforschung werden knapp darge-

Der abgesteckte Rahmen des politischen, religiösen und militärischen Hintergrunds von Ferdinands Leben begann sich erst in den letzten Jahren langsam zu erweitern und auf sein soziales Umfeld auszuweiten.[3] Neue methodologische Ansätze ergaben sich ebenfalls aus der Beschäftigung mit den Formen symbolischer Kommunikation bei den öffentlichen Ritualen, die im Zusammenhang mit der Repräsentation politischer Macht und des katholischen Glaubens dieses mitteleuropäischen Herrschers und seiner Dynastie ausgeübt wurden. Gerade dieser Aspekt blieb, von der älteren richtungsweisenden Arbeit Karl Vocelkas über die politische Propaganda Rudolfs II. einmal abgesehen, von der Forschung lange unbeachtet.[4]

Diese veränderte Herangehensweise wirkte sich auch auf das Verständnis des Lebens und der Mittel seiner Repräsentation bei Ferdinands männlichen Nachkommen aus[5] und brachte wertvolle Erkenntnisse zur Integration des Adels am Hof dieses mitteleuropäischen Herrschers und den vielfältigen Karrieren, die dadurch möglich wurden.[6] Ein weiterer Schwerpunkt lag auf der Organisationsstruktur und Finanzverwaltung des Hofes, mit besonderer Berücksichtigung der

---

stellt in Jaroslava Hausenblasová, *Ferdinand I. a pražský humanistický okruh. Několik poznámek k problematice panovnického mecenátu kolem poloviny 16. století*, Acta Universitatis Carolinae – Historia Universitatis Carolinae Pragensis 47, 2007, S. 89–97.

3 Zusammenfassend Jakob Wührer, *Ein teilausgebautes Haus ohne Fundament? Zum Forschungsstand des frühneuzeitlichen Wiener Hofes am Beispiel der Organisationsgeschichte*, Mitteilungen des Instituts für Österreichische Geschichtsforschung 117, 2009, S. 23–50; zuletzt Michael Hochedlinger – Petr Maťa – Thomas Winkelbauer (Hrsg.), *Verwaltungsgeschichte der Habsburgermonarchie in der Frühen Neuzeit, I/1-2, Hof und Dynastie, Kaiser und Reich, Zentralverwaltungen, Kriegswesen und landesfürstliches Finanzwesen*, Wien 2019 (= Mitteilungen des Instituts für Österreichische Geschichtsforschung, Ergänzungsband 62/1–2).

4 Karl Vocelka, *Die politische Propaganda Kaiser Rudolfs II. (1576–1612)*, Wien 1981.

5 In Auswahl: Andrea Scheichl, „*Höfische und bürgerliche, öffentliche und private Feste" in Graz 1564–1619. Ein vergleichender Überblick*, Frühneuzeit-Info 11, 2000, Heft 1, S. 27–38; Elisabeth Wolfik, „*Was auf solches unser Ewiglichs absterben unser Fürstliches Begrebnus belange ...". Tod, Begräbnis und Grablege Erzherzog Ferdinands II. von Tirol (1529–1595) als Beispiel für einen „Oberschichtentod" in der Frühen Neuzeit*, Frühneuzeit-Info 11, 2000, Heft 1, S. 39–67; Veronika Sandbichler, *Der Hochzeitskodex Erzherzog Ferdinands II.*, Jahrbuch der kunsthistorischen Sammlungen in Wien 6–7, 2004–2005, S. 47–90; Václav Bůžek, *Ferdinand Tyrolský mezi Prahou a Innsbruckem. Šlechta z českých zemí na cestě ke dvorům prvních Habsburků*, České Budějovice 2006 (= Monographia historica 7); Madelon Simons, *Een Theatrum van Representatie? Aartshertog Ferdinand van Oostenrijk stadhouder in Praag tussen 1547 en 1567*, Amsterdam 2009.

6 Václav Bůžek – Géza Pálffy, *Integrace šlechty z českých a uherských zemí ke dvoru Ferdinanda I.*, Český časopis historický 101, 2003, S. 542–581; Christopher F. Laferl, *Die Kultur der Spanier in Österreich unter Ferdinand I. 1522–1564*, Wien-Köln-Weimar 1997 (= Junge Wiener Romanistik, Band 14).

Funktionen des höfischen Organismus bei den Zentralisierungs- und Bürokratisierungsprozessen im frühneuzeitlichen Staat.[7] Die jüngsten, interdisziplinär verankerten Untersuchungen zu feierlichen Einzügen, Huldigungsfahrten, Krönungen und Begräbnissen mitsamt ihren Begleitprogrammen brachten auch die weniger bekannten Aspekte der Biographie dieses habsburgischen Herrschers zur Sprache und bildeten den Ausgangspunkt für weitere Überlegungen zur Repräsentation Ferdinands I. und seiner Dynastie.[8]

Dadurch, dass nun die Kanäle und Inhalte der Kommunikation zwischen Herrscher und engstem sozialen Umfeld ins Zentrum des Forschungsinteresses gerückt sind, konnten die einzelnen Sender der Botschaften vom Hof des Herrschers identifiziert und die Tragweite und Beschaffenheit ihrer Kommu-

---

7 Vgl. in Auswahl Peter Rauscher, *Zwischen Ständen und Gläubigern. Die kaiserlichen Finanzen unter Ferdinand I. und Maximilian II. (1556–1576)*, Wien-München 2004 (= Veröffentlichungen des Instituts für Österreichische Geschichtsforschung, Band 41); ders., *Personalunion und Autonomie. Die Ausbildung der zentralen Verwaltung unter Ferdinand I.*, in: M. Fuchs – T. Oborni – G. Ujváry (Hrsg.), Kaiser Ferdinand I., S. 13–39; Jakob Wührer – Martin Scheutz (Hrsg.), *Zu Diensten Ihrer Majestät. Hofordnungen und Instruktionsbücher am frühneuzeitlichen Wiener Hof*, Wien-München 2011 (= Quellenedition des Instituts für Österreichische Geschichtsforschung, Band 6); Jaroslava Hausenblasová, *Die Privatsphäre des Herrschers zwischen Norm und Praxis. Die Formierung der „Leibkammer" der österreichischen Habsburger und ihre Stellung in den Hofordnungen und Instruktionen im 16. Jahrhundert*, in: Anita Hipfinger – Josef Löffler – Jan Paul Niederkorn – Martin Scheutz – Thomas Winkelbauer – Jakob Wührer (Hrsg.), Ordnung durch Tinte und Feder? Genese und Wirkung von Instruktionen im zeitlichen Längsschnitt vom Mittelalter bis zum 20. Jahrhundert, Wien-München 2012 (= Veröffentlichungen des Instituts für Österreichische Geschichtsforschung, Band 60), S. 87–105.
8 Zdeněk Vybíral, *Politická komunikace aristokratické společnosti českých zemí na počátku novověku*, České Budějovice 2005 (= Monographia historica 6), S. 39–119; Géza Pálffy, *Krönungsmähler in Ungarn im Spätmittelater und in der Frühen Neuzeit. Weiterleben des Tafelzeremoniells des selbständigen ungarischen Königshofes und Machtrepräsentation der ungarischen politischen Elite*, Mitteilungen des Instituts für Österreichische Geschichtsforschung 115, 2007, S. 85–111; 116, 2008, S. 60–91; Benita Berning, *„Nach altem löblichen Gebrauch". Die böhmischen Königskrönungen der Frühen Neuzeit (1526–1743)*, Köln-Weimar-Wien 2008 (= Stuttgarter historische Forschungen, Band 6), S. 60–132; Václav Bůžek, *Der festliche Einzug Ferdinands I. in Prag am 8. November 1558*, in: Friedrich Edelmayer – Martina Fuchs – Georg Heilingsetzer – Peter Rauscher (Hrsg.), Plus ultra. Die Welt der Neuzeit. Festschrift für Alfred Kohler zum 65. Geburtstag, Münster 2008, S. 289–304; Géza Pálffy, *Kaiserbegräbnisse in der Habsburgermonarchie – Königskrönungen in Ungarn. Ungarische Herrschaftssymbole in der Herrschaftsrepräsentation der Habsburger*, Frühneuzeit-Info 19, 2008, Heft 1, S. 41–66; Harriet Rudolph, *Das Reich als Ereignis. Formen und Funktionen der Herrschaftsinszenierung bei Kaisereinzügen (1558–1618)*, Köln-Weimar-Wien 2011 (= Norm und Struktur, Band 38), insbesondere S. 80–185; Mlada Holá, *Holdovací cesty českých panovníků do Vratislavi v pozdním středověku a raném novověku (1437–1617)*, Praha 2012, S. 71–82; Václav Bůžek, *Poslední rozloučení s Ferdinandem I. ve Vídni. Oslava křesťanského rytíře, jeho vlády a habsburské dynastie*, Dějiny a současnost 36, 2014, Nr. 4, S. 10–14.

nikationsnetze erkannt werden.[9] In den Hauptthemen der Berichterstattung spiegelte sich die aktuelle politische, religiöse und militärische Situation im Römisch-deutschen Reich sowie den Ländern der Habsburgermonarchie wider.[10] In den Berichten der Hofleute, Diplomaten und Agenten finden sich auch die persönlich oder durch Vermittlung erfahrenen Zeugnisse des alltäglichen Verhaltens und Handelns Ferdinands I., das insbesondere in den letzten Monaten seines Lebens von einem sich stetig verschlechternden Gesundheitszustand gezeichnet war.[11] Obwohl man bei einigen der modernen Biografen dieses Habsburgers zumindest Teilkenntnisse über dessen Krankheiten voraussetzen kann, wurden bei diesen der kranke Körper des alternden Herrschers sowie die Behandlungsmethoden der an seinem Wiener Hof tätigen Leibärzte kaum berücksichtigt.[12] Ebenso wenig fanden die letzten Augenblicke des irdischen Lebens Ferdinands I., sein Tod sowie die Begräbnisfeierlichkeiten ausreichend Eingang in die Biografien dieses mitteleuropäischen Herrschers.[13]

Dieses Kapitel beschäftigt sich schwerpunktmäßig mit den Krankheitsverläufen, Behandlungsmethoden, der Vorbereitung auf den Tod sowie der symbolischen Botschaft der Begräbnisfeierlichkeiten für die Repräsentation politischer Macht Ferdinands I., mit seinem katholischen Glauben und dem dynastischen Gedächtnis der Habsburger.[14] Auch die Korrelation zwischen dem sich kontinuierlich verschlechternden Gesundheitszustand des natürlichen Körpers und der schwindenden Machtstellung des Kaisers sowie der Bewältigung seiner alltäglichen Herrscherpflichten in den Jahren 1563 bis 1564 wird eingehend in

---

9 Gustav Turba (Hrsg.), *Venetianische Depeschen vom Kaiserhofe. Band 3. 1554–1576*, Wien 1895; Samuel Steinherz (Hrsg.), *Nuntiaturberichte aus Deutschland 1560–1572 nebst ergänzenden Aktenstücken. Vierter Band. Nuntius Delfino 1564–1565*, Wien 1914 (für die Übersetzung der auf Italienisch verfassten Berichte bedanke ich mich bei Rostislav Smíšek). Methodologisch anregend Anja Meußer, *Für Kaiser und Reich. Politische Kommunikation in der frühen Neuzeit: Johann Ulrich Zasius (1521–1570) als Rat und Gesandter der Kaiser Ferdinands I. und Maximilians II.*, Husum 2004 (= Historische Studien, Band 477); Christiane Pflüger, *Kommissare und Korrespondenten. Politische Kommunikation im Alten Reich (1552–1558)*, Köln-Weimar-Wien 2005.

10 Vgl. Václav Bůžek, *Pasov 1552 – Augšpurk 1555. Římsko-německá říše ve zprávách královského dvořana*, in: Eva Semotanová (Hrsg.), Cestou dějin. K poctě prof. PhDr. Svatavy Rakové, CSc. II, Praha 2007, S. 43–67; ders., *Passau 1552 – Augsburg 1559. Zeugnisse böhmischer Adliger über den Hof und die Reichspolitik Ferdinands I.*, Mitteilungen des Instituts für Österreichische Geschichtsforschung 116, 2008, S. 291–330.

11 Vgl. A. Meußer, *Für Kaiser und Reich*, S. 309–310.

12 Vgl. P. Sutter Fichtner, *Ferdinand I.*, S. 252–253; A. Kohler, *Ferdinand I.*, S. 305–306.

13 Hierzu P. Sutter Fichtner, *Ferdinand I.*, S. 252–253; A. Kohler, *Ferdinand I.*, S. 304–311.

14 Grundlage für die in diesem Kapitel präsentierte Interpretation ist die folgende, hierfür grundlegend überarbeitete und wesentlich erweiterte Studie: Václav Bůžek, *Ferdinand I. ve svědectvích o jeho nemocech, smrti a posledních rozloučeních*, Český časopis historický 112, 2014, S. 402–431.

den Blick genommen. Mit Hilfe der gewählten historisch-anthropologischen Ansätze und Konzepte symbolischer Kommunikation war es überdies möglich, die Konstruktion dessen, was man den politischen Körper des verstorbenen Kaisers nennt, im Augenblick seines Todes und während der Begräbnisfeierlichkeiten in Wien und Prag zu verfolgen.[15] Angesichts der lediglich lückenhaft erhaltenen Quellen konnte im Schlussteil des Kapitels das Leben von Anna Jagiello im Spiegel ihrer Leichenpredigt kurz skizziert und der Verlauf des 15. Jahrestages des frühzeitigen Todes dieser Herrscherin mit der zu diesem Anlass ausgerichteten Gedenkveranstaltung wenigstens in groben Zügen dargestellt werden.

Ferdinands Gesundheitszustand verschlechtert sich

Bereits in der ersten Hälfte der 1550er Jahre fiel dem sich oft in Ferdinands Nähe aufhaltenden Leibmundschenk Friedrich von Waldstein auf, dass Wangen und Nase des von chronischem Schnupfen und Husten geplagten Kaisers merklich geschwollen waren.[16] Berichte über seinen sich kontinuierlich verschlechternden Gesundheitszustand tauchten auch immer wieder in Briefen von Agenten und Diplomaten auf, vermehrt insbesondere ab Mitte 1563 im Zusammenhang mit der geplanten Reise Ferdinands und seines Hofstaats von Wien über die Donau nach Preßburg, wo er der Zusammenkunft des ungarischen Landtags mit anschließender Krönung Maximilians II. zum ungarischen König beiwohnen sollte.[17] Nicht nur sein ältester Sohn wollte detailliert über die Symptome der Krankheit informiert werden, sondern auch der Heilige Stuhl, der Doge

---

15 Vgl. Václav Bůžek – Pavel Marek, *Nemoci, smrt a pohřby Rudolfa II.*, Český časopis historický 111, 2013, S. 1–30; dies., *Smrt Rudolfa II.*, Praha 2015; dies., *Krankheiten, Sterben und Tod Kaiser Rudolfs II. in Prag*, Mitteilungen des Instituts für Österreichische Geschichtsforschung 125, 2017, S. 40–67.

16 Brief Friedrichs von Waldstein an Joachim von Neuhaus (1.5.1554) im Státní oblastní archiv Třeboň, pracoviště Jindřichův Hradec, Rodinný archiv pánů z Hradce, Inv. Nr. 368, Sign. II C 3, kart. 17.

17 Anton von Gévay (Hrsg.), *Itinerar Kaiser Ferdinand's I. 1521–1564*, Wien 1843, nicht paginiert; Friedrich Edelmayer – Leopold Kammerhoffer – Martin C. Mandmayr – Walter Prenner – Karl G. Vocelka (Hrsg.), *Die Krönungen Maximilians II. zum König von Böhmen, römischen König und König von Ungarn (1562/63) nach der Beschreibung des Hans Habersack, ediert nach CVP 7890*, Wien 1990, S. 56–59, 178–205; Géza Pálffy, *Die Türkenabwehr in Ungarn im 16. und 17. Jahrhundert – ein Forschungsdesiderat*, Anzeiger der philosophisch-historischen Klasse der Österreichischen Akademie der Wissenschaften 137, 2002, S. 99–131, hier S. 112–117.

von Venedig, der bayerische Herzog sowie zahlreiche andere geistliche und weltliche Herrscher Europas verfolgten aufmerksam das Befinden des Kaisers.[18] Obwohl der päpstliche Nuntius Zaccaria Delfino und der venezianische Gesandte Michele Suriano vom Hof Ferdinands I. regelmäßig Bericht über seinen Krankheitsverlauf erstatteten, konnten sie meistens nur Vermitteltes weiterleiten, da ihnen kein direkter Zugang zum streng bewachten Kaiser möglich war. Sie verschickten Briefe nach Venedig, Mailand und Rom, in denen sich nur ganz allgemeine Informationen über Veränderungen im Gesundheitszustand des Herrschers fanden, gelegentlich aufgeschnappt aus den zurückhaltenden und fragmentarischen Äußerungen seiner Leibärzte.[19]

Am ausführlichsten sind die Berichte des Reichsvizekanzlers Georg Sigmund Seld, der den in München residierenden bayerischen Herzog Albrecht V. von Wittelsbach über den Zustand des Kaisers informierte. Sachlich und verständlich äußerte er sich zu konkreten Krankheitssymptomen, ärztlichen Meinungen und Behandlungsvorschlägen sowie zu negativen Auswirkungen der Erkrankung auf alltägliche Regierungsgeschäfte, deren Zeuge er selbst war.[20] Der hochgebildete, zeitweilig im Dienst der Wittelsbacher stehende Jurist gehörte zu den engsten Vertrauten des Kaisers, dem er die zu erledigende Post und Dokumente zur Unterzeichnung überbrachte.[21] In solchen Kommunikationssituationen war körperliche Nähe unvermeidlich, ob nun der Kaiser im Zimmer umherschritt, am Tisch saß oder aufgrund körperlicher Schwäche bereits ans Bett gefesselt war. Georg Sigmund Seld konnte sich so anhand der eigenen Beobachtung eine relativ genaue Meinung über Ferdinands Krankheit bilden, die er dann, ergänzt um Stellungnahmen der kaiserlichen Leibärzte, in höchst informativen Briefen regelmäßig nach München schickte.

Ferdinands Schwiegersohn Albrecht V. von Wittelsbach, der 1546 dessen zweitgeborene Tochter Anna geheiratet hatte, besaß jedoch noch weitere Infor-

---

18 Viktor Bibl (Hrsg.), *Korrespondenz Maximilians II. Band I. Familienkorrespondenz 1564 Juli 26–1566 August 11*, Wien 1916; Walter Goetz (Hrsg.), *Briefe und Akten zur Geschichte des sechzehnten Jahrhunderts mit besonderer Rücksicht auf Baierns Fürstenhaus. Fünfter Band. Beiträge zur Geschichte Herzog Albrechts V. und des Landberger Bundes 1556–1598*, München 1898; G. Turba (Hrsg.), *Venetianische Depeschen*; S. Steinherz (Hrsg.), *Nuntiaturberichte*.
19 Zaccaria Delfino an Kardinal Karl Borromäus (Wien, 27.3.1564) – S. Steinherz (Hrsg.), *Nuntiaturberichte*, Nr. 16, S. 75–84.
20 Bayerisches Hauptstaatsarchiv München, Kurbayern Äußeres Archiv, Sign. 4308–4309.
21 Haus-, Hof- und Staatsarchiv Wien, Oberhofmeisteramt, Sonderreihe, Kart. 183, Nr. 45 (Hofstaatsverzeichnis datiert nach Dezember 1563); Norbert Lieb, *Die Augsburger Familie Seld*, München 1958, S. 80–85; Maximilian Lanzinner, *Fürst, Räte und Landstände. Die Entstehung der Zentralbehörden in Bayern 1511–1598*, Göttingen 1980 (= Veröffentlichungen des Max-Planck-Instituts für Geschichte, Band 61), S. 404; ders., *Geheime Räte und Berater Kaiser Maximilians II. (1564–1576)*, Mitteilungen des Instituts für Österreichische Geschichtsforschung 102, 1994, S. 296–315, hier S. 299; E. Laubach, *Ferdinand I. als Kaiser*, S. 20–22.

mationsquellen zum Alltag am kaiserlichen Hof, zu Ferdinands Reichspolitik sowie seinem gesundheitlichen Befinden. Regelmäßige Berichterstattung erhielt er ebenfalls durch Hofrat Johann Ulrich Zasius,[22] der nach dem Regierungsantritt Maximilians II. das Amt des Reichsvizekanzlers Georg Sigmund Seld übernahm. Dank seiner juristischen und diplomatischen Erfahrungen öffnete sich ihm bald der Weg in den engsten Vertrautenkreis des Kaisers. Von Ferdinand I. wurde er als ausgewiesener Kenner der konfessionellen und politischen Verhältnisse im Südwesten des Römisch-deutschen Reiches geschätzt.[23]

Vor dem Hintergrund der zusehends fortschreitenden Krankheit sahen die engsten Vertrauten des Kaisers den Vorbereitungen seiner Reise nach Preßburg mit wachsender Sorge entgegen. Obwohl er im Juli und August 1563 nur noch gelegentlich auswärtige Gesandte empfing und die Wiener Hofburg kaum verließ, war er sehr erschöpft und kraftlos.[24] Seit Beginn der sechziger Jahre plagte ihn heftiger Husten,[25] nach seinem längeren Aufenthalt im nebligen und kalten Innsbruck im Frühjahr 1563, von dem ihm seine Ärzte zuvor strikt abgeraten hatten, gesellten sich dann noch Bluthusten und hohes Fieber hinzu.[26] Von der Tiroler Metropole aus nahm Ferdinand I. Einfluss auf die Abschlussverhandlungen des Konzils von Trient und führte persönliche Gespräche über Glaubensfragen mit Kardinal Giovanni Morone, der in den letzten Monaten den Vorsitz dieser Kirchenversammlung innehatte.[27] Im Sommer 1563 machten hingegen die hohen Lufttemperaturen in Wien dem kranken Herrscher zu schaffen. Sein Organismus war derart geschwächt, dass er nicht mehr ohne Hilfe des Stallmeisters aufsitzen konnte, seinen beliebten Jagdvergnügungen fernblieb und bei einem Gottesdienst in der Augustinerkirche sogar ohnmächtig wurde. Er verlor auch zunehmend den Appetit, so dass er auffallend abmagerte.[28]

---

22 Bayerisches Hauptstaatsarchiv München, Kurbayern Äußeres Archiv, Sign. 4298; A. Meußer, *Für Kaiser und Reich*, S. 309–310.
23 E. Laubach, *Ferdinand I. als Kaiser*, S. 23–24; M. Lanzinner, *Geheime Räte*, S. 301–303.
24 Georg Sigmund Seld an Albrecht V. von Wittelsbach (Wien, 18.8.1563) im Bayerischen Hauptstaatsarchiv München, Kurbayern Äußeres Archiv, Sign. 4308, fol. 241–244; A. von Gévay (Hrsg.), *Itinerar Kaiser Ferdinand's*, nicht paginiert.
25 Joachim von Neuhaus an Maximilian II. (Prag, 27.4.1562) im Haus-, Hof- und Staatsarchiv Wien, Familienakten, Kart. 60; P. Sutter Fichtner, *Ferdinand I.*, S. 252.
26 A. von Gévay (Hrsg.), *Itinerar Kaiser Ferdinand's*, nicht paginiert; P. Sutter Fichtner, *Ferdinand I.*, S. 252.
27 E. Laubach, *Ferdinand I. als Kaiser*, S. 463–476; A. Kohler, *Ferdinand I.*, S. 280–285; František Kavka – Anna Skýbová, *Husitský epilog na koncilu tridentském a původní koncepce habsburské rekatolisace Čech. Počátky obnoveného pražského arcibiskupství*, Praha 1969, S. 139–158.
28 Johann Ulrich Zasius an Albrecht V. von Wittelsbach (Wien, 14.7.1563) im Bayerischen Hauptstaatsarchiv München, Kurbayern Äußeres Archiv, Sign. 4298, fol. 37; A. Meußer, *Für Kaiser und Reich*, S. 309.

Gegen Ende August und Anfang September 1563, vor der geplanten Abreise nach Preßburg, verschlechterte sich Ferdinands Gedächtnis rapide. Georg Sigmund Seld musste ihn wiederholt an dringend zu erledigende amtliche Angelegenheiten oder die noch ausstehende Unterzeichnung von Dokumenten erinnern. Seinen engsten Mitarbeitern entging auch nicht, wie schnell sich sein Verhalten änderte. Ferdinand handelte überstürzt, war gereizt und jähzornig, es kam immer wieder vor, dass er mit Gegenständen nach ihnen warf. Er litt unter Verfolgungswahn und vermutete überall Feinde, die nach seinem Leben trachteten.[29] In Briefen und Berichten wird in diesem Zusammenhang öfters das Wort Melancholie verwendet, die die Beobachter mit den starken Hustenanfällen und dem hohen Fieber in Verbindung brachten.[30] In den von Wien nach München wandernden Berichten entstand das Bild eines kranken Herrschers, der trotz seiner rapide schwindenden körperlichen Kräfte nicht im mindesten einsah, dass er seinen alltäglichen Regierungspflichten allmählich nicht mehr nachkommen konnte.[31] Auffallend oft rief er seine Söhne zu sich – im August 1563 empfing er in der Hofburg mehrmals Maximilian II., Erzherzog Ferdinand und Erzherzog Karl.[32]

Während der Krönung Maximilians II. am 8. September 1563 erlitt der Kaiser einen gesundheitlichen Zusammenbruch. Geschwächt durch wiederholte und schwere Hustenanfälle, hohes Fieber und Appetitlosigkeit konnte er nicht am Krönungsmahl teilnehmen[33] und verließ mehrere Tage lang nicht Franz Forgáchs Haus unweit der St. Martinskirche, in dem er logierte.[34] Obwohl er verlauten ließ, möglichst bald nach Wien zurückzukehren, wo es ihm nach eigenen Worten besser ging, blieb er bis zum 21. November 1563 in Preßburg[35]

---

29 Vgl. Anmerkungen Maximilians II. vom 5.9.1563, über die Albrecht V. von Wittelsbach berichtete (Höhenkirchen, 15.9.1563). Näher hierzu W. Goetz (Hrsg.), *Briefe und Akten*, S. 265–266.

30 Georg Sigmund Seld an Albrecht V. von Wittelsbach (Wien, 19.8.1563 und 25.8.1563) im Bayerischen Hauptstaatsarchiv München, Kurbayern Äußeres Archiv, Sign. 4308, fol. 260, 262–264. Zur Melancholie: László F. Földényi, *Melancholie – její formy a proměny od starověku po současnost*, Praha 2013.

31 Näher hierzu vgl. Anmerkungen Maximilians II. vom 5.9.1563, über die Albrecht V. von Wittelsbach berichtete (Höhenkirchen, 15.9.1563). Dazu W. Goetz (Hrsg.), *Briefe und Akten*, S. 265–266.

32 Georg Sigmund Seld an Albrecht V. von Wittelsbach (Wien, 18.8.1563) im Bayerischen Hauptstaatsarchiv München, Kurbayern Äußeres Archiv, Sign. 4308, fol. 241–244.

33 Georg Sigmund Seld an Albrecht V. von Wittelsbach (Preßburg, 7.9.1563) im Bayerischen Hauptstaatsarchiv München, Kurbayern Äußeres Archiv, Sign. 4308, fol. 299–304; Georg Sigmund Seld an Albrecht V. von Wittelsbach (Preßburg, 12.10.1563) – W. Goetz (Hrsg.), *Briefe und Akten*, S. 268.

34 G. Pálffy, *Krönungsmähler in Ungarn*, S. 106.

35 Georg Sigmund Seld an Albrecht V. von Wittelsbach (Preßburg, 2.11.1563) im Bayerischen Hauptstaatsarchiv München, Kurbayern Äußeres Archiv, Sign. 4308, fol. 378–379; A. von Gévay (Hrsg.), *Itinerar Kaiser Ferdinand's*, nicht paginiert.

und verhandelte mit den ungarischen Ständen über die Befestigung der Grenze im Südosten der Monarchie, um dem Vordringen der Osmanen in Kroatien und Slawonien Einhalt zu gebieten.[36] Missmutig vernahm er die Nachrichten über die weitere Zuspitzung konfessioneller Konflikte insbesondere im Süden des Römisch-deutschen Reichs, wo der Reichsritter Wilhelm von Grumbach als überzeugter Lutheraner erneut im Konflikt mit dem katholischen Bischof von Würzburg stand.[37] Sein Angriff hatte nicht nur eine Eskalation der Spannungen zwischen katholischen und lutherischen Fürsten zur Folge, sondern auch die schnelle Aufrüstung der Truppen des bayerischen Herzogs, des sächsischen Kurfürsten sowie der Bischöfe von Bamberg und Würzburg.[38] Georg Sigmund Seld berichtete auch, dass der erschöpfte Ferdinand des Öfteren die Gesellschaft von Maximilians Gattin Maria von Habsburg und ihrer Hofdamen aufsuchte, um sich in kurzen Gesprächen auf Kastilisch, das er so gerne hörte und sprach, zumindest eine kurzzeitige Linderung seiner Schmerzen zu verschaffen.[39]

Nachdem die schweren Hustenanfälle und das hohe Fieber auch nach seiner Rückkehr nach Wien nicht nachgelassen hatten, begannen Ferdinands Leibärzte die bisherige Art der Behandlung und deren Wirksamkeit zu überdenken. In den gegensätzlichen Heilmethoden, denen sich der kranke Kaiser unterziehen musste, spiegelten sich die einander gegenüberstehenden Ansätze der traditionellen Medizin nach Galen und der neuen Heilmethoden des Paracelsus wider.[40] Ferdinands Leibarzt Julius Alexandrinus von Neustein empfahl als Anhänger der bewährten humoralpathologischen Methoden vor allem Wärme und Ruhe und nur in eingeschränktem Maße den Einsatz von Heilpflanzen, in diesem Fall eine kleine Menge Pulver aus Eisenhutknolle, das bei äußerlicher Anwendung fiebersenkend wirken sollte. Weiterhin wurden zur Abkühlung Umschläge mit Sud des Gefleckten Schierlings aufgelegt.[41] Eine ähnliche Behandlung wurde dem kranken Kaiser auch von seinem Leibarzt Johannes Crato

---

36 T. Winkelbauer, *Ständefreiheit* I, S. 428–437; G. Pálffy, *Die Türkenabwehr*, S. 112–117.
37 A. Kohler, *Ferdinand I.*, S. 275–276; E. Laubach, *Ferdinand I. als Kaiser*, S. 555–569.
38 František Roubík (Hrsg.), *Regesta fondu Militare Archivu Ministerstva vnitra Republiky československé v Praze I (1527–1589)*, Praha 1937, S. 137 (Briefe Ferdinands I. an Erzherzog Ferdinand, Preßburg, 13.10.1563 und 17.10.1563).
39 Georg Sigmund Seld an Albrecht V. von Wittelsbach (Preßburg, 2.11.1563) im Bayerischen Hauptstaatsarchiv München, Kurbayern Äußeres Archiv, Sign. 4308, fol. 378–379.
40 Ivo Purš, *Habsburkové na českém trůnu a jejich zájem o alchymii a okultní nauky*, in: ders. – Vladimír Karpenko (Hrsg.), Alchymie a Rudolf II. Hledání tajemství přírody ve střední Evropě v 16. a 17. století, Praha 2011, S. 93–128, hier S. 104–105; A. Meußer, *Für Kaiser und Reich*, S. 309.
41 Georg Sigmund Seld an Albrecht V. von Wittelsbach (Wien, 11.12.1563) im Bayerischen Hauptstaatsarchiv München, Kurbayern Äußeres Archiv, Sign. 4308, fol. 441–442; Haus-, Hof- und Staatsarchiv Wien, Oberhofmeisteramt, Sonderreihe, Kart. 183, Nr. 45; Ivo Purš – Josef Smolka, *Martin Ruland starší a mladší a prostředí císařských lékařů*, in: I. Purš – V. Karpenko

von Krafftheim zuteil, der Ende 1563 behauptete, das hohe Fieber sei durch übermäßig sauren und gereizten Magensaft verursacht und Linderung nur durch langanhaltende Ruhe und Wärme herbeizuführen.[42] Eine ganz andere Auffassung vertrat der Leibarzt Johann Neefe. Er schrieb dem Kaiser eine Diät vor, die er jedoch in Anbetracht der unterschiedlichen Sichtweisen seiner Kollegen Julius Alexandrinus und Johannes Crato erst im Frühjahr 1564 näher spezifizierte.[43]

Dem Gedankengut der Heilkunst nach Paracelsus fühlten sich zwei weitere Leibärzte Ferdinands I. verpflichtet – Stephanus Lauraeus Amorfortius und insbesondere Bartholomeus Carrichter. Beide betonten die Wichtigkeit der Anwendung von Mineralstoffen, vor allem kleiner Mengen von Antimon, von Bezoarsteinen und Heilpflanzen, deren Wirkung zusätzlich durch die Kraft der Sterne potenziert werde.[44] Die Leibärzte des Kaisers gingen nicht nur in ihren fachlichen Meinungen zur Behandlung der Hustenanfälle und des Fiebers auseinander, sondern unterschieden sich auch in ihrer konfessionellen Zugehörigkeit – Johann Neefe und Johannes Crato von Krafftheim waren Anhänger der Lehre Luthers.[45] Dem Kaiser lag also offenbar viel mehr an den fachlichen Kompetenzen seiner humanistisch gebildeten Ärzte als an ihrer Glaubensrichtung.

Ende Dezember 1563 fühlte sich Ferdinand I. derart schwach, dass er nicht imstande war, die für Januar 1564 anberaumte Sitzung des böhmischen Landtags in Prag zu eröffnen. Er nahm zwar mit Hilfe von Georg Sigmund Seld sowie weiteren Vertrauten Einfluss auf den Inhalt der Landtagsproposition, in der den

---

(Hrsg.), Alchymie a Rudolf II., S. 581–605, hier S. 583; Petr Ondřej Mathioli, *Herbář neboli Bylinář. Dílo veškeré lékařské přírodní vědy* I–III, Olomouc 1998, S. 921–925.

42 Georg Sigmund Seld an Albrecht V. von Wittelsbach (Wien, 18.12.1563) im Bayerischen Hauptstaatsarchiv München, Kurbayern Äußeres Archiv, Sign. 4308, fol. 443–445; Haus-, Hof- und Staatsarchiv Wien, Oberhofmeisteramt, Sonderreihe, Kart. 183, Nr. 45; I. Purš, *Habsburkové na českém trůnu*, S. 109.

43 Georg Sigmund Seld an Albrecht V. von Wittelsbach (Wien, 18.12.1563) im Bayerischen Hauptstaatsarchiv München, Kurbayern Äußeres Archiv, Sign. 4308, fol. 443–445; Georg Sigmund Seld an Albrecht V. von Wittelsbach (Wien, 1.4.1564) im Bayerischen Hauptstaatsarchiv München, Kurbayern Äußeres Archiv, Sign. 4309, fol. 130–131.

44 Georg Sigmund Seld an Albrecht V. von Wittelsbach (Wien, 11.12.1563) im Bayerischen Hauptstaatsarchiv München, Kurbayern Äußeres Archiv, Sign. 4308, fol. 441–442; Haus-, Hof- und Staatsarchiv Wien, Oberhofmeisteramt, Sonderreihe, Kart. 183, Nr. 45; Wolf-Dieter Müller-Jahncke – Christoph Friedrich unter Mitarbeit von Julius Paulus, *Geschichte der Arzneimitteltherapie*, Stuttgart 1996, S. 32–40, 55–58, 62–66; I. Purš, *Habsburkové na českém trůnu*, S. 105.

45 Vgl. Kurt Mühlberger, *Bildung und Wissenschaft. Kaiser Maximilian II. und die Universität Wien*, in: Friedrich Edelmayer – Alfred Kohler (Hrsg.), Kaiser Maximilian II. Kultur und Politik im 16. Jahrhundert, Wien-München 1992 (= Wiener Beiträge zur Geschichte der Neuzeit, Band 19), S. 203–230, hier S. 212–213.

Ständen des Königreichs Böhmen aufgetragen wurde, die neue Sondersteuer zur Befestigung der südöstlichen Grenze gegen die Osmanen zu genehmigen – bei der Eröffnungssitzung am 27. Januar 1564 wurde er jedoch von seinem Sohn Maximilian II. vertreten.[46] Die zeitgenössischen Berichte zeichnen übereinstimmend das Bild eines schwerkranken Kaisers, der nicht mehr in der Lage war, den alltäglichen Regierungsgeschäften nachzugehen.[47] Die Glaubwürdigkeit solcher Aussagen wurde zusätzlich durch lebhafte Schilderungen fieberhafter Anfälle untermauert, die schnell in Schüttelfrost übergingen, bei dem Ferdinand von einem unangenehmen Kältegefühl in der Nase, im Rücken entlang der Wirbelsäule sowie in den oberen und unteren Gliedmaßen heimgesucht wurde.[48]

Die kaiserlichen Leibärzte beschlossen Ende Februar 1564 nach einvernehmlicher Diskussion, dass die Krankheit in diesem Stadium eine lange reinigende Behandlung mit „rosen wasser" erfordere, die Ferdinand von Stephanus Lauraeus Amorfortius verschrieben bekam.[49] Mit dieser Behandlungsmethode konnten die fieberhaften Zustände tatsächlich sehr wirksam gelindert werden, so dass sich der Gesundheitszustand des Kaisers deutlich verbesserte. Mitte März 1564 konnte er wieder regelmäßig im Kreis seiner engsten Hofleute in der Hofburg zu Mittag und Abend essen, wie den Berichten des päpstlichen Gesandten zu entnehmen ist.[50]

Doch dies blieb ein vorübergehender Zustand – die Anwendung der Tinktur verlor mit der Zeit an Wirkung und bereits Anfang April 1564 trat die Appetitlosigkeit wieder und in verstärktem Maße auf. Der Kaiser weigerte sich, Fleisch zu essen, nur gelegentlich konnte er ein Stück Fisch zu sich nehmen. Die schnell wechselnden Anfälle von Fieber und Schüttelfrost schwächten ihn dermaßen, dass er nicht mehr selbständig gehen konnte und auf Hilfe des Oberstkämmerers Scipio Graf von Arco angewiesen war. Insbesondere beim Treppensteigen musste sich Ferdinand bei ihm abstützen und von ihm gleich-

---

46 *Sněmy české od léta 1526 až po naši dobu* III, Praha 1884, S. 165–169.
47 Karl Borromäus an Zaccaria Delfino (Rom, 15.1.1564) – S. Steinherz (Hrsg.), *Nuntiaturberichte*, Nr. 3, S. 8–10.
48 Georg Sigmund Seld an Albrecht V. von Wittelsbach (Wien, 22.1.1564) im Bayerischen Hauptstaatsarchiv München, Kurbayern Äußeres Archiv, Sign. 4309, fol. 69–70; Zaccaria Delfino an Karl Borromäus (Znaim, 8.2.1564) – S. Steinherz (Hrsg.), *Nuntiaturberichte*, Nr. 6, S. 21–26.
49 Georg Sigmund Seld an Albrecht V. von Wittelsbach (Wien, 26.2.1564) im Bayerischen Hauptstaatsarchiv München, Kurbayern Äußeres Archiv, Sign. 4309, fol. 80–81; A. Meußer, *Für Kaiser und Reich*, S. 309; W.-D. Müller-Jahncke – Ch. Friedrich unter Mitarbeit von J. Paulus, *Geschichte der Arzneimitteltherapie*, S. 63.
50 Zaccaria Delfino an Karl Borromäus (Wien, 15.3.1564) – S. Steinherz (Hrsg.), *Nuntiaturberichte*, Nr. 13, S. 62–65.

sam über das Hindernis hinwegtragen lassen.⁵¹ Aus diesem Grund verbrachte der Kaiser immer mehr Zeit im Bett, umgeben von aufgeschichteten Fellen. Bei Schüttelfrost wurden ihm Flaschen mit heißem Wasser aufgelegt, sein Herz abgehört, der Puls und die Farbe seiner Zunge regelmäßig kontrolliert. Aus diesen Vorkehrungen konnten die engsten Vertrauten Ferdinands wie auch die auswärtigen Gesandten bereits relativ deutlich auf den Ernst der Lage schließen. Mitte April 1564 machten dann Julius Alexandrinus sowie die übrigen Leibärzte keinen Hehl mehr aus ihrer Befürchtung des herannahenden Todes Ferdinands.⁵² Dieser verlor nicht nur jegliches Interesse an der regelmäßigen Bearbeitung von Schriftstücken oder Gesprächen über das aktuelle Geschehen in den Ländern seiner Monarchie, sondern lehnte auch alle bereits zugesagten Audienzen ab.⁵³

Trotz der bereits erwähnten Divergenz der medizinischen Meinungen am kaiserlichen Hof gelang es Bartholomeus Carrichter Ende April 1564, eine neue Behandlungsmethode durchzusetzen. Er konzentrierte sich dabei nicht ausschließlich – wie bisher – auf die Milderung der Anfälle von Fieber und Schüttelfrost, sondern versuchte auch die eingeschränkte Bewegungsfreiheit sowie den vermehrten nächtlichen Harndrang zu therapieren. Er empfahl dem Kaiser, nur Gemüse zu essen und verschrieb ihm Medikamente mit Rhabarberextrakt zur Entschlackung des Organismus, insbesondere der Nieren.⁵⁴

Aber auch diese Behandlung brachte keine Linderung. Ferdinand verließ kaum mehr sein Schlafzimmer, das nur seine nächsten Verwandten und engsten Vertrauten betreten durften. Am häufigsten sprach er mit Königin Maria, dem Reichsvizekanzler Georg Sigmund Seld und Hofmarschall Georg Gienger. Im Vorzimmer warteten Leibkämmerer auf Anweisungen, die ihnen Scipio Graf von Arco überbrachte. Ende April war der Kaiser bereits so schwach, dass er nicht einmal vom Bett aufstehen konnte. Auch den Gottesdiensten in der etwas entlegeneren Hofkapelle blieb er von nun an fern. Der Priester und Beichtvater Ferdinands Matthias Sitthard zelebrierte daher die Messe im Vorzimmer und

---

51 Georg Sigmund Seld an Albrecht V. von Wittelsbach (Wien, 1.4.1564 und 15.4.1564) im Bayerischen Hauptstaatsarchiv München, Kurbayern Äußeres Archiv, Sign. 4309, fol. 130–131, 152. Zu Scipio Graf Arco vgl. Haus-, Hof- und Staatsarchiv Wien, Oberhofmeisteramt, Sonderreihe, Kart. 183, Nr. 45.

52 Zaccaria Delfino an Karl Borromäus (Wien, 27.3.1564) – S. Steinherz (Hrsg.), *Nuntiaturberichte*, Nr. 16, S. 75–84.

53 Ebd., Nr. 18, S. 89–93, Zaccaria Delfino an Karl Borromäus (Wien, 12.4.1564 und 13.4.1564); Maximilian II. an Adam von Dietrichstein (Wien, 10.3.1564) – Arno Strohmeyer (Hrsg.), *Der Briefwechsel zwischen Ferdinand I., Maximilian II. und Adam von Dietrichstein 1563–1565*, Wien-München 1997, S. 171–172.

54 Georg Sigmund Seld an Albrecht V. von Wittelsbach (Wien, 22.4.1564) im Bayerischen Hauptstaatsarchiv München, Kurbayern Äußeres Archiv, Sign. 4309, fol. 165–168; P. O. Mathioli, *Herbář*, S. 478–481.

später sogar direkt im Schlafzimmer des kranken Kaisers. Dieser war abwechselnd melancholisch und aufbrausend, verfiel in Jähzorn und sehnte sich nach Einsamkeit. Die starken Stimmungsschwankungen versuchte man auch mit Hilfe von Musik zu lindern, indem der aus Lüttich stammende Hofkapellmeister Jean Guyot, genannt Castileti Maessen, Musiker in Ferdinands Schlafzimmer brachte und dem bettlägerigen Kaiser verschiedene Stücke vorspielen ließ.[55]

Erst am 21. April 1564 gelang es wahrscheinlich Georg Sigmund Seld und Georg Gienger, den kranken Ferdinand I. zu überzeugen, mit Rücksicht auf seinen Gesundheitszustand zumindest die alltäglichen Amtshandlungen im Zusammenhang mit der Regierungsausübung im Römisch-deutschen Reich sowie den einzelnen Ländern der habsburgischen Monarchie auf seinen Sohn Maximilian II. zu übertragen.[56] Der Kaiser ermahnte den an seinem Bett stehenden ältesten Sohn, sich künftig auf die politische Erfahrung und die Urteilskraft der ihm empfohlenen Geheimräte und anderer enger Vertrauter zu verlassen, die Eintracht zu wahren, auf die Interessen seiner jüngeren Brüder Rücksicht zu nehmen und den katholischen Glauben konsequent zu schützen.[57] Mit der unter dem Druck seiner Umgebung gefällten Entscheidung, die Regierungsgeschäfte an seinen ältesten Sohn zu übertragen, haderte Ferdinand jedoch noch lange. Zu Fieber- und Hustenanfällen gesellten sich depressive Gemütszustände, in denen er laut dem Zeugnis Georg Sigmund Selds in Gedanken an den herannahenden Tod verfiel, den er innerhalb einiger weniger Wochen oder spätestens zu Pfingsten erwartete.[58]

In den letzten Apriltagen des Jahres 1564 stellten die Leibärzte des Kaisers erneut dessen Nahrung um und empfahlen, nur um sieben Uhr morgens und um vierzehn Uhr am Nachmittag zu essen, sie waren sich jedoch im Klaren darüber, dass Ferdinands Zustand kritisch war. Er bekam kaum Luft und hustete Blut.[59] Den akuten Zustand bezeichneten die Ärzte wiederholt mit dem Ausdruck Paroxysmus, der sich auf die heftigen Krämpfe, Fieberanfälle, Schüttelfrost und Bluthusten bezog. Neben den eher zurückhaltenden medizinischen

---

55 Georg Sigmund Seld an Albrecht V. von Wittelsbach (Wien, 22.4.1564) im Bayerischen Hauptstaatsarchiv München, Kurbayern Äußeres Archiv, Sign. 4309, fol. 165–168; Georg Sigmund Seld an Albrecht V. von Wittelsbach (Wien, 22.4.1564) – W. Goetz (Hrsg.), *Briefe und Akten*, S. 300–301; Haus-, Hof- und Staatsarchiv Wien, Oberhofmeisteramt, Sonderreihe, Kart. 183, Nr. 45; E. Laubach, *Ferdinand I. als Kaiser*, S. 20–23; A. Kohler, *Ferdinand I.*, S. 129.
56 Georg Sigmund Seld an Albrecht V. von Wittelsbach (Wien, 22.4.1564) – W. Goetz (Hrsg.), *Briefe und Akten*, S. 300–301.
57 Zaccaria Delfino an Karl Borromäus (Wien, 26.4.1564) – S. Steinherz (Hrsg.), *Nuntiaturberichte*, Nr. 22, S. 110–111; M. Lanzinner, *Geheime Räte*, S. 296–315.
58 Georg Sigmund Seld an Albrecht V. von Wittelsbach (Wien, 26.4.1564) – W. Goetz (Hrsg.), *Briefe und Akten*, S. 300–301.
59 Georg Sigmund Seld an Albrecht V. von Wittelsbach (Wien, 26.4.1564) im Bayerischen Hauptstaatsarchiv München, Kurbayern Äußeres Archiv, Sign. 4309, fol. 171–173.

Einschätzungen brachten sie auch ihren Glauben an die Wundertätigkeit Gottes zum Ausdruck.[60]

Die letzten Augenblicke und der Tod

Seit Ende April und Anfang Mai 1564 veränderte sich der Charakter der Berichterstattung aus der Wiener Hofburg. Ihr Schwerpunkt verlagerte sich von der Schilderung des Krankheitsverlaufs und angewandter Behandlungsmethoden hin zur Erläuterung einzelner Schritte zur geistlichen Einstimmung des Kaisers auf einen guten Tod.[61] An seinem Bett wechselten sich nicht nur seine Söhne Maximilian II., Ferdinand und Karl ab, sondern auch die Königin Maria mit den Kindern.[62] Der Beichtvater Matthias Sitthard las dem Kaiser aus den Werken des heiligen Augustinus vor, spendete ihm mit seinen Gebeten geistigen Trost und war bereit, ihm die Beichte abzunehmen.[63] Einige Male kam es vor, dass Ferdinand im Bett ins Vorzimmer getragen wurde, um im engsten Kreis an einem gemeinsamen Gottesdienst teilzunehmen.[64] Da der Kaiser im Laufe seines Lebens insgesamt viermal – in den Jahren 1532, 1543, 1547 und 1554 – sein Testament verfasst und darin Vorstellungen von seiner letzten Ruhestätte und der Aufteilung des Vermögens sowie der territorialen Herrschaft unter seine Söhne niedergeschrieben hatte, machte er sich im Frühjahr 1564 keine Gedanken über einen eventuell zu aktualisierenden Wortlaut desselben.[65]

Trotz seines kritischen Gesundheitszustands hörte sich Ferdinand in diesen Tagen gelegentlich noch die Berichte Georg Sigmund Selds über die Auseinandersetzungen zwischen Hugenotten und Katholiken in Frankreich an und richtete seine Aufmerksamkeit auf den bevorstehenden Landtag der oberös-

---

60 Zaccaria Delfino an Karl Borromäus (Wien, 26.4.1564) – S. Steinherz (Hrsg.), *Nuntiaturberichte*, Nr. 22, S. 110–111.
61 Mit bibliographischer Zusammenfassung Pavel Král, *Smrt a pohřby české šlechty na počátku novověku*, České Budějovice 2004 (= Monographia historica 4), S. 61–75.
62 Georg Sigmund Seld an Albrecht V. von Wittelsbach (Wien, 26.4.1564 und 2.5.1564) im Bayerischen Hauptstaatsarchiv München, Kurbayern Äußeres Archiv, Sign. 4309, fol. 171–173, 189–190.
63 *Die letzten Lebenstage Kaiser Ferdinands I.*, Archiv für Geographie, Historie, Staats- und Kriegskunst 8, 1817, S. 60–62, hier S. 61; Georg Sigmund Seld an Albrecht V. von Wittelsbach (Wien, 26.4.1564) im Bayerischen Hauptstaatsarchiv München, Kurbayern Äußeres Archiv, Sign. 4309, fol. 171–173.
64 Zaccaria Delfino an Karl Borromäus (Wien, 26.4.1564) – S. Steinherz (Hrsg.), *Nuntiaturberichte*, Nr. 22, S. 110–111.
65 A. Kohler, *Ferdinand I.*, S. 297–303.

terreichischen Stände.⁶⁶ Bei den seltenen Gelegenheiten, zu denen die Diener sein Bett ins Vorzimmer trugen, führte er auch kurze Gespräche mit vertrauten Hofleuten.⁶⁷ Zwei Wochen später, etwa Mitte Mai, war der Kaiser durch ein langanhaltendes hohes Fieber dermaßen erschöpft, dass er die ihm ans Bett gebrachten Dokumente nicht einmal mehr selbst zu unterschreiben vermochte.⁶⁸ Er sehnte sich nach Ruhe und stiller Musik, bei der er, völlig entkräftet, immer wieder einschlief.⁶⁹

Vor Ende Mai 1564 berichtete Georg Sigmund Seld über die zunehmende Ratlosigkeit der Ärzte, deren Behandlungsmethoden keinerlei Wirkung zeigten. Sie wussten sich angesichts der immer häufiger auftretenden Fieber- und Schüttelfrostanfälle und des starken Bluthustens keinen Rat mehr, so dass sie nur zu immer noch höheren Dosen Bezoarstein griffen und ihren Glauben an ein Wunder Gottes betonten. Den erhöhten Fettgehalt in seinem Urin hielten sie für ein eindeutiges „signum mortale" und äußerten gegenüber Georg Sigmund Seld, Georg Gienger, Scipio Graf von Arco sowie einigen anderen engen Vertrauten, die uneingeschränkten Zugang zum Bett des Kaisers hatten, ihre tiefste Sorge um dessen Leben.⁷⁰ Diese diskreten Mitteilungen der Leibärzte über Ferdinands kritischen Gesundheitszustand fanden unmittelbar Eingang in die Berichte der Genannten, die sie von der Wiener Hofburg abschickten.⁷¹

Die körperlichen Kräfte des Kaisers schwanden zwar rasch, geistig war er jedoch wohlauf. Mit seinen Leibärzten sprach er mehrmals über den herannahenden Tod, auf den er sich sorgfältig vorbereitete. Matthias Sitthard, bei dem Ferdinand I. geistigen Trost suchte und der ihm das Sakrament der letzten Ölung spenden sollte, wachte Tag und Nacht betend im Schlafzimmer des Kaisers. Ende Mai 1564 wurde er aufgefordert, das Gefäß mit dem geweihten Öl und ein Kruzifix zu bringen.⁷² Die Gedanken des kranken Herrschers wa-

---

66 Georg Sigmund Seld an Albrecht V. von Wittelsbach (Wien, 29.4.1564 und 17.5.1564) im Bayerischen Hauptstaatsarchiv München, Kurbayern Äußeres Archiv, Sign. 4309, fol. 177–178, 204–205; E. Laubach, *Ferdinand I. als Kaiser*, S. 678–681.
67 Georg Sigmund Seld an Albrecht V. von Wittelsbach (Wien, 10.5.1564) im Bayerischen Hauptstaatsarchiv München, Kurbayern Äußeres Archiv, Sign. 4309, fol. 195.
68 Georg Sigmund Seld an Albrecht V. von Wittelsbach (Wien, 17.5.1564) im Bayerischen Hauptstaatsarchiv München, Kurbayern Äußeres Archiv, Sign. 4309, fol. 204–205.
69 Ebd.
70 Georg Sigmund Seld an Albrecht V. von Wittelsbach (Wien, 20.5.1564, 27.5.1564 und 31.5.1564) im Bayerischen Hauptstaatsarchiv München, Kurbayern Äußeres, Sign. 4309, fol. 206–207, 211, 218–219.
71 Vgl. Georg Sigmund Seld an Albrecht V. von Wittelsbach (Wien, 20.5.1564) im Bayerischen Hauptstaatsarchiv München, Kurbayern Äußeres Archiv, Sign. 4309, fol. 206–207.
72 Zaccaria Delfino an Karl Borromäus (Wien, 24.5.1564) – S. Steinherz (Hrsg.), *Nuntiaturberichte*, Nr. 29, S. 130–133; *Die letzten Lebenstage Kaiser Ferdinands I.*, S. 61; A. Meußer, *Für Kaiser und Reich*, S. 310; P. Král, *Smrt a pohřby*, S. 61–67.

ren nunmehr auf den ruhigen Abschied eines versöhnten Christen von der irdischen Welt, ohne Angst und Schmerzen, gerichtet.

In der ersten Junihälfte erreichten die Nachrichten über den hoffnungslosen Gesundheitszustand des Kaisers Venedig, München, Rom sowie andere europäische Metropolen.[73] Zu den bereits bekannten Symptomen seiner langwierigen Krankheit gesellten sich laut Auskunft der Leibärzte weitere Beschwerden hinzu – wiederholt auftretende Schmerzen am Herzen und im gesamten linken Brustbereich.[74]

Durch die heftigen Anfälle trockenen Hustens bekam er kaum Luft, die unteren Atemwege waren extrem verschleimt und mussten regelmäßig gereinigt werden, da Ferdinand nicht mehr in der Lage war, den zähen Schleim abzuhusten.[75] Außerdem litt der Kaiser unter Schlaf- und Appetitlosigkeit. Irgendwann um den 10. Juni 1564 herum richtete er sich zum letzten Mal in seinem Bett auf, danach konnte er nur noch liegen.[76] Er empfing keine Hofleute und auswärtigen Gesandten mehr und konnte Selds Berichten über die Lage im Römisch-deutschen Reich und den Nachbarländern nicht mehr folgen. Seine Augen waren auf das in Bettnähe stehende Kruzifix geheftet.[77]

Im Schlafzimmer des Kaisers herrschten Stille und Besinnlichkeit, die nicht einmal durch die ständige Anwesenheit des Beichtvaters, einiger Leibärzte und kurze Besuche seines ältesten Sohnes gestört wurden. Ferdinand I. bereitete sich auf einen friedlichen Tod vor. Der päpstliche Nuntius Zaccaria Delfino sandte in seinem Bericht an den Heiligen Stuhl die erwartete Botschaft der Demut, Versöhnung und Kontinuität des Herrscherhauses. Um den 15. Juni 1564 herum verabschiedete sich der Kaiser zum letzten Mal von seinem Nachfolger Maximilian II., der sich ebenfalls bereits seit einiger Zeit nicht gut fühlte und über Schmerzen in der Brust klagte.[78] Der Sterbende bat Matthias Sitthard,

---

73 Georg Sigmund Seld an Albrecht V. von Wittelsbach (Wien, 3.6.1564) im Bayerischen Hauptstaatsarchiv München, Kurbayern Äußeres Archiv, Sign. 4309, fol. 220; Michele Suriano und Leonardo Contarini an den Dogen von Venedig (Wien, 7.6.1564) – G. Turba (Hrsg.), *Venetianische Depeschen*, S. 274; Maximilian II. an Adam von Dietrichstein (Wien, 22.6.1564) – A. Strohmeyer (Hrsg.), *Der Briefwechsel*, S. 215–219.

74 Georg Sigmund Seld an Albrecht V. von Wittelsbach (Wien, 7.6.1564) im Bayerischen Hauptstaatsarchiv München, Kurbayern Äußeres Archiv, Sign. 4309, fol. 225–226.

75 Georg Sigmund Seld an Albrecht V. von Wittelsbach (Wien, 14.6.1564) im Bayerischen Hauptstaatsarchiv München, Kurbayern Äußeres Archiv, Sign. 4309, fol. 233.

76 Georg Sigmund Seld an Albrecht V. von Wittelsbach (Wien, 10.6.1564 und 14.6.1564) im Bayerischen Hauptstaatsarchiv München, Kurbayern Äußeres Archiv, Sign. 4309, fol. 233, 281.

77 Georg Sigmund Seld an Albrecht V. von Wittelsbach (Wien, 10.6.1564) im Bayerischen Hauptstaatsarchiv München, Kurbayern Äußeres Archiv, Sign. 4309, fol. 281.

78 Maximilian II. an Adam von Dietrichstein (Wien, 22.6.1564) – A. Strohmeyer (Hrsg.), *Der Briefwechsel*, S. 215–218.

die sein Bett umgebenden Kerzen anzuzünden und das Sakrament der letzten Ölung zu spenden.[79]

Ende Juni/Anfang Juli bereitete der Leibarzt Bartholomeus Carrichter für den Kaiser ein Heilwasser aus Kräutern zu, das dieser sechs- bis siebenmal am Tag trinken sollte. Dadurch hoffte man den Körper zu reinigen und das nicht nachlassende hohe Fieber zu senken. Die Behandlung blieb jedoch ohne Erfolg.[80] Trotz einer kurzfristigen positiven Wirkung klangen die Fieber- und Hustenanfälle nicht ab.[81] Die ratlosen Ärzte setzten wie bereits mehrfach zuvor ihre letzte Hoffnung auf eine Besserung durch ein göttliches Wunder.[82] Am 15. Juli fiel Ferdinand in eine kurze Ohnmacht.[83] Am 25. Juli 1564 um sieben Uhr abends starb er, fiebergeschüttelt und in Atemnot, während eines heftigen Hustenanfalls.[84]

Auf dem Sterbebett hielt Ferdinand I. ein silbernes Kruzifix umklammert, das die symbolische Botschaft vom Märtyrertod Jesu Christi repräsentierte.[85] An dem mit brennenden Kerzen umstellten Bett stand der Beichtvater des Kaisers Matthias Sitthard und betete für das Heil seiner Seele. Zugegen waren die beiden Söhne Maximilian II. und Karl. Ihr Bruder Ferdinand, der sich zu dem Zeitpunkt auf einer Reise in der Nähe von Prag aufhielt, erfuhr vom Tod seines Vaters erst zwei Tage später aus einem Brief seines älteren Bruders. Die Nachricht wühlte ihn so stark auf, dass er nicht in der Lage war, eine mit eigener Hand geschriebene Antwort nach Wien zu schicken.[86] Am Bett des sterbenden Kaisers stand höchstwahrscheinlich auch sein Leibarzt Bartholomeus Carrichter.[87]

---

79 Zaccaria Delfino an Karl Borromäus (Wien, 15.6.1564) – S. Steinherz (Hrsg.), *Nuntiaturberichte*, Nr. 33, S. 138–141.
80 Johann Ulrich Zasius an Albrecht V. von Wittelsbach (Wien, 29.6.1564 und 1.7.1564) im Bayerischen Hauptstaatsarchiv München, Kurbayern Äußeres Archiv, Sign. 4298, fol. 116, 129–131; A. Meußer, *Für Kaiser und Reich*, S. 310.
81 Johann Ulrich Zasius an Albrecht V. von Wittelsbach (Wien, 5.7.1564) im Bayerischen Hauptstaatsarchiv München, Kurbayern Äußeres Archiv, Sign. 4298, fol. 149–151.
82 Johann Ulrich Zasius an Albrecht V. von Wittelsbach (Wien, 8.7.1564) im Bayerischen Hauptstaatsarchiv München, Kurbayern Äußeres Archiv, Sign. 4298, fol. 146–148.
83 A. Meußer, *Für Kaiser und Reich*, S. 310.
84 Maximilian II. an Albrecht V. von Wittelsbach (Wien, 26.7.1564) – V. Bibl (Hrsg.), *Korrespondenz Maximilians II*. Band I, Nr. 1, S. 1–2; Georg von Khevenhüller-Metsch (Hrsg.), *Hans Khevenhüller, kaiserlicher Botschafter bei Philipp II. Geheimes Tagebuch 1548–1605*, Graz 1971, S. 21.
85 *Die letzten Lebenstage Kaiser Ferdinands I.*, S. 62.
86 Erzherzog Ferdinand an Maximilian II. (Prag, 27.7.1564) – V. Bibl (Hrsg.), *Korrespondenz Maximilians II*. Band I, Nr. 4, S. 5; vgl. dazu näher Österreichische Nationalbibliothek Wien, Cod. 8270 (Einträge über die Reisen Erzherzog Ferdinands im Jahr 1564).
87 Zaccaria Delfino an Karl Borromäus (Wien, 27.7.1564) – S. Steinherz (Hrsg.), *Nuntiaturbe-*

In den nächsten Tagen ging – größtenteils durch das Verdienst des päpstlichen Nuntius – aus der Hofburg in die europäischen Metropolen die Nachricht vom guten Tod dieses mitteleuropäischen Herrschers als eines überzeugten Katholiken und christlichen Ritters.[88] Am spanischen Königshof hatte man das Hinscheiden des Kaisers angesichts seiner fortschreitenden Krankheit jeden Tag erwartet.[89] Zaccaria Delfino machte sich nach allen Regeln der Propagandakunst die Tatsache zunutze, dass Ferdinand I. ausgerechnet am Verehrungstag des heiligen Jakob des Größeren starb, der in der ersten Hälfte des ersten Jahrtausends die Iberische Halbinsel zum Christentum geführt haben soll.[90] Da Ferdinand in Kastilien geboren war, den Titel des spanischen Infanten geführt und den christlichen Glauben mit dem Schwert in der Hand gegen die osmanischen Angriffe verteidigt hatte, galt er dem päpstlichen Nuntius als ein direkter Nachfolger Jakobs des Größeren und dessen heldenhaften und frommen Taten. Dieser war nicht nur Landesheiliger Spaniens, sondern auch der Lieblingsheilige des verstorbenen Kaisers. Das vermittelte Bild des guten Todes schloss nicht zuletzt die ruhige Versöhnung mit und den Abschied von den nächsten Verwandten mit ein, unter denen sich – vertreten durch ein Bildnis – auch Ferdinands verstorbene Gemahlin Anna Jagiello befand. Gerade ihr galt denn auch ein langer letzter Blick des sterbenden Herrschers, wie Zaccaria Delfino berichtet.[91] Bestimmte Momente aus der Vita des heiligen Jakob des Größeren wurden auch durch Maximilian II. auf die Lebensgeschichte seines Vaters projiziert.[92]

Am darauffolgenden Tag wurde die Obduktion durchgeführt, deren Ergebnisse die engsten Vertrauten Ferdinands mit Interesse verfolgten.[93] Laut der im Bericht von Johann Ulrich Zasius erhaltenen Stellungnahme der Ärzte war insbesondere die Lunge in einem äußerst schlechten Zustand – enorm abgenutzt und komplett schleimdurchtränkt, was langfristig zum Verlust ihrer physiologischen Funktion führte. In den Nieren wurden Steine lokalisiert,

---

richte, Nr. 40, S. 162–166; Maximilian II. an Albrecht V. von Wittelsbach (Wien, 26.7.1564) – V. Bibl (Hrsg.), *Korrespondenz Maximilians II*. Band I, Nr. 1, S. 1–2.

88 Zaccaria Delfino an Karl Borromäus (Wien, 27.7.1564) – S. Steinherz (Hrsg.), *Nuntiaturberichte*, Nr. 40, S. 162–166; A. Kohler, *Ferdinand I.*, S. 306.
89 Adam von Dietrichstein an Maximilian II. (Madrid, 11.7.1564) – A. Strohmeyer (Hrsg.), *Der Briefwechsel*, S. 242–249.
90 Antonio Ubieto Arteta – Juan Reglá Campistol – José María Jover Zamora – Carlos Seco Serrano, *Dějiny Španělska*, Praha 1995, S. 25–27.
91 Zaccaria Delfino an Karl Borromäus (Wien, 27.7.1564) – S. Steinherz (Hrsg.), *Nuntiaturberichte*, Nr. 40, S. 162–166.
92 Maximilian II. an Adam von Dietrichstein (Wien, 2.8.1564) – A. Strohmeyer (Hrsg.), *Der Briefwechsel*, S. 266–269.
93 A. Meußer, *Für Kaiser und Reich*, S. 310, Anm. 570.

die Herztätigkeit mit dem Ausdruck „eingeschmortt" bezeichnet und damit wohl auf die verminderte Leistungsfähigkeit dieses Organs referiert. Die Leber beschrieben die obduzierenden Ärzte demgegenüber als gesund. Die starke Schwellung der unteren Gliedmaßen sei auf ein fortgeschrittenes Stadium der Wassersucht zurückzuführen, das schnelle Fortschreiten der Erkrankung des Ausscheidungssystems möglicherweise auf die von Bartholomeus Carrichter vorgeschlagene, völlig ungeeignete Behandlungsmethode, die im Trinken großer Mengen von Heilwasser mit Kräuterauszügen bestand. Dies wurde bei der Obduktion mehrmals von Carrichters ärztlichen Gegnern vorgebracht.[94]

Aus den Schlussfolgerungen der Ärzte, die sich in den Berichten über die Obduktion Ferdinands I. fragmentarisch erhalten haben, geht hervor, dass insbesondere der Anfälle von Fieber, Schüttelfrost und Husten hervorrufende pathologische Zustand seiner Lungen als Haupttodesursache galt. Anhand der erhaltenen Daten unternahmen einige moderne Biographen Ferdinands I. den Versuch, retrospektiv die Todesdiagnose noch einmal zu stellen.[95] Der habsburgische Herrscher soll demnach an Tuberkulose im fortgeschrittenen Stadium gestorben sein, an der er bereits im Kindesalter während seines Aufenthalts in Spanien erkrankt gewesen sei. Die chronische Lungenerkrankung habe zudem sein Immunsystem erheblich geschwächt.[96]

Vorbereitung auf das Begräbnis

Nach Obduktion, Einbalsamierung und Einkleidung wurde der in einen Zinnsarg gebettete Leichnam Ferdinands I. vermutlich am 30. Juli 1564 in der Hofkapelle der Wiener Hofburg öffentlich aufgebahrt.[97] Mit dieser Ausstellung der sterblichen Überreste des Kaisers wurde das katholische Begräbnisritual eröffnet, in dessen Verlauf der die irdische Welt verlassende natürliche Körper im Kollektivgedächtnis durch den unsterblichen politischen Körper ersetzt wurde.[98] Auf Geheiß Maximilians II. wurden unmittelbar nach Ferdinands Tod

---

94 Zaccaria Delfino an Karl Borromäus (Wien, 27.7.1564 und 3.8.1564) – S. Steinherz (Hrsg.), *Nuntiaturberichte*, Nr. 40, 42, S. 162–166, 169–170; *Die letzten Lebenstage Kaiser Ferdinands I.*, S. 62.
95 Wolfgang Uwe Eckart – Robert Jütte, *Medizingeschichte. Eine Einführung*, Köln-Weimar-Wien 2007, S. 329–331.
96 Vgl. P. Sutter Fichtner, *Ferdinand I.*, S. 253; A. Kohler, *Ferdinand I.*, S. 307.
97 Zaccaria Delfino an Karl Borromäus (Wien, 27.7.1564 und 3.8.1564) – S. Steinherz (Hrsg.), *Nuntiaturberichte*, Nr. 40, 42, S. 162–166, 169–170.
98 Ernst H. Kantorowicz, *Dvě těla krále. Studie středověké politické teologie*, Praha 2014, insbesondere S. 25–36; mit bibliographischer Zusammenfassung P. Král, *Smrt a pohřby*, S. 122–128, 171–175.

Traueranzeigen an alle europäischen Fürsten- und Königshöfe verschickt.[99] Im Laufe der darauffolgenden Wochen trafen in Wien Dutzende Beileidsbekundungen ein.[100] Der politische Körper des verstorbenen mitteleuropäischen Herrschers wurde in den Trauerbriefen wie den zeitgenössischen Aufzeichnungen in vielerlei Hinsicht übereinstimmend konstruiert: Ferdinand I. als Beschützer des christlichen und insbesondere des katholischen Glaubens, der auf eine friedliche Lösung der zugespitzten konfessionellen Konflikte im Römisch-deutschen Reich bedacht war.[101] Durch die zahlreichen Beileidsbekundungen wurde die Frage nach dem Zeitpunkt des Trauerzugs und der eigentlichen Beisetzung des natürlichen Körpers – der zweiten Phase des katholischen Begräbnisrituals – zeitweilig in den Hintergrund gedrängt.[102]

Der Tradition zufolge übernahm der älteste Sohn des verstorbenen Herrschers die Vorbereitung für das Begräbnis, es wurden jedoch auch die beiden anderen Söhne zur Beratung über den Verlauf der Feierlichkeiten hinzugezogen. Hinter der wiederholten Terminverschiebung stand aber etwas ganz Anderes als etwa auseinandergehende Vorstellungen der drei Brüder und die Notwendigkeit, Kompromisslösungen zu finden. In seinem Testament vom 1. Juni 1543 bestimmte Ferdinand I. den Veitsdom in Prag zu seiner letzten Ruhestätte, da er, wie in seinem Testament vom 4. Februar 1547 niedergelegt, neben seiner frühzeitig verstorbenen Ehefrau Anna von Jagiello begraben werden wollte.[103] Wie man den Anfang August 1564 geschriebenen Berichten der auswärtigen Gesandten am kaiserlichen Hof in Wien entnehmen kann, wurden die Söhne jeweils auf ganz unterschiedliche Weise mit dem Tod ihres Vaters

---

99 In Auswahl vgl. Zaccaria Delfino an Karl Borromäus (Wien, 27.7.1564) – S. Steinherz (Hrsg.), *Nuntiaturberichte*, Nr. 40, S. 162–166; Maximilian II. an Albrecht V. von Wittelsbach (Wien, 26.7.1564) – V. Bibl (Hrsg.), *Korrespondenz Maximilians II.* Band I, Nr. 1, S. 1–2, Maximilian II. an Margarethe von Parma (Wien, 26.7.1564), Nr. 2, S. 3, Maximilian II. an Philipp II. (Wien, 27.7.1564), Nr. 3, S. 4–5; Adam von Dietrichstein an Maximilian II. (Madrid, 26.8.1564) – A. Strohmeyer (Hrsg.), *Der Briefwechsel*, S. 273–276.

100 Vgl. beispielsweise Albrecht V. von Wittelsbach an Maximilian II. (München, 3.8.1564) – V. Bibl (Hrsg.), *Korrespondenz Maximilians II.* Band I, Nr. 6, S. 6–7, Guglielmo Gonzaga an Maximilian II. (Mantua, 15.8.1564), Nr. 7, S. 7; Adam von Dietrichstein an Maximilian II. (Wien, 26.8.1564) – A. Strohmeyer (Hrsg.), *Der Briefwechsel*, S. 273–276 und andere.

101 Neben den in der vorherigen Anmerkung genannten Quellen vgl. beispielsweise Zdeněk Vybíral (Hrsg.), *Paměti Pavla Korky z Korkyně. Zápisky křesťanského rytíře z počátku novověku*, České Budějovice 2014 (= Prameny k českým dějinám 16.–18. století, Reihe B, Band 4), S. 115; Jaroslav Kolár (Hrsg.), *Marek Bydžovský z Florentina, Svět za tří českých králů. Výbor z kronikářských zápisů o letech 1526–1596*, Praha 1987, S. 105–106; Jiří Mikulec (Hrsg.), *Mikuláš Dačický z Heslova, Paměti (S úvodem Josefa Janáčka)*, Praha 1996, S. 107; A. Kohler, *Ferdinand I.*, S. 307.

102 P. Král, *Smrt a pohřby*, S. 171–234.

103 A. Kohler, *Ferdinand I.*, S. 297–299.

fertig. Maximilian II. suchte oft die Hofkapelle in der Hofburg auf und betete dort in der Nähe des aufgebahrten Leichnams.[104] Erzherzog Ferdinand verließ die Donaumetropole vermutlich bereits vor dem 10. August, um sich als noch amtierender Statthalter von Böhmen persönlich um die Vorbereitungen der Trauerfeier in Prag kümmern zu können.[105] Am stärksten traf Ferdinands Tod wohl Erzherzog Karl – die Gesandten von Venedig schilderten seine Betroffenheit insbesondere während der Aufteilung der persönlichen Dinge des Kaisers, seiner kostbaren Gewänder, Schmuckstücke und anderer wertvoller Gegenstände.[106]

Das Testament vom 25. Februar 1554 legte fest, dass das Herrschaftsgebiet Ferdinands I. nach seinem Tod unter seinen drei Söhnen aufgeteilt werden sollte, wie bereits erwähnt wurde.[107] Maximilian II. übernahm die Herrschaft über das Römisch-deutsche Reich, die Königreiche Böhmen und Ungarn sowie über Nieder- und Oberösterreich. Erzherzog Ferdinand fielen Tirol und Vorderösterreich zu, Erzherzog Karl erhielt Innerösterreich.[108] Ohne die terminlichen Verzögerungen im Zusammenhang mit der Begräbnisvorbereitung aus den Augen zu verlieren, war der Heilige Stuhl Mitte August 1564 vielmehr an den ersten Amtshandlungen des neuen Kaisers Maximilians II. interessiert.[109] Papst Pius IV. schätzte nicht nur die unveränderte Zusammensetzung des geheimen Rats am kaiserlichen Hof,[110] sondern auch die Verlängerung des Dienstverhältnisses des Hofpriesters und Beichtvaters Matthias Sitthard, den er für einen verlässlichen Anhänger des katholischen Glaubens hielt. Dies galt dem Papst wie den Kardinälen als ausreichende Garantie dafür, dass der neue Kaiser nicht von dem von seinem Vater eingeschlagenen Kurs abweichen würde. In Rom fand der letzte Abschied von Ferdinand I. vermutlich am 17. August 1564 in

---

104 Zaccaria Delfino an Karl Borromäus (Wien, 3.8.1564) – S. Steinherz (Hrsg.), *Nuntiaturberichte*, Nr. 42, S. 169–170.
105 V. Bůžek, *Ferdinand Tyrolský*.
106 Michele Suriano und Leonardo Contarini an den Dogen von Venedig (Wien, 10.8.1564) – G. Turba (Hrsg.), *Venetianische Depeschen*, S. 277–280.
107 Vgl. A. Kohler, *Ferdinand I.*, S. 299–300.
108 Näher hierzu T. Winkelbauer, *Ständefreiheit* I, S. 44; Jaroslav Pánek, *Maximilian II. als König von Böhmen*, in: F. Edelmayer – A. Kohler (Hrsg.), Kaiser Maximilian II., S. 55–69; Michael A. Chisholm, *Hans Ernnstingers Beschreibung des Einzugs Erzherzog Ferdinands II. in Tirol im Jahre 1567*, Tiroler Heimat – Jahrbuch für Geschichte und Volkskunde Nord-, Ost- und Südtirols 73, 2009, S. 71–98; Katrin Keller, *Erzherzogin Maria von Innerösterreich (1551–1608). Zwischen Habsburg und Wittelsbach*, Wien-Köln-Weimar 2012, S. 95–112.
109 Zaccaria Delfino an Karl Borromäus (Wien, 3.8.1564) – S. Steinherz (Hrsg.), *Nuntiaturberichte*, Nr. 42, S. 169–170, Karl Borromäus an Zaccaria Delfino (Rom, 19.8.1564) – Nr. 45, S. 183–184.
110 M. Lanzinner, *Geheime Räte*, S. 300–301.

der Kirche Santi Apostoli statt,[111] einige Tage später erfolgte die Trauerfeier für den verstorbenen Kaiser im Madrider Kloster Santo Domingo el Real.[112]

Die Kritik an der Verzögerung im Verlauf der Vorbereitungen des Begräbnisses wurde zunehmend lauter,[113] trotzdem sah sich Maximilian II. außerstande, eindeutige Entscheidungen zu treffen. Bereits Anfang August 1564 stand im Hinblick auf die testamentarischen Bestimmungen zwar fest, dass die Abschiedsfeier in Wien und die Bestattung anschließend in Prag stattfinden würden,[114] der Termin der ersteren Veranstaltung wurde allerdings mehrmals geändert. Maximilians Unentschlossenheit ging zum einen auf seinen Gesundheitszustand – namentlich die chronischen Erkrankungen des Herzens, der Lungen und des Bewegungsapparats – zurück,[115] zum anderen aber auch auf die aktuelle politische Lage. Gegen Ende des Sommers 1564 wuchsen im Zuge des unerwarteten Einmarschs des osmanischen Vasallen Johann Sigismund Zápolya die Spannungen im Königreich Ungarn.[116] Maximilian II. ersuchte die Stände im Reich und im Königreich Böhmen um dringende militärische und finanzielle Unterstützung und machte die endgültige Entscheidung über den zeitlichen Rahmen des Begräbnisses für seinen Vater vom Termin des Reichstags und insbesondere des böhmischen Landtags abhängig.[117]

Während also Maximilian II. im September und Oktober 1564 von einer ganz anderen politischen Agenda in Beschlag genommen wurde, verhandelte Erzherzog Ferdinand mit den obersten Landesbeamten des Königreichs Böhmen bereits über den Transport des Leichnams von Wien nach Prag und zeigte sich äußerst interessiert am Ort der öffentlichen Aufbahrung in der böhmischen

---

111 Karl Borromäus an Zaccaria Delfino (Wien, 19.8.1564) – S. Steinherz (Hrsg.), *Nuntiaturberichte*, Nr. 42, S. 183–184.

112 Die Trauerfeier für Ferdinand I. im Madrider Kloster Santo Domingo el Real fand vermutlich vor Ende August 1564 statt. Hinsichtlich ihrer Vorbereitung sind insbesondere detaillierte Rechnungen für die zur Trauerausschmückung der Klosterkirche verwendeten Tücher, Holz und Kerzen sehr aufschlussreich, aufbewahrt im Archivo General de Palacio Madrid, Sección Histórica, Honras fúnebres Felípe II. Por el Emperador Fernando de Alemania (1564), Caja 79, Expediente 7, die bisher von der Forschung nicht berücksichtigt wurden. Für den Hinweis auf die genannten Schriftstücke bedanke ich mich bei Pavel Marek, für die Vermittlung der Rechnungskopien bei Ondřej Stolička.

113 Georg Sigmund Seld an Albrecht V. von Wittelsbach (Augsburg, 13.8.1564) im Bayerischen Hauptstaatsarchiv München, Kurbayern Äußeres Archiv, Sign. 4309, fol. 266; Adam von Dietrichstein an Maximilian II. (Madrid, 26.9.1564 und 4.10.1564) – A. Strohmeyer (Hrsg.), *Der Briefwechsel*, S. 279–284.

114 Zaccaria Delfino an Karl Borromäus (Wien, 3.8.1564) – S. Steinherz (Hrsg.), *Nuntiaturberichte*, Nr. 42, S. 169–170.

115 Hermann Schöppler, *Über den Tod Kaiser Maximilians II.*, Mitteilungen zur Geschichte der Medizin und Naturwissenschaften 9, 1910, S. 219–225, hier S. 219–220.

116 T. Winkelbauer, *Ständefreiheit* I, S. 135–137.

117 Vgl., Maximilian II. an Erzherzog Ferdinand (Wien, 27.8.1564) – *Sněmy české* III, S. 196–197.

Hauptstadt. Ursprünglich fiel die Wahl auf die St. Thomaskirche auf der Prager Kleinseite, von wo aus die sterblichen Überreste über die Schlosstreppe hinauf in den Veitsdom auf der Prager Burg getragen werden sollten.[118] Erzherzog Ferdinand erhielt zwar bereits vor Mitte September 1564 von seinem älteren Bruder die Abschriften der väterlichen Testamente vom 1. Juni 1543 und 4. Februar 1547 mit einer ausführlichen Schilderung der letzten Ruhestätte – seine wiederholten Nachfragen nach genaueren Anweisungen zur Ausführung des Grabsteins blieben jedoch unbeantwortet.[119] Erst in der zweiten Novemberhälfte ließ Maximilian seinem jüngeren Bruder zwei Musterproben des weißen Carrara-Marmors zukommen, der für die Verzierung des Grabmals vorgesehen war.[120] Um die erforderliche Menge des Steins in Tirol bestellen zu können, fragte Ferdinand nach der geplanten Größe des Grabmals.[121] Anfang Januar 1565 wurden ihm die Maße mitgeteilt, woraufhin er seinem Bruder nach Wien schrieb, dass er in Prag keinen Künstler finden könne, der ein Modell des Grabmals anzufertigen und anschließend die Ausführung selbst zu übernehmen imstande wäre.[122] Die spärlichen Informationen über die Vorbereitungen des Begräbnisses sorgten bei der böhmischen Ständegemeinde für langanhaltende Unsicherheit.[123]

Ursprünglich hatte Maximilian geplant, die sterblichen Überreste seines Vaters vor dem 10. März 1565 nach Prag zu überführen, denn für diesen Tag war – im Hinblick auf den voraussichtlich kurz zuvor erfolgten Abschluss des böhmischen Landtags – die Trauerfeier angesetzt.[124] Im Laufe des Januars 1565 verschlechterte sich jedoch Maximilians Gesundheitszustand rapide. Zunächst wollte Maximilian seinen Bruder Erzherzog Ferdinand mit der Verlesung der Landtagsproposition beauftragen.[125] Als er jedoch in der zweiten Hälfte des Februars 1565 immer noch nicht aufstehen und die Arme bewegen konnte,

---

118 Erzherzog Ferdinand an Maximilian II. (Prag, 21.8.1564) – V. Bibl (Hrsg.), *Korrespondenz Maximilians II*. Band I, Nr. 9, S. 8–9; *Sněmy české* III, S. 194–196; Národní archiv Praha, Královská registra Nr. 165, fol. 71–73.
119 Erzherzog Ferdinand an Maximilian II. (Prag, 10.9.1564) – V. Bibl (Hrsg.), *Korrespondenz Maximilians II*. Band I, Nr. 21, S. 27; A. Kohler, *Ferdinand I*., S. 297–298.
120 Maximilian II. an Erzherzog Ferdinand (Wien, 18.11.1564) – V. Bibl (Hrsg.), *Korrespondenz Maximilians II*. Band I, Nr. 54, S. 64.
121 Erzherzog Ferdinand an Maximilian II. (Prag, 7.12.1564) – ebd., Nr. 63, S. 68.
122 Erzherzog Ferdinand an Maximilian II. (Prag, 8.1.1565) – ebd., Nr. 76, S. 76.
123 Anton Brus von Müglitz an Heinrich d. Ä. von Schwanberg (Prag, 2.1.1565) im Státní oblastní archiv Třeboň, Historica Třeboň, Sign. 4545.
124 Maximilian II. an Guglielmo Gonzaga (Wien, 30.1.1565 und 21.2.1565) – V. Bibl (Hrsg.), *Korrespondenz Maximilians II*. Band I, Nr. 87, 97, S. 83, 105.
125 Georg Sigmund Seld an Albrecht V. von Wittelsbach (Wien, 20.1.1565 und 7.2.1565) im Bayerischen Hauptstaatsarchiv München, Kurbayern Äußeres Archiv, Sign. 4310, fol. 33–34, 55–58.

wurden sowohl der Termin des böhmischen Landtags als auch das Begräbnis seines Vaters auf einen späteren Zeitpunkt verschoben.[126] Trotz seiner Beschwerden wollte sich der neue Kaiser insbesondere auf die zugespitzte Lage an der siebenbürgisch-ungarischen Grenze konzentrieren.[127] Erst Anfang Juni 1565 rückten die beiden Termine wieder in sein Blickfeld. Das letzte Geleit für seinen Vater sollte nun tatsächlich zuerst in Wien stattfinden, und zwar an seinem ersten Todestag, dem 25. Juli 1565.[128] Er hatte dabei jedoch nicht bedacht, dass die Vertreter der böhmischen Stände angesichts der erst für den 30. Juni 1565 geplanten Eröffnung des böhmischen Landtags möglicherweise nicht an der Trauerfeier in Wien teilnehmen würden,[129] deshalb wurde diese – wohl auf Anraten von Erzherzog Ferdinand – erneut verschoben und auf den 5. August 1565 gelegt.[130] Vor Ende Juni wurden aus der böhmischen Hofkanzlei Briefe verschickt, die die Unterschrift Maximilians II. trugen und ausgewählte Herren und Ritter aus dem Königreich Böhmen aufforderten, sich spätestens am 1. August 1565 mitsamt ihrem Gefolge in der Donaumetropole einzufinden, um hier persönlich vom verstorbenen Kaiser Ferdinand Abschied zu nehmen.[131]

Die Vorbereitung des Wiener Trauerzugs oblag den drei „principal directores" Johann Ulrich Zasius, Georg Pruskovský von Pruskov und Rudolf Khuen von Belassy. Für den Verlauf der Totenmesse sowie die feierliche Ausschmückung des Stephansdoms war als „supremus magister ceremoniae" der Wiener Bischof Urban Sagstetter von Gurk verantwortlich, der sich dabei auch an Anregungen Königin Marias orientierte.[132] Die Einbindung von Johann Ulrich

---

126 Maximilian II. an Erzherzog Ferdinand (Wien, 23.2.1565) – V. Bibl (Hrsg.), *Korrespondenz Maximilians II*. Band I, Nr. 98, S. 106–107; Georg Sigmund Seld an Albrecht V. von Wittelsbach (Wien, 28.2.1565) im Bayerischen Hauptstaatsarchiv München, Kurbayern Äußeres Archiv, Sign. 4310, fol. 100–101.
127 Georg Sigmund Seld an Albrecht V. von Wittelsbach (Wien, 7.2.1565) im Bayerischen Hauptstaatsarchiv München, Kurbayern Äußeres Archiv, Sign. 4310, fol. 55–58; T. Winkelbauer, *Ständefreiheit* I, S. 135–136.
128 Maximilian II. an Erzherzog Ferdinand (Wien, 8.6.1565) – V. Bibl (Hrsg.), *Korrespondenz Maximilians II*. Band I, Nr. 155, S. 190–191; *Sněmy české* III, S. 209–210; Národní archiv Praha, Královská registra Nr. 165, fol. 192–194.
129 *Sněmy české* III, S. 208.
130 Maximilian II. an Erzherzog Ferdinand (Wien, 8.6.1565) – V. Bibl (Hrsg.), *Korrespondenz Maximilians II*. Band I, Nr. 155, S. 190–191, Maximilian II. an Guglielmo Gonzaga (Wien, 9.6.1565), Nr. 156, S. 191; *Sněmy české* III, S. 209–210; Zaccaria Delfino an Karl Borromäus (Wien, 14.6.1565) – S. Steinherz (Hrsg.), *Nuntiaturberichte*, Nr. 103, S. 388.
131 Vgl. den Brief Maximilians II. an den Oberstkämmerst des Königreichs Böhmen Wilhelm von Rosenberg (Wien, 24.6.1564) im Státní oblastní archiv Třeboň, Historica Třeboň, Sign. 4549; an den Obersten Landrichter des Königreichs Böhmen Johann von Waldstein (Wien, 24.6.1565) und die Verzeichnisse der geladenen Adeligen im Národní archiv Praha, Stará manipulace, Inv.-Nr. 1580, Sign. K 1/8, Kart. 1051.
132 Haus-, Hof- und Staatsarchiv Wien, Familienakten, Kart. 60.

Zasius war sicherlich kein Zufall, denn der gebildete Jurist war maßgeblich an der konzeptuellen Gestaltung der Begräbnisfeierlichkeiten für den römischen Kaiser Karl V. beteiligt gewesen, die am 24. und 25. Februar 1559 in Augsburg stattgefunden hatten.[133] Eben diese im vorherigen Kapitel bereits besprochene Trauerveranstaltung, die in ihrer Dramaturgie maßgeblich dem spätmittelalterlichen burgundischen Begräbniszeremoniell folgte, wurde zum wichtigsten Vorbild auch für die Abschiedsfeier in Wien.

Begräbnisfeierlichkeiten in Wien

Die Zusammensetzung des Trauerzugs hat sich in den Abbildungen des Berichts von Bartholomeus Hannewald, eines der engsten Vertrauten Johann Ulrich Zasius', erhalten, über den Verlauf sind wie dank relativ detailnaher Schilderungen der anwesenden auswärtigen Gesandten informiert.[134] Wegen des schlechten Wetters brach der Trauerzug erst am 6. August 1565 aus der Hofburg in Richtung Stephansdom auf.[135] In den frühen Morgenstunden wurde der Sarg mit den sterblichen Überresten des Kaisers auf den Schultern von etwa zehn jungen Adeligen, Truchsessen am Hof Ferdinands I., aus der Hofkapelle in den Hof getragen. Für die richtige Anordnung des Trauerzugs war Veit Schärtinger von der kaiserlichen Leibkammer verantwortlich. Der Hof füllte sich mit dem Echo der Psalmen, gesungen von einem Chor aus höfischen Kaplanen. Dem Obersten Kanzler des Königreichs Böhmen Joachim von Neuhaus oblag die Aufsicht über die der Gesamtdramaturgie entsprechende Aufstellung der

---

133 Achim Aurnhammer – Friedrich Däuble, *Die Exequien für Karl V. in Augsburg, Brüssel und Bologna*, in: Studien der Thematik des Todes im 16. Jahrhundert, Wolfenbüttel 1983, S. 141–191; Karl Vocelka – Lynne Heller, *Die Lebenswelt der Habsburger. Kultur- und Mentalitätsgeschichte einer Familie*, Graz-Wien-Köln 1997, S. 288–296. Näher hierzu vgl. das vorhergehende Kapitel.

134 Bartholomeus Hannewald, *Parentalia Divo Ferdinando Cesari Augusto patri patriae etc. a Maximiliano imperatore etc., Ferdinando et Carolo serenissimis Archiducibus Austriae Fratribus singulari pietate persoluta Viennae, Anno Domini M. D. LXV. VIII. Idus Augusti, Augusta Vindelicorum 1566*, aufbewahrt in Museen der Stadt Wien, Inv.-Nr. 116 845 und Oberösterreichisches Landesarchiv Linz, Landschaftsakten, A IV–A V (1566–1835), Schachtel 14, Sign. A IV 1. Zu Hannewald näher A. Meußer, *Für Kaiser und Reich*, S. 355; G. Pálffy, *Kaiserbegräbnisse*, S. 43. Weiterhin vgl. den Brief von Luigi Rogna nach Mantua (Wien, 8.8.1565) – Elena Venturini (Hrsg.), *Le collezioni Gonzaga. Il Carteggio tra la Corte Cesarea e Mantova (1559–1636)*, Milano 2002, S. 188–189. Falls nicht anders angegeben, stützen sich die Ausführungen zum Begräbnis Ferdinands I. in Wien auf eine Analyse der in dieser Anmerkung genannten Quellen.

135 Ein Grund für die Verschiebung des Begräbnistermins auf den 6. August 1565 dürfte der starke Regen am Vortag gewesen sein. Dazu Václav Vladivoj Tomek, *Dějepis města Prahy* XII, Praha 1901, S. 157.

anwesenden böhmischen Adeligen, von denen einige direkt unter den Trauergästen ihren Platz hatten und die Herrschaftssymbole des Verstorbenen trugen, andere Herren und Ritter schritten mit brennenden Fackeln und Kerzen in der Hand unter Glockengeläut zum Stephansdom.[136] Entlang des Weges standen in regelmäßigen Abständen kaiserliche Trabanten in Reiterharnisch, die dafür sorgen sollten, dass niemand den Trauerzug störte.[137]

Innerhalb der Anordnung durchdrangen einander zwei symbolische Ebenen.[138] In Längsrichtung von vorne nach hinten spiegelte sich in einzelnen Stufen die pyramidenförmig gedachte hierarchische Ordnung der damaligen Gesellschaft wider, deren Spitze durch den in der Mitte des Trauerzugs getragenen Körper des verstorbenen Herrschers repräsentiert war. Der straffe Aufbau des Kondukts, in dem jeder Teilnehmer einen festen Platz zugewiesen bekam, diente der Verherrlichung und öffentlichen Bestätigung der althergebrachten sozialen Ordnung. In unmittelbarer Nähe des Verstorbenen gingen jene Personen, die eine Spitzenstellung innerhalb der Hierarchie einnahmen, am weitesten von ihm entfernt dann Angehörige der niedrigsten sozialen Schichten. Auf der zweiten Ebene ergab sich eine Anordnung des Trauerzugs von der Mitte aus zu den Rändern hin, als Abbild und Verherrlichung der irdischen Herrschaft Ferdinands I. Die Positionierung der im Kondukt getragenen Symbole folgte einem festen, zentrifugal auf seinen vorderen Teil hin ausgerichteten Schema. Durch die von der Mitte zum hinteren Ende hin gestaffelte Zusammensetzung des Zuges sollte gleichzeitig die Kontinuität der Herrschaftstradition des Hauses Habsburg demonstriert und affirmiert werden.

An der Spitze des Kondukts trug ein Priester das Kreuz voran und versinnbildlichte dadurch gemeinsam mit anderen Geistlichen den erwarteten Übergang der Seele des verstorbenen Herrschers von der irdischen Welt in die himmlische Ewigkeit.[139] Die Anwesenheit von etwa zweihundert Armen und Kranken in dunklen Kapuzenumhängen und mit brennenden Kerzen in der Hand symbolisierte die allgemeine Ehrfurcht vor dem Tod und Gottes Barmherzigkeit.[140] Eine ähnliche Personenkonstellation befand sich auch am Ende des Trauerzugs. Abgeschlossen wurde die ganze Formation durch große Gruppierungen von mit Lanzen bewaffneten Männern in dunkler Kleidung, die den Zuschauern vermutlich das Gefühl von Sicherheit vermitteln und bei ihnen die Vorstellung hervorrufen sollten, dass die Kontinuität der Herrschaftstradition des Hauses

---

136 Haus-, Hof- und Staatsarchiv Wien, Familienakten, Kart. 60; Národní archiv Praha, Stará manipulace, Inv.-Nr. 1580, Sign. K 1/8, Kart. 1051.
137 Dies wurde von Luigi Rogna in seinem Brief nach Mantua besonders hervorgehoben (Wien, 8.8.1565) – E. Venturini (Hrsg.), *Le collezioni*, S. 188–189.
138 Mit bibliographischer Zusammenfassung P. Král, *Smrt a pohřby*, S. 196–197.
139 Ebd., S. 197.
140 Haus-, Hof- und Staatsarchiv Wien, Familienakten, Kart. 60.

Habsburg von den Nachkommen des Kaisers bei Bedarf auch mit der Waffe in der Hand verteidigt werden würde.

Dem Priester mit dem Kreuz und der Gruppe sozial randständiger Personen folgte der Sarg, von einigen schwarz gekleideten Männern getragen. In dieser Phase der Trauerfeierlichkeiten handelte es sich vermutlich um einen leeren Sarg, der mit den Reichsinsignien sowie denen der Königreiche Böhmen und Ungarn und mit dem Orden vom Goldenen Vlies geschmückt war. Diese Dekoration verwies auf die Werte der politischen Macht von Gottes Gnaden, der Territorialherrschaft sowie die Tugenden eines christlichen Ritters.[141] Im Stephansdom war für den Sarg ein Platz in dem vor dem Hochaltar errichteten Castrum doloris vorgesehen, wo er auf dem Katafalk aufgebahrt wurde.[142] In diese symbolisch ausgestaltete Hülle wurde dann der Zinnsarg mit den sterblichen Überresten des Kaisers gelegt, der in der Mitte des Kondukts getragen worden und den zeitgenössischen Abbildungen zufolge schlicht und weitgehend schmucklos gehalten war. Die schwarze Kleidung der beiden hinter der geschmückten Sarghülle gehenden Herolde – des ungarischen und des böhmischen – war mit Landeswappen und weiteren Motiven der Territorialherrschaft des Verstorbenen verziert, ähnlich wie die Musikinstrumente der Trompeter.

Die zentrale Position im Kondukt nahm der aufgebahrte Sarg mit den sterblichen Überresten Ferdinands I. ein. Sein Leichnam war in einen Mantelrock im Glockenschnitt mit gebauschten und geschlitzten Ärmeln, einen Schulterumhang, Wams, Hemd und kurze Hosen mit Strümpfen gekleidet, an den Füßen trug er Samtschuhe mit Korksohle. Die einzelnen, aus schwarzem Stoff genähten Bestandteile seines Gewands folgten in ihrem Schnitt der spanischen Mode. Ferdinands Kopf und Füße waren auf Samtkissen gebettet.[143] Den Sarg bedeckte ein schlichtes schwarzes Tuch mit aufgestickten Wappen des Römischdeutschen Reiches. Beiderseits der Bahre marschierten jeweils zwölf Adelige aus dem Fürsten-, Grafen- und Herrenstand, gekleidet in lange Mäntel und mit aufgesetzten Hüten, die Gesichter mit Ausnahme der Augen mit langen Schleiern bedeckt.[144] Die zwölf Männer als Begleitung des aufgebahrten Sargs

---

141 Mit bibliographischer Zusammenfassung Václav Bůžek, *Ideály křesťanského rytířství v chování urozeného muže předbělohorské doby*, in: Radmila Švaříčková Slabáková – Jitka Kohoutová – Radmila Pavlíčková – Jiří Hutečka a kolektiv, Konstrukce maskulinní identity v minulosti a současnosti. Koncepty, metody, perspektivy, Praha 2012, S. 47–60, 416–421.
142 Haus-, Hof- und Staatsarchiv Wien, Familienakten, Kart. 60.
143 Ausführlicher Milena Bravermanová – Alena Samohýlová, *Textilie z hrobu Ferdinanda I. Habsburského z Colinova mauzolea v katedrále sv. Víta na Pražském hradě*, Muzejní a vlastivědná práce 105, 1997, Nr. 2, S. 65–91; W. Seipel (Hrsg.), *Kaiser Ferdinand I.*, S. 575–576.
144 Es ist nicht ganz ausgeschlossen, dass sich der Sarg unter einem Baldachin befand. Darüber berichtete Luigi Rogna nach Mantua in einem Brief (Wien, 8.8.1565), der von E. Venturini herausgegeben wurde, *Le collezioni*, S. 188–189.

sollten als Anspielung auf die gleiche Zahl der Apostel verstanden werden und verkörperten Gottes Ordnung auf Erden, die der gerechte und weise Herrscher Ferdinand I. zu verwirklichen vermochte. Die Verantwortung für das Gemeinwohl in den einzelnen Ländern seiner Herrschaft lag außer bei dem Herrscher selbst ebenfalls bei den Vertretern der Fürsten, Grafen und Herren.[145] Ihre Anwesenheit bei der Zeremonie der Bestattungsfeierlichkeiten bestätigte ihre Stellung in der gesellschaftlichen Hierarchie.

Die Anordnung im vorderen Teil des Trauerzuges bis zur Bahre diente der Verherrlichung der irdischen Regierung. Der verstorbene Kaiser wurde hier durch das Trauerpferd vertreten, das sich in einem symbolischen Schnittpunkt mehrerer Handlungslinien dieses Abschnitts befand.[146] Es trug eine schwarze Samtdecke, die mit dem Bild gekreuzter trockener Ölzweige verziert war und die die christliche Friedensbotschaft sowie die Bitten um Versöhnung verkündete. Geführt wurde das Pferd von Heinrich VI. von Plauen und Peter Wok von Rosenberg, zwei gleichaltrigen jungen Adeligen, die sich vom Dienst am Hof Maximilians II. her kannten.[147]

Zwischen dem Trauerpferd und dem aufgebahrten Sarg gingen vier Gruppen adeliger Männer mit den Insignien der Herrschaft. Ferdinand I. trat hier als christlicher Ritter auf, der von Gottes Gnaden mit der kaiserlichen und den königlichen Würden belehnt worden war. Die Tugenden eines solchen spiegelten sich in den Funeralwaffen des verstorbenen Herrschers wider: dem Orden vom Goldenen Vlies, dem Funeralhelm mit Kaiserkrone, dem großen kaiserlichen Schild sowie dem Harnisch mit dem Doppeladler, von dessen beiden Köpfen der eine die römische Königskrone, der andere die Krone des römischen Kaisers trug.[148] Konkrete Verweise auf seine Regierung wurden durch die Krönungskleinodien des Römisch-deutschen Reiches sowie der beiden Königreiche Böhmen und Ungarn geliefert.[149]

---

145 Vgl. beispielsweise Václav Bůžek, *Obecné dobré v myšlení české a moravské šlechty během bratrského sporu Rudolfa II. a Matyáše*, Studia Comeniana et historica 43, 2013, S. 110–123.
146 P. Král, *Smrt a pohřby*, S. 199.
147 Vgl. den Brief Maximilians II. an Peter Wok von Rosenberg (Wien, 1.7.1565) im Státní oblastní archiv Třeboň, Historica Třeboň, Sign. 4550.
148 Den Orden vom Goldenen Vlies trug Wratislaw von Pernstein, den Funeralhelm mit Kaiserkrone der Reichshofsrat Philipp von Winnenberg, den großen kaiserlichen Schild höchstwahrscheinlich der kaiserliche Rat Alwig von Sulz zusammen mit Christoph von Oldenburg und den Harnisch mit dem Doppeladler Friedrich von Öttingen.
149 Die kaiserlichen Insignien wurden vorgezeigt von Geheimrat Hans Trautson (Schwert), Vollrad von Mansfeld (Zepter), Günther von Schwarzburg (Apfel) und dem Burggrafen von Meißen Heinrich V. von Plauen (Kaiserkrone). Die Krönungsinsignien von Ungarn trugen der königliche Hofmeister Johann Dessewffy (Schwert), der Vertreter des Palatins Michal Mérey (Zepter), der königliche Pförtner Ladislaus Bánffy (Apfel) und der einstige Statthalter von Kroatien und Slawonien Nikolaus Zrínyi von Serin (Stephanskrone). Das Zurschautragen

Noch deutlichere Konturen nahm die Verherrlichung der Kaiser- und Königsmacht von Gottes Gnaden im folgenden Abschnitt des Kondukts an, der – ähnlich wie bei den Trauerfeierlichkeiten für Karl V. in Brüssel und Augsburg – der eindrucksvollen Repräsentation territorialer Macht Ferdinands I. und des Hauses Habsburg gewidmet war. Jedes Herrschaftsgebiet der riesigen Monarchie vertraten drei Männer in dunkler zeremonieller Kleidung mit aufgesetztem Hut. Der an der Spitze einer jeden Gruppe gehende Mann trug eine Fahne mit aufgesticktem Landeswappen des jeweiligen Territoriums, die beiden anderen führten hinter ihm ein Pferd mit buntem Federbusch und schwarzer, mit denselben Landeswappen verzierter Schabracke.

Der verstorbene Monarch wurde im Leichenkondukt als Herrscher über ein ausgedehntes, aus verschiedenen territorialen und rechtsstaatlichen Einheiten bestehendes Staatengefüge präsentiert. Die Ausübung der territorialen Macht leitete er aus dem in der Kaiser-, Königs- und Herzogswürde inkorporierten göttlichen Willen ab, der durch das prunkvolle Defilee der Landeswappen eine konkrete Form erhielt. Den anwesenden Zuschauern bot sich der Blick auf vorbeiziehende Fahnen mit Wappen des Römisch-deutschen Reiches, der Königreiche Ungarn und Böhmen sowie der österreichischen Herzogtümer.[150] Die weiteren, mit Landeswappen bestickten Fahnen repräsentierten Burgund und die Besitzungen der spanischen Linie des Hauses Habsburg auf der Iberischen und der Apenninenhalbinsel (Aragon, Kastilien, Neapel, Sardinien und Sizilien), auf die der verstorbene Kaiser jedoch lediglich theoretisch, aufgrund seines formellen Titels eines Infanten von Spanien, einen Herrschaftsanspruch erheben konnte.[151]

Die Präsentation eines jeden Herrschaftsgebiets ergänzten noch weitere Fahnen, deren aufgestickte Landeswappen auf die rechtsstaatlichen Bestandteile des jeweiligen Territoriums verwiesen. Ferdinands Würde als König von Ungarn wurde hier durch die drei Fahnen von Dalmatien, Kroatien und Slawonien sowie die gemeinsame Fahne von Bosnien, Bulgarien, Serbien und eines Teils Moldawiens und der Walachei versinnbildlicht – die Repräsentation war in diesem Fall allerdings eher imaginiert, da sich die genannten Gebiete größtenteils

---

von Insignien des Königreichs Böhmen oblag dem Präsidenten des Appellationsgerichts Ladislav II. Popel von Lobkowitz (Schwert), weiter Zdeněk Malovec von Malovice (Zepter) in Begleitung von Johann Leskovec von Leskovec und Georg Kokořovec von Kokořov, den Apfel zeigte Peter von Schwanberg in Begleitung von Jaroslav Smiřický von Smiřice und Zdeněk von Sternberg. Die Wenzelskrone wurde vom Oberstkämmerer Wilhelm von Rosenberg getragen, der in Begleitung seiner zwei Schwäger ging, des Oberstburggrafen Johann d. J. Popel von Lobkowitz und des Obersten Kanzlers Joachim von Neuhaus.
150 A. Kohler, *Ferdinand I.*, S. 157–172, 264–276.
151 Ders., *Vom habsburgischen Gesamtsystem Karls V. zu den Teilsystemen Philipps II. und Maximilians II.*, in: F. Edelmayer – A. Kohler (Hrsg.), Kaiser Maximilian II., S. 13–37.

im Hoheitsgebiet des Sultans befanden. Angesichts des unsteten Charakters der habsburgisch-osmanischen Grenze hatte der verstorbene Monarch lediglich in Oberungarn und den angrenzenden Gebieten Kroatiens und Slawoniens reale Macht inne.[152]

Die Herrschaft Ferdinands in den Ländern der Böhmischen Krone wurde mit weiteren drei Fahnen mit den Landeswappen von Mähren, Schlesien und einem gemeinsamen für die Nieder- und Oberlausitz zur Schau gestellt. Den Kernbesitz der österreichischen Herzogtümer repräsentierten Fahnen mit den Landeswappen von Ober- und Niederösterreich, Innerösterreich war durch vier Fahnen vertreten: Steiermark, Kärnten, Krain und Görz. Die Landeswappen von Tirol und Vorderösterreich mit Pfirt, den schwäbischen und württembergischen Besitzungen sowie der alten Stammgrafschaft Habsburg fanden sich dagegen auf einer gemeinsamen Fahne.[153]

Dieser Abschnitt des Leichenkondukts vor dem aufgebahrten Sarg diente der Konstituierung und Verherrlichung des politischen Körpers Ferdinands I. Im kollektiven Gedächtnis sollte sich das Bild eines gerechten und weisen Monarchen etablieren, der das sich über weite Teile Mitteleuropas erstreckende Gebiet seiner Herrschaft nach dem Vorbild seiner Vorfahren vor Feinden und Andersgläubigen beschützt. Die traditionellen Werte eines christlichen Ritters wurden nicht nur durch seine persönlichen Gegenstände zum Ausdruck gebracht, sondern auch in der Vorstellung transportiert, er übe seine Herrschaft über alle dem Königreich Ungarn eingegliederten Länder als Beschützer des christlichen Glaubens gegen eine osmanische Vormachtstellung mit der Waffe in der Hand aus. Auf eben dieses Bild des politischen Körpers Ferdinands I. nimmt der namhafte böhmische Militär Pavel Korka von Korkyně in seinen Memoiren Bezug: „Gegen den Türken hatte er kein Glück. Er verlor viele seiner Männer in Ungarn."[154]

Die Anordnung des Leichenkondukts im Abschnitt hinter dem Sarg sollte dann die Übertragung des politischen Körpers Ferdinands I. auf seine unmittelbar hinter der Bahre gehenden männlichen Nachkommen verdeutlichen. Dem ältesten, Maximilian II., an der Spitze folgten mit einigem Abstand seine Brüder, die Erzherzöge Ferdinand und Karl. Die geistlichen und weltlichen Kurfürsten sowie die auswärtigen Gesandten am kaiserlichen Hof in Wien bekräftigten durch ihre Anwesenheit und die Position in unmittelbarer Nähe zu den hinterbliebenen Söhnen die Kontinuität der territorialen Macht.[155] Sie

---

152 Näher hierzu G. Pálffy, *Kaiserbegräbnisse*, S. 44–48.
153 A. Kohler, *Ferdinand I.*, S. 70–72, 151–157.
154 Z. Vybíral (Hrsg.), *Paměti Pavla Korky z Korkyně*, S. 115. (Zitat in sinngemäßer deutscher Übersetzung).
155 Haus-, Hof- und Staatsarchiv Wien, Familienakten, Kart. 60.

erwiesen dem verstorbenen Herrscher ihre Ehrerbietung und brachten ihre Unterstützung gegenüber dessen Nachfolgern zum Ausdruck, sie priesen die Tradition einer christlichen Regierung und der inneren Eintracht der habsburgischen Dynastie, die über das Ende des natürlichen Körpers des Herrschers hinaus fortdauern sollte.

Vor der geschlossenen Tür des Stephansdoms standen seit den frühen Morgenstunden kaiserliche Trabanten Wache. Als sie das Leichenkondukt näherkommen sahen, sperrten sie das Tor auf und machten den Eingang zum heiligen Raum frei. Die Armen und Kranken blieben vor der Kirche stehen. Durch die an sie gespendeten Almosen und durch die Dankesgebete trug die Trauergemeinde zum Seelenheil des verstorbenen Herrschers bei. Der Zinnsarg mit den sterblichen Überresten des Kaisers wurde vor den Hochaltar getragen und dort in einen auf dem Castrum doloris aufgebahrten Schrein hineingelegt. Das vermutlich von Jacopo Strada entworfene Trauergerüst war über einem rechteckigen Grundriss errichtet, in dessen Ecken vier dorische Säulen einen Ziersims mit pyramidenförmiger Lichtkuppel trugen. In der Mitte des Simses vor der Attika war – ähnlich wie beim Leichenbegängnis Karls V. in Augsburg – das Wappen mit dem Kaiseradler zu sehen.[156]

Die Vertreter der Geistlichkeit, des Bürgertums und der Wiener Universität, Trompeter und Adelige mit Landesfahnen stellten sich in einem weiteren Kreis um das Castrum doloris auf. Kurz darauf kamen Adelige mit dem Orden vom Goldenen Vlies, dem Funeralhelm mit Kaiserkrone, dem großen kaiserlichen Schild sowie dem Harnisch mit dem Doppeladler hinzu, deren Platzierung auf dem Castrum doloris einem genau festgelegten Schema folgte. Um die Funeralwaffen herum wurden Insignien der kaiserlichen und königlichen Macht angeordnet.[157] Die Verzierung akzentuierte die Werte der von Gott gesegneten politischen Macht und der territorialen Herrschaft sowie die Tugenden eines christlichen Ritters und überzeugten Katholiken, die im kollektiven Gedächtnis das Grundgerüst für den politischen Körper Ferdinands I. bildeten.

Nachdem sie die Herrschaftssymbole aufgestellt hatten, gesellten sich die Edlen zu den anderen im Kreis stehenden Trauergästen.[158] Unmittelbar um den in der Kreismitte befindlichen Sarg herum nahmen die nächsten Verwandten des Verstorbenen, die Kurfürsten und die auswärtigen Gesandten Platz. Der

---

156 Die hier vorgenommene Festlegung der Autorschaft des Entwurfs für das Castrum doloris sowie dessen Ausführung stützt sich auf die Forschungsergebnisse von Michael Brix, *Die Trauerdekoration für die Habsburger in den Erblanden. Studien zur ephemeren Architektur des 16. bis 18. Jahrhunderts*, Kiel 1971 (= Dissertation), Anhang S. 3–5 und Abb. 205.
157 Ebd.; weiterhin vgl. Národní archiv Praha, Stará manipulace, Inv.-Nr. 1580, Sign. K 1/15, Kart. 1052.
158 Vgl. die Beschreibung der erwarteten Aufstellung der Trauergäste im Stephansdom im Haus-, Hof- und Staatsarchiv Wien, Familienakten, Kart. 60.

ganze heilige Raum des in Trauer gehüllten Kircheninneren war auf das Castrum doloris mit dem aufgebahrten Körper des Kaisers hin ausgerichtet.[159] Die Aufstellung der Trauergäste in mehreren konzentrischen Kreisen spiegelte die als Pyramide gedachte hierarchische Abstufung der gesellschaftlichen Ordnung wider. Die im Zentrum bzw. an der Pyramidenspitze stehenden Söhne des toten Kaisers, Maximilian II., Ferdinand und Karl, berührten mit ihren Körpern das Castrum doloris, das die Gebeine ihres Vaters enthielt. An der Peripherie der symbolischen räumlichen Anordnung – in der Nähe der Kirchentür – nahmen Personen des gesellschaftlichen Rands ihren letzten Abschied vom Herrscher.

Nach der Zurschaustellung aller Macht- und Herrschaftssymbole auf dem Castrum doloris begann die Abendvigil, die von Urban Sagstetter von Gurk unter Beteiligung zahlreicher hoher kirchlicher Würdenträger aus allen Ländern der Habsburgermonarchie am Hochaltar zelebriert wurde.[160] Anschließend wurden die Insignien an einen sicheren Ort gebracht und die Trauergäste verließen in einer genau festgelegten Ordnung den Stephansdom. Die kaiserlichen Trabanten und Hartschiere blieben auch während der Nacht auf ihren Posten, um die Kathedrale zu bewachen.[161]

In den frühen Morgenstunden des 7. August 1565, irgendwann zwischen fünf und sechs Uhr, versammelten sich die Trauergäste erneut auf dem Vorplatz der Hofburg, um in den Dom zurückzukehren.[162] Nach ihrer Ankunft eröffnete der Bischof von Großwardein Franz Forgách die Totenmesse, die den Höhepunkt des katholischen Begräbnisrituals darstellte.[163] Während des Offertoriums traten Maximilian II. sowie die Erzherzöge Ferdinand und Karl mit brennenden weißen Kerzen an den Altar, gefolgt von Gesandten des französischen und des polnischen Königs. Nachdem sie zum Castrum doloris zurückgekehrt waren, wiederholten weitere Diplomaten, Kurfürsten und Fürsten dasselbe Ritual, um ein Opfer für das Seelenheil des Verstorbenen darzubringen.[164] Nach der Totenmesse brach der Trauerzug vom Stephansdom auf und bewegte sich durch die Wiener Straßen in Richtung Rotes Tor,[165] wo der Sarg auf einen Wagen geladen und in persönlicher Begleitung von Erzherzog Karl über Korneuburg,

---

159 M. Brix, *Die Trauerdekoration*, Anhang S. 3–5 und Abb. 205; im weiteren Kontext ders., *Trauergerüste für die Habsburger in Wien*, Wiener Jahrbuch für Kunstgeschichte 26, 1973, S. 208–265.
160 Haus-, Hof- und Staatsarchiv Wien, Familienakten, Kart. 60; Národní archiv Praha, Stará manipulace, Inv.-Nr. 1580, Sign. K 1/15, Kart. 1052.
161 Národní archiv Praha, Stará manipulace, Inv.-Nr. 1580, Sign. K1/15, Kart. 1052.
162 Ebd.
163 P. Král, *Smrt a pohřby*, S. 210; Haus-, Hof- und Staatsarchiv Wien, Familienakten, Kart. 60; W. Seipel (Hrsg.), *Kaiser Ferdinand I.*, S. 568–569.
164 Národní archiv Praha, Stará manipulace, Inv.-Nr. 1580, Sign. K1/15, Kart. 1052.
165 Ebd.

Hollabrunn, Pulkau, Drosendorf, Zlabings, Neuhaus, Sobieslau, Miltschin, Beneschau und Jessenitz nach Prag überführt wurde.[166]

Das Begräbnis in Prag und die Beisetzung in der Familiengruft

Im Zusammenhang mit dem Transport des Leichnams des verstorbenen Kaisers wurden die Wege im Königreich Böhmen mit erhöhter Aufmerksamkeit auf Sicherheit und Passierbarkeit untersucht.[167] Bereits einige Zeit zuvor erkundigte man sich nach passenden Unterkunfts- und Verpflegungsmöglichkeiten entlang der vorgesehenen Strecke, ein wichtiger Faktor war auch das Vorhandensein einer größeren und gut erhaltenen Kirche vor Ort, in der ein Castrum doloris errichtet werden konnte. Dieses war jeweils relativ einfach und schlicht gehalten und bestand lediglich aus einem Katafalk und einem Baldachin. Hier wurde dann der Sarg mit den sterblichen Resten über Nacht deponiert. In einigen Städten wurde die Ankunft des Leichnams des Kaisers im sakralen Raum von Posaunenfanfaren begleitet. Nach der Aufbahrung des Sargs auf dem Castrum doloris und nachdem alle Kerzen brannten, begann der Gottesdienst für das Seelenheil des Verstorbenen.[168]

In der Hauptstadt des Königreichs Böhmen angekommen, führte der weitere Weg des mit dem Sarg beladenen Wagens in den frühen Morgenstunden des 20. August 1565 in die trauergeschmückte Jesuitenkirche St. Clemens in der Prager Altstadt, wo er von Erzherzog Ferdinand und Vertretern der Prager Bürger in Empfang genommen wurde. Ferdinand hatte vermutlich bereits Ende Juni/Anfang Juli die Dramaturgie der Begräbnisfeierlichkeiten für seinen Vater festgelegt,[169] wobei er seine ursprünglichen Vorstellungen über den Ablauf der Leichenprozession nachträglich, im Einklang mit den Forderungen des Obersten Kanzlers Joachim von Neuhaus sowie anderer hoher Landesbeamten Böhmens, etwas modifizierte. Nach deren Willen sollten die meisten Insignien

---

166 František Teplý, *Dějiny města Jindřichova Hradce* I/2. *Dějiny města za vlády pánů z Hradce a linie Telecké (1453–1604)*, Jindřichův Hradec 1927, S. 306.
167 Vgl. den Brief Erzherzogs Ferdinand an Wilhelm von Rosenberg (Prag, 20.7.1565) im Státní oblastní archiv Třeboň, Historica Třeboň, Sign. 4551.
168 Der Brief des Schreibers von Choustnik Jakub Ajnický an den rosenbergischen Kanzler Wenzel Albín von Helfenberg über das Errichten eines Castrum doloris in Sobieslau (Sobieslau, 4.8.1565) im Státní oblastní archiv Třeboň, Historica Třeboň, Sign. 4553 a. Vgl. ebenfalls F. Teplý, *Dějiny města Jindřichova Hradce*, S. 306.
169 Erzherzog Ferdinand an Maximilian II. (Prag, 23.8.1565) – V. Bibl (Hrsg.), *Korrespondenz Maximilians II*. Band I, Nr. 211, S. 249–253; V. V. Tomek, *Dějepis* XII, S. 159–160; Archiv Pražského hradu, Dvorní stavební úřad, Inv.-Nr. 27, Kart. 1 (unvollständige Rechnungsausgaben für das Begräbnis von Ferdinand I.).

der Macht und Würde sowie die Herrschersymbole des verstorbenen Kaisers von Adeligen aus dem Königreich Böhmen getragen werden.[170] Obwohl kaum ausführlichere Berichte über den Verlauf des Trauerzugs vorhanden sind, kann man davon ausgehen, dass er sich in seiner Anordnung im Wesentlichen an seinem Wiener Vorbild orientierte.[171] Die Prozession, an der neben anderen Trauergästen auch Adelige aus den böhmischen Ländern teilnahmen, brach am 21. August 1565 um die Mittagszeit herum von der St. Clemenskirche auf und erreichte nach etwa drei Stunden ihr Ziel – den Veitsdom, der sich im Laufe der Sommerwochen in einen Ort des letzten Gedenkens verwandelte. Ehrenplätze im Leichenkondukt vor dem Sarg gebührten dem Erzbischof von Prag Anton Brus von Müglitz und dem Olmützer Bischof Wilhelm Prusinovský von Víckov, unmittelbar hinter dem Sarg gingen die beiden jüngeren Söhne des verstorbenen Kaisers, die Erzherzöge Ferdinand und Karl.[172] Die Altäre, die Kanzel und die Kirchenbänke waren mit Trauerflor verhängt, die Gitter und Türen schwarz angestrichen, auf dem Castrum doloris standen Hunderte von Kerzen.[173] Bei der Ankunft des Konduks wurden Glocken geläutet und Kanonenschüsse abgefeuert.[174] Nachdem der Sarg auf dem hell erleuchteten Castrum doloris vor dem Hochaltar abgesetzt worden war, begann die vom Prager Erzbischof Anton Brus von Müglitz zelebrierte Abendvigil. Einen Tag später verabschiedete sich der Dompropst Heinrich Scribonius während der Totenmesse von dem verstorbenen Herrscher.[175]

Im Verlauf der durch Prag führenden Leichnamsprozession und der im Veitsdom abgehaltenen Totenmesse formte sich das Bild Ferdinands I. als eines

---

170 Insbesondere Erzherzog Ferdinand an Maximilian II. (Prag, 23.8.1565) – V. Bibl (Hrsg.), *Korrespondenz Maximilians II*. Band I, Nr. 211, S. 249–253. Zu den Insignien näher W. Seipel (Hrsg.), *Kaiser Ferdinand I.*, S. 574–575.

171 Erzherzog Ferdinand an Maximilian II. (Prag, 23.8.1565) – V. Bibl (Hrsg.), *Korrespondenz Maximilians II*. Band I, Nr. 211, S. 249–253; V. V. Tomek, *Dějepis* XII, S. 159–160. Eine Vorstellung von der Anordnung des Leichenkonduks, der den Sarg von der St. Clemenskirche über die Karlsbrücke und die Kleinere Prager Stadt in den Veitsdom begleitete, kann man sich zumindest in groben Zügen anhand der gedruckten Beschreibung mit dem Titel *Funeratio Ferdinandi* machen, die in der Herzog August Bibliothek Wolfenbüttel, Sign. 211.1 (Quod.), aufbewahrt wird.

172 Herzog August Bibliothek Wolfenbüttel, Sign. 211.1 (Quod.).

173 M. Brix, *Die Trauerdekoration*, Anhang S. 5.

174 Vgl. näher Archiv Pražského hradu, Dvorní stavební úřad, Inv.-Nr. 27, Kart. 1; Herzog August Bibliothek Wolfenbüttel, Sign. 211.1 (Quod.).

175 V. V. Tomek, *Dějepis* XII, S. 160; Vgl. Philippine Casarotto, *Katholische Leichenpredigten auf die Habsburgerkaiser 1519–1792. Bestandaufnahme und Gattungsmerkmale*, in: Rudolf Lenz (Hrsg.), Leichenpredigten als Quelle historischer Wissenschaften IV, Stuttgart 2004, S. 459–476, insbesondere Anhang 9; Radmila Prchal Pavlíčková, *O útěše proti smrti. Víra, smrt a spása v pohřebních kázáních v období konfesionalizace*, Praha 2017.

christlichen Ritters, Katholiken, weisen und gerechten Herrschers über ein großes Territorium in Mitteleuropa, das ins kollektive Gedächtnis eingehen sollte. Der älteste Sohn, Maximilian II., konnte zwar angesichts der angespannten Lage in Siebenbürgen am Prager Begräbnis nicht teilnehmen,[176] die Wirkung der auf Verherrlichung einer ununterbrochenen Tradition der vom Haus Habsburg ausgeübten christlichen Herrschaft ausgerichteten Trauerfeierlichkeiten wurde dadurch jedoch nicht gemindert. In ähnlicher Weise war die symbolische Verzierung des Weges konzipiert, auf dem Ferdinand I. am 8. November 1558 auf seiner ersten Böhmenreise, als gekrönter Kaiser, feierlich in den Veitsdom eingezogen war.[177] Beide Anlässe – feierlicher Einzug und Begräbnis in Prag – sollten gemäß den Vorstellungen von Ferdinands zweitgeborenem Sohn, der beide Male an der Programmkonzeption beteiligt war,[178] der Inszenierung einer triumphalen Ewigkeit des unsterblichen Herrschers aus dem Hause Habsburg dienen, der durch seine Taten im Leben mit dem Himmelsgewölbe direkt verbunden war.[179]

In den folgenden Tagen wurden die sterblichen Überreste des Kaisers in der Krypta des Veitsdoms beigesetzt, wo er neben seiner Gemahlin Anna Jagiello vorübergehend seine letzte Ruhestätte fand. Mit der Anfertigung des Grabmals wurde auf Geheiß von Erzherzog Ferdinand der in Innsbruck tätige Bildhauer Alexander Colin beauftragt. Dieser war zwar bereits im Frühjahr 1566 nach Prag gekommen, begann jedoch erst fünf Jahre später in seiner Tiroler Werkstatt mit der Arbeit. Im Herbst 1573 wurde dann das fertige Werk mit dem Schiff nach Linz transportiert. Einige Jahre später erfuhr das Grabmal eine weitere Veränderung: Nachdem Rudolf II. Anfang 1581 beschlossen hatte,[180] seinen Vater Maximilian II. gleichfalls in der Familiengruft beisetzen zu lassen, wurden die Bildhauer Alexander und Abraham Colin angewiesen, die Tomba mit den beiden Figuren Ferdinands I. und Anna Jagiellos um eine liegende Figur ihres ältesten Sohns zu ergänzen.[181] 1589 war das Grabmal nach zweijähriger Arbeit

---

176 Maximilian II. an Sigismund II. August (Wien, 21.8.1565) – V. Bibl (Hrsg.), *Korrespondenz Maximilians II.* Band I, Nr. 209, S. 249, Erzherzog Karl an Maximilian II. (Prag, 23.8.1565), Nr. 210, S. 249; F. Roubík (Hrsg.), *Regesta fondu Militare* I, S. 147.
177 Näher hierzu V. Bůžek, *Ferdinand Tyrolský*, S. 144–159; ders., *Der festliche Einzug*, S. 289–304.
178 Insbesondere Erzherzog Ferdinand an Maximilian II. (Prag, 23.8.1565) – V. Bibl (Hrsg.), *Korrespondenz Maximilians II.* Band I, Nr. 211, S. 249–253; V. Bůžek, *Ferdinand Tyrolský*, S. 143.
179 Marc Bloch, *Králové divotvůrci. Studie o nadpřirozenosti přisuzované královské moci, zejména ve Francii a Anglii*, Praha 2004, S. 199–205.
180 W. Seipel (Hrsg.), *Kaiser Ferdinand I.*, S. 571–574.
181 Helga Dressler, *Alexander Colin*, Karlsruhe 1973, insbesondere S. 64–74; Ferdinand Seibt (Hrsg.), *Renaissance in Böhmen. Geschichte, Wissenschaft, Architektur, Plastik, Malerei, Kunsthandwerk*, München 1985, S. 250; K. Vocelka – L. Heller, *Die Lebenswelt der Habsburger*, S. 310, 312.

fertig und zierte nun den im Chor des Doms befindlichen oberirdischen Teil der Gruft, wohin man 1590 die sterblichen Überreste von Ferdinand I. und Anna Jagiello überführte.[182] Die Verzierung war als Apotheose dieses Herrschers aus der altehrwürdigen habsburgischen Dynastie als eines direkten Nachfolgers der römischen Kaiser und böhmischen Könige konzipiert, die ebenfalls in der Domkrypta begraben lagen und deren Bildnisreliefs sich zu den Seiten des Grabmals befanden.[183]

Anna Jagiello in der Erinnerung ihres Gemahls und ihrer Söhne

Obwohl die seit Mai 1521 mit Ferdinand I. verheiratete Anna Jagiello die Titel einer Königin von Böhmen und Ungarn sowie einer römischen Königin und Erzherzogin von Österreich trug, lagen ihr deren politische Pflichten denkbar fern. Mit Interesse verfolgte sie lediglich den Kampf gegen die Osmanen in Ungarn. Sie war hochgebildet und sprach fließend mehrere Sprachen, verkehrte mit Gelehrten, studierte die Wirkungen von Heilpflanzen und interessierte sich für den Anbau von Zitrusfrüchten in den Gärten der Prager Burg sowie für die Zucht exotischer Tiere in der Wiener Hofburg. Von ihren Charaktereigenschaften stachen besonders Frömmigkeit und Barmherzigkeit hervor, sie kümmerte sich stets um das Wohlbefinden ihrer Familie, insbesondere das der Kinder. Aus der harmonischen Ehe mit Ferdinand gingen insgesamt fünfzehn Kinder hervor, die Geburt der letzten Tochter am 27. Januar 1547 in Prag kostete Anna jedoch frühzeitig das Leben.[184]

---

182 M. Bravermanová – A. Samohýlová, *Textilie z hrobu Ferdinanda I.*, S. 66.

183 Dabei handelte es sich um Karl IV. und seine vier Gemahlinnen, Wenzel IV., Ladislaus Postumus und Georg von Podiebrad. Hierzu F. Seibt (Hrsg.), *Renaissance in Böhmen*, S. 250; K. Vocelka – L. Heller, *Die Lebenswelt der Habsburger*, S. 312; W. Seipel (Hrsg.), *Kaiser Ferdinand I.*, S. 572; Brigitta Lauro, *Die Grabstätten der Habsburger. Kunstdenkmäler einer europäischen Dynastie*, Wien 2007, S. 139–140; Ingeborg Schemper-Sparholz, *Unis ou séparés dans la mort: sépultures et monuments funéraires des impératrices et des veuves d'empereurs Habsbourg*, in: Juliusz A. Chrościcki – Mark Hengerer – Gérard Sabatier (Hrsg.), Les Funérailles princières en Europe. XVIe – XVIIIe siècle. 2. Apothéoses monumentales, Versailles-Paris 2013, S. 91–108, hier S. 95–96.

184 Näher hierzu insbesondere Jaroslava Hausenblasová, *Anna Jagellonská – manželka Ferdinanda I.*, in: V. Bůžek – R. Smíšek (Hrsg.), Habsburkové 1526–1740, S. 221–223; dies., *Soukromí jako obřad. Rituály a ceremoniál na dvoře Anny Jagellonské*, in: Martin Nodl – František Šmahel (Hrsg.), Rituály, ceremonie a festivity ve střední Evropě 14. a 15. století, Praha 2009 (= Colloquia medievalia Pragensia 12), S. 97–108; dies., *Reflexe událostí první rakousko-turecké války v soukromé korespondenci Ferdinanda I., Anny Jagellonské a Marie Habsburské*, Historie – otázky – problémy 6, 2014, Nr. 2, S. 125–137; Sylva Dobalová – Jaroslava Hausenblasová, *Die Zitruskultur am Hofe Ferdinands I. und Anna Jagiellos. Import und Anbau von Südfrüchten in Prag 1526–1564*, Studia Rudolphina 15, 2015, S. 9–36.

Ihr Wirken zu Lebzeiten und ihre Charaktereigenschaften würdigte in seiner auf lateinisch vorgetragenen Leichenrede (*laudatio funebris*) während der Totenmesse am 13. Februar 1547 der bedeutende Philosoph, Arzt und damalige Rektor der Wiener Universität Wolfgang Lazius.[185] In der einleitenden Laudatio wurden die Tugenden der Verstorbenen gepriesen, allen voran ihre Frömmigkeit, Bescheidenheit und Barmherzigkeit.[186] Ganz besonders würdigte er auch die erfüllte mütterliche Sendung der Königin. Während der Beileidsbekundung in der Consolatio unternahm er eine historische Bezugnahme auf die Lebensgeschicke des spartanischen Königs Leonidas und des römischen Konsuls Lucius Junius Brutus, die bei der Verteidigung der Unabhängigkeit des ihnen zur Verwaltung anvertrauten Territoriums einen frühen Tod gefunden hatten. Ihre Verabschiedung vom irdischen Dasein prägte sich tief ins Gedächtnis ihrer Nachfolger ein, in dem sie als tapfere und berühmte Helden fortlebten. Wolfgang Lazius spannte in seiner Rede den Bogen von diesen beiden tugendhaften Männern zur verstorbenen Königin Anna, deren frühes Ableben im vierundvierzigsten Lebensjahr für ihre Zeitgenossen sehr überraschend kam. Ihre Abstammung von den Jagiellonen war für den Aufstieg der Habsburger von entscheidender Bedeutung gewesen, da sich ihnen dadurch der Weg auf den böhmischen und ungarischen Thron geöffnet hatte. Im nächsten Abschnitt der Trauerrede, der umfangreichen Imitatio, wurden die Hinterbliebenen aufgefordert, die Taten und Tugenden der Verstorbenen nachzuahmen, die als Vorbild einer vortrefflichen, wohltätigen und barmherzigen Herrscherin und liebenden Mutter präsentiert wurde.

Um die Glaubwürdigkeit seiner Worte zu untermauern und deren Wirkung bei den Trauergästen nicht zu verfehlen, schilderte Lazius in groben Zügen das irdische Leben der Königin. Geboren wurde sie als Tochter Wladislaws II. Jagiellos und seiner dritten Frau Anna von Foix, einer Verwandten der französischen königlichen Dynastie der Valois. Annas katholische Frömmigkeit und ihre Sorge um das Wohl der Christenheit waren laut Lazius tief in der Familie verwurzelt, da ihr Großvater Kasimir IV., ihr Vater Wladislaw II., ihr Onkel Sigismund I. sowie der Bruder Ludwig den christlichen Glauben gegen die Osmanen verteidigt hatten. Die Vereinigung mit Ferdinand I., der durch die gleichen christlichen Tugenden hervorstach, begründete eine dynastische Allianz der Häuser Jagiello und Habsburg, die es als gemeinsame Aufgabe ansahen, das Vorrücken der Osmanen vom Südosten in die Mitte Europas unerschrocken und bewaffnet zu verhindern. Ganz besonders hervorgehoben wurde auch die

---

185 Herzog August Bibliothek Wolfenbüttel, Sign. A:182.1 Quod. (3). Für die Übersetzung des lateinischen Textes bedanke ich mich bei Rostislav Smíšek.
186 Zur üblichen Gliederung von Leichenpredigten R. Prchal Pavlíčková, *O útěše proti smrti*, S. 31–71.

Tatsache, dass Anna in eine Familie einheiratete, die die Verteidigung und den Schutz des christlichen Glaubens als wichtigste Sendung ihrer herrschaftlichen Macht ansah. Lazius belegte diese Behauptung durch die zahlreichen Feldzüge Karls V. über die Grenzen Europas hinaus bis zur afrikanischen Küste, wo er die Herrschaft Christi verbreitete. Der ältere Bruder von Annas Gemahl zeichnete sich zudem durch sein hartes Durchgreifen gegen die Anhänger der Reformation aus, wodurch die konfessionelle Einheit des Römisch-deutschen Reiches erhalten werden sollte.

Anschließend ging Lazius in seiner Trauerrede auf Annas Rolle als Mutter ein und nannte die Namen ihrer vier Söhne, darunter auch den erstgeborenen Johann, der bereits im Kindesalter gestorben war. Maximilian, Ferdinand und Karl galten ihm als Nachfolger in der Herrschaftstradition ihrer Eltern und als Träger des dynastischen Gedächtnisses. Von den elf weiblichen Nachkommen fand lediglich die mit dem König von Polen verheiratete älteste Tochter Elisabeth namentliche Erwähnung. Ihre nach der jeweiligen Hochzeit in München, Düsseldorf und Mantua lebenden Schwestern wurden hingegen nicht beim Namen genannt, sondern nur als Ehefrauen bedeutender katholischer Herrscher Europas aufgeführt.[187] Zu den übrigen sieben Töchtern wurde lediglich kurz angemerkt, dass sie zu früh ihre Mutter verloren.

Nachdem Lazius kurz das Leben der frommen Herrscherin, liebenden Gemahlin und sorgenvollen Mutter Anna von Jagiello skizziert hatte, bat er im abschließenden Teil seiner Trauerrede, der sogenannten Intercessio, um ein Gebet für das Heil ihrer „zu den Sternen emporsteigenden" Seele.[188] Vor dem Hintergrund der Leichenpredigt entstand somit ein Bild der Königin, deren irdisches Leben mit ehelicher und mütterlicher Liebe erfüllt war, deren dauerhaftes Vermächtnis jedoch insbesondere in der Verteidigung des katholischen Glaubens bestand. Diesen Pfeiler ihrer alltäglichen Frömmigkeit, Ehrfurcht und Barmherzigkeit belegte Lazius mit zahlreichen Zitaten aus dem Matthäusevangelium (insbesondere aus der Bergpredigt Mt 5, 1–9): „Als Jesus die vielen Menschen sah, stieg er auf einen Berg. Er setzte sich, und seine Jünger traten zu ihm. Dann begann er zu reden und lehrte sie. Er sagte: Selig, die arm sind vor Gott; denn ihnen gehört das Himmelreich. Selig die Trauernden; denn sie werden getröstet werden. Selig, die keine Gewalt anwenden; denn sie werden das Land erben. Selig, die hungern und dürsten nach der Gerechtigkeit; denn sie werden satt werden. Selig die Barmherzigen; denn sie werden Erbarmen

---

187 Näher hierzu V. Bůžek, *Sňatky dcer Ferdinanda I. a Anny Jagellonské*, S. 224–225.
188 Wolfgang Lazius verfasste ein lateinisches Gedicht, das er unter dem Titel *Regina De Se* in die Leichenpredigt integrierte. Die verstorbene Königin bilanziert darin in Kürze ihr irdisches Leben und äußert den Wunsch, dass ihre *„Seele zu den Sternen emporsteigen"* möge, *„während ihr Körper im Sarg weilt"* (in sinngemäßer deutscher Übersetzung).

finden. Selig, die ein reines Herz haben; denn sie werden Gott schauen. Selig, die Frieden stiften; denn sie werden Söhne Gottes genannt werden."[189]

Die Erinnerungen an Anna Jagiello nahmen beim feierlichen Einzug ihres ältesten Sohnes Maximilian II. in Prag am 28. Januar 1562, also zum Zeitpunkt ihres fünfzehnten Todestags, deutliche Gestalt an. Der zweitgeborene Sohn Erzherzog Ferdinand stellte als Statthalter des Königreichs Böhmen das Programm zum feierlichen Empfang des gewählten böhmischen Königs zusammen, an dem neben dem dritten Sohn Erzherzog Karl auch deren Vater, Kaiser Ferdinand I., teilnahm. In der von Georg Trmický von Trmice in Versen und Noten verfassten Aufzeichnung des Zeremoniells ist wörtlich festgehalten,[190] dass das Zusammentreffen von Vater und Söhnen als Erinnerung an Anna Jagiello gedacht und konzipiert war.[191]

Die Ehrung des Andenkens an die verstorbene Königin ging auch in das Szenarium der anschließenden Ritterturniere ein, die am 1. und 8. Februar 1562 auf dem Altstädter Ring stattfanden. Im ersten traten die beiden Erzherzöge Ferdinand und Karl gegeneinander an. Sieger wurde unerwarteterweise der jüngere Karl, wie es hieß „dank seines großen Edelmuts ... und seiner holden, vortrefflichen Jugend".[192] Auch im zweiten Turnier „wurde Erzherzog Karl Dank erstattet", der diesmal mit dem in Vertretung von Erzherzog Ferdinand angetretenen Johann Vchynský von Vchynice kämpfte und siegte, nachdem die beiden „bis zu dreißig Mal mit den Turnierlanzen gegeneinander geritten waren".[193] Unter den Zuschauern befanden sich neben Ferdinand I. und Maximilian II. auch Gesandte zahlreicher europäischer Herrscher, „wie es seit zweihundert Jahren, seit der Zeit des Kaisers Karl, nicht mehr vorgekommen war."[194]

Durch die Vorführung der ritterlichen Tugenden des jüngsten Sohnes, der zum Zeitpunkt ihres Todes gerade mal sieben Jahre alt war, sollte das Andenken an Anna Jagiello geehrt werden. „Zwar liegt sie nun in der Kirche begraben,

---

189 *Die Bibel. Altes und Neues Testament. Einheitsübersetzung.* Hrsg. im Auftrag der Bischöfe Deutschlands, Österreichs, der Schweiz, des Bischofs von Luxemburg, des Bischofs von Lüttich, des Bischofs von Bozen-Brixen. Für die Psalmen und das Neue Testament auch im Auftrag des Rates der Evangelischen Kirche in Deutschland und des Evangelischen Bibelwerks in der Bundesrepublik Deutschland, Freiburg im Breisgau-Basel-Wien 2002, S. 1085–1086.
190 Österreichische Nationalbibliothek Wien, Cod. 4279; Jaroslav Kolár, *Tři příspěvky k časové poezii 16.–17. století v Čechách*, Strahovská knihovna 3, 1968, S. 165–189, hier S. 177–187; V. Bůžek, *Ferdinand Tyrolský*, S. 159–160.
191 Österreichische Nationalbibliothek Wien, Cod. 4279 („...dieses Lied ist auch dem heiligen Gedenken Annas, der Königin von Böhmen, gewidmet"). Zitate in dieser und den nachfolgenden Anmerkungen in sinngemäßer deutscher Übersetzung.
192 Ebd.
193 Ebd.
194 Ebd.

konnte aber die ihr gegebene Zeit gut nutzen, war barmherzig, gab Almosen, gebar fünfzehn Kinder, das heilige Blut wird die Christenheit übersteigen."[195] Das Vermächtnis der guten Mutter und tugendhaften, stets auf den Schutz des Christentums bedachten Herrscherin ging auf ihre Söhne über, die den Zuschauern auf dem Altstädter Ring als heldenhafte Kämpfer gegen die Osmanen galten: „Sie schauten höchst erfreut zu, stolz, dass der römische Kaiser solche Männer hat, die dem Türken zeigen, was Böhmen ist …"[196]

Beim feierlichen Empfang Maximilians II. in der Hauptstadt des Königreichs Böhmen und während der anschließend stattfindenden Turniere wurde das symbolische Vermächtnis des politischen Körpers Anna Jagiellos wieder lebendig, das fünfzehn Jahre zuvor in den Worten von Wolfgang Lazius seinen Weg zu den Zuhörern gefunden hatte.[197] Ihre drei Söhne repräsentierten dort die Klammer der dynastischen Kontinuität, der jüngste verkörperte durch sein Handeln die christlichen Tugenden des anwesenden Vaters und der toten Mutter, deren Vermächtnis er zunächst auf dem Turnierfeld, später dann auf diversen Schlachtfeldern in Taten umsetzte.[198] Maximilian II. zeigte beim Zusammentreffen mit dem Vater und beiden jüngeren Brüdern im Einklang mit der Familientradition wieder deutlicher seine katholische Einstellung, wodurch seiner Krönung zum böhmischen und ungarischen König nichts mehr im Wege stand.[199]

---

195 Ebd.
196 Ebd.
197 Herzog August Bibliothek Wolfenbüttel, Sign. A:182.1Quod. (3).
198 Winfried Schulze, *Landesdefension und Staatsbildung. Studien zum Kriegswesen des innerösterreichischen Territorialstaates (1564–1619)*, Wien-Köln-Graz 1973, insbesondere S. 78–93, 136–242.
199 Jana Hubková, *Die Festlichkeiten zu Ehren Kaiser Maximilian II. in der Flugschriftenpublizistik der Jahre 1549–1564*, Studia Rudolphina 17–18, 2018, S. 35–65, hier S. 38.

IV. Sterben, Tod, Überführung und Begräbnis Maximilians II. in Prag

1571 fertigte Jost Amman nach dem Entwurf von Wenzel Jamnitzer einen Stich mit dem Titel *Typus seu imago, qua ostenditur origo imperii, et vera administratio in honorem potentissimi caesaris Maximiliani secundi* an, mit dem die irdische Regierung Maximilians II. allegorisch überhöht und verherrlicht wird.[1] Der Kaiser als zentrale Figur der Darstellung kniet mit einem Bein auf einem Kissen, das auf einer erhöhten Stelle unter dem Baldachin am Rand des Himmelsgewölbes angebracht ist. In der rechten Hand hält er ein Schwert, in der Linken eine Bibel als Symbole seiner Herrschaft. Die Zipfel seines kaiserlichen Mantels werden von zwei Frauenfiguren hochgehoben, die man unschwer als Gerechtigkeit und Hoffnung identifizieren kann. Im Himmelsgewölbe darüber schwebte die Kaiserkrone, die der Doppeladler vom göttlichen Pantheon heruntertrug und Maximilian auf den Kopf setzen sollte. Die Augen der Gerechtigkeit und der Hoffnung waren auf die persönliche Devise des Kaisers *Deus providebit* gerichtet, die darauf verwies, dass Maximilian II. unter dem Schutz Gottes für das Gemeinwohl aller Länder unter seiner Herrschaft als Kaiser, König und Herzog Sorge trug.

In diesem allegorischen Werk wurde Maximilian II. als gerechter, weiser und mutiger Herrscher gepriesen, dessen Macht von Gottes Gnaden herrührt, das Vermächtnis seiner Vorfahren weiterführt und auf die sieben christlichen Tugenden gestützt ist. Die Ehrfurcht vor der altehrwürdigen Tradition des Hauses Habsburg, dem Maximilian II. entstammte, verkörperte die in seiner unmittelbaren Nähe befindliche männliche Gestalt in Rüstung. Durch den Verweis auf *Magnanimi Remi nepotes*, also die Enkel des sagenhaften Gründers Roms, verband sie Remus mit Maximilian I., der die Macht der Habsburger in Europa begründet hatte. Diese Herrschaftstradition wurde von seinen männlichen Nachkommen weitergetragen, unter denen insbesondere dem Enkel gleichen Namens ein Ehrenplatz gebührte.

Die lateinische Inschrift im oberen Teil des Stichs schlug, obgleich auf eine eher indirekte Art und Weise, den Bogen vom bisherigen Leben Maximilians II.

---

1 Der Stich wurde veröffentlicht im Katalog *Niederösterreichische Landesausstellung Renaissance in Österreich*, Wien 1974 (= Katalog des Niederösterreichischen Landesmuseums, Neue Folge, Nr. 97), S. 123; weiterhin abgedruckt in: Karl Vocelka – Lynne Heller, *Die Lebenswelt der Habsburger. Kultur- und Mentalitätsgeschichte einer Familie*, Graz-Wien-Köln 1997, S. 127; Václav Bůžek – Rostislav Smíšek (Hrsg.), *Habsburkové 1526–1740. Země Koruny české ve středoevropské monarchii*, Praha 2017, S. 73. Zu dessen allegorischem Inhalt kurz Margit Altfahrt, *Die politische Propaganda für Maximilian II. Zweiter Teil*, Mitteilungen des Instituts für Österreichische Geschichtsforschung 89, 1981, S. 53–92, hier S. 71–72.

zum mythischen Aeneas. Wie der Held aus Vergils Dichtung, der auf dem Weg zur Lebenserkenntnis zahlreiche Abenteuer und Begegnungen mit verschiedenen Göttern erlebte und in Latium schließlich seine neue und sichere Heimat fand, folgte auch Maximilian in seinen Sympathien für Protestanten keinem gerade verlaufenden Pfad, schlug letztendlich aber doch den Weg zu den bewährten Sicherheiten des römischen Glaubens ein, obwohl er die Anhänger der Reformation nie ganz ablehnte.

Die Kontinuität der Herrschaft im Rückgriff auf das Vermächtnis der Vorfahren wurde auf dem Stich durch die Figuren von König David, Samson und Salomo versinnbildlicht. In der allegorischen Verherrlichung von Maximilians Regierung stand der Erstgenannte für die Begründung der habsburgischen Herrschaft in Europa sowie deren weiteren Ausbau und Festigung, die mit den Herrschertaten von Maximilian I., Karl V. und Ferdinand I. – also des Großvaters, des Onkels und des Vaters Maximilians II. – verbunden war. Samson und Salomo verkörperten die Tapferkeit Maximilians II., die er in den Kämpfen mit den Feinden der christlichen Regierung bewiesen hatte, zugleich aber auch seine staatsmännische Weisheit und Besonnenheit. Das Pantheon der allegorischen Figuren, aus dem seine Herrschaft erwuchs, ergänzten noch vier biblische Propheten. Ezechiel, Jesaja und Jeremia sind nicht zu übersehen, als Daniel dürfte mit hoher Wahrscheinlichkeit die von der Allegorie des Friedens, der Weisheit und des Sieges verdeckte Gestalt in der Mitte des Bildes interpretiert werden.

Die Macht Maximilians II. stützte sich des Weiteren auf die sieben christlichen Tugenden, deren Symbole die beiden Seiten des Ehrenplatzes flankierten. Die seinen Platz am Rande des Himmelsgewölbes stützenden Gestalten verkörperten Attribute des Friedens, der Weisheit und des Sieges und verherrlichten die erwarteten Früchte seiner umsichtigen Herrschaft.[2] Um mit seinen irdischen Taten der Rolle des weisen Herrschers, Beschützers der christlichen Welt und des gerechten Friedens gerecht zu werden, entschied er – wie es die Ikonographie des Bildes nahelegt – sich stets für Eintracht anstatt Streit, ließ sich von der frommen Stimme der Gerechtigkeit leiten, handelte im Einklang mit den Vorstellungen der christlichen Gemeinschaft und hörte den Ratschlägen der Weisen stets aufmerksam zu. Im Bildvordergrund wurden diese Attribute idealer Herrschaft durch mehrere Gestalten in antiker und Renaissancekleidung veranschaulicht, die im Gebet ihre Augen auf Maximilian II. richteten.

Die beiden lateinischen Inschriften im unteren Teil der Darstellung hielten deren ikonographischen Gehalt noch einmal im Wort fest. Eingerahmt wurde die allegorische Verherrlichung der irdischen Regierung Maximilians II. durch

---

2 Hans-Martin Kaulbach, *Pax im Kontext. Zur Ikonographie von Friedenskonzepten vor und nach 1648*, De zeventiende eeuw 13, 1997, S. 323–334.

das Vermächtnis der mythischen Vorfahren der Habsburger. Den Weg zur Kaiserwürde beschritt er als ein tugendhafter christlicher Ritter, dessen weise Regierung und fester katholischer Glaube Europa vor dem Einfall der Osmanen schützten. Die ihm von Gottes Gnaden zugeteilten Gebiete verteidigte er gegen die Andersgläubigen nach bewährtem Vorbild der ersten römischen Kaiser, deren Reich durch die Angriffe der barbarischen Goten bedroht war.

Es ist allerdings zu berücksichtigen, dass die eindrucksvolle allegorische Verherrlichung Maximilians II. als Anhänger des katholischen Glaubens, tugendhaften christlichen Ritters, weisen Beschützers des Gemeinwohls und mutigen Friedensstifters mehr oder weniger deutlich den stereotypen Mustern der zeitgenössischen katholischen Propaganda folgte.[3] Denn das durch den Stich Jost Ammans vermittelte Bild eines idealen christlichen Herrschers kann in vielerlei Hinsicht dem kritischen Blick der Historiker und Historikerinnen nicht standhalten, die ein ganz anderes Bild von dem nach dem Tod seines Vaters Ferdinands I. im Juli 1564 die Herrschaft im Römisch-deutschen Reich, den Königreichen Böhmen und Ungarn sowie in Nieder- und Oberösterreich antretenden Maximilian II. zeichnen.[4] Die allegorisch überhöhte und idealisierte dynastische Eintracht hatte nicht nur unter den Spannungen zwischen der spanischen und der österreichischen Linie des Hauses Habsburg zu leiden,[5] sondern erlitt auch durch die Erbteilung nach dem Tod Ferdinands I. und die unterschiedlichen Einstellungen seiner Söhne zur Festigung des Einflusses der katholischen Kirche ernsthafte Schäden.[6] Entgegen der Familientradition, seiner Erziehung und Heirat mit der überzeugten Katholikin Maria aus der spanischen Linie der Habsburger[7] bemühte sich Maximilian II. um einen Ausgleich zwischen den Anhängern des römischen Glaubens und der Reformation.[8] Ein

---

3   Näher hierzu Margit Altfahrt, *Die politische Propaganda für Maximilian II. Erster Teil*, Mitteilungen des Instituts für Österreichische Geschichtsforschung 88, 1980, S. 283–312; dies., *Die politische Propaganda für Maximilian II. Zweiter Teil*.
4   Alfred Kohler, *Ferdinand I. 1503–1564. Fürst, König und Kaiser*, München 2003, S. 299–300; Thomas Winkelbauer, *Ständefreiheit und Fürstenmacht. Länder und Untertanen des Hauses Habsburg im konfessionellen Zeitalter* I, Wien 2003 (= Österreichische Geschichte 1522–1699), S. 44; Václav Bůžek, *Maxmilián II. mezi disimulací a kompromisem*, in: ders. – R. Smíšek (Hrsg.), Habsburkové 1526–1740, S. 70–75.
5   A. Kohler, *Ferdinand I.*, S. 286–297.
6   Ebd., S. 297–303.
7   Kurzgefasst bei Alexander Koller, *Maria von Spanien, die katholische Kaiserin*, in: Bettina Braun – Katrin Keller – Matthias Schnettger (Hrsg.), Nur die Frau des Kaisers? Kaiserinnen in der Frühen Neuzeit, Wien 2016 (= Veröffentlichungen des Instituts für Österreichische Geschichtsforschung, Band 64), S. 85–97; Pavel Marek, *Marie Španělská – manželka Maxmiliána II.*, in: V. Bůžek – R. Smíšek (Hrsg.), Habsburkové 1526–1740, S. 235–237.
8   Regina Pörtner, *The Counter-Reformation in Central Europe: Styria 1580–1630*, Oxford 2001; Václav Bůžek, *Nobles: Between Religious Compromise and Revolt*, in: Howard Louthan – Graeme

friedliches Miteinander der beiden Konfessionen galt ihm als das anzustrebende Herrschaftsideal im religiös gespaltenen Römisch-deutschen Reich,[9] um dessen politische Einheit er sich zeitlebens bemühte.[10] Seine Toleranz gegenüber dem Protestantismus konnte 1571 in Niederösterreich ihren größten Erfolg feiern,[11] die Anstrengungen um die Durchsetzung der Religionsfreiheit im Königreich Böhmen sind dagegen vier Jahre später gescheitert.[12] Obwohl Maximilian II. bei der Verteidigung der strategisch bedeutsamen Festung Siget im Sommer 1566 eine Unentschlossenheit an den Tag legte, die sich mit dem durch Jost Ammans Stich vermittelten Bild eines tugendhaften christlichen Ritters im Kampf gegen die Andersgläubigen kaum in Einklang bringen ließ, sorgte er 1568 durch den Friedensschluss mit dem Sultan für eine mehr als zwei Jahrzehnte währende Beruhigung der Lage in Ungarn.[13]

Krankheitssymptome

Spätestens seit 1552, als er sich nach der Rückkehr aus Spanien mit seiner Familie in Wien niederließ,[14] wurde Maximilian II. von Herzleiden und Schmerzen

---

Murdock (Hrsg.), A Companion to the Reformation in Central Europe, Leiden-Boston 2015 (= Brill's Companions to the Christian Tradition, volume 61), S. 316–337, hier S. 324–325.

9   Näher hierzu Manfred Rudersdorf, *Maximilian II. 1564–1576*, in: Anton Schindling – Walter Ziegler (Hrsg.), Die Kaiser der Neuzeit 1519–1918. Heiliges Römisches Reich, Österreich, Deutschland, München 1990, S. 79–97, hier S. 97. Weiterhin vgl. Jochen Birkenmeier, *Via regia. Religiöse Haltung und Konfessionspolitik Kaiser Maximilians II. (1527–1576)*, Berlin 2008.

10 Näher hierzu Albrecht P. Luttenberger, *Kurfürsten, Kaiser und Reich. Politische Führung und Friedenssicherung unter Ferdinand I. und Maximilian II.*, Mainz 1994 (= Veröffentlichungen des Instituts für europäische Geschichte Mainz, Abteilung Universalgeschichte, Band 149); insbesondere Maximilian Lanzinner, *Friedenssicherung und politische Einheit des Reiches unter Kaiser Maximilian II. (1564–1576)*, Göttingen 1993 (= Schriftenreihe der Historischen Kommission bei der Bayerischen Akademie der Wissenschaften, Band 45).

11 Arno Strohmeyer, *Konfessionskonflikt und Herrschaftsordnung. Das Widerstandsrecht bei den österreichischen Ständen (1550–1650)*, Mainz 2006 (= Veröffentlichungen des Instituts für europäische Geschichte Mainz, Abteilung für Universalgeschichte, Band 201), S. 65–71.

12 Jaroslav Pánek, *Maximilian II. als König von Böhmen*, in: Friedrich Edelmayer – Alfred Kohler (Hrsg.), Kaiser Maximilian II. Kultur und Politik im 16. Jahrhundert, Wien-München 1992 (= Wiener Beiträge zur Geschichte der Neuzeit, Band 19), S. 55–69, hier S. 63–69; Václav Bůžek, *Ferdinand Tyrolský mezi Prahou a Innsbruckem. Šlechta z českých zemí na cestě ke dvorům prvních Habsburků*, České Budějovice 2006 (= Monographia historica 7), S. 97–129.

13 Kateřina Pražáková, *Vláda Maximiliána II. pohledem rožmberského zpravodajství*, Folia historica bohemica 29, 2014, S. 257–283, hier S. 269–273; im breiteren Kontext Géza Pálffy, *The Kingdom of Hungary and the Habsburg Monarchy in the Sixteenth Century*, New York 2009 (= East European Monographs DCCXXXV), S. 89–118.

14 Jaroslav Pánek, *Výprava české šlechty do Itálie v letech 1551–1552*, Praha 1987, S. 109; Josef Wünsch, *Der Einzug Kaiser Maximilian II. in Wien 1563*, Wien 1914.

in den Beinen geplagt. Sein sich zunehmend verschlechternder Gesundheitszustand, der Krankheitsverlauf, sein Sterben und Tod sowie der letzte Abschied von der irdischen Welt wurden jedoch lange Zeit von der älteren wie neueren biographisch ausgerichteten historischen Forschung kaum berücksichtigt.[15] Vor dem Hintergrund erhaltener Quellen wird im Abschluss dieses Kapitels außerdem kurz auf die letzten Augenblicke von Maximilians Witwe Maria eingegangen.

Erst in der ersten Hälfte der 1560er Jahre fiel der sich kontinuierlich verschlechternde Gesundheitszustand Maximilians einigen auswärtigen Gesandten, Agenten und Würdenträgern des kaiserlichen Hofes auf. In den Fürstenresidenzen Europas trafen Nachrichten über den kranken Herrscher ein, der durch körperliche Schwäche immer wieder tagelang ans Bett gefesselt war. Johann Michele und Giacomo Soranzo berichteten nach Venedig über die chronische Herzerkrankung des Kaisers.[16] Im Februar 1565 wurde der Reichsvizekanzler Johann Ulrich Zasius, der mit dem Kaiser täglichen Umgang pflegte und ihm die zu erledigende Korrespondenz und Dokumente zur Unterzeichnung brachte, auf dessen anhaltende Schmerzen beim Gehen aufmerksam. In seinen an Albrecht V. von Wittelsbach nach München adressierten Briefen vermutete er als Grund für diese Bewegungsbeeinträchtigung die Gicht, von der das rechte Bein des Kaisers befallen war. Zasius informierte Albrecht V. auch über die Heilungsvorschläge von Maximilians Leibärzten, das kranke Bein mit wiederholten Bädern zu behandeln.[17] Da jedoch keine Besserung eingetreten war, sah sich der Kaiser Ende Februar 1565 sogar gezwungen, das feierliche Leichenbegängnis für seinen Vater auf einen späteren Zeitpunkt zu verschieben.[18]

Aus den Berichten Johann Ulrich Zasius' weiß man, dass sich der Gesundheitszustand Maximilians II. gegen Ende der 1560er Jahre noch einmal stark verschlechterte. Der Kaiser klagte nicht nur über Herzrasen und Beinschmerzen, sondern litt auch unter langwieriger Übelkeit mit hohem Fieber und Durch-

---

15 Viktor Bibl, *Maximilian II. Der rätselhafte Kaiser. Ein Zeitbild*, Hellerau bei Dresden 1929, S. 59, 96, 116–117, 370, 388–389, 394–396; Paula Sutter Fichtner, *Emperor Maximilian II*, New Haven-London 2001, S. 59–60, 103, 207, 217.
16 Leopold Senfelder, *Kaiser Maximilians II. letzte Lebensjahre und Tod. Medicinisch-historische Studie*, Wien 1898, S. 6; V. Bibl, *Maximilian II.*, S. 96.
17 Johann Ulrich Zasius an Albrecht V. von Wittelsbach (Wien, 24.2.1565) im Bayerischen Hauptstaatsarchiv München, Kurbayern Äußeres Archiv, Sign. 4290, fol. 60^v; Anja Meußer, *Für Kaiser und Reich. Politische Kommunikation in der frühen Neuzeit: Johann Ulrich Zasius (1521–1570) als Rat und Gesandter der Kaiser Ferdinands I. und Maximilians II.*, Husum 2004 (= Historische Studien, Band 477), S. 311; Maximilian Lanzinner, *Geheime Räte und Berater Kaiser Maximilians II. (1564–1576)*, Mitteilungen des Instituts für Österreichische Geschichtsforschung 102, 1994, S. 296–315, hier S. 303–305.
18 Georg Sigmund Seld an Albrecht V. von Wittelsbach (Wien, 28.2.1565) im Bayerischen Hauptstaatsarchiv München, Kurbayern Äußeres Archiv, Sign. 4310, fol. 100–101.

fall. Nach Ansicht des Reichsvizekanzlers waren seine Verdauungsprobleme auf die Unmäßigkeit im Essen und das Trinken eiskalter Getränke zurückzuführen. Als sich Anfang 1568 die Beschwerden derart verschlimmerten, dass der Kaiser nicht mehr das Bett zu verlassen in der Lage war, diagnostizierte Zasius in seinen Briefen nach München Nierenkoliken und schmerzhafte Hämorrhoiden.[19]

Einen weiteren schweren Rückschlag erlitten die Bemühungen um die Gesundheit des Kaisers Mitte 1572, wie den Berichten auswärtiger Gesandter zu entnehmen ist. Die von der Gicht verursachten starken Schmerzen im Bein hinderten ihn zunehmend an der effektiven Ausübung seiner Herrscherpflichten. Der päpstliche Nuntius Giovanni Dolfin schrieb an Kardinal Tolomeo Gallio,[20] dass der Kaiser sich nur noch mit Hilfe von Dienern durch die Hofburg bewegen könne und von ihnen in den Audienzsaal getragen werden müsse.[21] Trotz der von seinen Leibärzten vorgebrachten Einwände brach Maximilian II. Ende September 1572 nach Preßburg auf, um dort an der Krönung Rudolfs II. zum König von Ungarn teilzunehmen.[22] Nach der Krönungszeremonie seines ältesten Sohns und den anschließenden Turnieren beschwerte er sich über starke Beinschmerzen und wiederholtes Herzrasen.[23] Im November und Dezember 1572 berichtete Giovanni Dolfin nach Rom, dass der Kaiser von einem Fieberanfall sehr geschwächt gewesen sei. Mehr Aufmerksamkeit widmete der Nuntius allerdings der stark eingeschränkten Bewegungsfähigkeit des Kaisers, der sich seit Wochen nur noch in seinem Schlafzimmer aufhielt. Beim Gehen,

---

19 P. Sutter Fichtner, *Emperor Maximilian II*, S. 103; A. Meußer, *Für Kaiser und Reich*, S. 311; Hermann Schöppler, *Über den Tod Kaiser Maximilians II.*, Mitteilungen zur Geschichte der Medizin und der Naturwissenschaften 37, 1910, S. 219–225, hier S. 219–220.

20 Giovanni Dolfin/Delfino (1529–1584) entstammte einer venezianischen Bankiersfamilie. Nach dem Theologiestudium in Padua trat er in den diplomatischen Dienst von Papst Gregor XIII. ein. Im Juli 1571 wechselte er von Rom nach Wien, wo er bis Ende 1578 als päpstlicher Nuntius am kaiserlichen Hof tätig war. Tolomeo Gallio (1526–1607) war seit 1565 Kardinal in Como und seit 1572 Staatssekretär des Heiligen Stuhls. Vgl. dazu näher Almut Bues (Hrsg.), *Nuntiaturberichte aus Deutschland 1572–1585 nebst ergänzenden Aktenstücken. VII. Band. Nuntiatur Giovanni Dolfins (1573–1574)*, Tübingen 1990, S. XII–XXXIV. Almut Bues verwendet die Namensform Giovanni Dolfin, bei Alexander Koller findet sich durchgehend die Variante Giovanni Delfino. Hierzu vgl. Alexander Koller (Hrsg.), *Nuntiaturberichte aus Deutschland nebst ergänzenden Aktenstücken. Dritte Abteilung 1572–1585. IX. Band. Nuntiaturen des Giovanni Delfino und des Bartolomeo Portia (1577–1578)*, Tübingen 2003. Im vorliegenden Text kommen beide Formen vor, je nachdem, auf welche Edition gerade verwiesen wird.

21 L. Senfelder, *Kaiser Maximilians II. letzte Lebensjahre und Tod*, S. 10–11.

22 Josef Janáček, *Rudolf II. a jeho doba*, Praha 1987, S. 58–69; L. Senfelder, *Kaiser Maximilians II. letzte Lebensjahre und Tod*, S. 11.

23 L. Senfelder, *Kaiser Maximilians II. letzte Lebensjahre und Tod*, S. 11. Zu den Turnieren in Preßburg Jaroslav Pánek (Hrsg.), *Václav Březan, Životy posledních Rožmberků* I, Praha 1985, S. 241.

Hinsetzen und Aufstehen war er nun ständig auf seine Diener angewiesen, bei denen er sich aufstützen musste.[24] Wegen der starken Beinschmerzen, die insbesondere nach dem Treppensteigen noch schlimmer wurden, konnte Maximilian II. vorübergehend auch nicht mehr an Gottesdiensten teilnehmen.[25]

Den Berichten Giovanni Dolfins zufolge mussten bis Mitte April 1573 sogar die kaiserlichen Audienzen ausgesetzt werden, weil sich der Gesundheitszustand Maximilians II. rapide verschlechterte. Als Ursachen der allgemeinen Schwäche und deren Begleiterscheinungen wie Schlaf- und Appetitlosigkeit galten den Leibärzten die Gicht, seine Herzerkrankung sowie die neu hinzugekommenen Nierenprobleme. Die Diagnosen wurden vom päpstlichen Nuntius nach Rom weitergeleitet und um die Schilderung des Verlaufs einer Nierenkolik und die Information über ausgeschiedene Nierensteine ergänzt.[26] Gegen das Nierenleiden verschrieben die Leibärzte dem Kaiser eine mehrmonatige Trinkkur, bei der er ein aus Guajakholz zubereitetes Wasser („holztränk") zu sich nehmen und so seinen Organismus „purgieren" sollte. Darüber hinaus sollte er nur noch leichte Gerichte essen, vor allem Gemüsesuppe.[27] Nach etwa einem Monat zeigte diese Behandlungsmethode erste Wirkung. Vor Mitte Mai 1573 traten die Schmerzen spürbar zurück, so dass der Kaiser die Trinkkur beenden konnte und seine Diener bat, ihn auf einem Ausritt in die Natur zu begleiten.[28]

Bereits Ende September 1573 jedoch fesselten die anhaltenden Beinschmerzen und Fieberanfälle Maximilian wieder ans Bett. Es wurden daher berühmte Medizinprofessoren in die Hofburg geholt, um seine Leiden zu lindern. Der namhafteste unter ihnen war zweifellos Hieronymus Mercurialis, der an den Universitäten Bologna, Padua und Pisa zu den Pionieren innovativer Behandlungsmethoden auf Grundlage der physikalischen Therapie gehörte.[29] Aber nicht einmal seine Intervention brachte die ersehnte Linderung. Der extrem schwache Maximilian konnte sich kaum auf den Beinen halten, verließ deshalb wochenlang nicht das Bett. Der päpstliche Nuntius Giovanni Dolfin zeichnet in seinen an Tolomeo Gallio nach Rom adressierten Berichten vom Herbst 1573 das Bild eines kranken Monarchen, der, von der Gicht und wiederholten Fieberanfällen geplagt, nicht mehr sein Schlafzimmer verließ, die Besuche auswärtiger

---

24 L. Senfelder, *Kaiser Maximilians II. letzte Lebensjahre und Tod*, S. 11.
25 Ebd., S. 12.
26 Ebd., S. 12–13.
27 Ebd., S. 13.
28 Ebd.
29 Giovanni Dolfin an Tolomeo Gallio (Wien, 21.9.1573) – A. Bues (Hrsg.), *Nuntiaturberichte*, Nr. 79, S. 179–183; Josef Smolka, *Artis medicinalis libri. Lékařská literatura*, in: Ivo Purš – Hedvika Kuchařová (Hrsg.), *Knihovna arcivévody Ferdinanda Tyrolského. Texty*, Praha 2015, S. 145–179, hier S. 167.

Gesandter verschob und seinen Herrscherpflichten nicht mehr nachzukommen in der Lage war.[30] Diese Darstellung eines durch Krankheit geschwächten und an der Regierung immer weniger interessierten Kaisers entsprach vollkommen den Intentionen der Propaganda des Heiligen Stuhls, der bereits seit geraumer Zeit an Maximilians Kompromissbereitschaft gegenüber den Nichtkatholiken Kritik übte. Trotz seines schlechten Gesundheitszustands verlor der Kaiser jedoch die Lage in den einzelnen Ländern seiner Monarchie nicht aus dem Blick. Im Herbst 1573, als ihm „seine Gesundheit wieder einmal nicht wenig zusetzte", empfing er in der Hofburg hohe Landesbeamte des Königreichs Böhmen, mit denen er dringende politische Angelegenheiten besprechen wollte.[31]

Im Januar 1574 hinderte ihn aber die Krankheit daran, in Prag die Sitzung des böhmischen Landtags zu eröffnen. Maximilian war sich seiner Beschwerden sehr wohl bewusst. Die Ursache der stark eingeschränkten Bewegungsfähigkeit sah er in der Gicht und schloss sich der Meinung seiner Leibärzte an, die ihn vor Kälte und Feuchtigkeit warnten.[32] Darauf berief er sich in der Ankündigung seiner Abwesenheit vom Landtag an die böhmischen Stände, dass er angesichts seiner angeschlagenen Gesundheit das unbequeme Reisen in kühlem und nassem Winterwetter unbedingt vermeiden müsse, um nicht eine deutliche Verschlechterung seiner Krankheit herbeizuführen.[33]

Aber obwohl der Kaiser die Ratschläge seiner Leibärzte befolgte und sich nur noch in warmer und trockener Umgebung aufhielt, wollten die Gichtschmerzen nicht nachlassen.[34] Anfang Februar 1574 berichtete Giovanni Dolfin nach Rom über wiederholt auftretende Nierenkoliken und die Ausscheidung eines piniengroßen Nierensteins, für erwähnenswert befand er auch andere Krankheitssymptome wie anhaltende Schlaf- und Appetitlosigkeit, häufigen Brechreiz

---

30 L. Senfelder, *Kaiser Maximilians II. letzte Lebensjahre und Tod*, S. 13; Giovanni Dolfin an Tolomeo Gallio (Wien, 2.10.1573) – A. Bues (Hrsg.), *Nuntiaturberichte*, Nr. 81, S. 185–189, Giovanni Dolfin an Tolomeo Gallio (Wien, 2.10.1573), Nr. 82, S. 189–190, Giovanni Dolfin an Tolomeo Gallio (Wien, 10.10.1573), Nr. 86, S. 194-196.
31 *Sněmy české od léta 1526 až po naši dobu* III, Praha 1884, S. 782.
32 Giovanni Dolfin an Tolomeo Gallio (Wien, 22.1.1574) – A. Bues (Hrsg.), *Nuntiaturberichte*, Nr. 152, S. 345.
33 *Sněmy české od léta 1526 až po naši dobu* IV, Praha 1886, S. 25–26, 30, 36. Maximilian II. ging davon aus, dass er bei der Landtagssitzung in Prag durch seine beiden Söhne Ernst und Rudolf II. vertreten werde. Da Rudolf II. jedoch erkrankte und unter heftigem Schüttelfrost litt, trat lediglich Ernst den Weg von Wien in die Hauptstadt des Königreichs Böhmen an. Hierzu *Sněmy české* IV, S. 29; Státní oblastní archiv Třeboň, Historica Třeboň, Sign. 4868 A, Maximilian II. an Wilhelm von Rosenberg (Wien, 28. 12. 1573).
34 Giovanni Dolfin an Tolomeo Gallio (Wien, 29.1.1574) – A. Bues (Hrsg.), *Nuntiaturberichte*, Nr. 154, S. 348–352.

und blutigen Urin.³⁵ Der heiße und trockene Sommer des Jahres 1574 konnte dem Kaiser zwar einige Erleichterung verschaffen,³⁶ so dass er an dessen Ende sogar an einer Jagd teilnehmen konnte,³⁷ drei Monate später machten ihm akute Schmerzen in beiden Beinen jedoch so stark zu schaffen, dass er tagelang im Bett bleiben musste.³⁸ Es ist anzunehmen, dass die rapide Verschlechterung des Gesundheitszustands mit einem plötzlichen Frosteinbruch zusammenhing.³⁹ Als der Herrscher dann gegen Ende Dezember 1574 mit Hilfe seiner Diener endlich das Bett verlassen und die Treppen hinunter in die Privatgemächer seiner Gemahlin Maria gehen konnte, informierte der bayerisch-herzogliche Agent Ludwig Haberstock Albrecht V. von Wittelsbach über die allmähliche Besserung in Maximilians Gesundheitszustand.⁴⁰

Bereits am 1. Januar 1575 gab der Kaiser dem päpstlichen Nuntius eine einstündige Audienz, während der er die ganze Zeit aufrecht sitzen konnte.⁴¹ Die auswärtigen Agenten sahen in der Wiederaufnahme des Audienzbetriebs ein Zeichen der Besserung,⁴² in Wirklichkeit war jedoch Maximilians Befinden in den ersten Januartagen alles andere als zufriedenstellend. Er beschwerte sich über anhaltende Beinschmerzen und immer wiederkehrende Hustenanfälle. Als er sich am 4. Januar 1575 außerstande sah, vom Bett aufzustehen, teilte er den böhmischen Ständen mit, er könne nicht zu der für den 3. Februar angesetzten Eröffnung des böhmischen Landtags kommen, weshalb er den Beginn um drei Wochen verlegte.⁴³ Obwohl der Kaiser die Proposition bereits am 23. Februar verlas, hielt er sich angesichts der Wichtigkeit der langwierigen

---

35 L. Senfelder, *Kaiser Maximilians II. letzte Lebensjahre und Tod*, S. 13; Giovanni Dolfin an Tolomeo Gallio (Wien, 5.2.1574) – A. Bues (Hrsg.), *Nuntiaturberichte*, Nr. 157, S. 355–359.
36 Giovanni Dolfin an Tolomeo Gallio (Wien, 4.6.1574) – A. Bues (Hrsg.), *Nuntiaturberichte*, Nr. 208, S. 493–497; Zdeněk Vybíral (Hrsg.), *Paměti Pavla Korky z Korkyně. Zápisky křesťanského rytíře z počátku novověku*, České Budějovice 2014 (= Prameny k českým dějinám 16.–18. století, Reihe B, Band IV), S. 271.
37 L. Senfelder, *Kaiser Maximilians II. letzte Lebensjahre und Tod*, S. 15.
38 Ebd.; Giovanni Dolfin an Tolomeo Gallio (Wien, 20.12.1574) – A. Bues (Hrsg.), *Nuntiaturberichte*, Nr. 315, S. 716–718, Giovanni Dolfin an Tolomeo Gallio (Wien, 26.12.1574), Nr. 316, S. 718–720.
39 Z. Vybíral (Hrsg.), *Paměti Pavla Korky z Korkyně*, S. 271.
40 Ludwig Haberstock an Albrecht V. von Wittelsbach (Wien, 25.12.1574) im Bayerischen Hauptstaatsarchiv München, Kurbayern Äußeres Archiv, Sign. 4329, fol. 2–4; zu Haberstock näher Maximilian Lanzinner, *Fürst, Räte und Landstände. Die Entstehung der Zentralbehörden in Bayern 1511–1598*, Göttingen 1980 (= Veröffentlichungen des Max-Planck-Instituts für Geschichte, Band 61), S. 355.
41 L. Senfelder, *Kaiser Maximilians II. letzte Lebensjahre und Tod*, S. 15.
42 Ludwig Haberstock an Albrecht V. von Wittelsbach (Wien, 3.1.1575) im Bayerischen Hauptstaatsarchiv München, Kurbayern Äußeres Archiv, Sign. 4329, fol. 22–23ᵛ.
43 L. Senfelder, *Kaiser Maximilians II. letzte Lebensjahre und Tod*, S. 15; *Sněmy české* IV, S. 133, 155; J. Janáček, *Rudolf II.*, S. 112.

Verhandlungen in der Hauptstadt Böhmens mit einigen Unterbrechungen bis Ende September/Anfang Oktober auf, als er zum Reichstag nach Regensburg aufbrach. Die wichtigsten Programmpunkte des Landtags in Prag waren die Finanzierung der Verteidigung gegen die osmanische Gefahr, die Religionsfreiheit für nichtkatholische Adelige und die Nachfolge Rudolfs II. auf dem böhmischen Thron.[44]

Für Maximilian II. stand der Aufenthalt in Prag im Zeichen körperlicher Beschwerden. Er hatte Schwierigkeiten beim Gehen und konnte vor Schmerzen nicht lange aufrecht stehen, so dass er die auswärtigen Gesandten im Sitzen empfangen musste, wie diese mit einiger Verlegenheit in ihren Berichten festhielten.[45] Trotz angeschlagener Gesundheit machte sich der Kaiser am 9. April auf den Weg von Prag nach Dresden,[46] wo er mit dem sächsischen Kurfürsten August und dem Brandenburger Kurfürsten Johann Georg zusammentraf und über die Wahl Rudolfs II. zum römischen Kaiser sprach. Nachdem er zwei Wochen später in die böhmische Hauptstadt zurückgekehrt war,[47] beklagte er sich über wiederholt auftretende Nierenschmerzen und Fieberanfälle, Appetitlosigkeit und Insomnie.[48] Giovanni Dolfin teilte in seinen Briefen an Kardinal Tolomeo Gallio mit, dass sich die Leibärzte nicht von Maximilians Krankenbett rührten, ihm Schmerzmittel verabreichten und darauf warteten, dass sein Körper den Nierenstein ausscheiden würde. Dazu kam es aber erst am achten Tag nach Ausbruch der Nierenkolik. Am 14. Mai gingen die Schmerzen endlich so weit zurück, dass der Herrscher den Nuntius bitten konnte, ihn zum Gottesdienst zu begleiten.[49] Dieser schrieb anschließend einen Bericht nach Rom, in

---

44 *Sněmy české* IV, S. 156–310.
45 L. Senfelder, *Kaiser Maximilians II. letzte Lebensjahre und Tod*, S. 16; Ludwig Haberstock an Albrecht V. von Wittelsbach (Prag, 18.3.1575) im Bayerischen Hauptstaatsarchiv München, Kurbayern Äußeres Archiv, Sign. 4329, fol. 174^r–174^v.
46 J. Pánek (Hrsg.), V. Březan, *Životy* I, S. 272–273; Z. Vybíral (Hrsg.), *Paměti Pavla Korky z Korkyně*, S. 131; Katrin Keller, *Kurfürstin Anna von Sachsen (1532–1585)*, Regensburg 2010, S. 62–68; Václav Bůžek, *August von Sachsen, die Habsburger und der böhmische Adel*, in: Winfried Müller – Martina Schattkowsky – Dirk Syndram (Hrsg.), Kurfürst August von Sachsen. Ein nachreformatorischer „Friedensfürst" zwischen Territorium und Reich, Dresden 2017, S. 28–37, hier S. 32–33.
47 J. Pánek (Hrsg.), V. Březan, *Životy* I, S. 272–273; Z. Vybíral (Hrsg.), *Paměti Pavla Korky z Korkyně*, S. 131.
48 Ludwig Haberstock an Albrecht V. von Wittelsbach (Prag, 26.4.1575) im Bayerischen Hauptstaatsarchiv München, Kurbayern Äußeres Archiv, Sign. 4329, fol. 266–269; Giovanni Dolfin an Tolomeo Gallio (Prag, 8. 5. 1575) – Daniela Neri (Hrsg.), *Nuntiaturberichte aus Deutschland 1572–1585 nebst ergänzenden Aktenstücken. VIII. Band. Nuntiatur Giovanni Dolfins (1575–1576)*, Tübingen 1997, Nr. 64, S. 145–148, Giovanni Dolfin an Tolomeo Gallio (Prag, 8.5.1575), Nr. 67, S. 149–152.
49 Giovanni Dolfin an Tolomeo Gallio (Prag, 15.5.1575) – D. Neri (Hrsg.), *Nuntiaturberichte*, Nr. 70, S. 154–158.

dem er das Bild eines frommen Kaisers und treuen Anhängers des katholischen Glaubens zeichnete. In Wirklichkeit verhandelte Maximilian jedoch, ganz im Widerspruch zu den Interessen des Heiligen Stuhls, mit den Vertretern der nichtkatholischen Stände Böhmens über die Böhmische Konfession, durch die den utraquistischen und lutherischen Herren und Rittern sowie den Anhängern der Brüderunion die Religionsfreiheit zugesichert werden sollte.[50]

Die Sommermonate 1575 verbrachte Maximilian II. fiebernd und halluzinierend im Bett.[51] Dem Bericht Giovanni Dolfins vom 24. Juli zufolge sollen Augenzeugen ausgesagt haben, der Kaiser sei totenbleich, völlig apathisch und erschöpft gewesen.[52] Zwei Wochen später teilte der Nuntius Kardinal Tolomeo Gallio zwar mit, dass der Kaiser von Dienern in den königlichen Garten getragen worden sei,[53] um sich an der frischen Luft schneller zu erholen, äußerte aber gleichzeitig seine Zweifel daran, dass sich Maximilians Gesundheitszustand soweit verbessern würde, dass er seinen herrschaftlichen Pflichten würde nachkommen können. Der Gesandte des Heiligen Stuhls war insbesondere durch die Tatsache beunruhigt, dass dem Mantuaner Gesandten Giulio Cavriani eine Audienz nach wie vor verwehrt blieb, obwohl er wiederholt nachdrücklich um Anhörung bat. Dolfin zufolge wäre es angebracht gewesen, wenn Maximilian II. unverzüglich alle Kurfürsten empfangen hätte, die in Sorge über dessen mögliche Abwesenheit bei dem für Ende September 1575 geplanten Reichstag zu Regensburg waren, wo man die Wahl Rudolfs II. zum römischen Kaiser erwartete. Um den Papst zu beruhigen, teilte ihm Dolfin mit, dass von der Prager Burg ein Bote zum Mainzer Kurfürsten Daniel Brendel von Homburg aufgebrochen war und diesem die persönliche Teilnahme des Kaisers am Reichstag bestätigen sollte. Sollten die unerträglichen Beinschmerzen bis dahin nicht nachlassen, würde der Kaiser seinen Dienern befehlen, ihn auf einer Sänfte zur Versammlung zu bringen.[54]

Nachdem am 21. August 1575 nach langer Pause der Audienzbetrieb auf der Prager Burg wiederaufgenommen worden und Maximilian II. mit den obersten Landesbeamten des Königreichs Böhmen zusammengekommen war, bat Giovanni Dolfin den Kaiser um Anhörung und ließ sich von ihm persönlich seine Krankheitssymptome schildern. Seine Erkenntnisse leitete er unverzüglich

---

50 Jaroslav Pánek, *Stavovská opozice a její zápas s Habsburky (1547–1577). K politické krizi feudální třídy v předbělohorském českém státě*, Praha 1982, S. 101–119; J. Janáček, *Rudolf II.*, S. 129; V. Bůžek, *Nobles*, S. 326–327.
51 J. Janáček, *Rudolf II.*, S. 134.
52 Giovanni Dolfin an Tolomeo Gallio (Prag, 24.7.1575) – D. Neri (Hrsg.), *Nuntiaturberichte*, Nr. 110, S. 245.
53 Vgl. J. Janáček, *Rudolf II.*, S. 134–135.
54 Giovanni Dolfin an Tolomeo Gallio (Prag, 7.8.1575) – D. Neri (Hrsg.), *Nuntiaturberichte*, Nr. 116, S. 255–258.

nach Rom weiter. Der Kaiser klagte über Schmerzen in der Brust und einen seit Tagen erhöhten Puls, über Nierenkoliken und Gicht in beiden Beinen. Er konnte weder essen noch trinken, litt unter Schlaflosigkeit. Seinen eigenen Worten zufolge erwartete er den Tod, verlor aber gleichzeitig nicht die Hoffnung auf Besserung.[55]

Durch seine am 2. September 1575 erteilte vorläufige mündliche Zustimmung zur Böhmischen Konfession,[56] die er jedoch nicht schriftlich bestätigte und deren Druck er später sogar verbot,[57] konnte sich Maximilian II. die Zustimmung der böhmischen Stände gegenüber der Wahl und Krönung Rudolfs II. zum König Böhmens sichern, die drei Wochen später in Prag stattfand. Am 22. September 1575 wurde der Kaiser in einer Sänfte in den Veitsdom getragen, der er vor der Wenzelskapelle entstieg, wo er neben seiner Gemahlin Maria Platz nahm, um der Krönungszeremonie beizuwohnen.[58] Im unmittelbaren Anschluss daran verließ er Prag und reiste eilig nach Regensburg ab, wo er trotz anhaltender Beinschmerzen und wiederholt auftretender Nierenkoliken am 27. Oktober an der Wahl und am 1. November an der Krönung Rudolfs II. zum Kaiser teilnahm.[59] Von Regensburg kehrte er dann, mit dem Schiff auf der Donau und kurzem Aufenthalt in Linz nach Wien zurück.

Nach seiner Rückkehr in die Hofburg am 15. November 1575 wandte sich Maximilian dem Wahlkampf im polnisch-litauischen Staat zu, wo er von einer Minderheit der Stände zum König gewählt worden war. Seine Hoffnung auf die Königskrone, die nach der Heirat mit Anna Jagiello schließlich Stephan Báthory zufiel, wurde nicht nur durch die mehrheitlich antihabsburgische Haltung des dortigen Adels zunichtegemacht, sondern auch durch die Unschlüssigkeit des Kaisers und dessen schlechten Gesundheitszustand, der eine persönliche Anwesenheit bei den Verhandlungen in Warschau unmöglich machte. Während Ludwig Haberstock am 14. Januar 1576 Herzog Albrecht nach München berichtete, dass Maximilian II. unter starken, wiederkehrenden Nierenkoliken leide und außerstande sei, den Gesandten der polnischen Stände in Wien zu

---

55 Giovanni Dolfin an Tolomeo Gallio (Prag, 21.8.1575) – ebd., Nr. 125, S. 272–275.
56 *Sněmy české* IV, S. 239–242, 334–338.
57 Ebd., S. 269, 470–471.
58 Ebd., S. 258; J. Pánek (Hrsg.), *V. Březan, Životy* I, S. 274; Z. Vybíral (Hrsg.), *Paměti Pavla Korky z Korkyně*, S. 133–134.
59 Maximilian II. trat den Weg von Regensburg nach Prag in den ersten Oktobertagen an. Hierzu Z. Vybíral (Hrsg.), *Paměti Pavla Korky z Korkyně*, S. 134; *Sněmy české* IV, S. 470, 473–474, 477–478; J. Janáček, *Rudolf II.*, S. 142–144. Dass Maximilian von Prag zuerst nach Wien gereist wäre, wo er sich laut Václav Březan am 5.10.1575 aufgehalten haben soll, scheint wenig wahrscheinlich. Dazu J. Pánek (Hrsg.), *V. Březan, Životy* I, S. 276. Zu Gesundheitsproblemen des Kaisers näher L. Senfelder, *Kaiser Maximilians II. letzte Lebensjahre und Tod*, S. 17.

empfangen,[60] waren der Oberstburggraf von Böhmen Wilhelm von Rosenberg und der Landeshauptmann des Herzogtums Schweidnitz-Jauer in Schlesien Matthäus von Logau bereits einige Tage unterwegs, um im südpolnischen Jędrzejów die habsburgischen Interessen gegen Stephan Báthory zu vertreten.[61] Nach fünf Tagen konnten die Schmerzen des Kaisers soweit gelindert werden, dass er in eine Audienz für den polnischen Gesandten einwilligte. Dies schien dem Agenten der bayerischen Herzöge am kaiserlichen Hof von großer Wichtigkeit zu sein, deshalb leitete er die Information unverzüglich nach München weiter.[62]

Obwohl Maximilian noch gegen Ende des Jahres 1575 den böhmischen Ständen ausrichten ließ, dass er in den folgenden Wochen nach Prag kommen würde, blieben angesichts seiner sich kontinuierlich verschlechternden Gesundheit seine Versprechen letztlich doch nur Papier.[63] Im Laufe des Februars 1576 sandte Giovanni Dolfin mehrere Briefe an Kardinal Tolomeo Gallio und berichtete darin über die weitere Ausbreitung der Gicht, von der nun außer den Beinen auch die Halswirbelsäule befallen war. Von heftigen Kopfschmerzen und Herzrasen geplagt und mit beginnender Empfindungslosigkeit in der linken Hand verließ Maximilian II. mittlerweile nicht mehr das Bett, sagte umgehend alle Audienzen ab und reduzierte Amtsgeschäfte auf das notwendige Mindestmaß.[64] Zur Eröffnung des in Prag abgehaltenen Generallandtags der böhmischen Krone wurde Rudolf II. geschickt, um am 17. Mai 1576 in seiner Vertretung die königliche Proposition zu verlesen.[65]

Wegen der sich ebenfalls verschlimmernden Herzprobleme musste Maximilian II. auch seine Reise nach Regensburg verschieben, wo er die Reichstagsversammlung eröffnen sollte. Erst am 30. Mai 1576 berichtete der bayerische Agent nach München, dass der Kaiser am 1. Juni in den frühen Morgenstunden aus Wien aufbrechen würde. Auf dem entlang der Donau verlaufenden Weg waren Übernachtungen in Tulln, Herzogenburg, Melk, Amstetten, Enns, Linz, Eferding, Peuerbach, Schärding, Vilshofen, Osterhofen und Straubing

---

60 Ludwig Haberstock an Albrecht V. von Wittelsbach (Wien, 17.1.1576) im Bayerischen Hauptstaatsarchiv München, Kurbayern Äußeres Archiv, Sign. 4331, fol. 32^r-32^v.
61 J. Pánek (Hrsg.), V. Březan, Životy I, S. 278-279; ders., Poslední Rožmberkové – velmoži české renesance, Praha 1989, S. 179.
62 Ludwig Haberstock an Albrecht V. von Wittelsbach (Wien, 19.1.1576) im Bayerischen Hauptstaatsarchiv München, Kurbayern Äußeres Archiv, Sign. 4331, fol. 34-35^v.
63 Sněmy české IV, S. 478-479.
64 Giovanni Dolfin an Tolomeo Gallio (Wien, 4.2.1576) – D. Neri (Hrsg.), Nuntiaturberichte, Nr. 226, S. 474-477; L. Senfelder, Kaiser Maximilians II. letzte Lebensjahre und Tod, S. 18; J. Pánek (Hrsg.), V. Březan, Životy I, S. 280.
65 Sněmy české IV, S. 511, 526-539. Gemeinsam mit Rudolf II. kam in Prag auch Erzherzog Ernst an. Dazu Z. Vybíral (Hrsg.), Paměti Pavla Korky z Korkyně, S. 135; J. Janáček, Rudolf II., S. 150.

vorgesehen. In Regensburg traf Maximilian dann am 15. Juni 1576 mit zwei Tagen Verspätung ein, weil er unterwegs in Straubing eine schwere Nierenkolik erlitten und starke Schmerzen in der Brust verspürt hatte, die eine Weiterreise vorerst unmöglich machten.[66]

Beim feierlichen Einzug in die Reichsstadt wurde der Kaiser mit Rücksicht auf seine schlechte gesundheitliche Verfassung nicht wie üblich mit dem gehörigen Pomp empfangen.[67] Unter Aufbietung seiner letzten Kräfte eröffnete er am 25. Juni 1576 den Reichstag,[68] auf dem insbesondere die Konfessionslage im Römisch-deutschen Reich und die Aufstockung der zur Verteidigung gegen die Osmanen notwendigen finanziellen Mittel zur Verhandlung standen. Die Einführung neuer Steuern für den Zeitraum der nächsten sechs Jahre durchzusetzen, um entlang der nördlichen und westlichen Grenze des Königreichs Ungarn Festungen errichten zu können, stellte eine immens schwierige Aufgabe für beide Seiten – die Reichsstände wie Maximilian II. – dar, weil dadurch die fragile politische Einheit im Reich aufs Spiel gesetzt werden konnte.[69]

Es entging den auswärtigen Agenten nicht, dass der schwerkranke Kaiser derart geschwächt war, dass er sogar die Audienz für die Gesandtschaft des Zaren Iwan IV. des Schrecklichen aufschieben musste. Die russische Delegation brachte Antworten auf die von Maximilians Vertretern im Januar 1576 in Moskau verhandelten Punkte. Iwan IV. sah im Kaiser einen möglichen Verbündeten gegen Polen und das Osmanische Reich, die bei der am 16. Juli 1576 doch noch zustande gekommenen Audienz geführten Gespräche brachten dann aber keinen Erfolg.[70] Augenzeugen berichteten, dass dieses Zusammentreffen dem Kaiser arg zusetzte.[71] Trotz Schmerzen und allgemeiner Schwäche zeigte er sich

---

66 Ludwig Haberstock an Albrecht V. von Wittelsbach (Wien, 30.5.1576 und 1.6.1576) im Bayerischen Hauptstaatsarchiv München, Kurbayern Äußeres Archiv, Sign. 4332, fol. 8–11, 82; Ludwig Haberstock an Albrecht V. von Wittelsbach (Regensburg, 15.6.1576) – ebd., fol. 86; L. Senfelder, *Kaiser Maximilians II. letzte Lebensjahre und Tod*, S. 18; V. Bibl, *Maximilian II.*, S. 388–389.

67 Harriet Rudolph, *Das Reich als Ereignis. Formen und Funktionen der Herrschaftsinszenierung bei Kaisereinzügen (1558–1618)*, Köln-Weimar-Wien 2011 (= Norm und Struktur, Band 38), S. 120.

68 V. Bibl, *Maximilian II.*, S. 389; J. Janáček, *Rudolf II.*, S. 152.

69 Hierzu ausführlicher M. Lanzinner, *Friedenssicherung*, insbesondere S. 449–509.

70 Ludwig Haberstock an Albrecht V. von Wittelsbach (Regensburg, 15.7.1576 und 18.7.1576) im Bayerischen Hauptstaatsarchiv München, Kurbayern Äußeres Archiv, Sign. 4332, fol. 122–123^v und 126–128^v. Ausführlicher Kateřina Pražáková, *Obraz Polsko-litevského státu a Ruska ve zpravodajství české šlechty (1450–1618)*, České Budějovice 2015 (= Monographia historica 15), S. 210–214.

71 Z. Vybíral (Hrsg.), *Paměti Pavla Korky z Korkyně*, S. 138, 224–225.

dennoch an den Ergebnissen des Generallandtags in Prag interessiert, die ihm von Rudolf II. und Wilhelm von Rosenberg übermittelt wurden.[72]
Ende Juli/Anfang August 1576 verschlechterte sich der körperliche Zustand des Kaisers rapide. Der Agent des bayerischen Herzogs Albrechts V. von Wittelsbach, der über den Verlauf des Reichstags sowie das Verhalten der anwesenden weltlichen wie geistlichen Fürsten regelmäßig Bericht erstattete, betonte mehrmals die Tatsache, dass Maximilian II. wegen seiner Beschwerden weder den Gesandten des französischen Königs Heinrich III. empfing noch der Delegation des russischen Zaren Iwan IV. des Schrecklichen eine nochmalige Anhörung gewährte.[73] Nachdem die mehrere Tage lang anhaltenden Verdauungsprobleme abgeklungen waren, die der Kaiser vermutlich durch den übermäßigen Verzehr von Sommerfrüchten sowie das Trinken eiskalten Weins herbeigeführt hatte,[74] erlitt er von neuem starke Nierenkoliken und Herzschwäche, die mit Erbrechen, Schwierigkeiten beim Harnlassen und unregelmäßigem Puls einhergingen.[75]

Leibärzte und eine Wunderheilerin

Die Leibärzte des Kaisers konnten sich nicht auf eine effektive Behandlungsmethode einigen. Julius Alexandrinus, Andreas Camutius, Johann Crato von Krafftheim und Rembert Dodoens waren Anhänger der galenschen und hippokratischen Richtung der zeitgenössischen Medizin, vertrauten daher vorwiegend auf die heilende Wirkung von Wärme, Ruhe und verschiedener Kräuter.[76] In den Fachgesprächen der Leibärzte Maximilians II. konnte sich insbesondere Johann Crato von Krafftheim behaupten,[77] der sich auf die bewährten

---

72 Sněmy české IV, S. 549–550, 571–578; Ludwig Haberstock an Albrecht V. von Wittelsbach (Regensburg, 31.7.1576) im Bayerischen Hauptstaatsarchiv München, Kurbayern Äußeres Archiv, Sign. 4332, fol. 152–154^v; Maximilian II. an Wilhelm von Rosenberg (Regensburg, 7. 8. 1576) im Státní oblastní archiv Třeboň, Historica Třeboň, Sign. 4959.
73 Ludwig Haberstock an Albrecht V. von Wittelsbach (Regensburg, 26.7.1576 und 9.8.1576) im Bayerischen Hauptstaatsarchiv München, Kurbayern Äußeres Archiv, Sign. 4332, fol. 166–167^v und 172–174^v.
74 V. Bibl, Maximilian II., S. 394.
75 L. Senfelder, Kaiser Maximilians II. letzte Lebensjahre und Tod, S. 20–25.
76 Zu den Leibärzten Maximilians II. vgl. Haus-, Hof- und Staatsarchiv Wien, Oberhofmeisteramt, Sonderreihe, Kart. 183, Nr. 50 (Hofstaatsverzeichnis des Kaisers Maximilian II. mit Änderungen nach Regierungsantritt Rudolfs II., 12.12.1576) – Rembert Dodoens, Bartholomäus Guarinoni, aus dem Verzeichnis gestrichen wurde Johann Crato von Krafftheim; Ivo Purš – Josef Smolka, Martin Ruland starší a mladší a prostředí císařských lékařů, in: Ivo Purš – Vladimír Karpenko (Hrsg.), Alchymie a Rudolf II. Hledání tajemství přírody ve střední Evropě v 16. a 17. století, Praha 2011, S. 581–605, hier S. 582–584.
77 Es ist nicht auszuschließen, dass die tolerante Haltung Maximilians II. in Konfessionsfragen eben durch das lutherische Weltbild Johann Cratos von Krafftheim beeinflusst wurde.

Behandlungsmethoden des namhaften Arztes und Botanikers Guillaume Rondeletius von Montpellier berief und mit ihm die reinigende Kraft ausgewählter Heilpflanzen betonte.[78]

So konnte er durchsetzen, dass Maximilian II. mit einer aus Wasser, Zimt, Ingwer, Pfeffer und Zucker gemischten Tinktur behandelt wurde. Außerdem sollte die Brust des Kaisers in der Nähe des Herzens mit Öl aus Lavendel und Hühnerschmalz eingerieben werden. Als diese Behandlungsmethode jedoch nicht den erwünschten Effekt hatte und dem Patienten keine Linderung brachte, entschied sich Johann Crato von Krafftheim für eine andere Tinktur, diesmal zubereitet aus Aloe, Borretsch und Gemeiner Ochsenzunge, die herzfördernd und fiebersenkend wirken und zur Reinigung der Ausscheidungsorgane beitragen sollte. Um die Heilwirkung dieser Tinktur zu verstärken, wurde dem Kaiser zusätzlich noch der sogenannte Theriak verabreicht, eine aus vielen Kräutern in genau dosierter Zusammensetzung zubereitete Mixtur zur Entgiftung des Organismus.[79]

Während Julius Alexandrinus Maximilian II. jeden Tag aufsuchte, um ihm den Puls zu messen, wandten sich die anderen Leibärzte meistens an den Leibkämmerer des Kaisers Georg Pruskovský von Pruskov, der sich nach ihren Anweisungen in Regensburg um den Kranken kümmern sollte.[80] Die von Rembert Dodoens und den anderen Leibärzten Ende August/Anfang September 1576 erhaltenen Informationen über den aktuellen Gesundheitszustand des Kaisers leitete Ludwig Haberstock stets in seinen regelmäßigen Berichten an den bayerischen Herzog Albrecht V. von Wittelsbach weiter.[81]

Trotz der Ausscheidung eines haselnussgroßen Nierensteins am 7. September 1576 verschlechterte sich der Gesundheitszustand des Kaisers zusehends. Er klagte über Schmerzen in Brust und Beinen, Atemnot und allgemeine Schwäche,

---

Dieser stand zudem auch Philipp Melanchthon und zahlreichen anderen Humanisten calvinistischer Gesinnung nahe. Hierzu Robert John W. Evans, *Rudolf II. a jeho svět. Myšlení a kultura ve střední Evropě 1576–1612*, Praha 1997, S. 126–128; vgl. Josef Smolka, *Artis medicinalis libri. Lékařská literatura*, in: I. Purš – H. Kuchařová (Hrsg.), Knihovna arcivévody Ferdinanda II. Tyrolského. Texty, S. 145–179, hier S. 161; ders., *Cosmographici, Geographici, Geometrici, Mathematici, Philosophici, Astronomici, Astrologici, Militaris rei, Architecturae, Humanarum Literarum, alteriusque generis libri. Filosofie, matematika, fyzika, astronomie, astrologie, kosmografie, geografie, zemědělství, zoologie, botanika*, in: ebd., S. 217–278, hier S. 258.

78 L. Senfelder, *Kaiser Maximilians II. letzte Lebensjahre und Tod.*
79 Ebd., 20–25.
80 Ebd.
81 Ludwig Haberstock an Albrecht V. von Wittelsbach (Regensburg, 1.9.1576 und 4.9.1576) im Bayerischen Hauptstaatsarchiv München, Kurbayern Äußeres Archiv, Sign. 4332, fol. 274–275^v und 276–278^v.

litt unter Schlaflosigkeit und konnte sich deshalb tagsüber kaum wach halten.[82] Auf Anraten des schwäbischen Landvogts Georg Ilsung, des Propstes von Trient Franz von Prinkenstein und des Grafen Günther von Schwarzburg hin berief der kranke Herrscher Agatha Streicher aus Ulm zu sich nach Regensburg.[83] Die berühmte Wunderheilerin verbot dem Kaiser Wein zu trinken und verabreichte ihm stattdessen kräftige Säfte aus unbekannten Kräutern, sie wickelte seinen Körper in wärmende Umschläge, da ihrer Meinung nach eine fortgeschrittene Rippenfellentzündung die Ursache für die Atemnot war.[84]

Die Meinungen der Leibärzte über die Behandlungsmethoden sowie die wochenlange Anwesenheit Agatha Streichers am Bett des kranken Kaisers gingen weit auseinander. Johann Crato von Krafftheim hielt die Ulmer Wunderheilerin für eine Scharlatanin und missbilligte ihr Vorgehen ganz offen, weil in seinen Augen gerade dem Wein eine kräftigende Wirkung zukam. Julius Alexandrinus dagegen sprach Agatha Streicher seine Unterstützung aus, was die gegenseitigen Animositäten zwischen den beiden einflussreichsten Leibärzten noch verschärfte, und dies zu einem Zeitpunkt, als der Gesundheitszustand des Kaisers nach Augenzeugenberichten äußerst ernst war.[85] Nach drei Wochen erfolgloser Heilversuche reiste Agatha Streicher höchstwahrscheinlich von Regensburg ab.[86]

---

82 Ludwig Haberstock an Albrecht V. von Wittelsbach (Regensburg, 7.9.1576, 8.9.1576 und 9.9.1576) im Bayerischen Hauptstaatsarchiv München, Kurbayern Äußeres Archiv, Sign. 4332, fol. 281–284^v, 285–286^v und 292–293^v. Ähnliche Berichte verschickte der Gesandte von Venedig Vincenzo Irone – hierzu Moritz Alois Becker, *Die letzten Tage und der Tod Maximilians II.*, Blätter des Vereines für Landeskunde von Niederösterreich 11, 1877, S. 308–342, hier S. 328.
83 Lore Sporhan-Krempel, *Agatha Streicher um 1520–1581*, in: Elisabeth Noelle-Neumann (Hrsg.), Baden-Württembergische Portraits. Frauengestalten aus fünf Jahrhunderten, Stuttgart 1999, S. 16–22, hier S. 20–21.
84 Vom Oberstkämmerer des Kaisers, Adam von Dietrichstein, hat sich ein Augenzeugenbericht über die Behandlungsmethoden Agatha Streichers erhalten, die sie bei Maximilian II. anwandte. Seine Aufzeichnungen vom 8.11.1576 wurden dann von dem rosenbergischen Chronisten, Bibliothekar und Archivar Václav Březan frei ins Tschechische übersetzt. Vgl. hierzu Aleš Stejskal, *Poslední noc císaře Maximiliána II. očima Adama z Dietrichštejna (Příspěvek k dílu Václava Březana)*, Archivum Trebonense 1996, S. 96–106, hier S. 99. Die schmale Publikation von Aleš Stejskal liefert zwar eine solide faktographische Grundlage zu den letzten Stunden Maximilians II., enthält allerdings auch zahlreiche Fehler insbesondere in der Namenszuordnung von Personen, die sich am Sterbebett des Kaisers aufhielten. Eine Interpretation des Inhalts von Dietrichsteins Bericht wurde denn auch gar nicht unternommen. Näher zu Adam von Dietrichstein vgl. Friedrich Edelmayer, *Ehre, Geld, Karriere. Adam von Dietrichstein im Dienst Kaiser Maximilians II.*, in: ders. – A. Kohler (Hrsg.), Kaiser Maximilian II., S. 109–142.
85 L. Sporhan-Krempel, *Agatha Streicher*, S. 21; Giovanni Dolfin an Tolomeo Gallio (Regensburg, 21.9.1576) –D. Neri (Hrsg.), Nuntiaturberichte, Nr. 317, S. 628–630; Ludwig Haberstock an Albrecht V. von Wittelsbach (Regensburg, 5.10.1576) im Bayerischen Hauptstaatsarchiv München, Kurbayern Äußeres Archiv, Sign. 4332, fol. 296–297^v.
86 L. Senfelder, *Kaiser Maximilians II. letzte Lebensjahre und Tod*, S. 19–20.

Zwischen Leben und Tod

Anfang Oktober 1576 war Maximilian II. nicht mehr in der Lage, das Bett zu verlassen. Zu den Herz-, Nieren- und Beinschmerzen gesellten sich starker Husten und Hämorrhoiden hinzu. Der Kaiser war äußerst schwach und das Schlucken fiel ihm derart schwer, dass er nur einige wenige Löffel Suppe zu sich nehmen konnte. Der päpstliche Nuntius Giovanni Dolfin, der spanische Gesandte Francisco Hurtado de Mendoza, Marquis de Almazan, der Gesandte von Venedig Vincenzo Irone sowie der bayerische Agent Ludwig Haberstock berichteten zwischen dem 5. und 7. Oktober 1576 aus Regensburg nach Rom, Madrid, Venedig und München, dass die letzten Tage des schwerstkranken Maximilian II. gezählt seien.[87] Johann Crato von Krafftheim kam regelmäßig ans Bett des Kaisers, um ihm den Puls zu messen, Kaiserin Maria verbrachte lange Stunden bei ihrem Gemahl, im Gebet versunken. Sie ließ den Kardinal und päpstlichen Legaten am Reichstag zu Regensburg Giovanni Morone kommen, damit dieser in Anwesenheit des Nuntius dem Kaiser die Beichte abnehmen und die Kommunion spenden konnte. Am 7. Oktober 1576 schaffte es der Kaiser zwar noch aus letzter Kraft, mit den beiden kirchlichen Würdenträgern zu sprechen und dem florentinischen Gesandten Giovanni Battista Concini eine kurze Audienz zu erteilen, in den darauffolgenden Tagen verschlechterte sich sein Gesundheitszustand jedoch rapide. Er hustete und erbrach Blut, deshalb musste er im Bett bleiben.[88]

Seit dem 10. Oktober 1576 weilte nicht nur Kaiserin Maria in der Nähe ihres sterbenden Gemahls, sondern auch seine Schwester Anna von Bayern und deren Sohn Wilhelm V. von Wittelsbach, die eiligst aus München kamen. Auch der spanische Gesandte und der päpstliche Nuntius kamen immer wieder an Maximilians Bett. In ihrer regelmäßigen Berichterstattung nach Madrid und Rom schilderten sie die letzten Augenblicke des Kaisers, bis ins letzte Detail übereinstimmend mit der Aussage des Oberstkämmerers Adam von Dietrichstein, der in dieser Zeit nicht von dessen Seite wich.[89] Demnach soll Maximilian II. am 12. Oktober 1576 gegen acht Uhr morgens in Regensburg gestorben sein, die Nachricht von seinem Tod wurde jedoch bis zum Abend zurückgehalten, um den ordnungsgemäßen Abschluss des Reichstags, bei dem

---

87 Ebd.; M. A. Becker, *Die letzten Tage*, S. 328–329; Ludwig Haberstock an Albrecht V. von Wittelsbach (Regensburg, 5.10.1576) im Bayerischen Hauptstaatsarchiv München, Kurbayern Äußeres Archiv, Sign. 4332, fol. 296–297ᵛ.
88 M. A. Becker, *Die letzten Tage*, S. 329; V. Bibl, *Maximilian II.*, S. 395; Giovanni Dolfin an Tolomeo Gallio (Regensburg, 12.10.1576) – D. Neri (Hrsg.), *Nuntiaturberichte*, Nr. 322, S. 637.
89 A. Stejskal, *Poslední noc*, S. 99–106.

der Kaiser durch Rudolf II. vertreten wurde, nicht zu stören.[90] Ludwig Haberstock erhielt diese Information erst einen Tag später, worauf er unverzüglich seine Meldung nach München schickte. Er teilte Albrecht V. von Wittelsbach mit, dass Maximilian II. am 12. Oktober 1576 zwischen neun und zehn Uhr morgens verstorben sei.[91]

In der letzten Nacht vor seinem Tod, vom 11. auf den 12. Oktober 1576, blieb der Aussage Adams von Dietrichstein zufolge Maximilian II. der Schlaf verwehrt. Er konnte kaum Luft holen, hustete ununterbrochen und klagte über ein schmerzhaftes Stechen in der linken Seite. Die herbeigerufenen Ärzte Johann Crato von Krafftheim und Julius Alexandrinus waren überzeugt,[92] dass diese Schmerzen durch Blähungen verursacht würden und wollten zur Darmreinigung ein Klistier anwenden.[93] Bei der anschließenden Untersuchung des Stuhls wandte sich Adam von Dietrichstein nicht ab, so dass er später berichten konnte, dass sich darin reichlich Schleim befunden habe. Nach der Darmentleerung fühlte sich der Kaiser sehr erschöpft und soll sogar unmittelbar danach erklärt haben, dass „diese Reinigungsprozedur ihn das Leben kosten" würde.[94]

Im Morgengrauen ließ Kaiserin Maria, die die ganze Nacht am Bett ihres Gemahls verbracht hatte, Anna von Bayern kommen, die dort mit ihrem Sohn Wilhelm V. von Wittelsbach zusammentraf. Um fünf Uhr morgens verließ die Kaiserin das Schlafgemach, um sich umzuziehen und für den Gottesdienst zurechtzumachen. Maximilian verblieb in der Gesellschaft einiger weniger Personen, darunter der Oberstkämmerer Adam von Dietrichstein,[95] der Oberststallmeister und Geheimrat Rudolf Khuen von Belassy[96] sowie Anna von Bayern

---

90 L. Senfelder, *Kaiser Maximilians II. letzte Lebensjahre und Tod*, S. 19–20; Giovanni Dolfin an Tolomeo Gallio (Regensburg, 12.10.1576) – D. Neri (Hrsg.), *Nuntiaturberichte*, Nr. 321, S. 635–637; A. Stejskal, *Poslední noc*, S. 99.

91 Ludwig Haberstock an Albrecht V. von Wittelsbach (Regensburg, 13.10.1576) im Bayerischen Hauptstaatsarchiv München, Kurbayern Äußeres Archiv, Sign. 4332, fol. 354–355ᵛ. Václav Březan gibt an, dass der Kaiser zwischen acht und neun Uhr morgens gestorben sei. Vgl. J. Pánek (Hrsg.), *V. Březan, Životy* I, S. 282.

92 A. Stejskal, *Poslední noc*, S. 99.

93 Näher Robert Jütte, *Das Zepter der heroischen Medizin: Das Klistier in der medikalen Alltagskultur des Mittelalters und der frühen Neuzeit*, in: Gertrud Blaschitz – Helmut Hundsbichler – Gerhard Jaritz – Elisabeth Vavra (Hrsg.), Symbole des Alltags. Alltag der Symbole. Festschrift für Harry Kühnel zum 65. Geburtstag, Graz 1992, S. 777–803, vgl. Abb. auf S. 799–800.

94 A. Stejskal, *Poslední noc*, S. 100. Zitat in sinngemäßer deutscher Übersetzung.

95 Adam von Dietrichstein war vorübergehend Oberstkämmerer Maximilians II. und gleichzeitig Obersthofmeister Rudolfs II. Vgl. Jaroslava Hausenblasová (Hrsg.), *Der Hof Kaiser Rudolfs II. Eine Edition der Hofstaatsverzeichnisse 1576–1612*, Praha 2002 (= Fontes historiae artium, Band 9), S. 203.

96 Ebd., S. 205 und 207.

mit ihrem Sohn, der sich, von starker Müdigkeit übermannt, nach kurzer Zeit wieder entfernte. Gegen sechs Uhr winkte der Kaiser Rudolf Khuen von Belassy zu sich und gab ihm zu verstehen, dass er keine Luft mehr bekomme. Er verlangte auch nach seinem Leibarzt Julius Alexandrinus, und als dieser an sein Bett kam, streckte Maximilian ihm langsam die Hand entgegen, um sich den Puls messen zu lassen. Der Arzt empfahl, dem Kaiser die Brust zu massieren und mit Salbe einzureiben, um den Herzschlag zu stimulieren, sowie einige Stücke Brot und schluckweise starkes Bier zu sich zu nehmen.[97] Von letzterem konnte Maximilian mit größter Mühe zwei Löffel schlucken, am Brot drohte er jedoch zu ersticken. Der herbeigerufene Johan Crato von Krafftheim umfasste sein Handgelenk, um den Puls zu finden, dieser war jedoch nicht mehr ertastbar. Crato bezeichnete den Zustand des Kaisers als kritisch und gab ihm Essig, dessen „Duft die Geister weckt".[98]

Um sieben Uhr betraten Hans Trautson von Sprechenstein und Leonhard von Harrach das Zimmer des schwerstkranken Kaisers, um von ihm, wie üblich, Aufgaben zu erhalten. Da dieser aber ihre Anwesenheit gar nicht registrierte, entfernten sich die beiden Geheimräte wieder, gemeinsam mit Rudolf II., der sich gerade auf dem Weg zum feierlichen Abschluss des Reichstags befand.[99] Kurz darauf kam Wilhelm V. von Wittelsbach, setzte sich an Maximilians Bett und bat ihn nachdrücklich, sich auf den Tod vorzubereiten („seine Seele Gott, dem allmächtigen Herrn zu befehlen").[100] Der Kaiser antwortete kaum hörbar, es war jedoch ersichtlich, dass er Gottes Entscheidung mit Demut erwartete. Wilhelm forderte ihn auf, die Beichte abzulegen und die Wegzehrung zu empfangen, die im katholischen Verständnis des letzten irdischen Weges die nötigen Vorstufen der Letzten Ölung darstellten.[101] Außerdem sollte sich sofort der Beichtvater des Kaisers und Bischof in der Wiener Neustadt Lambert Grueter am Bett des Sterbenden einfinden.[102] Zur Vervollkommnung eines katholischen Todes sollten in den Augen des bayerischen Herzogs noch Gebete für das ewige Seelenheil beitragen („durch Lektüre seinen Geist zu Gott erheben und dadurch Trost finden").[103]

---

97 A. Stejskal, *Poslední noc*, S. 100.
98 Ebd. Zitat in sinngemäßer deutscher Übersetzung.
99 J. Hausenblasová (Hrsg.), *Der Hof*, S. 204–206; M. Lanzinner, *Geheime Räte*, S. 306–315.
100 A. Stejskal, *Poslední noc*, S. 100. Zitat in sinngemäßer deutscher Übersetzung.
101 Mit bibliographischer Zusammenfassung Pavel Král, *Smrt a pohřby české šlechty na počátku novověku*, České Budějovice 2004 (= Monographia historica 4), S. 122–128.
102 Haus-, Hof- und Staatsarchiv Wien, Oberhofmeisteramt, Sonderreihe, Kart. 183 (Hofstaatsverzeichnis des Kaisers Maximilian II. mit Änderungen nach Regierungsantritt Rudolfs II., 12.12.1576).
103 A. Stejskal, *Poslední noc*, S. 100. Zitat in sinngemäßer deutscher Übersetzung.

Adam von Dietrichstein merkte auf, als die Kaiserin zurückkehrte, um vor dem Morgengottesdienst noch einmal nach ihrem Mann zu sehen. Im kurzen Gespräch mit dem am Stuhl neben Maximilians Bett stehenden Rudolf Khuen von Belassy zeigte sie sich unzufrieden mit dem Verlauf der geistigen Vorbereitung ihres Gemahls auf den Abschied vom irdischen Leben. Ausdrücklich rügte sie die Tatsache, dass sich unter den Anwesenden kein Priester befand, der im Falle des eintretenden Todes den Kaiser im Einklang mit den katholischen Glaubensgrundsätzen durch die letzten Augenblicke seines irdischen Daseins und auf dem Weg zum ewigen Seelenheil begleiten würde. Rudolf Khuen von Belassy wies darauf hin, dass der bayerische Herzog Maximilian II. mehrmals aufgefordert hatte, einen Priester kommen zu lassen. Eine solche Antwort verdross die Kaiserin jedoch noch mehr. Sie erklärte mit Nachdruck, dass doch kein Priester aus eigenem Antrieb zum Bett des Kaisers käme, und Rudolf Khuen von Belassy hielt sie vor, dass nicht einmal sein Bruder, der Salzburger Erzbischof Johann Jacob Khuen von Belassy, unaufgefordert kommen würde.[104]

Obwohl Maximilian II. bei vollem Bewusstsein war, so dass ihm die mit energischer Stimme vorgetragene Sorge seiner Gemahlin um den vorbildlichen Ablauf des katholischen Rituals sicherlich nicht entging,[105] richtete er etwas leichtfertig seine Aufmerksamkeit auf ihre Kleidung. Er bemerkte, dass sie, entgegen der Gewohnheit, ihren Kopf mit dem üblicherweise um den Hals gewickelt getragenen Schleier bedeckt hatte. Ihren Fehler begründete die Kaiserin damit, dass sie vor dem Morgengottesdienst nur wenig Zeit zum Umkleiden gehabt hatte und sich nicht hatte verspäten wollen, da sie ja bereits um neun – wie es die Hofregeln verlangten – mit ihm tafeln würde. Bevor sie sich zum Gottesdienst begab, befahl sie, an Maximilians Bett eine große Kerze anzuzünden, die ihn vor dem Hinterhalt des Teufels schützen und den Weg zum ewigen Seelenheil beleuchten würde.[106] Da diese jedoch das verdunkelte Zimmer zu sehr erhellte und das grelle Licht den Kaiser störte, zündete sie dann doch lieber nur eine kleine Wachskerze an. Als sie sie nah an sein Gesicht hielt, um ihm in die Augen sehen zu können, war sie erschüttert über seine Blässe und sein elendes Aussehen. Beunruhigt verließ sie das Zimmer, um am Gottesdienst teilzunehmen.

Der Kaiser drehte sich mit aller Mühe von der rechten Seite auf den Rücken, denn auf der linken konnte er wegen der starken Schmerzen nicht liegen, woraufhin ihn der bayerische Herzog fragte, ob er der Kaiserin, Rudolf II. oder den Geheimräten etwas ausrichten lassen wolle. Maximilian antwortete mit

---

104 Zu Ursprung und Erscheinungsformen des Glaubens Kaiserin Marias in Kürze A. Koller, *Maria von Spanien*; P. Marek, *Marie Španělská*.
105 P. Král, *Smrt a pohřby české šlechty*, S. 124–126.
106 Ebd., S. 127–128.

einer schwachen Stimme, die in weiterer Entfernung kaum vernehmbar war. Wilhelm V. von Wittelsbach ergriff seine Hand und musste feststellen, dass sie außergewöhnlich kühl war, was er darauf zurückführte, dass sie nicht zugedeckt war. Kälte durchdrang jedoch bereits alle Gliedmaßen des Kranken, deshalb rieb ein Diener sie ständig mit einem Stück Stoff.

Kurz vor acht Uhr morgens erklärte Maximilian II. mit leiser Stimme, dass die „glückliche Stunde gekommen" sei.[107] Adam von Dietrichstein sah Anna von Bayern mit Tränen in den Augen ihren sterbenden Bruder bitten, das Heil seiner Seele nicht aus den Augen zu lassen. Der Kaiser atmete sehr unregelmäßig und wandte sich deshalb mit letzter Kraft an Rudolf Khuen von Belassy, er solle ihm doch ein „kleines Gläschen Essig geben, um den Atem zu erfrischen".[108] Kurz darauf bekam er Erstickungsanfälle, röchelte und versuchte, mit offenem Mund und ausgestreckter Zunge Atem zu holen. Angesichts des nahenden Todes sah sich die Schwester gezwungen, schnell zu handeln, und rief sofort den Beichtvater des Kaisers Lambert Grueter herbei.[109] Als der Sterbende ihn kommen sah, fragte er auf Spanisch, wer ihn gerufen habe. Er bekam jedoch keine Antwort, weil der Bischof auf Beichte und Eucharistie drängte, um dem Kaiser noch während dieser am Leben war das Sakrament der Letzten Ölung spenden zu können.[110] Nach Aussage des päpstlichen Nuntius sagte Maximilian II. seinem Beichtvater, dass er die irdische Welt so verlassen wolle, wie es alle seine Vorfahren getan hätten – nämlich als ein katholischer Herrscher.[111]

Angesichts seines Gesundheitszustands legte Maximilian II. nur eine sehr kurze Beichte ab, Adam von Dietrichstein betonte jedoch in seiner Schilderung der letzten Augenblicke des Kaisers, dass dieser als treuer Anhänger des katholischen Glaubens starb und alle seine vorherigen Taten bereute, mit denen er „Gott beleidigt hatte".[112] Versöhnung mit Gott, Reue über die eigenen Fehler und Vergebung der Sünden steckten den Raum ab, in dem sich Maximilian II.

---

107 A. Stejskal, *Poslední noc*, S. 101. Zitat in sinngemäßer deutscher Übersetzung.
108 Ebd.
109 Laut Bericht des päpstlichen Nuntius Giovanni Dolfin war es Maximilian II. selbst, der den Beichtvater an sein Bett kommen ließ. Dazu Giovanni Dolfin an Tolomeo Gallio (Regensburg, 12.10.1576) – D. Neri (Hrsg.), *Nuntiaturberichte*, Nr. 324, S. 639–640. Zu Lambert Grueter näher Theodor Wiedemann, *Beiträge zur Geschichte des Bisthums Wiener Neustadt. V. Lambertus Gruter*, Österreichische Vierteljahrsschrift für katholische Theologie 7, 1868, S. 241–262; Haus-, Hof- und Staatsarchiv Wien, Oberhofmeisteramt, Sonderreihe, Kart. 183, Nr. 50 (Hofstaatsverzeichnis des Kaisers Maximilian II. mit Änderungen nach Regierungsantritt Rudolfs II., 12.12.1576).
110 P. Král, *Smrt a pohřby české šlechty*, S. 124–125.
111 Giovanni Dolfin an Tolomeo Gallio (Regensburg, 12.10.1576) – D. Neri (Hrsg.), *Nuntiaturberichte*, Nr. 324, S. 639–640.
112 A. Stejskal, *Poslední noc*, S. 102. Zitat in sinngemäßer deutscher Übersetzung.

vom irdischen Leben verabschiedete, und bildeten das Gerüst diplomatischer Berichterstattung, die von Regensburg aus unter anderem nach Rom und Madrid gelangte.[113]

Das Bild eines guten katholischen Todes sollte sich endgültig über Maximilians Toleranz gegenüber den nichtkatholischen Konfessionen legen, von der er sich – dem Zeugnis Adams von Dietrichstein zufolge – auf dem Sterbebett lossagte. Lambert Grueter brauchte lediglich einige wenige Minuten, um dem sterbenden Kaiser das Sakrament der Letzten Ölung zu spenden und ihn auf den letzten Weg vorzubereiten. Maximilian II. vollendete sein irdisches Dasein am Freitag, dem 12. Oktober 1576, als er „zwischen acht und neun Uhr morgens still und sanft im Herrn entschlief".[114]

Die Botschaft des toten Körpers

Von den Familienangehörigen war zum Todeszeitpunkt lediglich die Schwester des Kaisers Anna von Bayern anwesend. Nach einem kurzen Gebet verließ sie das Zimmer und machte sich auf die Suche nach Kaiserin Maria, die dem Morgengottesdienst beiwohnte, in diesem Augenblick jedoch bereits wieder auf dem Weg zu ihrem Gemahl war. Anna von Bayern hielt die Kaiserin auf und bat sie nachdrücklich, den Raum nicht zu betreten, in dem der tote Körper des Herrschers lag. Maria von Habsburg unterdrückte die aufkommende Rührung und fragte ihre Schwägerin, ob Maximilian auch wirklich einen katholischen Tod gestorben war. Damit bezog sie sich auf die drei Sterbesakramente Beichte, Eucharistie und Letzte Ölung, die sie in ihrer Abwesenheit ihrem Gemahl gespendet wissen wollte. Nachdem diese Frage bejaht worden war, rief die Kaiserin aus: „Gott sei gelobt!" Sie war jedoch so aufgewühlt, dass sie sofort in Ohnmacht fiel. Als er dies sah, eilte Wilhelm V. von Wittelsbach sofort herbei und trug mit einigen anderen Adeligen ihren bewusstlosen Körper in ihre Gemächer. Dort legte man sie ins Bett und ließ niemanden zu ihr.[115] Als sie sich einigermaßen erholt hatte, empfing sie den päpstlichen Nuntius und den Gesandten von Spanien, die ihr Beileid und Unterstützung in ihrer Trauer aussprachen.[116]

In seinen Berichten nach Rom beschrieb Giovanni Dolfin die Trauer, die nach dem Tod Maximilians den Alltag des in Regensburg weilenden Hofstaats

---

113 Giovanni Dolfin an Tolomeo Gallio (Regensburg, 12.10.1576) – D. Neri (Hrsg.), *Nuntiaturberichte*, Nr. 324, S. 639–640; M. A. Becker, *Die letzten Tage*, S. 324–327.
114 A. Stejskal, *Poslední noc*, S. 102; V. Bibl, *Maximilian II.*, S. 395–396.
115 Giovanni Dolfin an Tolomeo Gallio (Regensburg, 14.10.1576) – D. Neri (Hrsg.), *Nuntiaturberichte*, Nr. 326, S. 641–643.
116 Giovanni Dolfin an Tolomeo Gallio (Regensburg, 12.10.1576) – ebd., Nr. 323, S. 638–639.

lähmte, und ging detailliert nicht nur auf das Verhalten der verwitweten Kaiserin und die starke Aufgewühltheit Rudolfs II. ein,[117] sondern schilderte auch das allgegenwärtige Weinen und Klagen sowie die laufenden Gottesdienste. Er betonte ausdrücklich, dass diese nur Katholiken vorbehalten waren, weil der Kaiser außerordentlich fromm und sein katholischer Glaube felsenfest gewesen seien.[118] In Wirklichkeit stand Maximilian II. als tiefgläubiger Christ den Katholiken genau so nahe wie den Protestanten, wie seine Bemühungen um religiöse Toleranz insbesondere in Niederösterreich und Böhmen bezeugen.[119] Unmittelbar nach seinem Tod ging jedoch erwartungsgemäß ein etwas anderes Bild ins kollektive Gedächtnis des Heiligen Stuhls ein. In den in Rom eintreffenden Berichten des päpstlichen Nuntius wurde der soeben verstorbene Kaiser als treuer Katholik geschildert und als solcher figurierte er auch bei allen feierlichen Trauerzeremonien. Das so entstandene Idealbild entsprach der propagandistischen Ausrichtung des eingangs erwähnten programmatischen Stichs von Jost Amman.

Ludwig Haberstock wurde unmittelbar nach Maximilians Tod selbst durch eine Krankheit ans Bett gefesselt, so dass er in seinen nach München gesandten Berichten nicht auf eigenes Wissen um die weiteren Geschehnisse und den Umgang mit dem Leichnam des Verstorbenen zurückgreifen konnte. Er beschrieb vielmehr die Lage in Regensburg nach Abschluss des Reichstags, wie sie ihm von Landsleuten bei gelegentlichen Besuchen in seinem gemieteten Haus vermittelt worden war.[120] Unsere Erkenntnisse über die weitere Vorgehensweise im Zusammenhang mit dem Leichnam verdanken wir den wertvollen Mitteilungen des päpstlichen Nuntius Giovanni Dolfin. Ihnen zufolge führte der Hofchirurg Peter Suma in den frühen Morgenstunden des 13. Oktober 1576, in Anwesenheit der beiden Leibärzte Johann Crato von Krafftheim und Rembert Dodoens, eine Obduktion durch, und zwar direkt in der Residenz des Regensburger Bischofs David Kölderer von Burgstall, wo der Kaiser gestorben war.[121] Der Obduktionsbericht erwähnt eine auffällige Blaufärbung der Haut auf der rechten Seite des Brustkorbs und fährt anschließend mit einer detaillierten

---

117 Giovanni Dolfin an Tolomeo Gallio (Regensburg, 12.10.1576) – ebd., Nr. 321, S. 635–637.
118 Giovanni Dolfin an Tolomeo Gallio (Regensburg, 12.10.1576) – ebd., Nr. 324, S. 639–640.
119 A. Strohmeyer, *Konfessionskonflikt*, S. 67–69; J. Pánek, *Stavovská opozice*, S. 101–119.
120 Ludwig Haberstock an Albrecht V. von Wittelsbach (Regensburg, 18.10.1576) im Bayerischen Hauptstaatsarchiv München, Kurbayern Äußeres Archiv, Sign. 4332, fol. 363–364^v.
121 Giovanni Dolfin an Tolomeo Gallio (Regensburg, 14.10.1576) – D. Neri (Hrsg.), *Nuntiaturberichte*, Nr. 326, S. 641–643; M. A. Becker, *Die letzten Tage*, S. 314–315; Hermann Schöppler, *Über den Tod Kaiser Maximilians II.*, Mitteilungen zur Geschichte der Medizin und der Naturwissenschaften 37, 1910, Band 9, Nr. 3, S. 219–225; Rosemarie Vocelka, *Die Begräbnisfeierlichkeiten für Kaiser Maximilian II. 1576/77*, Mitteilungen des Instituts für Österreichische Geschichtsforschung 84, 1976, S. 105–136, hier S. 111.

Beschreibung der dem toten Körper entnommenen Organe fort. Große Blutgerinnsel verschlossen die Hauptschlagader und füllten die linke Herzkammer. Die Lunge hatte eine unnatürliche Farbe und war von einem dunklen Sekret bedeckt, der Pleuraspalt mit einer größeren Menge gelber Flüssigkeit gefüllt. Auf der vergrößerten Leber waren dunkle Flecken zu sehen. Die Gallenblase und die Milz waren hart, aus dem Magen floss schwarzgefärbtes geronnenes Blut. Während die rechte Niere ganz sauber war, fand der obduzierende Arzt Peter Suma in der linken mehrere Nierensteine. Die Historikerin Paula Sutter Fichtner stellte auf der Grundlage des Obduktionsberichts retrospektiv eine Diagnose und zog kühn den Schluss, dass Maximilian II. an Tuberkulose und Herzleiden erkrankt war.[122]

Nach der Obduktion wurden die inneren Organe des Kaisers in ein Kupferfässchen gelegt und unter dem Boden vor dem Dreifaltigkeitsaltar im Regensburger Dom bestattet, das Herz gesondert in ein anderes Behältnis gebettet. Maximilians Körper wurde mit Kräutern gefüllt, wieder zugenäht und bekleidet. Um den Hals hängte man dem Verstorbenen den Orden vom Goldenen Vlies, seine Hände umklammerten ein Kruzifix, seine Rechte ruhte auf dem vergoldeten Rapier.[123] Ins kollektive Gedächtnis trat das erhabene Bild des unsterblichen politischen Körpers des verstorbenen Herrschers,[124] hervorgehoben noch durch Attribute eines christlichen Ritters, der den Glauben Christi und das allgemeine Wohl schützt. In der Residenz des Bischofs von Regensburg wurde der tote Körper Maximilians II. zunächst auf einem Trauerkatafalk aufgebahrt, am 16. Oktober 1576 dann mitsamt dem Behältnis, welches das Herz des Verstorbenen enthielt, in einen Zinnsarg umgebettet.[125]

Der päpstliche Nuntius stützte sich bei seiner Beschreibung der Obduktion wohl direkt auf die Erkenntnisse der kaiserlichen Ärzte, die sie durchgeführt hatten. In seinem an Tolomeo Gallio nach Rom geschickten Bericht reproduzierte er nicht nur treu den Wortlaut des Obduktionsprotokolls, sondern betonte auch, dass nicht näher genannte Personen aus der Umgebung des Kaisers, die von dem durch die Leichenschau zu Tage gekommenen schlechten Zustand der inneren Organe Kenntnis hatten, überrascht waren, dass Maximi-

---

122 Näher hierzu Paula Sutter Fichtner, *A Community of Illness. Ferdinand I and his Family*, in: Martina Fuchs – Alfred Kohler (Hrsg.), Kaiser Ferdinand I. Aspekte eines Herrscherlebens, Münster 2003 (= Geschichte in der Epoche Karls V., Band 2), S. 203–216, hier S. 208.
123 M. A. Becker, *Die letzten Tage*, S. 315–316; R. Vocelka, *Die Begräbnisfeierlichkeiten*, S. 112–113.
124 Ernst Hartwig Kantorowicz, *Dvě těla krále. Studie středověké politické teologie*, Praha 2014, insbesondere S. 25–36.
125 M. A. Becker, *Die letzten Tage*, S. 316; R. Vocelka, *Die Begräbnisfeierlichkeiten*, S. 113.

lian II. angesichts solch schwerer Krankheiten überhaupt so lange am Leben geblieben war.[126]

Noch am Tag von Maximilians Ableben sandte sein Sohn Rudolf II. einen Boten nach Prag, der den obersten Beamten des Königreichs Böhmen die traurige Nachricht überbringen sollte.[127] Zwei Tage später, am Sonntag, den 14. Oktober 1576, erfuhren der Oberstburggraf Wilhelm von Rosenberg, der Obersthofmeister Ladislav II. Popel von Lobkowitz, der Oberstkämmerer Bohuslav Felix Hasenstein von Lobkowitz und der Unterkämmerer Burian Trčka von Lípa als erste vom Tod des Kaisers.[128] Noch am 13. Oktober 1576 forderte Rudolf II. von der Böhmischen Kammer eine Übersicht ihrer Einnahmen, Ausgaben sowie Schulden aus der Zeit Maximilians an.[129] Der Nachfolger des verstorbenen Kaisers auf dem böhmischen Thron hatte zwar ursprünglich vorgesehen, innerhalb weniger Tage nach Prag zu kommen, musste jedoch angesichts des wiederholt aufgeschobenen Abschlusses des Reichstags am 20. Oktober 1576 seine Pläne doch ändern. Rudolf II. blieb in Regensburg und übertrug die Verwaltung Böhmens auf die obersten Landesbeamten mit Wilhelm von Rosenberg an der Spitze.[130] Einige Hauptmänner der böhmischen Kammerherrschaften wussten jedoch auch acht Tage nach Maximilians Tod immer noch nichts von diesen Ereignissen.[131]

Laut Aufzeichnungen Pavel Korkas von Korkyně, eines erfahrenen Militärs und seit den 1570er und Anfang der 1580er Jahre Hauptmanns der Kammerherrschaft Dobříš, enthielten die Berichte über den Tod des Kaisers auch Briefe seiner Hofleute aus dem Königreich Böhmen, die sich in seinem ihn nach Regensburg begleitenden Gefolge befanden.[132] Während der Krankheit kümmerten sich Maximilians Leibkämmerer Georg Bořita von Martinitz und Georg Pruskovský von Pruskov um ihn und konnten deshalb über die letzten Tage des Kaisers Bericht erstatten. Ihre Schreiben kamen am 14. Oktober 1576 in Prag an. An diesem Tag erfuhr auch Pavel Korka von Korkyně von den Ereignissen.[133] Er war von der traurigen Nachricht sehr betroffen, rief sich jedoch

---

126 Giovanni Dolfin an Tolomeo Gallio (Regensburg, 14.10.1576) – D. Neri (Hrsg.), *Nuntiaturberichte*, Nr. 326, S. 641–643.
127 *Sněmy české od léta 1526 až po naši dobu* V, Praha 1887, S. 9.
128 Ebd., S. 10–13.
129 Ebd., S. 9–10.
130 Ebd., S. 15–16. Neben Oberstburggraf Wilhelm von Rosenberg handelte es sich um Obersthofmeister Ladislav II. Popel von Lobkowitz, Oberstkämmerer Bohuslav Felix Hasenstein von Lobkowitz, Unterkämmerer Burian Trčka von Lípa und den Burggrafen des Königgrätzer Kreises Albrecht Kapoun von Svojkov.
131 *Sněmy české* V, S. 16.
132 Z. Vybíral (Hrsg.), *Paměti Pavla Korky z Korkyně*, S. 45–50, 139.
133 Haus-, Hof- und Staatsarchiv Wien, Oberhofmeisteramt, Sonderreihe, Schachtel 183, Nr. 50 (Hofstaatsverzeichnis 12.12.1574); Z. Vybíral (Hrsg.), *Paměti Pavla Korky z Korkyně*, S. 139.

das Bild des lebenden Kaisers vor Augen, mit dem er vermutlich am 19. August 1576 in Regensburg zusammengetroffen war und ihn um Einwilligung gebeten hatte, Ferdinand von Tirol in Innsbruck aufsuchen zu dürfen.[134] Nach seiner Rückkehr in Regensburg am 12. September 1576 erfuhr er, dass der ernste gesundheitliche Zustand des Kaisers keine Audienzen mehr zulasse („es gab keinen Zutritt zu ihm").[135] Deshalb gab er Versuche zu einem weiteren Treffen auf und machte sich eilig auf den Rückweg nach Böhmen. In seinen Erinnerungen rekonstruierte er das Bild des lebenden Königs in enger Verbindung mit seinen Herrschertaten, die er unter dem Schutz der göttlichen Gnade und mit der Erhaltung des Gemeinwohls im Blick vollbrachte. Obwohl Pavel Korka von Korkyně ein Utraquist war, ging Maximilian II. aus seiner Darstellung als ein über den Konfessionen stehender christlicher Herrscher hervor, der „für alle seine Untertanen gut sorgte".[136]

Der Gelehrte und Magister der Prager Universität Marek Bydžovský von Florentinum zeichnete in seinen Chronikaufzeichnungen ein Bild des verstorbenen Kaisers, in dem dessen Sorge für das Gemeinwohl im Königreich Böhmen mit den erwarteten christlichen Tugenden eines idealen Herrschers als Grundzüge der Regierung Maximilians II. figurierte. Wenn ein Anhänger des Utraquismus bei seiner Charakterisierung des verstorbenen Kaisers die Worte „Verteidiger der rechten Religion" wählte, wollte er damit wahrscheinlich auf die überkonfessionellen christlichen Werte verweisen und die religiöse Toleranz Maximilians II. hervorheben, dessen Taten „der christlichen Gemeinschaft von großem Nutzen waren".[137] Eine ähnliche Auffassung vertrat auch der Kuttenberger Bürger evangelischer Konfession Nikolaus Dačický von Heslov, der die Bemühungen des Kaisers um Versöhnung der Konfessionen und dessen Respekt gegenüber dem persönlichen Glauben eines jeden besonders hochschätzte: „Als dieser berühmte Herr zur Verfolgung auf Grund von Glauben und Religion aufgefordert wurde, antwortete er, man solle ihn doch in Ruhe lassen, denn es gebe kaum Schwierigeres als jemanden gegen sein Gewissen zu etwas zu zwingen."[138] Maximilians Sanftmut, Weisheit und Sinn für Gerechtigkeit – und weniger seine religiöse Überzeugung – waren wiederum

---

134 Z. Vybíral (Hrsg.), *Paměti Pavla Korky z Korkyně*, S. 136.
135 Ebd., S. 138, 140. Zitat in sinngemäßer deutscher Übersetzung.
136 Ebd., S. 139–140. Zitat in sinngemäßer deutscher Übersetzung. Mit Hinweisen auf ältere Literatur Václav Bůžek, *Obecné dobré v myšlení české a moravské šlechty během bratrského sporu Rudolfa II. a Matyáše*, Studia Comeniana et historica 43, 2013, S. 110–123.
137 Jaroslav Kolár (Hrsg.), *Marek Bydžovský z Florentina, Svět za tří českých králů. Výbor z koníkářských zápisů o letech 1526–1596*, Praha 1987, S. 168. Zitat in sinngemäßer deutscher Übersetzung.
138 Jiří Mikulec (Hrsg.), *Mikuláš Dačický z Heslova, Paměti (S úvodem Josefa Janáčka)*, Praha 1996, S. 126. Zitat in sinngemäßer deutscher Übersetzung.

zentrale Motive in kurzen, auf Lateinisch verfassten panegyrischen Gedichten, die das sich unmittelbar nach seinem Tod konstituierende Bild des Kaisers ergänzten.[139]

Aus Regensburg nach Wilhering

Vermutlich am 19. Oktober 1576 wurde der Sarg mit dem Leichnam Maximilians II. in die St. Michaelskapelle in Regensburg überführt. Hier zelebrierte am darauffolgenden Tag der Regensburger Bischof die Totenmesse für den verstorbenen Herrscher, während der der Beichtvater des Kaisers und Bischof der Wiener Neustadt Lambert Grueter die Leichenpredigt hielt.[140] Erst in den Nachmittagsstunden des 6. Novembers 1576 wurde der Sarg unter Glockengeläut in den Petersdom in Regensburg geleitet und hier drei Tage lang auf einem Trauerkatafalk vor dem Hochaltar aufgebahrt.[141]

Den Mittelpunkt der Leichnamsprozession bildete die Bahre mit dem Sarg, in dem die sterblichen Überreste Maximilians II. ruhten.[142] An der Spitze des Kondukts gingen Geistliche, Kranke und Schüler, gefolgt von Regensburger Bürgern. Vor dem aufgebahrten Sarg getragen wurden der Orden vom Goldenen Vlies und die Insignien der kaiserlichen Macht, also der Reichsapfel, das Reichszepter, das Reichsschwert und die Reichskrone. Die Botschaft des politischen Körpers Maximilians II. ging auf seinen ältesten Sohn Rudolf II. über, dem ein Platz unmittelbar hinter der Bahre zugewiesen war. Ihm folgten die jüngeren Söhne des Verstorbenen, die Erzherzöge Matthias und Maximilian. Durch die Anwesenheit des päpstlichen Nuntius sowie der anderen auswärtigen Gesandten am kaiserlichen Hof wurde die ununterbrochene Tradition der christlichen Herrschaft des Hauses Habsburg gefeiert. Die feierliche Nachhut zum Einzug des verstorbenen Kaisers in den Regensburger Petersdom bildeten zahlreiche Angehörige des Hofstaats und große Gruppen bewaffneter Männer. Die Gesandten betraten den heiligen Raum mit brennenden weißen Kerzen in der Hand, die Kerzen der Diener waren aus gelbem Wachs gefertigt. Während der Abendvigil und die ganze Nacht über brannten unzählige Kerzen um den auf dem Katafalk aufgebahrten Sarg. Die Chorwände waren mit schwarzem Flor behängt, auf dem Kreuze aus weißem Atlasstoff und aufgemalte Wappen von Maximilians Herrschaftsterritorien prunkten. Rechts vom Altar stand auf

---

139 Hierzu näher K. Pražáková, *Vláda Maxmiliána II.*, S. 278–279.
140 R. Vocelka, *Die Begräbnisfeierlichkeiten*, S. 112–114.
141 Hierzu näher Haus-, Hof- und Staatsarchiv Wien, Familienakten, Kart. 61.
142 Ebd.; R. Vocelka, *Die Begräbnisfeierlichkeiten*, S. 112.

einer erhöhten Stelle ein prunkvoller Stuhl mit schwarzem Baldachin, der den leeren Kaiserthron symbolisieren sollte.[143]

Nach Ankunft der Kaiserwitwe Maria in Begleitung ihrer drei Söhne im Dom begann am 7. November 1576 gegen sieben Uhr morgens die Totenmesse. Die Leichenpredigt wurde erneut von Lambert Grueter gehalten. Danach schloss er sich einigen weiteren kirchlichen Würdenträgern an, die sich um den Katafalk stellten und unter Begleitung der kaiserlichen Musiker gemeinsam Psalmen sangen. Die Kaplane sammelten unter den Trauergästen Almosen für die Armen und Kranken, die sich vor dem Haupteingang drängten.[144]

In den Vormittagsstunden des 8. Novembers 1576 formierte sich am Petersdom der Trauerzug erneut und setzte sich in Bewegung Richtung Donau, wo der Sarg mit den sterblichen Überresten Maximilians II. unter Psalmengesang auf ein trauerflorbehangenes und in Kerzenlicht getauchtes Schiff verladen wurde.[145] Ziel war das in der Nähe von Linz an der Donau gelegene Stift Wilhering.[146] Bewacht wurde der Leichnam des verstorbenen Herrschers von kaiserlichen Trabanten, die für seine Sicherheit nicht nur tagsüber auf dem Schiff, sondern auch während der zur Übernachtung eingelegten Zwischenstopps verantwortlich waren. An jedem Abend mussten sie den Sarg in eine der zuvor festgelegten Kirchen tragen, wo zur Ehre von Maximilians Andenken ein Gottesdienst stattfand.[147] Die Überführung der sterblichen Überreste des Kaisers zog die Aufmerksamkeit der auswärtigen Agenten in Regensburg auf sich, die darüber in ihren an zahlreiche Fürstenhöfe Europas regelmäßig gesandten Relationen ausführlich Bericht erstatteten.[148]

In der Zeit zwischen dem Tod Maximilians II. und dem Einschiffen seines Leichnams wurden in Regensburg feierliche katholische Trauerzeremonien abgehalten, die trotz der lückenhaften Erkenntnisse als vorbereiteter letzter Abschied vom verstorbenen Kaiser des Römisch-deutschen Reiches gelten können.[149] Dessen Verlauf bestimmten die nächsten Hinterbliebenen, in erster Linie die verwitwete Kaiserin Maria und der älteste Sohn Rudolf II., die in Regensburg verblieben. Der Familienkorrespondenz der Habsburger lässt sich entnehmen, dass bei der Aufstellung des Leichenkondukts, der am 6. November 1576 von der Residenz des Regensburger Bischofs in den Petersdom zog,

---

143 Haus-, Hof- und Staatsarchiv Wien, Familienakten, Kart. 61.
144 Ebd.
145 Ebd.
146 J. Pánek (Hrsg.), *V. Březan, Životy* I, S. 282.
147 Haus-, Hof- und Staatsarchiv Wien, Familienakten, Kart. 61.
148 Vgl. den Bericht von Giulio Strozzi an den Herzog von Mantua Guglielmo Gonzaga (Regensburg, 2.11.1576) – Elena Venturini (Hrsg.), *Le collezioni Gonzaga. Il carteggio tra la corte cesarea e Mantova (1559–1636)*, Milano 2002, S. 246.
149 P. Král, *Smrt a pohřby*, S. 171–212.

die nach dem Tod von Maximilians Vater Ferdinand I. veranstalteten Trauerfeierlichkeiten als Vorbild dienten.[150] Vom 6. bis 8. November 1576 wurde in Regensburg eine Trauerzeit ausgerufen, die Häuser- und Kirchenfassaden waren mit schwarzem Stoff verhängt, die Arbeit in sämtlichen Werkstätten stand still, die Geschäfte blieben geschlossen. Die andächtige Stille wurde lediglich durch die von zahlreichen Kirchentürmen ertönenden Glocken unterbrochen.[151]

In Wilhering fanden sich am 13. November 1576 Vertreter der Geistlichkeit, Adelige aus Oberösterreich sowie die obersten Landesbeamten des Königreichs Böhmen ein und versammelten sich am Ufer der Donau. Der Sarg mit den sterblichen Überresten des Kaisers wurde in die Stiftskirche geleitet und dort auf einem Trauerkatafalk vor dem Hochaltar aufgebahrt. Über die feierliche Ausschmückung des Kirchenraums berichtete beispielsweise der Agent des bayerischen Herzogs Ludwig Haberstock, der sich nicht nur über die groben Bretter des Katafalks empörte, sondern noch viel mehr über die mindere Qualität des schwarzen Tuchs am Hochaltar. Scharfe Kritik galt auch der fehlenden Verzierung von Kirchenbänken und Kanzel sowie den auf dem Katafalk aufgestellten Kerzen, deren weiße Farbe unter der nachlässig aufgetragenen schwarzen Schicht durchschimmerte. In seiner an Albrecht V. von Wittelsbach gesandten Relation beschwerte er sich des Weiteren über die dürftige Unterkunft für die Trauerzugteilnehmer in Linz, den Mangel an Lebensmitteln sowie die allgemein übermäßig hohen Preise. Im Vergleich zu den Kirchen in Regensburg schien ihm die Stiftskirche in Wilhering ein unwürdiger Ort für die feierliche Aufbahrung des verstorbenen Kaisers zu sein.[152]

Rudolf II. ging ursprünglich davon aus, dass der Leichnam seines Vaters bis zur Festlegung des Termins der Trauerfeierlichkeiten in Wilhering verbleiben würde. In Linz angekommen erwog er auch die Möglichkeit, den Sarg vom Stift in die Familienresidenz am Linzer Schlossberg zu überführen, die ihm während seines Aufenthalts in der oberösterreichischen Metropole als Wohnsitz diente. Rudolf II. bewohnte hier die Räumlichkeiten, in die sich seine Tante Katharina, Gemahlin des polnischen Königs Sigismund II. August, nach einer zunehmenden Entfremdung in der Ehe 1566 zurückgezogen und wo sie bis zu ihrem Tod Ende Februar 1572 gelebt hatte.[153] Verantwortlich für die Ausstellung der

---

150 Haus-, Hof- und Staatsarchiv Wien, Familienakten, Kart. 61 („... *wie die nächst verstorbene kaiserliche Maiestät Kaiser Ferdinanden exequien ...*").
151 Haus-, Hof- und Staatsarchiv Wien, Familienakten, Kart. 61.
152 Ludwig Haberstock an Albrecht V. von Wittelsbach (Linz, 14.11.1576) im Bayerischen Hauptstaatsarchiv München, Kurbayern Äußeres Archiv, Sign. 4332, fol. 371–373^v.
153 Walter Pillich, *Königin Katharina von Polen in Linz*, Historisches Jahrbuch der Stadt Linz, Linz 1966, S. 169–198; Anna Sucheni-Grabowska, *Zu den Beziehungen zwischen den Jagiellonen und den Habsburgern. Katharina von Österreich, die dritte Gemahlin des Königs Sigismund August*, Historisches Jahrbuch der Stadt Linz 1979, Linz 1980, S. 59–100; Krzysztof

sterblichen Überreste Maximilians II. in der Schlosskapelle wäre in diesem Fall der oberösterreichische Landeshauptmann Leonhard von Harrach gewesen.[154] Maximilian II. hinterließ kein Testament mit einem ausdrücklichen Wunsch bezüglich seiner letzten Ruhestätte, deshalb nahmen sich seine Söhne dieser Angelegenheit an.[155] Die ursprünglichen Pläne, die vor allem der zweitgeborene Sohn des Verstorbenen Erzherzog Ernst durchsetzen wollte, sahen Wien als Ort des feierlichen Abschieds vor.[156] Da dort aber zu dieser Zeit eine Pestepidemie wütete, beschloss der älteste Sohn und Nachfolger des Kaisers Rudolf II., seinem „toten Vater ein prunkvolles, aufwendiges und im Königreich Böhmen noch nie dagewesenes Begräbnis" in Prag auszurichten, wo auch die Eltern des Verstorbenen Ferdinand I. und Anna Jagiello ihre letzte Ruhestätte gefunden hatten.[157] Es ist hierbei nicht auszuschließen, dass diese Wahl auch auf den Einfluss des Oberstburggrafen von Böhmen Wilhelm von Rosenberg zurückging.[158]

Ludwig Haberstock berichtete nach München, dass sich am 28. November 1576 ein kaiserlicher Fourier in Linz auf den Weg in die böhmische Hauptstadt machte, um dort hinreichend geeignete Räumlichkeiten für die Unterbringung der an der Überführung teilnehmenden Trauergäste zu sichern. Gleichzeitig teilte er dem bayerischen Herzog mit, dass die verwitwete Kaiserin Maria mit ihren Söhnen Rudolf II., Matthias und Maximilian in den folgenden Tagen von der oberösterreichischen Metropole nach Prag aufbrechen würde.[159] Obwohl die kaiserliche Familie Linz nach dem 13. Dezember 1576 verlassen haben dürfte, befand sich der Sarg Maximilians II. zu diesem Zeitpunkt vermutlich nach wie vor in Wilhering, denn über die geplante Ausstellung des Leichnams in der habsburgischen Residenz am Schlossberg geben die bisher bekannten

---

Baczkowski, *Der polnische Adel und das Haus Österreich. Zur zeitgenössischen Diskussion über die habsburgische Kandidatur für den polnischen Thron während des Ersten und Zweiten Interregnums*, in: F. Edelmayer – A. Kohler (Hrsg.), Kaiser Maximilian II., S. 70–83, hier S. 71.

154 Haus-, Hof- und Staatsarchiv Wien, Familienakten, Kart. 61; M. A. Becker, *Die letzten Tage*, S. 316; Markus Jeitler, *Linz und Wien als Residenzen Erzherzog Matthias'*, in: Václav Bůžek (Hrsg.), Ein Bruderzwist im Hause Habsburg (1608–1611), České Budějovice 2010 (= Opera historica 14), S. 225–253, hier S. 227.

155 Géza Pálffy, *Die Repräsentation des Königreichs Ungarn am Begräbnis Kaiser Maximilians II. in Prag 1577*, in: Jiří Mikulec – Miloslav Polívka (Hrsg.), Per secula ad tempora nostra. Sborník prací k šedesátým narozeninám prof. Jaroslava Pánka I, Praha 2007, S. 276–283, hier S. 276.

156 Auszüge aus der Familienkorrespondenz der Habsburger über die Vorbereitungen des Begräbnisses Maximilians II. veröffentlicht von M. A. Becker, *Die letzten Tage*, S. 332–334.

157 J. Kolár (Hrsg.), *Marek Bydžovský z Florentina, Svět*, S. 173. Zitat in sinngemäßer deutscher Übersetzung.

158 *Sněmy české* V, S. 2; J. Janáček, *Rudolf II.*, S. 158–159.

159 Ludwig Haberstock an Albrecht V. von Wittelsbach (Linz, 29.11.1576) im Bayerischen Hauptstaatsarchiv München, Kurbayern Äußeres Archiv, Sign. 4332, fol. 382–383^v.

Quellen keinen Aufschluss.[160] Die habsburgische Familie legte auf dem Weg von Linz nach Prag Aufenthalte bei Wilhelm von Rosenberg in Krumau, im Rathaus von Budweis und in Konopischt, dem Sitz Johanns von Sternberg, ein. In der Hauptstadt wurde sie am 24. Dezember 1576[161] mit Rücksicht auf die Trauer der Hinterbliebenen und des Hofstaats ohne Salutschüsse und laute Freudenbekundungen empfangen.[162]

Von Wilhering nach Prag

Anfang Januar 1577 zeigte sich Rudolf II. mit dem Vorschlag der obersten Landes- und Hofbeamten einverstanden, seine jüngeren Brüder Matthias und Maximilian nach Wilhering zu schicken, damit diese den Sarg mit den sterblichen Überresten ihres Vaters bei der Überführung in die böhmische Landeshauptstadt persönlich begleiten konnten.[163] Neben dem Transport des Leichnams berieten der Oberstburggraf Wilhelm von Rosenberg, der Obersthofmeister Ladislav II. Popel von Lobkowitz und der Oberste Kanzler Wratislaw von Pernstein Anfang Januar 1577 bei ihrem Zusammentreffen mit dem Oberstkämmerer des Kaisers Adam von Dietrichstein und dem Geheimrat Hans Trautson auch über die Vorbereitung des Begräbnisses in der Hauptstadt des Königreichs Böhmen, wie man dem Bericht des päpstlichen Nuntius Giovanni Dolfin entnehmen kann.[164] Die obersten Hof- und Landesbeamten forderten, dass die Trauerfeierlichkeiten noch vor der für Ende April geplanten Huldigungsreise Rudolfs II. in die böhmischen Nebenländer stattfinden sollten.[165]

Von Anfang an wurde insbesondere der Auswahl der auswärtigen Trauergäste große Aufmerksamkeit gewidmet. Um möglichen und zu erwartenden Konflikten hinsichtlich der vorrangigen Plätze im Leichenkondukt und in der Kirche während der Totenmesse vorzubeugen, rieten die bereits erwähnten Hof- und Landesbeamten von der Einladung des Königs von Spanien sowie

---

160 Ludwig Haberstock an Albrecht V. von Wittelsbach (Linz, 8.12.1576) im Bayerischen Hauptstaatsarchiv München, Kurbayern Äußeres Archiv, Sign. 4332, fol. 384–386ᵛ.
161 J. Pánek (Hrsg.), *V. Březan, Životy* I, S. 283; František Mareš (Hrsg.), *Kronika budějovská*, Praha 1921, S. 21; Z. Vybíral (Hrsg.), *Paměti Pavla Korky z Korkyně*, S. 141.
162 *Sněmy české* V, S. 33–34; J. Janáček, *Rudolf II.*, S. 162.
163 *Sněmy české* V, S. 37–39.
164 Ludwig Haberstock an Albrecht V. von Wittelsbach (Prag, 10.1.1577) im Bayerischen Hauptstaatsarchiv München, Kurbayern Äußeres Archiv, Sign. 4333, nicht foliert. Ab der Sign. 4333 ist es angesichts der fehlenden Nummerierung in den originalen Schriftstücken aus Kurbayern Äußeres Archivs wenig sinnvoll, auf einzelne Folioblätter zu verweisen.
165 Mlada Holá, *Holdovací cesty českých panovníků do Vratislavi v pozdním středověku a raném novověku (1437–1617)*, Praha 2012, S. 101–120.

der Herrscher einzelner italienischer Staaten ab. Lange Zeit waren sie sich auch nicht einig, ob der Papst um Teilnahme an den Begräbnisfeierlichkeiten gebeten werden sollte.[166] Das strategische Zusammentreffen endete mit einer Aufstellung von Hauptpunkten, die die obersten Hof- und Landesbeamten bei der Überführung des Kaisers von Linz nach Prag berücksichtigen sollten. Abschriften der Liste wurden dann den Brüdern des Verstorbenen Ferdinand von Tirol und Karl von Steiermark, seinem Schwager Albrecht V. von Wittelsbach sowie seinem zweitgeborenen Sohn Ernst zugestellt.[167]

Angesichts ihrer verzögerten, vermutlich erst vor dem 19. Januar erfolgten Abreise aus Prag sowie wegen schlechten Wetters trafen Matthias und Maximilian später als geplant in Linz ein.[168] Da hohe Schneeverwehungen in der hügeligen Landschaft den Weg von Hohenfurth nach Bad Leonfelden unpassierbar machten, mussten die beiden Erzherzöge einen Umweg über Kaplitz und Freistadt nehmen.[169] Albrecht V. von Wittelsbach drängte seinen Agenten in Prag, ihm die Details zur Überführung Maximilians II. von Wilhering in die Hauptstadt Böhmens mit genügend zeitlichem Vorlauf zukommen zu lassen, Ludwig Haberstock verfügte jedoch über kaum neue Informationen. In seinen nach München gerichteten Berichten konnte er lediglich mehrmals wiederholen, dass die beiden Erzherzöge auf dem Weg nach Oberösterreich seien.[170]

Vermutlich erst vor dem 29. Januar 1577 wurde der Leichnam Maximilians II. aus der Stiftskirche von Wilhering abgeholt und nach einem vorher festgelegten Programm mit seiner Überführung begonnen. Die Hof- und obersten Landesbeamten des Königreichs Böhmen, Vertreter der oberösterreichischen Stände und der Geistlichkeit trugen den Sarg mit den sterblichen Überresten des Kaisers auf dem von zahllosen Fackeln und Kerzen hell erleuchteten Weg zum Donauufer, um ihn dort auf ein Schiff zu laden und weiter nach Linz zu geleiten. In der oberösterreichischen Metropole formierte sich erneut ein Trauerzug,

---

166 Giovanni Delfino an Tolomeo Gallio (Prag, 12.1.1577) – A. Koller (Hrsg.), *Nuntiaturberichte*, Nr. 4, S. 10–19, hier S. 15–16.
167 Ludwig Haberstock an Albrecht V. von Wittelsbach (Prag, 10.1.1577) im Bayerischen Hauptstaatsarchiv München, Kurbayern Äußeres Archiv, Sign. 4333, nicht foliert.
168 Giovanni Delfino an Tolomeo Gallio (Prag, 19.1.1577) – A. Koller (Hrsg.), *Nuntiaturberichte*, Nr. 8, S. 30–33, hier S. 31; Ludwig Haberstock an Albrecht V. von Wittelsbach (Prag, 17.1.1577) im Bayerischen Hauptstaatsarchiv München, Kurbayern Äußeres Archiv, Sign. 4333, nicht foliert.
169 Erst am 22. Januar 1577 übernachteten Matthias und Maximilian auf dem Weg nach Linz in Kaplitz. Dazu J. Pánek (Hrsg.), *V. Březan, Životy* I, S. 284; Haus-, Hof- und Staatsarchiv Wien, Familienakten, Kart. 61.
170 Ludwig Haberstock an Albrecht V. von Wittelsbach (Prag, 17.1.1577) im Bayerischen Hauptstaatsarchiv München, Kurbayern Äußeres Archiv, Sign. 4333, nicht foliert.

um den Sarg in die dortige Pfarrkirche zu begleiten, wo er über Nacht ausgestellt wurde, bevor am darauffolgenden Tag ein kurzer feierlicher Abschied stattfand.[171]

An der Trauerfeier nahmen insbesondere Vertreter der ober- und niederösterreichischen Stände teil, die anschließend gemeinsam mit den beiden Erzherzögen den auf einem trauergeschmückten und von vier Paaren schwarzer Pferde gezogenen Wagen aufgebahrten Sarg begleiteten. Der Weg führte über die nur schwer passierbare Landstraße durch die hügelige Landschaft zwischen Linz, Bad Leonfelden und der Grenze zu Böhmen. Im Stift Hohenfurth warteten dann einige ausgewählte Repräsentanten böhmischer Stände sowie der Olmützer Bischof Johannes XVIII. Mezon von Teltsch in Vertretung des erkrankten Erzbischofs von Prag Anton Brus von Müglitz.[172] Von dort aus wurde – wie von den obersten Landesbeamten bereits im Vorfeld Rudolf II. vorgeschlagen – der Weg über Krumau eingeschlagen, wo der Sarg des Kaisers von den übrigen Adeligen und Geistlichen des Königreichs Böhmen sowie der Markgrafschaft Mähren empfangen wurde, und weiter über Budweis, Sobieslau, Miltschin, Beneschau und Jessenitz nach Prag.[173]

An jedem Ort der Übernachtung wurde der Sarg von kaiserlichen Trabanten und Hartschieren mit Feuerwaffen in die dortige katholische Kirche getragen, die mit Trauerschmuck ausgestattet war und wo anschließend eine Totenmesse zelebriert wurde. Falls man ausnahmsweise an Orten nächtigen musste, wo sich keine katholische Kirche befand, errichteten die Hartschiere auf einem freien Platz ein mit schwarzem Tuch behangenes Zelt, wo der Sarg untergebracht und die ganze Nacht über bewacht wurde.[174] Um dieses herum wurden weitere Zelte aufgeschlagen, die den anderen Hofleuten trotz großer Kälte als nächtliches Obdach dienten.[175] Die im Gefolge mitreisenden obersten Landesbeamten Böhmens befürchteten, dass sie wegen der schlechten Wetterbedingungen, meterhohem Schnee und äußerst eingeschränkter Passierbarkeit der Wege nicht rechtzeitig zum Beginn der für den 5. Februar 1577 geplanten Landtagssitzung eintreffen würden. Dieser Termin war bei der Anfang Januar in Anwesenheit Rudolfs II. erfolgten Zeitplanung für die Überführung festgelegt worden und

---

171 R. Vocelka, *Die Begräbnisfeierlichkeiten*, S. 115; Z. Vybíral (Hrsg.), *Paměti Pavla Korky z Korkyně*, S. 141.
172 *Sněmy české* V, S. 37.
173 Ebd., S. 39–40; J. Pánek (Hrsg.), V. Březan, *Životy* II, S. 436.
174 Haus-, Hof- und Staatsarchiv Wien, Familienakten, Kart. 61; *Sněmy české* V, S. 39; R. Vocelka, *Die Begräbnisfeierlichkeiten*, S. 115.
175 Dies ging aus den Verhandlungen über die Vorbereitungen der Sargüberführung hervor, über die Ludwig Haberstock in seinem Bericht an Albrecht V. von Wittelsbach informierte. Näher hierzu Bayerisches Hauptstaatsarchiv München, Kurbayern Äußeres Archiv, Sign. 4333, nicht foliert (Prag, 10.1.1577).

hatte ursprünglich auch mit kurzen Zwischenaufenthalten der Beamten auf ihren Herrschaften gerechnet. Dort hätten sie Zeit gehabt, die dringendsten wirtschaftlichen und verwaltungstechnischen Angelegenheiten zu regeln, um dann erneut nach Prag aufzubrechen und dort an der Landtagssitzung teilzunehmen.[176]

Während sich in den letzten Januartagen 1577 der Wagen mit dem Sarg der böhmischen Hauptstadt näherte, kam die verwitwete Kaiserin Maria in Begleitung ihrer Hofdamen stets um die Mittagszeit in den trauergeschmückten Veitsdom, wo auf ihr Geheiß hin Oratorien gesungen und die Herrschertaten des Verstorbenen gelobt wurden. Von Ludwig Haberstock wissen wir, dass der Dom mit Wappen römischer Kaiser mit dem Doppeladler verziert war. Die Witwe trug mit ihrer Frömmigkeit zur Etablierung eines bestimmten Bildes Maximilians im dynastischen Gedächtnis bei, der im Einklang mit der Tradition als ein streng katholischer Herrscher dargestellt werden sollte, mit christlichen Tugenden ausgestattet und stets auf das Gemeinwohl in den Ländern seiner Herrschaft bedacht.[177]

Noch vor dem Eintreffen des Sargs mit den sterblichen Überresten Maximilians II. in Prag teilte der päpstliche Nuntius nach Rom mit, dass das Begräbnis am 20. März 1577 stattfinden würde.[178] Obwohl sich der Trauerzug mit dem Sarg bereits in unmittelbarer Nähe der Hauptstadt befand, eröffnete Rudolf II. am 5. Februar 1577 persönlich die Sitzung des böhmischen Landtags. Beim Verlesen der königlichen Proposition erinnerte er die versammelten Stände an den Tod seines Vaters Maximilian II., der trotz langwieriger Krankheit bis zu seinen letzten Augenblicken als Beschützer des christlichen Glaubens und Gemeinwohls aufgetreten sei. Rudolf trat öffentlich das Vermächtnis des verstorbenen Herrschers an, indem er die Notwendigkeit einer gemeinsamen Verteidigung Mitteleuropas gegen die osmanische Gefahr betonte. Für diese müssten die Stände der Böhmischen Krone allerdings weitere Finanzmittel bereitstellen.[179]

Die Erzherzöge Matthias und Maximilian begleiteten am 6. Februar 1577 nachmittags gemeinsam mit dem Bischof von Olmütz, ausgewählten Ordensgeistlichen und zahlreichen Adeligen den Sarg zum Neuen Tor am Rande der Prager Altstadt, wo Rudolf II. in Begleitung der obersten Landesbeamten des Königreichs Böhmen die sterblichen Überreste seines Vaters in Empfang nahm. Der päpstliche Nuntius berichtet in seiner Relation darüber, dass der Sarg vom

---

176 Ebd.
177 Ludwig Haberstock an Albrecht V. von Wittelsbach (Prag, 30.1.1577) im Bayerischen Hauptstaatsarchiv München, Kurbayern Äußeres Archiv, Sign. 4333, nicht foliert.
178 Giovanni Delfino an Tolomeo Gallio (Prag, 2.2.1577) – A. Koller (Hrsg.), *Nuntiaturberichte*, Nr. 11, S. 37–43, hier S. 42.
179 *Sněmy české* V, S. 53–59.

Wagen auf die Bahre gehoben wurde und sich ein Trauerzug formierte, der sich anschließend in Richtung St. Jakobskirche der Minoriten in Bewegung setzte. Der Eingang zur Kirche wurde von kaiserlichen Trabanten bewacht, um Unbefugten den Zutritt zu verwehren.[180]

Dem Bericht Giovanni Dolfins ist weiterhin zu entnehmen, dass der Kondukt durch den Erzbischof von Prag, den Bischof von Olmütz sowie einige weitere Prälaten in Pluviale und Mitra eröffnet wurde.[181] Der Gruppe von Geistlichen folgte der aufgebahrte Sarg, den Erinnerungen Pavel Korkas von Korkyně zufolge von zwölf Herren und zwölf Rittern getragen.[182] Die zwölf Adeligen beiderseits der Bahre verwiesen auf die Zahl der Apostel und die göttliche Ordnung auf Erden, die im Königreich Böhmen durch Maximilian II. und die Vertreter der Stände verkörpert wurde. Auf eben diese Mitverantwortung der Herren und Ritter für das Gemeinwohl im Lande spielte die Position von deren Vertretern in unmittelbarer Nähe zum Kaiser an. Zum Gedächtnis des politischen Körpers dieses verstorbenen mitteleuropäischen Herrschers bekannte sich sein ältester Sohn Rudolf II., der direkt hinter der Bahre mit dem Sarg ging. Hinter ihm folgten die jüngeren Söhne sowie die auswärtigen Gesandten.[183] Entlang des Weges versammelten sich Zuschauer mit brennenden Fackeln und Kerzen in der Hand. Die andächtige Stille wurde nur durch Weinen und die von der Spitze des Trauerzugs ertönenden Psalmgesänge unterbrochen.[184] Dem Erzbischof von Prag oblag die Verantwortung nicht nur für die Aufstellung des Sargs in der Kirche, wo dieser bis zur Trauerfeier verbleiben sollte, sondern auch für den anschließenden Gottesdienst. Der Termin für die letzte Abschiednahme war auf den 20. März 1577 festgelegt, der päpstliche Nuntius ging jedoch davon aus, dass man ihn noch konkretisieren würde.[185]

---

180 Ebd., S. 50–51.
181 Giovanni Delfino an Tolomeo Gallio (Prag, 7.2.1577) – A. Koller (Hrsg.), *Nuntiaturberichte*, Nr. 13, S. 45–47, hier S. 47; *Sněmy české* V, S. 3.
182 Z. Vybíral (Hrsg.), *Paměti Pavla Korky z Korkyně*, S. 141–142; Václav Vladivoj Tomek, *Dějepis města Prahy* XII, Praha 1901, S. 270–271.
183 Giovanni Delfino an Tolomeo Gallio (Prag, 7.2.1577) – A. Koller (Hrsg.), *Nuntiaturberichte*, Nr. 13, S. 45–47, hier S. 47.
184 *Sněmy české* V, S. 40–45; Z. Vybíral (Hrsg.), *Paměti Pavla Korky z Korkyně*, S. 141; Giovanni Delfino an Tolomeo Gallio (Prag, 7.2.1577) – A. Koller (Hrsg.), *Nuntiaturberichte*, Nr. 13, S. 45–47, hier S. 47.
185 Ebd.

Trauerfeierlichkeiten in Prag

Als die Sitzung des böhmischen Landtags am 2. März 1577 in Prag zu Ende ging,[186] waren die Vorbereitungen für die Verabschiedung von Maximilian II. bereits in vollem Gange. Sie liefen ja schon seit Ende Januar, als Rudolf II. und seine Brüder die ersten Informationen über den Verlauf des Begräbnisses von Ferdinand I. angefordert hatten. Sie erhielten aus Wien eine detaillierte Beschreibung des Leichenkondukts und der Trauerzeremonie, die vor zwölf Jahren im Stephansdom abgehalten worden war. Gerade das Begräbnis Ferdinands I. wurde in Verlauf und Ausgestaltung dann zum unmittelbaren Vorbild für das feierliche Leichenbegängnis Maximilians II. in der Hauptstadt der Böhmischen Krone.[187] In der Beschreibung des Wiener Begräbnisses Ferdinands I. fanden sich ausdrückliche Verweise auf die am 29. und 30. Dezember 1558 in Brüssel und am 24. und 25. Februar 1559 in Augsburg ausgerichteten Trauerfeierlichkeiten für Karl V.,[188] wodurch ein noch weiterer Bogen in die Vergangenheit geschlagen wurde und die beiden Veranstaltungen somit die Auffassung des Begräbnisses Maximilians II. in Prag entscheidend mitprägen konnten. Eine Woche vor Beginn der Feierlichkeiten berichtete Ludwig Haberstock nach München, dass der Trauerschmuck für den Veitsdom, für dessen Ausführung vor allem Zimmermänner zu sorgen hatten, in seiner Ausgestaltung der Beschreibung des Wiener Leichenbegängnisses Ferdinands I. folge.[189] Die Wiederholung einzelner symbolischer Schritte innerhalb der Feierlichkeiten nach dem Tod eines Habsburger Herrschers trug im 16. Jahrhundert auf entscheidende Weise zu ihrer Stereotypisierung bei. Die dynastische Tradition nahm eindeutig Bezug auf die im Rahmen des Abschieds von Karl V. vollzogenen Rituale.

Während die Trauerausschmückung dank der mit genügend zeitlichem Vorlauf eingeplanten Einkäufe von Trauerfahnen, Kerzen und insbesondere schwarzem Tuch relativ problemlos geregelt werden konnte, erwies sich die Zusammenstellung der Liste von Trauergästen wieder einmal als besonders heikel.[190]

---

186 Sněmy české V, S. 94–120.
187 Haus-, Hof- und Staatsarchiv Wien, Familienakten, Kart. 61; ebd., Hofkammerarchiv, Reichsakten, Fasz. 202; Národní archiv Praha, Stará manipulace, Inv. Nr. 1580, Sign. K 1/15, Kart. 1052; R. Vocelka, *Die Begräbnisfeierlichkeiten*, S. 116.
188 Achim Auernhammer – Friedrich Däuble, *Die Exequien für Karl V. in Augsburg, Brüssel und Bologna*, in: Studien zur Thematik des Todes im 16. Jahrhundert, Wolfenbüttel 1983, S. 141–191.
189 Ludwig Haberstock an Albrecht V. von Wittelsbach (Prag, 13.3.1577) im Bayerischen Hauptstaatsarchiv München, Kurbayern Äußeres Archiv, Sign. 4333, nicht foliert.
190 Haus-, Hof- und Staatsarchiv Wien, Hofkammerarchiv, Reichsakten, Fasz. 202. Ausführlich anhand einer Analyse der genannten Rechnungen der Hofkammer sowie anderer Quellen R. Vocelka, *Die Begräbnisfeierlichkeiten*, S. 118–120; weiterhin vgl. Sněmy české V, S. 91–92.

Zahlreiche Adelige aus allen Ländern der Böhmischen Krone wurden von Rudolf II. persönlich angeschrieben und zu den Begräbnisfeierlichkeiten eingeladen.[191] Nicht wenige, vor allem an auswärtige Gäste adressierte Einladungen, wurden jedoch mit Verspätung zugestellt, so dass es bis zum letzten Augenblick unsicher blieb, ob man diese in Prag erwarten konnte. So erhielt beispielsweise Papst Gregor XIII. die persönliche Einladung von Rudolf II. zu spät und musste sich beim Begräbnis von seinem Nuntius Giovanni Dolfin vertreten lassen.[192] Das Eintreffen der Trauergäste aus dem Ausland sorgte einige Tage vor der Trauerfeier in der Hauptstadt für ein unerwartetes Chaos. Da Rudolf II. nicht wusste, wann die geladenen Fürsten aus dem Römisch-deutschen Reich eintreffen würden, sie aber persönlich in Empfang nehmen wollte, sandte er von der Prager Burg aus Boten mit dem Auftrag zur Landesgrenze, ihm deren Einreise nach Böhmen zu melden. Einen gewissen Überblick über die Ankunft ausgewählter Trauergäste hatte der päpstliche Nuntius, der Tolomeo Gallio über die Anwesenheit der Söhne des Kaisers in der Hauptstadt informierte und in gespannter Erwartung dem Erscheinen des bayerischen Herzogs Wilhelms V. von Wittelsbach und seines Sohnes Ferdinand entgegensah.[193]

Mit genügend zeitlichem Vorlauf willigten die böhmische Stände in die Entsendung einiger oberster Landesbeamter auf die Burg Karlstein ein, die die dortigen Burggrafen Johann Bořita von Martinitz und Johann Vchynský von Vchynice bitten sollten, mit ihnen gemeinsam die Wenzelskrone, den königlichen Apfel und das Zepter „zur Begräbnisfeier des Kaisers Maximilian glorreichen und heiligen Andenkens" nach Prag zu bringen.[194] Einen Monat vor der Trauerfeier forderte Rudolf II. die Hofkammer nachdrücklich auf, dem Kammerdiener Hans Popp schnellstmöglich finanzielle Mittel zur Errichtung eines Castrum doloris zur Verfügung zu stellen, das im St. Veitsdom einen würdenvollen Rahmen für die Ausstellung und Lobpreisung der sterblichen Überreste des Kaisers bilden würde.[195] Wenig entschlussfreudig wandte sich Rudolf II. an den Bischof von Olmütz, der während der Totenmesse die Leichenpredigt halten sollte.[196] Umso nachdrücklicher erteilte er dann den Vertretern

---

191 Sněmy české V, S. 88.
192 Tolomeo Gallio an Giovanni Delfino (Rom, 4.3.1577) – A. Koller (Hrsg.), Nuntiaturberichte, Nr. 23, S. 67–68, hier S. 68, Giovanni Delfino an Tolomeo Gallio (Prag, 24.3.1577), Nr. 29, S. 79–83, hier S. 79–80.
193 Giovanni Delfino an Tolomeo Gallio (Prag, 16.3.1577) – ebd., Nr. 26, S. 74–75, hier S. 75.
194 Sněmy české V, S. 84, 124–125.
195 Ebd., S. 91–92; V. V. Tomek, Dějepis města Prahy XII, S. 273–274; zu Hans Popp J. Hausenblasová (Hrsg.), Der Hof, S. 401.
196 Sněmy české V, S. 121, 123–124.

der Geistlichkeit, des Adels und der Städte den Auftrag zur Lieferung frischer Fische für den Leichenschmaus.[197]

Besondere Aufmerksamkeit wurde der Sauberkeit in den Prager Straßen gewidmet.[198] Der Weg des Trauerzugs führte von der St. Jakobskirche zum Altstädter Ring und weiter über den Obstmarkt und an der St. Clemenskirche vorbei, über die Karlsbrücke bis in die Kleinere Prager Stadt, wo er dann unterhalb der Schlosstreppe zu dem im Bau befindlichen Palast der Herren von Neuhaus einbog und von dort aus den Hradschin hinanstieg, um im St. Veitsdom zu enden.[199] Über den gestampften Lehm der Straße und zahlreiche Pfützen wurden Holzstege gelegt, die auf dem Weg liegenden Treppen mussten eilig mit Latten überbrückt werden, um die Strecke auch für Pferde passierbar zu machen. In einigen Fällen war es sogar notwendig, Stadttore zu vergrößern, damit der Trauerzug in seiner gesamten Breite hindurchpassen würde. Entlang des ganzen Weges standen geharnischte Männer mit Schusswaffen und Lanzen, die ihre fest zugewiesenen Plätze die ganze Zeit über nicht verlassen durften.[200]

Entgegen der ursprünglichen Zeitplanung begann die Begräbnisfeier für Maximilian II. erst zwei Tage später. Der Grund für die Verzögerung war vermutlich das nicht rechtzeitig fertig gewordene Castrum doloris, das vor dem Hochaltar des Veitsdoms buchstäblich im letzten Augenblick komplettiert wurde.[201] Ludwig Haberstock berichtete noch am 18. März 1577 an Albrecht V. von Wittelsbach von den fieberhaften Abschlussarbeiten am Grabmal Ferdinands I. und Anna Jagiellos, das man zur Grablegung des Sarges mit den sterblichen Überresten Maximilians II. herrichten musste. Einige Passagen seiner Relation widmet der Agent des bayerischen Herzogs auch der Arbeit von Pietro Ferrabosco, der dreitausend Kerzenhalter anfertigte und anschließend im Veitsdom aufstellte.[202]

Am Freitag, dem 22. März 1577 nach zehn Uhr versammelten sich auf Anweisung Adams von Dietrichstein Hofleute in Trauerkleidung auf der Prager Burg. Sie formierten einen Trauerzug, der sich in Richtung Prager Altstadt in Bewegung setzte. Sein Ziel war die St. Jakobskirche, wo der aufgebahrte Sarg mit den sterblichen Überresten Maximilians II. ausgestellt wurde. An der Spitze

---

197 Ebd., S. 122–123.
198 V. V. Tomek, *Dějepis města Prahy* XII, S. 274.
199 Václav Ledvinka, *Dům pánů z Hradce pod Stupni (Příspěvek k poznání geneze a funkcí renesančního šlechtického paláce v Praze)*, Folia historica bohemica 10, 1986, S. 269–316.
200 R. Vocelka, *Die Begräbnisfeierlichkeiten*, S. 118; *Sněmy české* V, S. 130; Ludwig Haberstock an Albrecht V. von Wittelsbach (Prag, 18.3.1577) im Bayerischen Hauptstaatsarchiv München, Kurbayern Äußeres Archiv, Sign. 4333, nicht foliert.
201 R. Vocelka, *Die Begräbnisfeierlichkeiten*, S. 121.
202 Ludwig Haberstock an Albrecht V. von Wittelsbach (Prag, 18.3.1577) im Bayerischen Hauptstaatsarchiv München, Kurbayern Äußeres Archiv, Sign. 4333, nicht foliert.

ritten Rudolf II. in Begleitung seiner Brüder Ernst, Matthias und Maximilian, der bayerische Herzog Wilhelm V. von Wittelsbach sowie der Kölner Erzbischof Salentin von Isenburg. Die übrigen Hofleute und Adeligen machten sich zu Fuß auf den Weg. Der päpstliche Nuntius berichtete, dass sich in der Jakobskirche um den Sarg herum Dutzende Geistliche zum Gebet versammelten.[203] Der Erzbischof von Prag sang laut die Psalmen *De profundis* und *Pater noster* vor, um gemeinsam mit den anderen Trauergästen von dem Verstorbenen auf seinem letzten Weg Abschied zu nehmen.[204]

Gegen halb eins sah man aus der St. Jakobskirche einen Trauerzug herauskommen, „der seit Jahrhunderten in Prag nicht seinesgleichen hatte".[205] Mit der Anordnung der einzelnen Abschnitte wurden der Burggraf der Prager Burg Čeněk Mičan von Kleinstein und der kaiserliche Quartiermeister Hans Jakob Herbrot beauftragt. Hierzu stand ihnen die Beschreibung des Trauerzugs für Ferdinand I. zur Verfügung, die sie in der Reichshofkanzlei angefordert hatten.[206] Obwohl die Zusammensetzung der beiden Kondukte nur geringfügig voneinander abwich, kann es sehr aufschlussreich sein, sich insbesondere vor dem Hintergrund der Augenzeugenberichte einige Abschnitte näher anzusehen, auf die Unterschiede aufmerksam zu machen und ihre Bedeutung zu interpretieren.[207]

Wie bereits bei Abschiedszeremonie für Ferdinand I. durchdrangen sich in der Anordnung des Trauerzugs beim feierlichen Leichenbegängnis Maximilians II. zwei symbolische Ebenen. In Längsrichtung von vorne nach hinten

---

203 Giovanni Delfino an Tolomeo Gallio (Prag, 24.3.1577) – A. Koller (Hrsg.), *Nuntiaturberichte*, Nr. 31, S. 88–92.
204 R. Vocelka, *Die Begräbnisfeierlichkeiten*, S. 121.
205 *Sněmy české* V, S. 130.
206 Mit Quellenhinweisen G. Pálffy, *Die Repräsentation des Königreichs Ungarn*, S. 279. Zu Hans Jakob Herbrot näher J. Hausenblasová (Hrsg.), *Der Hof*, S. 370.
207 Falls nicht anders angegeben, stützen sich die Ausführungen zur Zusammensetzung des Trauerzugs für Maximilian II. auf die Schriftstücke im Haus-, Hof- und Staatsarchiv Wien, Familienakten, Kart. 61; Národní archiv Praha, Stará manipulace, Inv. Nr. 1580, Sign. K 1/15, Kart. 1052; *Sněmy české* V, S. 3–5, 130–133; J. Kolár (Hrsg.), *Marek Bydžovský z Florentina, Svět za tří českých králů*, S. 173–177; Z. Vybíral (Hrsg.), *Paměti Pavla Korky z Korkyně*, S. 142–144; A. Koller (Hrsg.), *Nuntiaturberichte*, Nr. 31, S. 88–92, Giovanni Delfino an Tolomeo Gallio (Prag, 24.3.1577); Ludwig Haberstock an Albrecht V. von Wittelsbach im Bayerischen Hauptstaatsarchiv München, Kurbayern Äußeres Archiv, Sign. 4333, nicht foliert (Prag, 23.3.1577, insbesondere Anhang des Berichts mit der Überschrift „*Aus Prag vom 22. Martii 77*", und 27.3.1577). Vgl. V. V. Tomek, *Dějepis města Prahy* XII, S. 276–279. Berücksichtigt wurde auch die Bildaussage des kolorierten Holzschnitts mit einigen Abbildungen des Trauerzugs. Hierzu *Renaissance in Österreich*, S. 123, Nr. 285 (Der Leichenzug Maximilians II.); das analysierte Original befindet sich im Germanischen Nationalmuseum Nürnberg, Kapsel 1243, Sign. HB 26 595. Der kolorierte Holzschnitt ist auf dem achten Blatt mit dem Datum 1577 zu sehen.

spiegelte sich in den einzelnen Stufen die pyramidenförmig gedachte hierarchische Ordnung der damaligen Gesellschaft wider, deren Gipfel durch den in der Mitte des Trauerzugs getragenen Körper des verstorbenen Herrschers repräsentiert war. In unmittelbarer Nähe des Verstorbenen gingen jene Personen, die eine Spitzenstellung in dieser Hierarchiepyramide einnahmen. Eine so gedachte Gesellschaftsordnung wurde im Kondukt durch die rangmäßig abgestufte Verteilung einzelner Vertreter des Hofstaats des verstorbenen Herrschers repräsentiert. In weitester Entfernung vom Sarg fanden sich Hofleute, die für die Sicherheit des Herrschers zuständig waren, in nächster Nähe dagegen höchste höfische Würdenträger. Die zweite Ebene folgte einer Ausrichtung von der Mitte zu den Rändern hin und transportierte die erhoffte Botschaft der Verherrlichung der irdischen Herrschaft Maximilians II. Als deren Abbild fungierten die im Kondukt getragenen Symbole, die in ihrer Anordnung einem festen, zentrifugal auf seinen vorderen Abschnitt hin ausgerichteten Schema folgten. Durch diese Ebene sollte gleichzeitig die Kontinuität der Herrschaftstradition des Hauses Habsburg demonstriert und affirmiert werden, wie die von der Mitte aus zum hinteren Ende hin gestaffelte Zusammensetzung des Trauerzugs belegte.

Vor dem Kondukt marschierten etwa sechs nichtadelige Männer mit Schützenbögen, gefolgt von drei Adeligen hoch zu Ross, weiter hinten dann mehrere Bürger mit Lanzen. In unmittelbarer Nähe dieser Gruppe, deren Aufgabe es war, dem Trauerzug unter Hunderten von Zuschauern einen freien Weg zu bahnen, bewegte sich der kaiserliche Quartiermeister Hans Jakob Herbrot, der höchstwahrscheinlich für das Verhalten der Bewaffneten verantwortlich war. In der Anordnung dieser Waffenträger spiegelte sich einmal mehr die gesellschaftliche Hierarchie wider. An der Spitze des Konduktes ging ein junger Priester im weißen Ornat und einem schwarzen Kreuz in der Hand, das den erwarteten Übergang der Seele des verstorbenen Maximilian II. von der irdischen Welt in die Ewigkeit symbolisieren sollte.[208] Die Anwesenheit von mehr als zweihundert Armen und Kranken in dunklen Kapuzenumhängen mit brennenden Kerzen und dem kaiserlichen Wappen in den Händen übertrug die leicht verständliche Botschaft der allgemeinen Ehrfurcht vor dem Tod und der Barmherzigkeit Gottes, in die die Seele des Verstorbenen eingeht.

Im Gegensatz zu anderen Augenzeugen, deren Berichten man Informationen über den Trauerzug für Maximilian II. entnehmen kann, ging der päpstliche Nuntius in seiner an Tolomeo Gallio adressierten Nachricht ausführlich auf die relativ zahlreich vertretenen Ordensgeistlichen – Augustiner, Dominikaner, Franziskaner und vor allem Jesuiten – sowie deren Schüler ein, die den Armen folgten. Er erwähnte weiterhin auch die Anwesenheit einiger Mitglieder

---

208 P. Král, *Smrt a pohřby*, S. 197.

der spanischen Bruderschaft vom Allerheiligsten Altarsakrament,[209] die mit brennenden Fackeln in der Hand die Aufmerksamkeit der Zuschauer auf sich zogen. In der Betonung der unersetzlichen Rolle der Ordensgeistlichkeit und der religiösen Bruderschaft im vorderen Abschnitt des Kondukts, wo sie das erwartete Seelenheil des Verstorbenen symbolisierten, erkennt man die Bestrebung des päpstlichen Gesandten, von Prag nach Rom das Bild einer konsequent katholischen Zeremonie zu vermitteln. Hinter den Geistlichen gingen etwa zweihundert Stadträte sowohl aus Prag als auch aus anderen Städten Böhmens, gefolgt von Vertretern der Universität, Hofbeamten, kaiserlichen Räten, Pagen und anderem niederen Hofpersonal mit brennenden Kerzen in der Hand.[210]

Näher zur Mitte des Kondukts hin waren zwanzig Trompeter und zwei Trommler zu sehen, hinter ihnen mit einigem Abstand der böhmische und der ungarische Herold in dunkler Kleidung mit Wappen der von ihnen vertretenen Länder. Der darauffolgende Abschnitt des Trauerzugs bis zum Trauerpferd diente der Verherrlichung der von Gott gesegneten Würde der kaiserlichen, königlichen und herzoglichen Macht sowie der Repräsentation der von Maximilian regierten Territorien. Der verstorbene Monarch wurde als Herrscher über ein ausgedehntes, aus verschiedenen Ländern und rechtsstaatlichen Einheiten bestehendes Staatengefüge präsentiert. Die Ausübung dieser Macht leitete sich von dem in Kaiser-, Königs- und Herzogswürde inkorporierten göttlichen Willen ab und erhielt im Kondukt durch das prunkvolle Defilee der Landeswappen seine konkrete Form. Jedes Herrschaftsgebiet der riesigen Monarchie Maximilians II. vertraten drei Adelige in dunkler Kleidung mit aufgesetztem Hut. Der an der Spitze einer jeden Gruppe gehende Mann trug eine Fahne mit aufgesticktem Landeswappen des jeweiligen Territoriums, die beiden anderen führten hinter ihm ein Pferd mit Federbusch, vergoldetem Geschirr und Samtschabracke, auf der mit goldenen Fäden Landeswappen desselben Herrschaftsgebiets aufgestickt waren.

Da Maximilian II. im Gegensatz zu Ferdinand I. der formale Titel eines spanischen Infanten nicht zustand, fehlten in seinem Trauerzug die Wappen von Aragon, Kastilien, Neapel, Sardinien und Sizilien. Obwohl Burgund genauso wenig zu den Herrschaftsterritorien des Verstorbenen gehörte, verwies dessen Landeswappen weit zurück auf den Beginn der Regierung Maximilians I. in den niederländischen Provinzen, in denen nach seiner Heirat mit Maria von Bur-

---

209 Vgl. V. V. Tomek, *Dějepis města Prahy* XII, S. 276.
210 Die Kosten für die einheitliche Trauerkleidung der Mitglieder des kaiserlichen Hofes wurden von der kaiserlichen Kammer erstattet. Dazu fragmentarische Rechnungsangaben im Haus-, Hof- und Staatsarchiv Wien, Hofkammerarchiv, Reichsakten, Fasz. 2.

gund die Grundlagen der habsburgischen Herrschaft gelegt worden waren.[211] Den Kernbesitz in den österreichischen Herzogtümern repräsentierten die Landeswappen von Ober- und Niederösterreich, wo Maximilian II. nach dem Tod seines Vaters die Herrschaft übernommen hatte.[212] Innerösterreich war im Trauerzug zwar auch durch vier Fahnen mit den Landeswappen der Steiermark, Kärntens, Krains und von Görz vertreten, tatsächlich stand es jedoch unter der Herrschaft von Maximilians jüngerem Bruder Karl von Steiermark.[213] Eine gemeinsame Fahne repräsentierte im Trauerzug Tirol und Vorderösterreich mit Pfirt, die schwäbischen und württembergischen Besitzungen sowie die alte Stammgrafschaft Habsburg, wo Ferdinand von Tirol seine Herrschaft aufbaute.[214] Die Wappen der einzelnen Länder von Inner- und Vorderösterreich sowie Tirol, in denen die jüngeren Brüder des Verstorbenen ihre herrschaftliche Souveränität geltend machten, spielten im Trauerzug eine wichtige Rolle, indem sie auf den Zusammenhalt der unter habsburgischer Herrschaft vereinten Territorien verwiesen.

Die Regentschaft Maximilians II. über die ungarischen Länder wurde im Zug durch die Fahne mit dem Wappen des Königreichs Ungarn repräsentiert.[215] Einen eher imaginären Charakter hatte die durch die drei Fahnen Dalmatiens, Kroatiens und Slawoniens sowie die gemeinsame Fahne für Bosnien, Bulgarien, Serbien, einen Teil Moldawiens und die Walachei behauptete Regierung Maximilians II., da sich die genannten Gebiete größtenteils unter Hoheit des Sultans befanden.[216] Die Herrschaft des Verstorbenen in den Ländern der Böhmischen Krone wurde durch vier Fahnen mit den Symbolen des Königreichs

---

211 Werner Paravicini, *Karel Smělý. Zánik domu burgundského*, Praha 2000, S. 104–105. Die Fahne mit dem Wappen Burgunds wurde im Trauerzug von Ernst Graf von Ortenburg getragen.
212 Die Fahne mit dem Wappen Oberösterreichs trug Georg Achatz von Losenstein, diejenige mit dem Wappen Niederösterreichs Heinrich von Hardegg.
213 Die Fahne mit dem Wappen der Steiermark wurde von Friedrich Hofmann von Grünpüchl getragen, diejenige mit dem Wappen von Kärnten von Christoph Moritz Khevenhüller, die mit dem Wappen Krains von Andreas von Auersperg, die Fahne mit dem Wappen von Görz trug Raimund von Thun. Die Namen der adeligen Träger der Fahnen mit den Wappen der innerösterreichischen Länder finden sich in den Verzeichnissen im Haus-, Hof- und Staatsarchiv Wien, Hofkammerarchiv, Reichsakten, Fasz. 202.
214 Die gemeinsame Fahne für Tirol, Vorderösterreich mit Pfirt, Besitzungen in Schwaben und Württemberg sowie die Grafschaft Habsburg trug Pavel Sixt Trautson.
215 Die Fahne mit dem Wappen des Königreichs Ungarn wurde von Franz Dobó getragen.
216 G. Pálffy, *Die Repräsentation des Königreichs Ungarn*, S. 277, 279. Die Fahne mit dem Wappen Dalmatiens trug Nikolaus Pálffy, diejenige mit dem Wappen Kroatiens Wolfgang Kendi, diejenige mit dem Wappen Slawoniens vermutlich Stephan Bockai, die gemeinsame Fahne für Bosnien, Bulgarien, Serbien, einen Teil Moldawiens und die Walachei vermutlich Alexander Sennyey.

Böhmen, Mährens, Schlesiens und dem gemeinsamen Wappen von Nieder- und Oberlausitz zur Schau getragen.[217]

Die prunkvolle Repräsentation der territorialen Macht des verstorbenen Monarchen fand ihren Höhepunkt in der Darstellung seiner Herrschaft über das Römisch-deutsche Reich. Seine politische Macht im Reichsgebiet repräsentierten eine große und eine kleinere Fahne mit dem Doppeladler: „Dann wurden zwei Fahnen des heiligen Reiches getragen, die durch den Glanz des Goldes die umstehenden Zuschauer blendeten und auf denen ein schwarzer Adler mit ausgebreiteten Flügeln kunstvoll aufgemalt war. Eine von ihnen kleiner, die andere größer, und für beide konnten vier Grafen kaum die Kraft aufbringen."[218]

Der Verstorbene wurde bei dieser Territorialschau durch ein Trauerpferd vertreten, das einen schwarzen, golddurchwirkten Überwurf trug und von Karl II. von Münsterberg und Peter Wok von Rosenberg geführt wurde. Eine weitere Verzierung bildete ein großes Kreuz aus weißem Atlas mit darum herum aufgestickten Insignien der kaiserlichen Würde und Macht. Ob das Trauerpferd auch mit dem Motiv gekreuzter trockener Ölzweige geschmückt war, das beim Begräbnis Ferdinands I. die christliche Friedensbotschaft und die Bitten um Versöhnung verkündet hatte, lässt sich anhand der erhaltenen Quellen nicht feststellen.

Der Abschnitt des Konduktes hinter dem Trauerpferd war insbesondere den kaiserlichen Kaplanen, Prioren, Pröpsten und Äbten vorbehalten, die durch die Pracht ihrer Mitren und Pluviale die Aufmerksamkeit des päpstlichen Nuntius auf sich zogen. Abgeschlossen wurde diese große Gruppe von Geistlichen von Bischöfen,[219] angeführt vom Olmützer Bischof Johann XVIII. Mezon von Teltsch, der hier in Vertretung des erkrankten Erzbischofs von Prag Anton Brus von Müglitz anwesend war. Hinter ihm waren der Bischof von Veszprém István Fejérkövi, der Bischof der Wiener Neustadt Lambert Grueter sowie der Wiener Bischof Johann Caspar Neubeck zu sehen.[220] Insgesamt fand der

---

217 Die Fahne mit dem Wappen des Königreichs Böhmen trug Wenzel Zajíc von Hasenburg, diejenige mit dem Wappen der Markgrafschaft Mähren Zacharias von Neuhaus, die Fahne mit dem Wappen der schlesischen Fürstentümer wurde von Johann von Oppersdorf getragen, die gemeinsame Fahne mit dem Wappen der Nieder- und Oberlausitz dann von Johann von Schleinitz.

218 *Sněmy české* V, S. 131. Zitat in sinngemäßer deutscher Übersetzung. Die kleine Reichsfahne wurde von Konrad d. Ä. von Bemelsberg getragen, die große Reichsfahne von Wolf von Eisenburg.

219 Ein Verzeichnis mit Namen erwarteter Bischöfe und Äbte im Leichenzug Maximilians II. befindet sich im Haus-, Hof- und Staatsarchiv Wien, Hofkammerarchiv, Reichsakten, Fasz. 2.

220 Die Teilnahme des Bischofs von Wien ist durch den Bericht des päpstlichen Gesandten Giovanni Delfino an Tolomeo Gallio (Prag, 24.3.1577) belegt – A. Koller (Hrsg.), *Nuntiaturberichte*, Nr. 31, S. 88–92.

päpstliche Nuntius für die Vertretung der Geistlichkeit aus den böhmischen, österreichischen und ungarischen Ländern im Leichenkondukt Maximilians II. vorwiegend lobende Worte, verstimmt war er jedoch über die Abwesenheit des Breslauer Bischofs Martin von Gerstmann, der sich wegen einer schmerzhaften Gichterkrankung entschuldigt hatte.[221]

Den Bischöfen folgten sodann Dutzende Hofleute mit brennenden Fackeln, in deren strahlendem Schein die Pracht der herrschaftlichen Insignien bei beginnender Abenddämmerung umso deutlicher hervortrat. Wie bereits Ferdinand I. zwölf Jahre zuvor wurde nun auch Maximilian II. als christlicher Ritter dargestellt, der von Gottes Gnaden mit der kaiserlichen und den königlichen Würden seiner irdischen Herrschaft belehnt worden war. Die Tugenden eines solchen spiegelten sich in den Funeralwaffen wider – dem Orden vom Goldenen Vlies, dem Funeralhelm mit Kaiserkrone, dem großen kaiserlichen Schild sowie dem Harnisch mit dem Doppeladler.[222]

Konkrete Verweise auf die Regierung Maximilians II. wurden durch die Krönungskleinodien der beiden Königreiche Böhmen und Ungarn sowie diejenigen des Römisch-deutschen Reiches gegeben. Der Oberstmarschall des Königreichs Böhmen Jaroslav Smiřický von Smiřice trug das Königsschwert, der Oberstschreiber Michal Španovský von Lisov in Begleitung des Unterkämmerers der königlichen Städte Burian Trčka von Lípa sowie des Burggrafen von Karlstein Johann Vchynský von Vchynice das Königszepter. Dem Obersten Landrichter Adam von Schwanberg, dem Obersten Kanzler Wratislaw von Pernstein und dem Obersten Hofrichter Johann von Waldstein wurde der Königsapfel anvertraut. „Die prächtige, aus reinstem Gold gefertigte und mit den kostbarsten Perlen und Edelsteinen besetzte, in strahlendem Glanz erscheinende Krone des Königreichs Böhmen, die Blanca, Gemahlin des Kaisers Karl IV., mit großem Aufwand anfertigen ließ," wurde den Zuschauern vom Oberstburggraf Wilhelm von Rosenberg vorgeführt.[223]

Die ungarischen Krönungskleinodien, bestehend aus Schwert, Zepter, Apfel und der Stephanskrone, wurden im Trauerzug von András Balassi, Ferenc Nádasdy, Ferenc Revay und Boldizsár Batthyány getragen.[224] „Die Reichsfürsten, würdevoll hintereinander schreitend, zeigten das Schwert, das Zepter, den Apfel und die ebenfalls mit Gold und Perlen sehr schön verzierte Krone vor."[225] Das Reichsschwert befand sich in der Obhut des Erbmarschalls des

---

221 Ebd.
222 Den Orden vom Goldenen Vlies trug Rudolf Khuen von Belassy, den Funeralhelm mit Kaiserkrone Jakob von Tannhaus, den großen kaiserlichen Schild Albrecht von Fürstenberg gemeinsam mit Johann von Salm, den Harnisch Gottfried von Öttingen.
223 Sněmy české V, S. 131. Zitat in sinngemäßer deutscher Übersetzung.
224 G. Pálffy, Die Repräsentation des Königreichs Ungarn, S. 280.
225 Sněmy české V, S. 131. Zitat in sinngemäßer deutscher Übersetzung.

Römisch-deutschen Reiches und gleichzeitigen Trabantenhauptmanns Konrad von Pappenheim, Wilhelm von Öttingen zeigte das Reichszepter vor, Joachim von Ortenburg trug den Reichsapfel und Günther von Schwarzburg die Kaiserkrone. Obwohl die beiden letztgenannten Reichsadeligen im Gegensatz zu den beiden erstgenannten Anhänger der lutherischen Konfession waren, trugen sie also während der katholischen Trauerfeier die Insignien der kaiserlichen Macht.[226] Beschlossen wurde die Exposition der böhmischen, der ungarischen und der Reichsinsignien herrschaftlicher Macht von zwei Reichsherolden.

Die zentrale Stellung im Kondukt nahm der aufgebahrte Sarg ein, bedeckt mit einem schwarzen, golddurchwirkten Überwurf mit aufgestickten Kreuz aus weißem Atlas, seitlich mit Wappen des Römisch-deutschen Reiches verziert. Dem Augenzeugenbericht Pavel Korkas von Korkyně zufolge, der an der Überführung der sterblichen Überreste des verstorbenen Herrschers teilnahm, marschierten beiderseits der Bahre jeweils zwölf Männer aus hohem und niederem Adelsstand.[227] Die Zahl der als Begleitung des Sargs ausgewählten Männer sollte wiederum als Anspielung auf die gleiche Zahl der Apostel verstanden werden und damit – ähnlich wie im Leichenbegängnis Ferdinands I. – als Verkörperung von Gottes Ordnung auf Erden, die der gerechte und weise Herrscher Maximilian II. zu verwirklichen vermochte. Der päpstliche Nuntius bemerkte weiter, dass der Sarg mit dem Verstorbenen so schwer und der Weg von der Jakobskirche in den Veitsdom so lang war, dass sich die Adeligen beim Tragen der Bahre mehrmals abwechseln mussten. Da er selbst in unmittelbarer Nähe des Sargs ging, kann man wohl seiner Angabe Glauben schenken, dass sich insgesamt achtundvierzig adelige Männer an der Überführung der sterblichen Überreste in die Hauptkirche des Königreichs Böhmen beteiligten.[228] Diese Zahl ist aber vermutlich nicht primär im Zusammenhang mit der notwendigen Abwechslung beim Tragen des Sargs zu sehen, sondern sollte auf der symbolischen Ebene in vier mal zwölf zerlegt – den umstehenden Zuschauern verkünden, dass das Abbild von Gottes Ordnung auf Erden von einem Herrscher verwirklicht wurde, der mit den vier Kardinaltugenden ausgestattet war: Tapferkeit, Gerechtigkeit, Klugheit und Besonnenheit.[229] Von eben

---

226 Die Goldene Bulle sah nicht vor, welche Hofleute mit dem Vorzeigen der Insignien kaiserlicher Macht beauftragt werden sollten. Hierzu R. Vocelka, *Die Begräbnisfeierlichkeiten*, S. 125; Haus-, Hof- und Staatsarchiv Wien, Oberhofmeisteramt, Sonderreihe, Nr. 50, Kart. 183 (Hofstaatsverzeichnis, 12.12.1574).
227 Z. Vybíral (Hrsg.), *Paměti Pavla Korky z Korkyně*, S. 141–142. Übereinstimmend V. V. Tomek, *Dějepis města Prahy* XII, S. 276.
228 Vgl. Giovanni Delfino an Tolomeo Gallio (Prag, 24.3.1577) – A. Koller (Hrsg.), *Nuntiaturberichte*, Nr. 31, S. 88–92.
229 Jan Royt – Hana Šedinová, *Slovník symbolů. Kosmos, příroda a člověk v křesťanské ikonografii*, Praha 1998, S. 19.

diesen Tugenden seien alle seine Taten bestimmt worden, die er zum Erhalt des Gemeinwohls in den ihm von Gottes Gnaden überantworteten Ländern vollbrachte.

Die Anordnung des Trauerzugs im Abschnitt hinter dem Sarg sollte verdeutlichen, dass die Botschaft des politischen Körpers Maximilians II. auf seine unmittelbar der Bahre folgenden männlichen Nachkommen überging. An der Spitze war der älteste Sohn Rudolf II. mit verhülltem Gesicht zu sehen. Mit einigem Abstand folgte Maximilians zweitgeborener Sohn Erzherzog Ernst, mit dem päpstlichen Nuntius Giovanni Dolfin zu seiner Rechten und dem spanischen Gesandten Francisco Hurtado de Mendoza y Fajardo, Graf von Monteagudo, zur Linken.[230] Dem dritten Sohn des verstorbenen Kaisers, Erzherzog Matthias, war der Platz hinter den beiden älteren Brüdern vorbehalten, wo er in Begleitung der Gesandten der jüngeren Brüder Maximilians II. Ferdinand von Tirol und Karl von Steiermark ging. In einiger Entfernung hinter dieser Formation folgte dann der vierte Sohn des verstorbenen Herrschers, Erzherzog Maximilian. Er war in der Mitte zwischen seinem Cousin, dem bayerischen Herzog Wilhelm V. von Wittelsbach und dem Gesandten von Wilhelm V., Herzog von Jülich-Kleve-Berg und Gemahl von Maximilians Schwester Maria zu erkennen. Hinter ihnen folgten der Kölner Erzbischof Salentin von Isenburg sowie die Gesandten der beiden anderen geistlichen Kurfürsten – des Mainzer Erzbischofs Daniel Brendel von Homburg und des Erzbischofs von Trier Jakob III. von Eltz.

Die Tatsache, dass der päpstliche Nuntius in seiner Beschreibung des Leichenkondukts Maximilians II. den unmittelbar hinter dem aufgebahrten Sarg gehenden Personen so große Aufmerksamkeit widmete, lässt sich im Wesentlichen auf zwei Ursachen zurückführen. Zum einen wurde durch die detaillierte Darstellung der Hierarchie der verwandtschaftlichen Beziehungen unter den nächsten Hinterbliebenen, denen die Plätze unmittelbar hinter dem Sarg vorbehalten waren, die Übernahme der Botschaft des politischen Körpers des Kaisers in Erinnerung gerufen und gleichzeitig die Einigkeit der österreichischen Linie des Hauses Habsburg sowie deren Verbundenheit mit den führenden Adelsgeschlechtern im Römisch-deutschen Reich betont. Darüber hinaus verfolgte der Verfasser dieses Berichts, der die meisten in der nächsten Nähe des Sarges schreitenden Trauergäste namentlich kannte, noch ein anderes wichtiges Ziel. Nicht nur die engsten Familienmitglieder, sondern auch die weiteren Verwandten wie die bayerischen Herzöge oder der Herzog von Jülich-Kleve-Berg, die persönlich oder in Vertretung eines Gesandten Ehrenplätze in der Nähe der Bahre einnahmen, galten als Stützen des katholischen Glaubens im

---

230 Zu ihm näher Pavel Marek, *La embajada española en la corte imperial (1558–1641). Figuras de los embajadores y estrategias clientelares*, Praha 2013, S. 62–74.

Römisch-deutschen Reich. Die dem päpstlichen Nuntius, dem spanischen Gesandten, dem Kölner Erzbischof sowie den Gesandten der Erzbischöfe von Mainz und Trier zugewiesenen Ehrenplätze bedeuteten nicht nur eine besondere Ehrerbietung für den Verstorbenen, sondern symbolisierten auch die seinen Nachfolgern zu gewährende Unterstützung sowie die Bestätigung und Verherrlichung der Tradition katholischer Herrschaft innerhalb der habsburgischen Dynastie.

Im Einklang mit der Absicht des päpstlichen Nuntius, solcherart ein konsequent katholisches Bild der Trauerfeierlichkeiten für Maximilian II. zu konstituieren, stand auch die wesentlich knapper gehaltene Erwähnung der Anwesenheit weltlicher Kurfürsten lutherischer Konfession, wie August von Sachsen oder den Gesandten Johann Georgs von Brandenburg oder Ludwigs VI. von der Pfalz, denen man unter den Ehrengästen Plätze in äußerster Entfernung vom Sarg zugewiesen hatte, wo sie in den Augen des päpstlichen Nuntius die Übernahme der Botschaft des politischen Körpers in der konsistent katholischen Welt des Hauses Habsburg und dessen Verbündeter gleicher Konfession nicht gefährden konnten. Auch der Agent des bayerischen Herzogs Ludwig Haberstock vermittelte in seiner nach München gesandten Relation das Bild eines katholischen Begräbnisses, im Vergleich zu Giovanni Dolfin ging er allerdings weit ausführlicher auf die dem sächsischen Kurfürsten sowie den Gesandten der Kurfürsten von Brandenburg und der Pfalz zugewiesenen Ehrenplätze im Leichenkondukt ein.[231] Erst hinter ihnen folgten „in großer Zahl Herren und Ritter sowie weitere Teilnehmer aus den Reihen der Bediensteten und des gemeinen Volks."[232]

Der dem päpstlichen Nuntius gebührende vorrangige Platz unter den nächsten Hinterbliebenen, direkt hinter dem ältesten Sohn des verstorbenen Kaisers, löste heftigen Unwillen bei Angehörigen des Reichsfürstenstandes aus, die diesen besonderen, prominenten Platz, also noch vor dem päpstlichen Nuntius, für sich beanspruchten. Einige Anspielungen in der Berichterstattung des Nuntius, der darin leicht verärgert die Empörung des Kölner Erzbischofs Salentin von Isenburg über die Nichteinhaltung der Prinzipien des zeremoniellen Vorrangs schilderte, lassen vermuten, dass es eben dieser Giovanni Dolfin war, der einen wesentlich Einfluss auf die Anordnung der Personen hinter dem Sarg hatte und auf diese Weise die von Rudolf II. festgelegte Hierarchie unterlief.[233] Ein ähnliches Verhalten wie der päpstliche Nuntius legten auch einige

---

231 Ludwig Haberstock an Albrecht V. von Wittelsbach (Prag, 27.3.1577) im Bayerischen Hauptstaatsarchiv München, Kurbayern Äußeres Archiv, Sign. 4333, nicht foliiert.
232 *Sněmy české* V, S. 132. Zitat in sinngemäßer deutscher Übersetzung.
233 Giovanni Delfino an Tolomeo Gallio (Prag, 24.3.1577) – A. Koller (Hrsg.), *Nuntiaturberichte*, Nr. 31, S. 88–92.

auswärtige Gesandte am kaiserlichen Hof an den Tag, die entgegen dem höfischen Zeremoniell einen privilegierten Zugang zum Herrscher bei höfischen Festen für sich beanspruchten, weil sie davon überzeugt waren, dass mit der diplomatischen Vertretung gleichzeitig auch die gesellschaftliche Stellung der vertretenen Person auf sie überginge. Diese Auffassung stieß jedoch auf den Widerwillen höhergeborener Personen, die altehrwürdigen Adelsgeschlechtern entstammten.[234]

Der abschließende Teil des Kondukts wurde vom Hauptmann der kaiserlichen Leibgarde Wolf Georg Gillus angeführt,[235] gefolgt von Personen, die entlang des ganzen Weges goldene und silberne Gedenkmünzen unter die Zuschauer warfen.[236] Plötzlich wurde das bis dahin würdevoll verlaufende letzte Geleit für Maximilian II. durch ein Handgemenge unter den Zuschauern gestört, die auf dem Wegabschnitt zwischen Altstädter Ring und Obstmarkt ungestüm über die Münzen herfielen.[237] In der entstandenen Panik riefen mehrere Stimmen, dass Rudolf II. ermordet worden sei und die Prager Neustadt brenne. Beides waren jedoch nur Gerüchte. Der älteste Sohn Maximilians hatte seinen Platz nicht verlassen, sondern wurde sofort von kaiserlichen Trabanten mit gezogenen Schwertern umstellt, die seine Unversehrtheit schützen sollten. Die obersten Landesbeamten Böhmens mit den Krönungsinsignien hatten jedoch nicht wenig Angst um ihre Sicherheit. Michal Španovský von Lisov verließ sogar eilig den Kondukt und versteckte das Königszepter unter seinem Mantel. Wilhelm von Rosenberg blieb nach kurzem Zögern stehen und wartete, dass Pavel Korka von Korkyně und Bernhard Hodějovský von Hodějov herbeieilten, um mit der Waffe in der Hand die Wenzelskrone vor dem Verlust zu schützen. Der Oberstburggraf des Königreichs Böhmen versteckte sie denn auch schnell unter seinem Trauermantel. Nach der Aussage von Pavel Korka von Korkyně dauerte das Durcheinander etwa fünfzehn Minuten. Er bemerkte auch zahlreiche liegengebliebene Pluviale, Mitren und gebrochene Bischofsstäbe, die die Geistlichen bei der überstürzten Flucht in umliegende Häuser fallen ließen,

---

234 Zu den Streitigkeiten über den Vorrang am kaiserlichen Hof näher Václav Bůžek a kolektiv, *Společnost českých zemí v raném novověku. Struktury, identity, konflikty*, Praha 2010, S. 470–480.
235 J. Hausenblasová (Hrsg.), *Der Hof*, S. 322–323.
236 Hierzu näher R. Vocelka, *Die Begräbnisfeierlichkeiten*, S. 121.
237 *Sněmy české* V, S. 132; J. Kolár (Hrsg.), *Marek Bydžovský z Florentina, Svět za tří českých králů*, S. 176–177; Z. Vybíral (Hrsg.), *Paměti Pavla Korky z Korkyně*, S. 142–144; Jiří Dvorský, *Pražské paměti Jana Piláta Rakovnického z Jenštejna z let 1575–1605*, Pražský sborník historický 7, 1972, S. 161–172, hier S. 170–171; Giovanni Delfino an Tolomeo Gallio (Prag, 24.3.1577) – A. Koller (Hrsg.), *Nuntiaturberichte*, Nr. 31, S. 88–92; Ludwig Haberstock an Albrecht V. von Wittelsbach (Prag, 23.3.1577 und 24.3.1577) im Bayerischen Hauptstaatsarchiv München, Kurbayern Äußeres Archiv, Sign. 4333, nicht foliiert; V. V. Tomek, *Dějepis města Prahy* XII, S. 277–278.

um dort in den Kellern ein sicheres Versteck zu finden.[238] Ludwig Haberstock berichtete, dass Rudolf II. von dem wirren Gerangel, in dem vier kleine Kinder zu Tode getrampelt wurden, nur etwa zweihundert Schritte entfernt stand.[239]

Die feige Flucht der Geistlichen schilderte auch der päpstliche Nuntius in seiner Relation nach Rom. Im gleichen Atemzug entschuldigte er jedoch deren Verhalten mit der Angst vor Deutsch sprechenden bewaffneten Personen, die Rudolf II. – in seinen Augen eine feste Stütze des katholischen Glaubens – überfallen haben sollten.[240] Auch Ludwig Haberstock erwähnte in seinem Bericht nach München diesen Vorfall, in seiner Darstellung waren die Prälaten allerdings nicht vor Deutsch sprechenden Bewaffneten geflüchtet.[241] Pavel Korka von Korkyně mahnte zwar im Zusammenhang mit der unübersichtlichen Lage die Bewohner des Königreichs Böhmen zur Eintracht und Rücksicht gegenüber Deutsch sprechenden Personen, beurteilte aber den während der Trauerfeier entstandenen Aufruhr nicht aus der Sicht eines deutsch-tschechischen Konflikts. Er zeigte sich vielmehr besorgt über die religiöse Intoleranz im Land, denn er kannte die Folgen von Auseinandersetzungen zwischen Anhängern der Reformation und des Katholizismus im Römisch-deutschen Reich aus eigener kriegerischer Erfahrung. Daher warnte er mit Nachdruck vor einer solchen Situation: „Oh, ihr Böhmen, seid liebevoller zueinander, damit ihr die anderen Nationen nicht so fürchten müsst. Steht einander bei, fürchtet nur den Himmelskönig, legt ab euren Hochmut und Neid."[242]

Mit Blick auf die Spannungen zwischen Utraquisten, Lutheranern und Brüder-Unität auf der einen und Katholiken auf der anderen Seite, die im Zuge des von Maximilian II. verhängten Verbots von Druck und Verbreitung der Böhmischen Konfession noch gewachsen waren, stützte sich Korka bei seiner Warnung auf profunde Kenntnisse der konfessionellen Verhältnisse im Königreich Böhmen. Der utraquistisch gesinnte Marek Bydžovský von Florentinum war sogar der Meinung, dass das Handgemenge auf dem Wegabschnitt zwischen Altstädter Ring und Obstmarkt in der angespannten religiösen Lage im Land ohne weiteres in eine zweite Bartholomäusnacht, während der in Paris Tausende Hugenotten ums Leben gekommen waren, hätte ausarten können. Die bewaffneten Jesuiten aus der St. Clemenskirche, die im ruhigen

---

238 Z. Vybíral (Hrsg.), *Paměti Pavla Korky z Korkyně*, S. 143.
239 Ludwig Haberstock an Albrecht V. von Wittelsbach (Prag, 23.3.1577) im Bayerischen Hauptstaatsarchiv München, Kurbayern Äußeres Archiv, Sign. 4333, nicht foliert.
240 Giovanni Delfino an Tolomeo Gallio (Prag, 24.3.1577) – A. Koller (Hrsg.), *Nuntiaturberichte*, Nr. 31, S. 88–92.
241 Ludwig Haberstock an Albrecht V. von Wittelsbach (Prag, 24.3.1577) im Bayerischen Hauptstaatsarchiv München, Kurbayern Äußeres Archiv, Sign. 4333, nicht foliert.
242 Z. Vybíral (Hrsg.), *Paměti Pavla Korky z Korkyně*, S. 143. Zitat in sinngemäßer deutscher Übersetzung.

Trauerzug Panik und Chaos ausgelöst haben sollen, bezichtigte er vor diesem Hintergrund der Anstiftung zu religiöser Intoleranz in Böhmen.[243]

Etwa zwei Stunden, nachdem sich die Situation beruhigt hatte, kam der Leichenkondukt mit den sterblichen Überresten Maximilians II. während der Abenddämmerung im Veitsdom an. Vor dem Eingang zum heiligen Raum hielten die Kranken und Armen an. Sie löschten die Kerzen und knieten nieder, um für das Seelenheil des verstorbenen Herrschers zu beten. Beim Anblick des vor dem Hochaltar errichteten Castrum doloris fühlte sich der päpstliche Nuntius derart hingerissen, dass er sich in seiner nach Rom gesandten Relation über den Verlauf des letzten Geleits für Maximilian II. in einer detaillierten Schilderung der vollendeten, kunstvollen Schönheit und Pracht des Trauergerüsts erging.[244] In weiterer Entfernung wurden um das Castrum doloris herum Holzsockel aufgestellt, in die unter der Aufsicht des Oberstkämmerers Wolf Rumpf von Wielross die im Kondukt mitgeführten Fahnen mit den Wappen der Länder unter Maximilians Herrschaft aufgesteckt wurden. In unmittelbarer Nähe des Trauergerüsts befanden sich Stühle für die Familienangehörigen des verstorbenen Kaisers und die angesehensten Ehrengäste.

Das Fundament des Castrum doloris bildete eine erhöhte rechteckige Holzkonstruktion, bespannt mit schwarzem Tuch, auf dem die Kaiserwappen prunkten. In jeder Ecke dieses Podests erhob sich eine Herkulessäule mit leuchtender Kerzenpyramide auf dem Kapitell, vermutlich als Verweis auf die imaginäre Grenze zwischen der irdischen Welt und der Ewigkeit. Auf der Basis einer jeden Lichtpyramide saß auf einem Ziersims eine Engelsfigur, eine Kugel oder ein Blatt in den Händen haltend. Auch diese beiden Gegenstände waren mit zahlreichen Kerzen besetzt, so dass das Antlitz der Engel in ihrem Lichtschein leuchtete. In der Mitte zwischen den Pyramiden hing eine große Kaiserkrone, über der noch eine zweite, kleinere schwebte, die möglicherweise die Herrschaft Maximilians II. im Königreich Böhmen, dem Ort der gerade stattfindenden Trauerfeierlichkeiten symbolisierte. Beide waren aus farbigem Glas gefertigt, in dem sich das flackernde Kerzenlicht von den Lichtpyramiden widerspiegelte und die Kronen im abendlichen Dämmerlicht der Kirche wie zwei kostbare Juwelen erleuchten ließ, wie der päpstliche Nuntius in seinem Bericht eindrucksvoll schilderte. Verstärkt wurde der Effekt zusätzlich noch durch etwa dreitausend weitere Kerzen, die sich nicht nur auf den oberen Teilen der Pyramiden befanden, sondern auch an den Seilen und der Hängevorrichtung für

---

243 J. Kolár (Hrsg.), *Marek Bydžovský z Florentina, Svět za tří českých králů*, S. 176–177; vgl. Josef Dostál, *Ohlas Bartolomějské noci na dvoře Maxmiliána II.*, Český časopis historický 37, 1931, S. 335–349.
244 Vgl. Giovanni Delfino an Tolomeo Gallio (Prag, 24.3.1577) – A. Koller (Hrsg.), *Nuntiaturberichte*, Nr. 31, S. 88–92.

die beiden Kaiserkronen befestigt waren. Im Halbdunkel des Kircheninneren evozierte ihr Glanz den sternbesäten Nachthimmel.

Der Sarg mit dem Leichnam des Kaisers wurde nach der Ankunft des Trauerzugs vor den Hochaltar getragen und dort auf einen quadratischen, über dem Podest des Castrum doloris errichteten Katafalk gelegt. An den Rändern des Katafalks stellten adelige Personen die im Trauerzug getragenen Funeralwaffen des verstorbenen Herrschers auf, die die Tugenden eines christlichen Ritters verkörperten. Der päpstliche Nuntius erwähnte in seiner nach Rom gesandten Relation den Orden vom Goldenen Vlies, den Funeralhelm mit Kaiserkrone, den großen kaiserlichen Schild und den mit dem Doppeladler verzierten Harnisch. Der Nuntius war vermutlich der einzige unter den Trauergästen, der eine detaillierte Beschreibung des Castrum doloris hinterließ – in den Erinnerungen Pavel Korkas von Korkyně finden sich jedoch auch Reminiszenzen an die Trauerfeier, unter denen insbesondere der eindrucksvoll strahlende Glanz der Kerzen, Fackeln und Laternen im düsteren Kirchenraum hervorstach.[245]

Das für Maximilian II. im Veitsdom errichtete Castrum doloris erinnerte in seiner Ausführung an eine römische Kirche mit dorischen Säulen, Pyramidendach und reichverziertem, hell erleuchtetem Gewölbe.[246] Ähnliche Konstruktionselemente waren an den Trauergerüsten für Karl V. in Augsburg und Ferdinand I. in Wien zu finden, die demjenigen im Prager Veitsdom mit größter Wahrscheinlichkeit als Vorbild dienten. Die in vertikaler Richtung verlaufende symbolische Achse, die den auf dem Katafalk aufgebahrten Körper des verstorbenen Kaisers mit der über ihm schwebenden, im hell erleuchteten Gewölbe zwischen den Pyramidenspitzen aufgehängten Kaiserkrone verband, verwies – nicht zuletzt durch den strahlenden Widerschein der flackernden Kerzen, der absichtlich die visuelle Aufmerksamkeit der Trauergäste auf sich zog[247] – auf die erwartete Erlösung der Seele des Verstorbenen und den Triumph der Ewigkeit des politischen Körpers Maximilians II. Die auf dem imaginären höchsten Punkt des Gewölbes des Castrum doloris zwischen Himmel und Erde platzierte Kaiserkrone sollte als Bestätigung der Ausschließlichkeit der Position des Kaisers auf dem Gipfel der hierarchischen Pyramide der frühneuzeitlichen Gesellschaft verstanden werden und verherrlichte die Heiligkeit seiner irdischen Herrschaft. Vor dem Hintergrund der Tradition des römischen Kaisertums, zu

---

245 Z. Vybíral (Hrsg.), *Paměti Pavla Korky z Korkyně*, S. 143–144. In seinem Bericht nach München widmete Ludwig Haberstock dem Castrum doloris lediglich eine knappe Beschreibung. Vgl. Ludwig Haberstock an Albrecht V. von Wittelsbach (Prag, 27.3.1577) im Bayerischen Hauptstaatsarchiv München, Kurbayern Äußeres Archiv, Sign. 4333, nicht foliert.

246 Michael Brix, *Trauergerüste für die Habsburger in Wien*, Wiener Jahrbuch für Kunstgeschichte 26, 1973, S. 208–265, hier S. 210.

247 Vgl. insbesondere Giovanni Delfino an Tolomeo Gallio (Prag, 24.3.1577) – A. Koller (Hrsg.), *Nuntiaturberichte*, Nr. 31, S. 88–92.

der sich die Habsburger mit gehörigem Pomp bekannten,[248] repräsentierte der Triumph der Ewigkeit des politischen Körpers Maximilians II. seinen Aufstieg in den Olymp des dauerhaften Ruhms, dessen öffentliche Inszenierung sich vor den Augen der anwesenden Trauergäste vollzog.

Nachdem der Sarg mit dem Leichnam des Kaisers auf dem inmitten des Castrum doloris errichteten Katafalk ausgestellt worden war, begann laut Augenzeugenberichten der „actus".[249] Ähnlich wie beim Begräbnis Ferdinands I. stellten sich die Trauergäste in mehreren konzentrischen Kreisen um den Sarg herum auf und verkörperten auf diese Weise im sakralen Raum die soziale Pyramide der hierarchisch aufgebauten Gesellschaftsordnung. In der unmittelbaren Nähe des Sargs saß auf einer erhöhten Stelle unter einem Baldachin der älteste Sohn des verstorbenen Kaisers Rudolf II. Angesichts der Abwesenheit der Witwe Kaiserin Maria und der hinterbliebenen Töchter sowohl im Leichenkondukt als auch während der am Abend des 22. März 1577 im Veitsdom abgehaltenen Trauerzeremonie kann man von einer Geschlechtertrennung bei der Trauerfeier ausgehen. Neben Rudolf II. nahmen seine jüngeren Brüder Ernst, Matthias und Maximilian Platz, um von ihrem Vater zum letzten Mal Abschied zu nehmen.

Da der päpstliche Nuntius direkt neben Erzherzog Ernst in der Nähe des Castrum doloris stand, hatte er einen sehr guten Überblick über Personen, die den Ort des Geschehens in einem dichten Kreis umgaben.[250] Neben Maximilians Söhnen und dem päpstlichen und spanischen Gesandten standen dort noch der Erzbischof von Köln, die Gesandten der Erzbischöfe von Trier und Mainz sowie die Gesandten Ferdinands von Tirol und Karls von Steiermark. Den anderen, mit dem verstorbenen Herrscher nicht verwandten Personen, d. h. dem Kurfürsten von Sachsen sowie den Vertretern des brandenburgischen und des pfälzischen Kurfürsten wie den obersten Landes- und Hofbeamten, die im Leichenkondukt die Funeralwaffen und Insignien kaiserlicher und königlicher Macht Maximilians II. getragen hatten, waren höchstwahrscheinlich Plätze hinter den Söhnen und Brüdern des verstorbenen Kaisers, dem Kölner Erzbischof und den vier Gesandten zugewiesen. Der ausführliche Bericht des päpstlichen Nuntius, in dem er mit großer Aufmerksamkeit namentlich auf einzelne Personen und ihre Aufstellung in engster Nähe des aufgebahrten Sargs und beinahe schon körperlicher Berührung mit diesem einging, sendete eine eindeutige und unmissverständliche Botschaft nach Rom. Die durch die

---

248 In Kürze Rostislav Smíšek, *Habsburkové v alegorické řeči soudobých panegyriků*, in: V. Bůžek – ders., Habsburkové 1526–1740, S. 636–638.
249 Haus-, Hof- und Staatsarchiv Wien, Hofkammerarchiv, Reichsakten, Fasz. 202 („*Actus bei dem castrum doloris*").
250 Vgl. Giovanni Delfino an Tolomeo Gallio (Prag, 24.3.1577) – A. Koller (Hrsg.), *Nuntiaturberichte*, Nr. 31, S. 88–92.

Trauerfeier inszenierte Verherrlichung des politischen Körpers des Verstorbenen bestätigte die Kontinuität der guten Regierung des Hauses Habsburg, die auf den ältesten Sohn, im Beisein seiner jüngeren Brüder sowie der Vertreter seiner Onkel überging. Durch diese Konstellation wurde gleichzeitig der innere, generationenübergreifende Zusammenhalt der Nachkommen von Ferdinand I. und Maximilian II. repräsentiert. Die dem päpstlichen Nuntius und dem spanischen Gesandten gebührenden Ehrenplätze unter den hinterbliebenen Familienangehörigen waren selbstverständlich kein Zufall. Die auf diese Weise in Vertretung anwesenden Papst Gregor XIII. und König Philipp II. von Spanien bestätigten und priesen durch ihre Nähe zum Verstorbenen dessen katholischen Glauben und brachten gleichzeitig ihre Erwartung zum Ausdruck, dass der älteste männliche Nachkomme Maximilians II. konsequent den Spuren der religiösen Überzeugung seines Vaters folgen würde.

Nachdem alle Symbole der Würde, der Herrschaft und der politischen Macht des verstorbenen Kaisers auf dem im Castrum doloris errichteten Katafalk ausgestellt worden waren, begann die Abendvigil, zelebriert vom Kölner Erzbischof Salentin von Isenburg.[251] Die gefühlvolle, andächtige Atmosphäre im Veitsdom wurden noch vertieft durch die dunklen Töne, die von den Musikinstrumenten der zusammen mit den Sängern auf einer Tribüne rechts vom Castrum doloris stehenden kaiserlichen Kapelle im heiligen Raum ausgingen. Nachdem auch die letzten Trauergäste in den späten Abendstunden den Dom verlassen hatten, wurden die auf dem Castrum doloris aufgestellten Funeralwaffen und die Fahnen mit den Landeswappen an einen sicheren Ort verbracht. Die Verantwortung für die sichere Verwahrung der Symbole kaiserlicher Macht oblag in beiden Fällen dem Oberststallmeister Claudio Trivulzio. Der Sarg wurde bis zum frühen Morgen des darauffolgenden Tages von kaiserlichen Trabanten bewacht. Die einzigen im Veitsdom verbliebenen Personen waren einige Chorherren, die die Nacht in stillem Gebet verbrachten.[252]

Die Trauergäste kehrten am Samstag den 23. März 1577 bereits bei Tagesanbruch in die Kirche zurück, um an der Totenmesse für den verstorbenen Kaiser teilzunehmen. Erst jetzt kam auch Kaiserin Maria, in Begleitung ihrer Tochter Elisabeth, der verwitweten französischen Königin,[253] und einiger Hofdamen hinzu. Sie nahmen höchstwahrscheinlich Platz in den Oratorien im Mittelschiff des Doms. Eröffnet wurde die Totenmesse vom Veszprémer Bischof

---

251 R. Vocelka, *Die Begräbnisfeierlichkeiten*, S. 126.
252 Ludwig Haberstock an Albrecht V. von Wittelsbach (Prag, 27.3.1577) im Bayerischen Hauptstaatsarchiv München, Kurbayern Äußeres Archiv, Sign. 4333, nicht foliert.
253 Josef Dostál, „*Princesse de Bohême*" a její cesta na francouzský trůn, in: Od pravěku k dnešku I, Praha 1930, S. 414–427; Joseph F. Patrouch, *Queen's Apprentice. Archduchess Elizabeth, Empress María, the Habsburgs, and the Holy Roman Empire, 1554–1569*, Leiden 2010 (= Studies in Medieval and Reformation Traditions, volume 148); *Sněmy české* V, S. 132.

István Fejérkövi, der von der rechts vom Trauergerüst errichteten Kanzel aus das Evangelium verlas und auslegte. Nach der Leichenpredigt des Olmützer Bischofs Johann XVIII. Mezon von Teltsch, deren Inhalt und Botschaft beim päpstlichen Nuntius auf äußerst positive Resonanz stießen, begann das Offertorium, während dessen unter feierlichen Fanfarentönen kaiserlicher Trompeter und liturgischem Gesang einzelne Adelige, angeführt vom Reichsmarschall Konrad von Pappenheim, vor das Castrum doloris ritten und die Fahnen mit den Landeswappen herantrugen.[254] Als erste kamen zwei Herolde auf trauergeschmückten Pferden. Als die Fahnen in den das Castrum doloris umgebenden Sockeln standen, stellten sich die Adeligen, die sie gebracht hatten, zu beiden Seiten des Trauergerüsts auf, während die Pferde hinausgeführt wurden. Im hohen Gewölbe des Doms erschallten Trompeten und Paukenschläge.

Die Blicke aller Trauergäste richteten sich auf Rudolf II., der seinen Ehrenplatz auf einem erhöhten Sessel unter dem Baldachin verließ und sich allein zum Castrum doloris begab, um die persönliche Opfergabe für das Seelenheil des Verstorbenen darzubringen. Er nahm vom Obersthofmeister Adam von Dietrichstein eine brennende weiße Kerze in Empfang, um sie anschließend dem Veszprémer Bischof István Fejérkövi zu überreichen. Dieser ergriff sie mit der linken Hand, während er mit der Rechten den neuen Kaiser segnete.[255] Daraufhin stellte Rudolf II. die zurückerhaltene Kerze auf den Hochaltar, dessen Mensa mit einem goldenen Tuch bedeckt war, und legte die symbolische Opfergabe von zehn goldenen Dukaten daneben. Nachdem er dann auf seinen Platz zurückgekehrt war, gingen die jüngeren Brüder, die Vertreter beider Onkel sowie der päpstliche und der spanische Gesandte denselben Weg von ihren Stühlen am Castrum doloris zum Hochaltar. Jeder von ihnen stellte eine brennende Kerze auf den Altar und legte die symbolische Gabe von fünf goldenen Dukaten daneben. Giovanni Dolfin berichtete, dass weder der Erzbischof von Köln noch die Gesandten der beiden Erzbischöfe von Mainz und Trier an diesem Ritual teilnahmen. Abschließend traten alle anwesenden Bischöfe an den Sarg heran, um für das Seelenheil Maximilians II. zu beten und ihn dem Schutz Gottes anzuempfehlen.

Nach diesem Höhepunkt innerhalb der katholischen Begräbniszeremonie wurde der Leichnam des verstorbenen Kaisers „unter weiteren Ritualen und größter Trauer aller Anwesenden, insbesondere Seiner Hoheit des Kaisers und dessen Brüdern, ins Grab gelegt, zu den Vorfahren, den böhmischen Königen

---

254 Ludwig Haberstock bemerkte, dass der Boden des Kircheninneren mit einem dicken Filztuch bedeckt war, um den Hufschlag der Pferde zu dämpfen. Hierzu seine Relation an Albrecht V. von Wittelsbach (Prag, 27.3.1577) im Bayerischen Hauptstaatsarchiv München, Kurbayern Äußeres Archiv, Sign. 4333, nicht foliert.
255 Zu den Details ebd.

und den Kaisern."²⁵⁶ Nach der Grablegung in der Krypta des Veitsdoms, in der auch die Eltern Maximilians II. ihre letzte Ruhestätte gefunden hatten, fand die Totenmesse mit der von Lambert Grueter gehaltenen Predigt ihren Abschluss. Darin rief der Bischof die wundersame Macht der Dreifaltigkeit an und bat sie um den Schutz Gottes und Barmherzigkeit für den Nachfolger des dahingegangenen Kaisers. In den Fürbitten tauchten Bilder des irdischen Weges Ferdinands I., seines Sohnes Maximilian II. und seines Enkels Rudolf II. auf, die sich hier, im heiligen Raum des Veitsdoms, bei der Übernahme des dynastischen Vermächtnisses kaiserlicher Macht unter göttlichem Schutz kreuzten und einander durchdrangen.

Der Leichnam Maximilians II. lag in einem Zinnsarg, der in eine mit drei Eisenbändern quer beschlagene Holztruhe gebettet war. Seitlich waren längliche eiserne Griffe befestigt, die die Handhabung der Truhe erleichtern sollten. Um den Hals hatte der Verstorbene den Orden vom Goldenen Vlies, an der linken Seite seines Körpers befanden sich ein goldenes Kruzifix und ein Schwert in Samtscheide. Unter dem linken Rippenbogen lag eine bronzene Herzurne mit dem Herzen des Verstorbenen, das entgegen dem Wunsch von Maximilians Witwe nach der Obduktion nicht nach Spanien gebracht wurde. Der Körper war in einen langen Mantel aus Seidendamast, verziert mit Knöpfen, Schnüren und Kordeln gekleidet. Unter den Mustern auf dem italienischen Stoff überwogen Blumen, Blätter und Granatäpfel, dargestellt war auch eine Krone. Unter dem langen Mantel trug der Verstorbene ein Wams aus Seidensamt, dessen vordere Teile mit Hilfe von zwanzig kleinen Knöpfen zusammengehalten wurden. Die Beine steckten in einer am Bund aufgebauschten Hose aus Seidensamt, vorn an den Hosenbeinen mit Knöpfen und Schnüren geheftet. Von den Knien bis zu den Sohlen waren die Beine in Strickstrümpfe mit Strumpfbändern gekleidet. An den Füßen trug der Verstorbene Pantoffeln mit Korksohle, seinen Kopf bedeckte ein hoher Hut. Maximilians Haupt war auf ein Samtkissen mit vier Quasten an den Ecken gebettet, der Körper mit einer schweren, dicken Decke zugedeckt. Im Gegensatz zu Ferdinand I., dessen Begräbniskleidung eher unter dem Einfluss der mitteleuropäischen und spanischen Renaissancemode stand, war sein ältester Sohn vorwiegend nach ungarischem Vorbild gekleidet, was insbesondere am Schnitt des langen Mantels und der Form des Hutes zu sehen ist. Die Erforschung der symbolischen Bedeutung von Maximilians Begräbnisbekleidung steht jedoch noch aus.²⁵⁷

---

256 *Sněmy české* V, S. 132–133 (Zitat in sinngemäßer deutscher Übersetzung); ähnlich vgl. J. Mikulec (Hrsg.), *Mikuláš Dačický z Heslova*, S. 126; Marie Tošnerová (Hrsg.), *Paměti města Žatce (1527–1609)*, Žatec 1996 (= Studie Regionálního muzea v Žatci 2), S. 22.

257 Die Ausführungen zur Sargausstattung und Leichenbekleidung Maximilians II. stützen sich auf Erkenntnisse der Studie von Milena Bravermanová – Jana Kobrlová – Alena Samohýlová,

Der päpstliche Nuntius schätzte in seinem Bericht nicht nur den würdevollen Verlauf der Trauerfeierlichkeiten, sondern auch die pompöse Pracht, die die Hauptbotschaft einer solchen Zeremonie unterstrich.[258] Bei der Begräbnisfeier im Veitsdom nahmen die nächsten Hinterbliebenen und die geladenen Trauergäste letzten Abschied vom natürlichen Körper des Verstorbenen und huldigten gleichzeitig seinem Nachfolger, auf den das symbolische Vermächtnis des politischen Körpers überging. Er übernahm als Träger und Beschützer der Tugenden eines christlichen Ritters, durch den Willen Gottes und vor den Augen aller Anwesenden die Verantwortung für die Kontinuität einer guten Herrschaft und des katholischen Glaubens. Unmittelbar im Anschluss an die Trauerzeremonie wurde das Castrum doloris auseinandergenommen.[259]

Die konfessionelle Unentschlossenheit Maximilians II. schlug sich nach seinem Tod auch in zahlreichen Trauerliedern (Carmina funebria) nieder, deren Verfasser Geistliche und andere Gelehrte katholischen wie evangelischen Glaubens waren.[260] Der verstorbene Kaiser trat darin als tiefgläubiger Christ auf, der den Katholiken wie Protestanten gleichermaßen nahe stand. Dies bewiesen zum einen die von ihm unternommenen Schritte zur religiösen Toleranz in Niederösterreich, zum anderen seine erfolglos gebliebenen Bemühungen um die Verabschiedung der Böhmischen Konfession im Königreich Böhmen, wie bereits mehrfach erwähnt wurde. Der Lobgesang auf Maximilians Aufgeschlossenheit gegenüber Nichtkatholiken sorgte für einigen Unmut, allen voran beim Heiligen Stuhl sowie der verwitweten Kaiserin Maria.[261] Besonders problematisch war das von Johannes Crato von Krafftheim verfasste Trauerlied. Der Leibarzt des Kaisers, der bis zum letzten Augenblick an dessen Bett weilte, wiederholte darin Maximilians letzte Worte, mit denen er sich ohne Vermittlung eines Beichtvaters direkt an Gott gewandt haben soll.[262]

Diese Trauerdichtungen glorifizierten den verstorbenen mitteleuropäischen Herrscher in erster Linie als einen Träger christlicher Tugenden, der durch seine politischen und militärischen Taten die Tradition seiner namhaften Vorfahren aus dem Hause Habsburg fortführte. Tapferkeit, Besonnenheit, Gerechtigkeit und Klugheit prägten in den 1540er bis 1570er Jahren Maximilians staatsmännische Handlungen sowohl während der religiösen und politischen Konflikte im

---

Textilie z hrobu Maxmiliána II. Habsburského z Colinova mauzolea v katedrále sv. Víta na Pražském hradě, Archaeologica historica 20, 1995, S. 497–521.
258 Vgl. Giovanni Delfino an Tolomeo Gallio (Prag, 24.3.1577) – A. Koller (Hrsg.), *Nuntiaturberichte*, Nr. 31, S. 88–92.
259 *Sněmy české* V, S. 133.
260 Hierzu näher R. Vocelka, *Die Begräbnisfeierlichkeiten*, S. 130–136.
261 Vgl. Giovanni Delfino an Tolomeo Gallio (Prag, 6.4.1577) – A. Koller (Hrsg.), *Nuntiaturberichte*, Nr. 34, S. 98–102.
262 M. A. Becker, *Die letzten Tage*, S. 341; R. J. W. Evans, *Rudolf II. a jeho svět*, S. 128.

Römisch-deutschen Reich als auch in den kriegerischen Auseinandersetzungen mit dem Sultan. Der politische Körper des verstorbenen Kaisers ging in der erwarteten Gestalt eines triumphierenden christlichen Ritters in das kollektive Gedächtnis ein, dessen irdisches Leben von Gottes Gnaden zum dauerhaften Vorbild für alle künftigen habsburgischen Herrscher werden würde. Ein Jahr nach seinem Tod veranstaltete Rudolf II. in Wien eine Gedenkveranstaltung, an der er gemeinsam mit seinen Brüdern teilnahm. Bei dieser Gelegenheit teilte der päpstliche Nuntius Giovanni Dolfin nach Rom mit: „Ab morgen ist es nicht mehr Pflicht, einen langen schwarzen Mantel zu tragen, aber noch einige Tage lang wird man schwarz gekleidet gehen müssen".[263]

Die Fertigstellung des Grabmals für Maximilian II. ging mit der pietätvollen Neugestaltung der letzten Ruhestätte von dessen Eltern im Veitsdom einher.[264] Nachdem Rudolf II. Anfang 1581 beschlossen hatte,[265] seinen Vater Maximilian II. ebenfalls in der Familiengruft beisetzen zu lassen, ergänzten die Bildhauer Alexander und Abraham Colin in den Jahren 1587 bis 1589 das Grabmal mit den beiden Figuren Ferdinands I. und Anna Jagiellos um die liegende Figur ihres ältesten Sohnes, wie bereits weiter oben ausgeführt wurde.[266] Die Öffnung der königlichen Gruft vor Mitte 1589 zog die Aufmerksamkeit der am kaiserlichen Hof in Prag tätigen auswärtigen Agenten auf sich, die über die verschiedenen liturgischen Gegenstände sowie den schlechten Zustand der dort bestatteten Körper berichteten.[267] Die Särge mit den sterblichen Überresten von Maximilian II. und seinen Eltern wurden 1590 in den im Chor des Doms befindlichen oberirdischen Teil der Gruft überführt.[268]

---

263 Vgl. Giovanni Delfino an Tolomeo Gallio (Wien, 12.10.1577) – A. Koller (Hrsg.), *Nuntiaturberichte*, Nr. 104, S. 267–271, in sinngemäßer deutscher Übersetzung.

264 Haus-, Hof- und Staatsarchiv Wien, Hofkammerarchiv, Reichsakten, Fasz. 202, Ferdinand von Tirol an Maximilian II. (Prag, 5.4.1575).

265 Wilfried Seipel (Hrsg.), *Kaiser Ferdinand I. 1503–1564. Das Werden der Habsburgermonsrchie*, Wien-Milano 2003, S. 571–574.

266 Jan Morávek, *Královské mausoleum v chrámu sv. Víta a jeho dokončení v letech 1565–1590*, Umění 7, 1959, S. 52–53; Helga Dressler, *Alexander Colin*, Karlsruhe 1973, insbesondere S. 64–74; Ferdinand Seibt (Hrsg.), *Renaissance in Böhmen. Geschichte, Wissenschaft, Architektur, Plastik, Malerei, Kunsthandwerk*, München 1985, S. 250; K. Vocelka – L. Heller, *Die Lebenswelt der Habsburger. Kultur- und Mentalitätsgeschichte einer Familie*, S. 310, 312.

267 Vgl. den Bericht des bayerischen Agenten Johann Mannhardt an Wilhelm von Wittelsbach (Prag, 20.6.1589) im Bayerischen Hauptstaatsarchiv München, Kurbayern Äußeres Archiv, Sign. 4347, nicht foliert.

268 M. Bravermanová – A. Samohýlová, *Textilie z hrobu Ferdinanda I.*, S. 66.

Die letzten Augenblicke Kaiserin Marias

Noch einen Monat nach der Begräbnisfeier für ihren verstorbenen Gemahl erhielt die verwitwete Kaiserin Maria von Habsburg Beileidsbekundungen. Sie ging regelmäßig jeden Tag in den Veitsdom, um hier stundenlang im Gebet zu verweilen. Anfangs wurde sie begleitet von ihren Söhnen Rudolf II., Matthias und Maximilian, ihrer Tochter Elisabeth sowie dem florentinischen Gesandten Giovanni Battista Concini, dem Obersthofmeister des kaiserlichen Hofes Adam von Dietrichstein sowie dem Obersten Kanzler des Königreichs Böhmen Wratislaw von Pernstein. Die beiden Letztgenannten zählten bereits seit langem zu ihrem engeren Vertrautenkreis wie auch zu wichtigen Unterstützern des katholischen Glaubens und der habsburgischen Interessen in Mitteleuropa,[269] also von Werten, denen die verwitwete Kaiserin höchste Bedeutung zumaß. Maria von Habsburg blieb bis Anfang August 1581 in der böhmischen Hauptstadt, danach trat sie den langen und beschwerlichen Weg nach Madrid an.[270]

Sie realisierte dieses Vorhaben trotz der Tatsache, dass Rudolf II. durch chronische Gesundheitsbeschwerden an einer Ausübung der Regierung gehindert wurde und die Mutter am liebsten in seiner Nähe gehabt hätte.[271] Die Abreise der Kaiserin beunruhigte auch den päpstlichen Nuntius Orazio Malaspina, dem ihre Anwesenheit in Prag Anlass zur Hoffnung auf eine Festigung des Katholizismus im Land zu geben schien.[272] Auf die Unterstützung seitens Philipps II. konnte sie ausdrücklich erst seit Herbst 1580 zählen, nachdem dessen vierte Frau und Marias Tochter Anna gestorben war und mehrere Kinder hinterließ, mit deren Erziehung Philipp Maria beauftragen wollte.[273]

Nach einem längeren Zwischenaufenthalt in Wien, wo sie in Begleitung ihrer Kinder Ernst, Elisabeth und Margarethe eingetroffen war, verfasste Maria am 20. August 1581 ein Testament mit genaueren Angaben zum Ort, an dem sie beerdigt werden wollte. Sollte der Tod sie unterwegs in den österreichischen

---

269 Ludwig Haberstock an Albrecht V. von Wittelsbach (Prag, 2.4.1577 und 6.4.1577) im Bayerischen Hauptstaatsarchiv München, Kurbayern Äußeres Archiv, Sign. 4333, nicht foliert; A. Koller, *Maria von Spanien*, S. 87.
270 Hierzu näher Elisabeth Schoder, *Die Reise der Kaiserin Maria nach Spanien (1581/82)*, in: Friedrich Edelmayer (Hrsg.), Hispania – Austria II. Die Epoche Philipps II. (1556–1598). La época de Felipe II (1556–1598), Wien-München 1999 (= Studien zur Geschichte und Kultur der iberischen und iberoamerikanischen Länder, Band 5), S. 151–180; Magdalena S. Sánchez, *The Empress, the Queen and the Nun. Women and Power at the Court of Philipp III of Spain*, Baltimore-London 1998.
271 Václav Bůžek – Pavel Marek, *Smrt Rudolfa II.*, Praha 2015, S. 12–13.
272 A. Koller, *Maria von Spanien*, S. 89.
273 Pavel Marek, *Pernštejnské ženy. Marie Manrique de Lara a její dcery ve službách habsburské dynastie*, Praha 2018, S. 156.

Ländern ereilen, sollte die Wenzelskapelle im Prager Veitsdom ihre letzte Ruhestätte werden. Falls sie auf der Durchreise in einem der italienischen Länder oder in Spanien sterben würde, schwebte ihr eine eigene Gruft im Madrider Kloster Descalzas Reales vor.[274]

Bei ihrer von der Donaumetropole weiter über Bruck an der Mur, Villach und Padua nach Genua führenden Reise wurde sie von einem großen Gefolge von Hofleuten und Dienern in schlichter schwarzer Kleidung begleitet, an dessen Spitze ihr Sohn Erzherzog Maximilian stand. Für die auf Galeeren erfolgte Überfahrt von Genua nach Madrid war im Auftrag Philipps II. der Genueser Admiral Giovanni Andrea Doria zuständig. Wegen der heftigen Stürme in der Nähe von Marseille mussten die Schiffe jedoch für eine Woche vor Anker gehen, so dass die Kaiserwitwe mit ihrem großen Gefolge erst am 13. Dezember 1581 bei äußerst schlechtem Wetter im katalanischen Hafen Colliure anlegen konnte. Von hier aus verlief der Weg im Landesinneren weiter in die kastilische Hauptstadt Barcelona, wo Maria nach ihrer Ankunft am 6. Januar 1582 zwei Wochen lang blieb, um sich zu erholen. Über das Benediktinerkloster Montserrat, in dem sie sich ebenfalls einige Tage lang zum Gebet aufhielt, reiste sie über die aragonesische Hauptstadt Saragossa, Guadalajara und Alcalá de Henares weiter nach Madrid. Hier traf sie am 7. März 1582 ein und wurde feierlich in Empfang genommen. Nach dreiwöchigem Aufenthalt reiste Maria nach Lissabon ab, wo sie bereits von ihrem Bruder Philipp II. erwartet wurde. Dieser hatte vor, auf die verwitwete Kaiserin die Verwaltung des kürzlich erworbenen Portugal zu übertragen, was ihm jedoch trotz ihres langen Aufenthalts in der Stadt letztlich doch nicht gelang. Sie hatte durchaus andere Vorstellungen von ihrer Zukunft.[275]

Nach Madrid zurückgekehrt trat sie am 14. März 1583 ins Kloster Descalzas Reales ein, das sich in der Folgezeit unter ihrem Einfluss zu einem der bedeutendsten Machtzentren in Spanien verwandelte. Maria lud die am Madrider Königshof tätigen Anhänger der kaiserlichen und päpstlichen Politik zu persönlichen Zusammentreffen ins Kloster ein, von denen insbesondere ihr Hofmeister Juan de Borja sowie der kaiserliche Gesandte Hans Khevenhüller erwähnenswert sind. Die beiden standen ihr in ihren Bemühungen um den Erhalt der politischen Einheit innerhalb der habsburgischen Dynastie tatkräftig zur Seite.[276] Obwohl Maximilians Witwe am Madrider Hof durchaus über einen bestimmten politischen Einfluss verfügte, konnte sie ihre Machtinteressen aber nicht durchsetzen. Trotz der persönlichen Interventionen ihres Sohns Albrecht,

---

274 E. Schoder, *Die Reise der Kaiserin Maria*, S. 166–167; Julia Hodapp, *Habsburgerinnen und Konfessionalisierung im späten 16. Jahrhundert*, Münster 2018 (= Reformationsgeschichtliche Studien und Texte, Band 169), S. 94–95.
275 P. Marek, *Pernštejnské ženy*, S. 167, 170–172.
276 Ausführlicher ebd., S. 221, 223–224, 227.

der dem alternden Philipp II. nahestand, gelang es ihr Mitte der 1590er Jahre nicht, die kastilische Fraktion am königlichen Hof unter ihre Kontrolle zu bringen. Es war allerdings Marias Verdienst, dass der neue spanische König Philipp III. vier Jahre vor ihrem Tod Erzherzogin Margarethe ehelichte, die Tochter Karls von Steiermark und Marias von Bayern, die sich für die politische Einheit zwischen beiden Linien des Hauses Habsburg einsetzte.[277]

Tiefe katholische Frömmigkeit und selbstbewusste Repräsentation kaiserlicher Macht vermittelt das um 1600 auf ihren Wunsch entstandene Bildnis, gemalt von einem der bedeutsamsten spanischen Porträtmaler seiner Zeit Juan Pantoja de la Cruz. Man sieht darauf Maria im Franziskanergewand, mit Rosenkranz in der linken Hand und ihrer Kaiserinnenkrone auf einem kleinen Tisch zu ihrer Seite.[278] Der katholische Glaube, die Frömmigkeit sowie ihr anhaltendes Interesse an der politischen Einheit beider Linien der habsburgischen Dynastie blieben die wichtigsten Bezugspunkte der verwitweten Kaiserin bis in ihre letzten Lebensjahre hinein, als sie bereits mit verschiedenen gesundheitlichen Beschwerden zu kämpfen hatte.

Ihr Gesundheitszustand verschlechterte sich deutlich seit Ende 1602,[279] wie einem nach ihrem Tod am 26. Februar 1603 zwischen vier und fünf Uhr morgens im Kloster Descalzas Reales verfassten ärztlichen Bericht zu entnehmen ist.[280] Es steht darin unter anderem, dass Maria in den letzten Lebenstagen Probleme mit der Nahrungs- und Flüssigkeitsaufnahme hatte, was man entweder als Appetitlosigkeit oder als Unmäßigkeit im Essen und Trinken interpretieren kann. Ihre sitzende Lebensweise, wenig Bewegung und schlechte Essgewohnheiten galten den Ärzten als die Hauptursachen für ihre Verdauungs- und Ausscheidungsprobleme. Im Bericht werden ausdrücklich Verstopfung und die unnatürlich weiße Farbe ihres Stuhls erwähnt, die man auf die infolge der stark gereizten Gallenblase übermäßig produzierte Galle und anhaltende Magenschmerzen zurückführte.

Am 21. Februar 1603 war es um Marias Gesundheit äußerst kritisch bestellt. Schüttelfrost in schnellem Wechsel mit Fieber, große Mengen von Galle im

---

277 Ebd., S. 227.
278 A. Koller, *Maria von Spanien*, S. 86–87.
279 E. Schoder, *Die Reise der Kaiserin Maria*, S. 178; P. Marek, *Pernštejnské ženy*, S. 236; A. Koller, *Maria von Spanien*, S. 89; Georg Khevenhüller-Metsch (Hrsg.), *Hans Khevenhüller, kaiserlicher Botschafter bei Philipp II. Geheimes Tagebuch 1548–1605*, Graz 1971, S. 278–279; J. Hodapp, *Habsburgerinnen und Konfessionalisierung*, S. 95–96 gibt irrtümlicherweise das Todesdatum 24. Februar 1603 an.
280 Haus-, Hof- und Staatsarchiv Wien, Hausarchiv, Familienakten 65-10. Der ärztliche Bericht trägt die Unterschriften von Dr. Khuen, Dr. Quarer de Luxan und Dr. Andres Prosco. Für die Übersetzung des spanischen Textes bedanke ich mich bei Jana Pešková. Falls nicht anders angegeben, stützen sich die Ausführungen über den Gesundheitszustand der Kaiserwitwe auf den genannten Bericht.

Harn sowie die weißliche Verfärbung des Stuhls machten den Ernst der Lage deutlich. Trotz dieser Beschwerden befahl Maria ihren Kammerzofen jedoch, sie anzukleiden und vom Konvent in die Klosterkirche zu begleiten, wo sie mit einem nicht namentlich genannten Mitglied der spanischen königlichen Familie zusammentreffen sollte. Nach der Rückkehr bekam sie eine heftige Gallenkolik, die nicht zu lindern war. Fünf Tage vor ihrem Tod litt die Kaiserwitwe unter starken Gallenschmerzen, Schüttelfrost- und Fieberanfällen, auch Atemnot. Die Bronchien waren dem ärztlichen Befund zufolge stark verschleimt, und von hier aus breitete sich die Infektion schnell weiter in die Lunge hinein aus. Die Versuche, den Schleim auszuhusten, endeten angesichts der allgemeinen Schwäche des Organismus in massiven Erstickungsanfällen.

Um ihre Schmerzen zu lindern, empfahlen die Ärzte, Hühnerbrühe mit Kräutern zu essen, die zur Lösung des Schleims in der Lunge und den Bronchien beitragen sollte. Zum Durststillen bekam sie warmes Wasser mit Zucker und mediterranen Kräutern, insbesondere Ysopblüten, denen man die Kraft zuschrieb, den Organismus zu desinfizieren und die Atemwege zu entschleimen. Die Ärzte legten ihr mit Süßmandelöl getränkte Pflaster auf die Brust, auch das Schröpfen wurde nicht ausgelassen. Beide Behandlungsmethoden sollten den Schleimauswurf erleichtern. Vor dem Schlafen sollte sie ein Mandelgetränk mit zerstoßenen Melonen- und Kürbiskernen zu sich nehmen, um den Körper von der Galle zu reinigen, besser aushusten zu können und das Fieber zu senken. Abschließend kamen die Ärzte überein, dass keine der Behandlungsmethoden zum erwünschten Erfolg geführt und den Gesundheitszustand der kaiserlichen Witwe zu verbessern vermocht hatte. Maria besaß mit ihren fast fünfundsiebzig Jahren nicht mehr hinreichend körperliche Kraft, um den gesundheitlichen Beschwerden die Stirn zu bieten. Allerdings kamen die Ärzte auch zu dem Schluss, dass solche Krankheiten auch deutlich jüngere Zeitgenossen das Leben gekostet hätten.

An Marias Totenbett, mit den habsburgischen Wappen mit der Kaiserkrone an den oberen Enden der Baldachinstützen, betete im Kloster Descalzas Reales ihre Tochter Margarethe de la Cruz, mit einem Kreuz in der Hand, sowie weitere Franziskanerinnen. Die Kaiserinnenkrone der sterbenden Herrscherin lag auf einem Kissen rechts vom Bett.[281] Ihr ältester Sohn Rudolf II. erfuhr vom Tod seiner Mutter vermutlich erst Ende März 1603, während des Reichstags in Regensburg. Zur gleichen Zeit ließ der zweitälteste Sohn der verstorbenen Kaiserin und Herrscher in Ober- und Niederösterreich Erzherzog Matthias von Regensburg aus verlauten, dass der letzte Abschied („Klag und Exequias") von seiner Mutter unter vorwiegender Beteiligung niederösterreichischer Stände in Wien stattfinden würde. Mit der Vorbereitung und dem Verlauf der für den

---

281 A. Koller, *Maria von Spanien*, S. 89; Abbildung des Sterbebetts Kaiserin Marias ebd., S. 88.

27. und 28. Mai 1603 im Stephansdom angesetzten Trauerfeier wurden der Wiener Bischof Melchior Khlesl, der Hofkammerrat Ernst von Eck, der Oberste Jägermeister von Niederösterreich Karl von Harrach und der Oberste Hofrat Christoph Pürckhamer von Pürckhenau beauftragt.[282]

Mit einem ungewöhnlichen zeitlichen Vorlauf von zehn Tagen vor der eigentlichen Trauerfeier wurde in Wien eine Vigil abgehalten. Eröffnet wurde sie am Mittag mit einstündigem, von allen Kirchtürmen in Wien ertönenden Glockengeläut. Um drei Uhr nachmittags versammelten sich dann die geladenen Gäste im Stephansdom zum Gottesdienst und trugen während der Litanei Fürbitten für die verstorbene Kaiserin vor. Bei der Totenmesse, mit der die Trauerfeier am 27. Mai 1603 ihren Höhepunkt fand, richteten sich die Blicke aller Zuschauer auf das vor dem Hochaltar des Stephansdoms errichtete Castrum doloris. In dessen Mitte befand sich ein leerer Sarg, mit schwarzem Samt mit aufgesticktem Kaiserwappen bespannt und mit Kaiserkrone, -apfel und -zepter verziert. Die Totenmesse wurde vom Abt des Stiftes Zwettl zelebriert, dem Äbte von sieben weiteren niederösterreichischen Klöstern zur Seite standen. Die Leichenpredigt hielt einer der Chorherren am Stephansdom. Die Wiener Begräbnisfeier für die verstorbene Kaiserin Maria endete am 28. Mai 1603 vormittags mit Gebeten.[283]

Eine weitere Trauerfeier wurde von Erzherzog Matthias am 12. Juni 1603 in der Pfarrkirche von Linz ausgerichtet, zu der insbesondere Vertreter der oberösterreichischen Stände geladen waren. Die Leichenpredigt hielt der Jesuit Georg Scherer,[284] der 1600 von Wien in die oberösterreichische Metropole geschickt worden war, um dort den katholischen Glauben zu stärken.[285] Den Erkenntnissen von Radmila Pavlíčková zufolge eröffnete Scherer seine Predigt mit einer Verherrlichung der Kaiserin als tugendhafter Frau und frommer Mutter von fünfzehn Kindern, die aus der Ehe mit Maximilian II. hervorgegangen waren, als einer klugen Herrscherin, die nicht nur ihre Nachkommen streng katholisch erzogen, sondern sich gleichermaßen konsequent auch um ihre Dienerschaft gekümmert und den des Spanischen nicht mächtigen deutschsprachige Prediger besorgt hatte.[286] Den ersten Teil seiner Predigt schloss Scherer mit einem Lob

---

282 Haus-, Hof- und Staatsarchiv Wien, Hausarchiv, Familienakten 65-11.
283 Ebd.
284 *Christliche Leichpredigt, Bey der Käyserlichen Besing- und Begangnuß, der in Gott ruhenden Römischen Käyserin Mariae, welche den 26. Februarii dieses lauffenden 1603 Jahrs zu Madrill, seliglich in dem Herrn verschieden. Gehalten den 12. Junii obbemelten Jahres zu Lintz in der Pfarrkirchen durch Georgium Scherer, der Societet IESV Theologum*, Ingolstadt 1603 (Staats- und Stadtbibliothek Augsburg, Sign. 4 Bio 701-57).
285 Hierzu näher Radmila Pavlíčková, *Konfessionelle Polemik in der Begräbnishomiletik. Fünf Leichenpredigten des Kontrovserspredigers Georg Scherer aus den Jahren 1583–1603*, Acta Comeniana 24, 2010, S. 7–41, hier insbesondere S. 28–40.
286 Falls nicht anders angegeben, stützen sich die Ausführungen zum Inhalt der Leichenpredigt Georg Scherers auf die Erkenntnisse in R. Pavlíčková, *Konfessionelle Polemik*, S. 28–40.

auf Marias Frömmigkeit als Witwe, die sie nach dem Tod ihres Mannes siebenundzwanzig Jahre lang an den Tag gelegt hatte. Mit Blick auf ihre persönlichen Tugenden und beispielhafte Frömmigkeit griff er sogar zum Vergleich mit der heiligen Monika, Mutter des heiligen Augustinus. Beide Frauen hätten denn auch den Wunsch geäußert, dass nach ihrem Tod vierzigtausend Totenmessen für ihr Seelenheil zelebriert werden mögen.

Der folgende Teil der Predigt wurde in Form einer Religionspolemik möglichen Mitteln gewidmet, die der Seele der Verstorbenen den Weg zum ewigen Seelenheil erleichtern würden. Nachdem Scherer daran erinnert hatte, dass der menschliche Leib nach dem Tode zu Asche und Staub wird und nur die Seele unsterblich bleibt, erläuterte er die liturgische Bedeutung der am Castrum doloris aufgestellten Kerzen, die der Seele den Weg zum Heil zeigen sollen. Weiterhin wies er auf die Wichtigkeit der Almosen, Gebete und heiligen Messen hin und ging mit einigen Vertretern der lutherischen Reformation hart ins Gericht, die die Schädlichkeit von Totenmessen anprangerten – allen voran der Göllendorfer Prediger Johannes Praetorius, den Stiftspfarrer in Schmalkalden Alexander Utzinger sowie Martin Luther. Die verstorbene Kaiserin Maria wie die heilige Monika seien sich hingegen sehr wohl der Bedeutung der Totenmesse bewusst gewesen, die in der Begräbnishomiletik eng mit dem katholischen Glauben an das Fegefeuer zusammenhing und deshalb Gebete fürs Seelenheil enthielt.

Die Eingliederung einer Religionspolemik mit den Lutheranern in seine Leichenpredigt war ein klug durchdachter Zug Georg Scherers. Maria konnte sich ihr Leben lang nicht damit abfinden, dass Maximilian II. trotz erklärter Treue zum Katholizismus den Protestanten gegenüber sehr aufgeschlossen war, wie bereits mehrmals erwähnt wurde. Seine wenig ausgeprägte konfessionelle Haltung beunruhigte nicht nur die Kaiserin,[287] sondern sorgte auch am spanischen Königshof für einigen Unmut. Zu Beginn der 1570er Jahre ermahnte Philipp II. wiederholt insbesondere Adam von Dietrichstein, angesichts des unpassenden Verhaltens des Kaisers in konfessionellen Fragen nicht weiterhin ein Auge zuzudrücken. In einem Schreiben vom 21. Mai 1571 listete er ihm sogar alle religiösen Vergehen auf, die Maximilian II. begangen hatte und die er als ein vorbildlicher Katholik tunlichst vermeiden sollte. Am meisten zeigte sich der König darüber verdrossen, dass der Kaiser geheime Beichte ablegte, unregelmäßig an katholischen Gottesdiensten teilnahm und nicht genügend Frömmigkeit an den Tag legte. Unter seinen Hofleuten seien religiös unzuverlässige Personen zu finden, die als Vermittler zu österreichischen und böhmischen Protestanten fungierten und somit den Weg zu Verhandlungen

---

287 Viktor Bibl, *Zur Frage der religiösen Haltung K. Maximilians II.*, Wien 1917, S. 127–128, Kaiserin Maria nach Córdoba (Wien, 24.5.1574).

über Bedingungen der Religionsfreiheit ebnen würden.[288] In einem Brief vom 6. April 1573 forderte Philipp II. Adam von Dietrichstein nachdrücklich auf, Maximilian II. klar zu machen, wie wichtig es für einen katholischen Herrscher sei, „seine Gesinnung auch nach außen hin zu zeigen".[289]

---

288 Ebd., S. 105–110, Memorial Philipps II. an Adam von Dietrichstein (Aranjuez, 21.5.1571).
289 Ebd., S. 114–118, Memorial Philipps II. an Adam von Dietrichstein (Pardo, 6.4.1573).

V. Letzter Abschied von Karl von Steiermark in Graz und seine Gruft in Seckau

Erzherzog Karl, später von Steiermark genannt, erblickte das Licht der Welt am 3. Juni 1540 als jüngster Sohn von Ferdinand I. und Anna Jagiello. Seine Jugend verbrachte er in Wien, wo er bei seinem Vater bis zu dessen Tod lebte. 1559 spielte in den Heiratsplänen Ferdinands I. zunächst einmal die englische Königin Elizabeth eine Rolle, später wurden in der Wiener Hofburg, wohl mit etwas mehr Aussicht auf Erfolg, Maria Stuart oder eine der bis dahin noch unverheirateten Schwestern des Königs von Polen Sigismund II. August als potentielle Gemahlinnen für Karl in Betracht gezogen.[1] Nach dem Tod Ferdinands I. übernahm Erzherzog Karl im Einklang mit dem letzten Willen seines Vaters die Herrschaft über Innerösterreich, das heißt die Gebiete Steiermark, Kärnten, Krain, Görz, Triest, einen Teil von Friaul und Istrien, wie bereits weiter oben ausgeführt wurde.[2] Er ließ sich in Graz nieder und baute hier seit der zweiten Hälfte der 1560er Jahre einen eigenen Hofstaat auf, um Rückhalt für seine Herrschaft über ein ständig durch die Osmanen bedrohtes Territorium zu haben. Dieser eigene Hofstaat sollte auch die Selbständigkeit des Erzherzogs gegenüber den Entscheidungsprozessen seiner beiden älteren Brüder stärken, Maximilian II. und Ferdinand von Tirol, deren Residenzen sich in Wien bzw. Innsbruck befanden. Insgesamt waren es an die 200 Hofleute, Beamte und Bedienstete, nach der Hochzeit erweitert um den Hofstaat seiner Gemahlin, der etwa 35 Personen umfasste. 20 höfische Angestellte standen allein dem Sohn Karls zur Verfügung. Über den größten Einfluss am Hof verfügten die obersten Beamten, die für die politische, finanzielle und militärische Verwaltung Innerösterreichs zuständig waren und die sich langfristig aus den Reihen des katholischen wie nichtkatholischen Adels rekrutierten.[3]

Im Herbst 1568 wurde Karl von Steiermark durch Maximilian II. beauftragt, nach Madrid zu reisen und von dort über den sich ständig verschlechternden gesundheitlichen Zustand von Don Carlos zu berichten. Der Sohn von Philipp II. und Maria von Portugal verstarb zwar kurz darauf, Karl machte sich aber wie geplant auf den Weg zum spanischen Königshof. Maximilian wollte Philipp

---

1 Katrin Keller, *Erzherzogin Maria von Innerösterreich (1551–1608). Zwischen Habsburg und Wittelsbach*, Wien-Köln-Weimar 2012, S. 21–22.
2 Thomas Winkelbauer, *Ständefreiheit und Fürstenmacht. Länder und Untertanen des Hauses Habsburg im konfessionellen Zeitalter* I, Wien 2003 (= Österreichische Geschichte 1522–1699), S. 44–47.
3 Johann Andtritsch, *Landesfürstliche Berater am Grazer Hof*, in: Alexander Novotny – Berthold Sutter (Hrsg.), Innerösterreich 1564–1619, Graz 1967 (= Joannea: Publikationen des Steiermärkischen Landesmuseums und der Steiermärkischen Landesbibliothek, Band 3), S. 73–117.

überzeugen, dem Erzherzog die Verwaltung der niederländischen Provinzen anzuvertrauen, in denen ein Aufstand gegen die absolutistische Herrschaft des spanischen Königs sowie seine Rekatholisierungspolitik entbrannt war. Nachdem dieses Anliegen Anfang 1569 als unzulässige Einmischung in die dynastische Politik der spanischen Habsburger brüsk zurückgewiesen worden war, trat Erzherzog Karl seine Rückreise nach Mitteleuropa an.[4]

Seine Gemahlin fand der Herrscher Innerösterreichs schließlich in der Münchner Residenz des bayerischen Herzogs Albrecht V. von Wittelsbach und seiner Frau Anna von Habsburg. Gegen Ende August 1571 heiratete er in der Wiener Augustinerkirche deren Tochter Maria, die er drei Jahre zuvor in München bei der Hochzeitsfeier von Wilhelm V. von Wittelsbach und Renata von Lothringen zum ersten Mal gesehen hatte.[5] Da die Mutter der Braut gleichzeitig Schwester des Bräutigams war, musste vor der Heirat der päpstliche Dispens eingeholt werden. Angesichts der strengen katholischen Erziehung der bayerischen Herzogstochter wurde dieser jedoch problemlos erteilt, so dass der Ehe nichts mehr im Wege stand. Die pompöse Hochzeitsfeier setzte sich anschließend Anfang September 1571 mit zahlreichen Banketts und Schauturnieren in Graz fort und bestätigte durch ihre Verherrlichung ritterlicher Tugenden sowie der Vorzüge adeliger Abstammung des Brautpaars die Verbundenheit der katholischen Verwandtschaft der beiden mächtigsten und einflussreichsten Dynastien in Mitteleuropa.[6] Aus der Ehe sind in den Folgejahren vierzehn Kinder hervorgegangen, fünf Söhne und neun Töchter, von denen neun das Erwachsenenalter erreichten und ihre Mutter überlebten.[7]

Das Regieren in Innerösterreich erwies sich angesichts der stets drohenden osmanischen Gefahr als äußerst kompliziert.[8] Dem Kaiser galt dieses Gebiet als eine Art Pufferzone, die die osmanischen Türken am Vordringen nach Mitteleuropa hindern sollte, deshalb stand Karl unter ständigem Druck, der

---

4 Bohdan Chudoba, *Karl von Steiermark und der spanische Hof*, in: A. Novotny – B. Sutter (Hrsg.), Innerösterreich 1564–1619, S. 63–72, hier S. 68–71.

5 Horst Leuchtmann (Hrsg.), *Die Münchner Fürstenhochzeit von 1568. Massimo Troiano, Dialoge, italienisch/deutsch*, München 1980.

6 Karl Vocelka, *Habsburgische Hochzeiten 1550–1600. Kulturgeschichtliche Studien zum manieristischen Repräsentationsfest*, Wien-Köln-Graz 1976 (= Veröffentlichungen der Kommission für die Neuere Geschichte Österreichs, Band 65), S. 47–98; ders., *Das Wiener Turnier*, in: Stefan Krause – Matthias Pfaffenbichler (Hrsg.), Turnier. 1000 Jahre Ritterspiele, Wien 2017, S. 171–179; Václav Bůžek, *Ferdinand Tyrolský mezi Prahou a Innsbruckem. Šlechta z českých zemí na cestě ke dvorům prvních Habsburků*, České Budějovice 2006 (= Monographia historica 7), S. 189–192; K. Keller, *Erzherzogin Maria von Innerösterreich*, S. 24–35.

7 K. Keller, *Erzherzogin Maria von Innerösterreich*, S. 42–50.

8 T. Winkelbauer, *Ständefreiheit* I, S. 428–437; Václav Bůžek, *Karel Štýrský na cestě k rekatolizaci Vnitřních Rakous*, in: ders. – Rostislav Smíšek (Hrsg.), Habsburkové 1526–1740. Země Koruny české ve středoevropské monarchii, Praha 2017, S. 232–235.

Verteidigung der Landesgrenze höchste Priorität einzuräumen. 1578 wurde in Graz dafür sogar eine eigene Behörde, der Hofkriegsrat, geschaffen. Durch den Aufbau und die Finanzierung eines ständigen Landheers wurde die selbständige politische Position des Herrschers über Innerösterreich erheblich gestärkt.[9] Karl von Steiermark war mehrmals oberster Befehlshaber der Truppen, die die Landesgrenze gegen einen Einfall der Türken schützte. 1579 wurde auf seine Anweisung hin die Grenzfestung Karlstadt (heute Karlovac) errichtet.

Dem politisch weitgehend unerfahrenen Herrscher gelang es nur sehr schwer, sich bei den Ständen der einzelnen innerösterreichischen Länder finanzielle Mittel für die Landesverteidigung zu verschaffen. Die Nichtkatholiken forderten im Gegenzug für die Einführung der Kriegssteuer Bestätigung der Religionsfreiheit, und obwohl Erzherzog Karl 1572 die ersten zwölf Jesuiten aus Rom nach Graz holte und im darauffolgenden Jahr die Errichtung ihres Gymnasiums (seit 1585 Universität) unterstützte, wurde er unter ständigem Druck der nichtkatholischen Stände immer wieder zu politischen und religiösen Kompromissen gezwungen. Trotz Karls Bemühungen um Festigung des Katholizismus fand diese Entwicklung in den siebziger Jahren des 16. Jahrhunderts ihren Höhepunkt, als der nichtkatholische Adel in der Steiermark, Kärnten und Krain 1572 und 1578 mit der Unterstützung des slowenischen Kirchenreformators Primus Truber das Recht auf freie lutherische Religionsausübung erzwang.[10] Durch die Bestätigung der Religionsfreiheit übergab der Herrscher Innerösterreichs gemäß den Bestimmungen des Augsburger Religionsfriedens die Entscheidung über die Konfession seiner Untertanen in die Hände des jeweiligen Landesherrn und trug wesentlich zum Aufbau einer protestantischen Kirchenverwaltung in den einzelnen innerösterreichischen Ländern (mit Ausnahme der Grafschaft Görz) bei.[11]

Karls tolerante Behandlung der Nichtkatholiken sorgte beim Heiligen Stuhl für einigen Unmut und hatte 1580 die Errichtung einer päpstlichen Nuntiatur direkt in Graz zur Folge, die den Katholizismus in Innerösterreich festigen sollte. Erst Anfang der 1580er Jahre begann der steirische Herrscher, Nichtkatholiken aus den einflussreichen Stellen seines Hofstaats zu entfernen und lutherische Prediger aus größeren und kleineren Städten zu vertreiben. 1587 ernannte er

---

9   Insbesondere Winfried Schulze, *Landesdefension und Staatsbildung. Studien zum Kriegswesen des innerösterreichischen Territorialstaates (1564–1619)*, Wien-Köln-Graz 1973, S. 78–93, 136–242.
10 T. Winkelbauer, *Ständefreiheit* II, S. 43–55; K. Keller, *Erzherzogin Maria von Innerösterreich*, S. 98–99; Sönke Lorenz – Anton Schindling – Wilfried Setzler (Hrsg.), *Primus Truber. Der slowenische Reformator und Württemberg*, Stuttgart 2011.
11 Bernd Christian Schneider, *Ius reformandi. Die Entwicklung eines Staatskirchenrechts von seinen Anfängen bis zum Ende des Alten Reiches*, Tübingen 2001, S. 209–211.

in allen Ländern Innerösterreichs Kommissionen mit dem Auftrag, die katholische Kirchenverwaltung und das katholische Schulwesen in einzelnen Adelsherrschaften und Städten zu erneuern. Dieser Prozess der Rekatholisierung konnte jedoch wegen seines sich verschlechternden Gesundheitszustands nicht abgeschlossen werden.[12]

Der hochgebildete Karl von Steiermark beherrschte neben der deutschen Sprache auch Latein, Italienisch und Spanisch, interessierte sich für Jagd, Musik und höfische Feste und studierte mit Neugier die Geschichte des Hauses Habsburg.[13] Einen Ehrenplatz in seiner berühmten Grazer Kunstkammer nahm unter zahlreichen Familienporträts ein umfangreiches Pergament mit der Darstellung des triumphalen Einzugs seines Urgroßvaters Maximilians I. ein, das er von seinem Vater Ferdinand I. bei der Erbteilung erhalten hatte. In seinen Sammlungen befanden sich auch Dutzende exotische Gegenstände außereuropäischer Herkunft, besorgt vorwiegend vom kaiserlichen Gesandten in Madrid Hans Khevenhüller.[14] Von besonderer Bedeutung war auch der Orden vom Goldenen Vlies, den Karl 1585 bei einer auf der Prager Burg veranstalteten Feier erhalten hatte und seitdem in seiner Kunstkammer aufbewahrte.[15]

Seit Anfang der achtziger Jahre litt der jüngste Sohn Ferdinands I. unter wiederkehrenden Harn- und Gallenblasenentzündungen, später begleitet von Magenkrämpfen, Durchfall und Erbrechen. An seinem Lebensende wurde er von starken, durch die Gicht hervorgerufenen Schmerzen heimgesucht. Seine Gemahlin schrieb nach Dresden, um für ihn von Anna von Sachsen Heilöle besorgen zu lassen. Hans von Khevenhüller schickte aus Madrid Heilsteine gegen Durchfall. Im beginnenden Sommer des Jahres 1590 erlitt Erzherzog Karl mehrere starke Fieberanfälle, musste jedoch immer wieder seine Grazer Residenz verlassen, um gegen Nichtkatholiken im Land einzuschreiten.[16]

Das nahende Ende seines irdischen Weges wurde durch die mit seiner Gemahlin am 4. Juli 1590 in Mariazell abgelegte Beichte angekündigt. Nach seiner Rückkehr vom Wallfahrtsort war er durch ständiges Erbrechen und anhaltendes

---

12 T. Winkelbauer, *Ständefreiheit* II, S. 48–50.
13 Andrea Scheichl, *„Höfische und bürgerliche, öffentliche und private Feste" in Graz 1564–1619. Ein vergleichender Überblick*, Frühneuzeit-Info 11, 2000, Heft 1, S. 27–38.
14 Susanne König-Lein, *„mit vielen Seltenheiten gefüllet": Die Kunstkammer in Graz unter Erzherzog Karl II. von Innerösterreich und Maria von Bayern*, in: Sabine Haag – Franz Kirchweger – Paulus Rainer (Hrsg.), Das Haus Habsburg und die Welt der fürstlichen Kunstkammern im 16. und 17. Jahrhundert, Wien 2015 (= Schriften des Kunsthistorischen Museums, Band 15), S. 195–227.
15 Václav Bůžek, *Symboly rituálu. Slavnost Řádu zlatého rouna v Praze a Landshutu roku 1585*, in: Jiří Mikulec – Miloslav Polívka (Hrsg.), Per saecula ad tempora nostra. Sborník prací k šedesátým narozeninám prof. Jaroslava Pánka I, Praha 2007, S. 296–302.
16 K. Keller, *Erzherzogin Maria von Innerösterreich*, S. 39–40.

Fieber dermaßen erschöpft, dass er im Bett bleiben musste. Drei Tage später bewältigte er noch unter Aufbietung seiner letzten Kräfte die Reise nach Bruck an der Mur, nach der Rückkehr nach Graz verschlechterte sich sein Gesundheitszustand jedoch rapide. Maria von Bayern ordnete an, dass am 9. Juli 1590 alle Ordensbrüder, insbesondere Jesuiten, vier Stunden lang ohne Unterbrechung für die Gesundung ihres Gemahls beten sollten, denn von den Ärzten konnte ihm nicht mehr geholfen werden. Obwohl Karls Lebenskräfte schnell schwanden, war er noch in der Lage, mit seiner Frau über den nahenden Tod zu sprechen. Sie befand sich im achten Monat ihrer fünfzehnten Schwangerschaft und war fest entschlossen, den Ratschlägen des Jesuiten Sigismund Ernhofer zu folgen und die Nacht betend am Bett des Sterbenden zu verbringen. Bevor er vor Schmerzen und Erschöpfung vom Schlaf übermannt wurde, hatte er seine Frau kurz geküsst und aufgefordert, mit Rücksicht auf das fortgeschrittene Stadium ihrer Schwangerschaft das Zimmer zu verlassen. Er verstarb am 10. Juli 1590 gegen fünf Uhr morgens, vermutlich in Folge einer heftigen Lungenentzündung, die sein völlig erschöpfter Organismus nicht mehr zu bewältigen vermochte.[17]

Unmittelbar nach seinem Tod wurde der Leichnam Karls von Steiermark schwarz gewandet, in den Festsaal seiner Grazer Residenz getragen und dort auf einen schwarzen Samtteppich gelegt. Sein Kopf ruhte auf einem silberdurchwirkten Kissen. Am darauffolgenden Tag wurde sein Körper obduziert, einbalsamiert, wiederum angekleidet und in einen Sarg gebettet. Erst zwei Tage nach dem Tod wurden die sterblichen Überreste des Erzherzogs vor dem Altar der Hofkapelle der Residenz ausgestellt. Hier verblieben sie bis zum 14. Oktober 1590, danach wurden die Trauerfeierlichkeiten mit der Überführung des Sargs in die von den Jesuiten verwaltete Domkirche St. Ägydius fortgesetzt. Im Chorabschluss waren bereits einige Zeit zuvor die während der Obduktion entnommenen Eingeweide des Verstorbenen in einer gesonderten Urne bestattet worden. Nach der Eröffnung in Graz fand die nächste Phase der Zeremonie im Stift Seckau statt, das Karl von Steiermark in seinem Testament vom 1. Juni 1584 zu seiner letzten Ruhestätte erwählt hatte. Hier wollte er „nach löblichen catholischen Gebrauch zu Erden" gebracht werden.[18]

---

17 Ebd., S. 40–41; Georg Khevenhüller-Metsch (Hrsg.), *Hans Khevenhüller, kaiserlicher Botschafter bei Philipp II. Geheimes Tagebuch 1548–1605*, Graz 1971, S. 184.
18 Haus-, Hof- und Staatsarchiv Wien, Familienarchiv, Kart. 61; zitiert nach Julia Hodapp, *Habsburgerinnen und Konfessionalisierung im späten 16. Jahrhundert*, Münster 2018 (= Reformationsgeschichtliche Studien und Texte, Band 169), S. 204; Eduard Damisch, *Der Leichenzug des Erzherzogs Carl II., Beherrscher der innerösterreichischen Lande. Ein Beitrag zur Kulturgeschichte des XVI. Jahrhunderts*, Graz 1869; *Das Leichenbegängnis Erzherzog Karl II. von Steiermark im Jahre 1590*, in: Gabe des katholischen Press-Vereines in der Diözese Seckau für das Jahr

Die Aufbahrung der sterblichen Überreste sollte den guten Tod des natürlichen Körpers des Herrschers vergegenwärtigen und zur gleichen Zeit dessen politischem Körper den Weg ins Gedächtnis der Hinterbliebenen öffnen, an die Maria von Bayern in Vertretung ihres ältesten Sohnes Erzherzog Ferdinand, der in Ingolstadt studierte, Todesanzeigen verschickte. Im Laufe von September und Oktober 1590 übergaben die Landeshauptmänner von Kärnten, Krain, der Steiermark und anderer Länder Innerösterreichs der Witwe Listen mit Namen von Personen, die zur Trauerfeier eingeladen werden sollten.[19] Diese sollten sich am Spätnachmittag des 14. Oktobers 1590 vor der Hofkapelle einfinden. Ihre Vorstellungen vom Verlauf der Trauerfeier fasste Maria von Bayern in der Verordnung vom 1. Oktober 1590 zusammen[20] und übermittelte sie nicht nur an die Landeshauptmänner, sondern auch nach Seckau und an Rudolf II. Mit dem Abt, der gleichzeitig auch die Bischofswürde innehatte, besprach sie vorwiegend den Verlauf der im Stift ausgerichteten Trauerfeier, den Kaiser hielt sie nachdrücklich dazu an, im Falle seiner Abwesenheit vom Begräbnis möglichst bald einen Vertreter zu ernennen. Schließlich versicherte sie ihm noch mit aller Bestimmtheit, dass Karl von Steiermark „ganz christlich und seliglich verschiden sey".[21] Eine ähnliche Formulierung findet sich auch im geheimen Tagebuch von Hans Khevenhüller.[22]

Erst am 7. Oktober 1590 beschloss Rudolf II. in Prag, dass er sich beim letzten Abschied von seinem Onkel durch seinen jüngeren Bruder Erzherzog Ernst vertreten lassen würde. Die beiden Söhne Maximilians II. wechselten daraufhin einige Briefe, in denen es vorwiegend um gewisse Umstände im Zusammenhang mit der Teilnahme des Letzteren an den Feierlichkeiten in Graz und Seckau ging. Ernst zeigte zunächst nur wenig Bereitschaft zu dieser Aufgabe, weil er befürchtete, dass ihm angesichts der verwandtschaftlichen Beziehung vom Neffen zum Onkel im Leichenkondukt kein Ehrenplatz hinter dem Sarg zustehen würde, da dieser dem ältesten Sohn des Verstorbenen oder – im Falle von dessen Abwesenheit – seinem offiziellen Vertreter vorbehalten war. Rudolf II. erklärte seinem Bruder ausführlich, dass er bei der Trauerfeier und im Leichenkondukt den Kaiser vertreten würde, weshalb ihm im Einklang mit den Gepflogenheiten des höfischen Zeremoniells Vorrang gebühre.[23] Obwohl

---

1888, Graz 1888, S. 81–96; Stadtmuseum Graz, Leichenzug Karls II. von der Steiermark, 1590, Kupferstich Daniel Hefners nach Zeichnungen von Georg Behem, 1594/1595.
19 Haus-, Hof- und Staatsarchiv Wien, Familienarchiv, Kart. 61; srov. J. Hodapp, *Habsburgerinnen und Konfessionalisierung*, S. 195–196.
20 Haus-, Hof- und Staatsarchiv Wien, Familienarchiv, Kart. 61.
21 Zitiert nach J. Hodapp, *Habsburgerinnen und Konfessionalisierung*, S. 196.
22 G. Khevenhüller-Metsch (Hrsg.), *Hans Khevenhüller, kaiserlicher Botschafter bei Philipp II. Geheimes Tagebuch 1548–1605*, S. 184.
23 Haus-, Hof- und Staatsarchiv Wien, Familienarchiv, Kart. 61.

Rudolf II. an dem feierlichen Leichenbegängnis persönlich nicht teilnahm, war sein Einfluss auf den Verlauf und besonders auch auf die Auswahl der geladenen Gäste also immens.[24]

Trauerfeier in Graz

Am Sonntag, dem 14. Oktober 1590, gegen vier Uhr nachmittags, versammelten sich vor der Hofkapelle der Grazer Residenz die geladenen Trauergäste, um der Überführung des Sargs mit den sterblichen Überresten Karls von Steiermark in die Domkirche und dessen Aufbahrung auf dem Castrum doloris vor dem Hochaltar beizuwohnen.[25] Die Sargüberführung stand in der Verantwortung von Hofdienern, die Familie des Verstorbenen wurde bei diesem Akt durch den zweitgeborenen Sohn Maximilian Ernst vertreten. Vor dem Hochaltar betete die Witwe, vermutlich in Begleitung ihrer Töchter Anna und Katharina Renata, am Sarg, sechs Geistliche in weißen Ornaten sangen Psalmen. Der Sarg wurde auch über Nacht von acht Trabanten bewacht.

Am Montag, dem 15. Oktober 1590, in den frühen Morgenstunden, wurde am Sarg die Totenmesse zum Seelenheil des Verstorbenen abgehalten, zelebriert vom Jesuiten Peter Jimenez. Erst um ein Uhr nachmittags betraten Bischöfe, Ordensbrüder, Hofleute sowie die obersten Landesbeamten aus den einzelnen Ländern Innerösterreichs den Dom, um zu beten. Den Platz vor dem Hochaltar rechts des auf dem Castrum doloris aufgebahrten Sargs nahm Maximilian Ernst ein, zu seinen beiden Seiten standen Vertreter von dessen älterem Bruder Ferdinand und Onkel Wilhelm V. von Wittelsbach. Links waren zwei Töchter des Verstorbenen zu sehen, die siebzehnjährige Anna, Karls älteste Tochter, in Begleitung Leonhards von Harrach und des Oberstkämmerers Wolf von Stubenberg sowie die vierzehnjährige Katharina Renata. Sie war die drittgeborene Tochter Karls und Marias, bei der Feier in der Obhut des Obersthofmeisters am Hof des verstorbenen Erzherzogs, Hans Ambrosius von Thurn, sowie des Obersthofmeisters am Hof seiner Gemahlin, Maximilian von Schrattenbach.[26] Beide Töchter trugen einen weißen Mantel und Hut, ihre Gesichter waren

---

24 J. Hodapp, *Habsburgerinnen und Konfessionalisierung*, S. 202–203.
25 Falls nicht anders angegeben, stützen sich die Ausführungen auf die Schriftstücke im Haus-, Hof- und Staatsarchiv Wien, Familienarchiv, Kart. 61 (*Ordnung und Prozess unter dem Conduct weilend des Herrn Carlen*); E. Damisch, *Der Leichenzug des Erzherzogs Carl II.*; *Das Leichenbegängnis des Erzherzog Karl II. von Steiermark im Jahre 1590*, S. 81–96; Stadtmuseum Graz, Leichenzug Karls II. von der Steiermark, 1590.
26 Zum Hofpersonal Karls von Steiermark näher Haus-, Hof- und Staatsarchiv Wien, Oberhofmeisteramt, Sonderreihe, Kart. 183, Nr. 63 und 65; weiterhin vgl. J. Andritsch, *Landesfürstliche Berater*, S. 76–84.

durch einen ebenfalls weißen Schleier verdeckt. Ob das Weiß ihrer Kleidung als Verweis auf die Unschuld unverheirateter Mädchen zu verstehen war oder ähnlich wie in der Antike als Zeichen der Trauer, muss an dieser Stelle unbeantwortet bleiben.[27] Die Hofdamen beider Erzherzoginnen mussten sich vom Hochaltar entfernen und beteten in einem seitlichen Oratorium, in dessen Nähe die Sänger standen.

Über eine Stunde lang wurden am Dienstag, dem 16. Oktober 1590, am frühen Morgen Fahnen in den Dom St. Ägydius getragen, auf denen Wappen einzelner unter der Herrschaft Karls von Steiermark stehender Länder und Territorien Innerösterreichs abgebildet waren. Aufsicht über jedes der Herrschafts- und Machtsymbole hatten, ähnlich wie bei den in den vorhergehenden Kapiteln abgehandelten Trauerfeierlichkeiten für die Habsburger Kaiser Karl V., Ferdinand I. und Maximilian II., drei adelige Männer inne. Einer trug die Fahne oder die Funeralwaffen des Verstorbenen, die beiden anderen führten ein Pferd, mit dem sie aber vermutlich draußen vor der Kirche stehen blieben. Während die Fahnen entlang der Wände aufgestellt wurden, hatten die Symbole der Würde und Macht ihren Platz auf dem Castrum doloris neben dem Sarg. Die hölzerne Konstruktion bestand zunächst einmal aus vier dorischen Säulen mit einem Ziersims, auf dessen drei Seiten Pyramiden emporragten, durch Flammen der Öllampen und Kerzen in Blechhaltern hell erleuchtet. Unter dem Sims wurde ein Ehrentor mit Baldachin als Himmelsgewölbe über der Bahre errichtet. Auf dem Gipfel einer der Pyramiden waren die Fahne und das Zepter des Herrschers von Innerösterreich befestigt, die seiner unsterblichen Seele den Weg zum ewigen Heil im Himmelsgewölbe wiesen.[28]

Die Fahne mit dem Wappen der Windischen Mark, die ein Teil Innerösterreichs war und im Grenzgebiet zwischen Krain und Kroatien lag, wurde von Wolf von Eck getragen, diejenige der Grafschaft Cilli (Celje) von Balthasar Wagen von Wagenberg. Sigismund von Thurn übernahm diejenige mit dem Wappen der Grafschaft Görz. Wolf Engelbrecht von Auersperg wurde die des Herzogtums Krain anvertraut, Bartholomäus Khevenhüller diejenige des Herzogtums Kärnten, das Wappen des Herzogtums Steiermark zierte die Fahne, die Franz von Stubenberg vorantrug. Es folgten die weiteren mit dem Wappen der Stammgrafschaft Habsburg und demjenigen von Tirol, gezeigt von Karl von Teufenbach und Ferdinand Trautson sowie die Fahne der ober- und niederösterreichischen Erblande, getragen von Karl von Harrach. Abgeschlossen wurde die Fahnenschau durch diejenige mit dem Wappen des Herzogtums Burgund

---

27 Vgl. J. Hodapp, *Habsburgerinnen und Konfessionalisierung*, S. 226.
28 Hierzu näher Michal Brix, *Die Trauerdekoration für die Habsburger in den Erblanden. Studien zur ephemeren Architektur des 16. bis 18. Jahrhunderts*, Kiel 1971 (= Dissertation), S. 77–84, Katalog Nr. 211.

in den Händen Ottavio Viscontis. Bei den Trägern handelte es sich zwar nicht um die bedeutendsten Vertreter des Hofstaats Karls von Steiermark, in vielen Fällen jedoch wurde die Repräsentation deren Söhnen oder engen Verwandten anvertraut.[29]

Die Reihenfolge der Wappenfahnen war nicht zufällig, sondern vermittelte die leicht verständliche Botschaft von der Einheit der österreichischen Linie des Hauses Habsburg und der Tradition ihrer Territorialherrschaft. Als erste betraten diejenigen Adeligen den Dom, die die Fahnen mit den Wappen der Innerösterreich eingegliederten Randgebiete Windische Mark sowie der Grafschaften Cilli und Görz trugen und sie anschließend entlang der Wände, in der weitesten Entfernung vom Castrum doloris, aufstellten. Die Fahnen mit den Wappen von Krain, Kärnten und der Steiermark befanden sich hingegen in der Nähe des Trauergerüsts, denn sie bildeten den eigentlichen Kern der Territorialbesitzungen Karls von Steiermark. Unmittelbar am Sarg standen dann diejenigen der Stammgrafschaft Habsburg und Tirol sowie die der Herzogtümer Ober- und Niederösterreich und Burgund, die nach den Fahnen mit den Wappen der Länder Innerösterreichs in den Dom getragen wurden.

Die Aufstellung der Wappenfahnen versinnbildlichte die territoriale Herkunft der habsburgischen Macht und den Aufstieg der Dynastie. Obwohl der Verstorbene im Einklang mit dem letzten Willen seines Vaters direkte Herrschaft lediglich über Innerösterreich ausübte, bekannte er sich gleichzeitig gemäß der überlieferten Tradition zum Zusammenhalt aller Länder im Besitz der österreichischen Linie des Hauses Habsburg. Die Fortführung des Vermächtnisses der Vorfahren wurde durch die Fahnen der Stammgrafschaft Habsburg und des Herzogtums Burgund repräsentiert, den territorialen Zusammenhalt der im Besitz der österreichischen Habsburger befindlichen Länder demonstrierten die Fahnen mit den Wappen von Ober- und Niederösterreich, Tirol und Innerösterreich, deren Einheit nach dem Tod Ferdinands I. zeitweilig zerfallen war. Die Platzierung der Fahne von Burgund in unmittelbarer Nähe des Verstorbenen sollte als Verweis darauf verstanden werden, dass er an das Vermächtnis seines Großvaters Maximilian I. anknüpfte, der am Beginn der tatsächlichen Vormachtstellung der Habsburger unter den Herrscherhäusern im Europa des ausgehenden Mittelalters und der beginnenden Neuzeit stand.

Die Fahnenschau in der Domkirche wurde durch die Kriegsfahne in den Händen Wilhelms von Windischgrätz abgeschlossen. Ihm folgte Wolf von Montfort mit der Trauerfahne, die er auf das Castrum doloris legte. Daneben fanden anschließend die Insignien der Würde und der Macht Karls von Steiermark Platz, die von adeligen Männern in einer genau festgelegten Reihenfolge

---

29 Vgl. Haus-, Hof- und Staatsarchiv Wien, Oberhofmeisteramt, Sonderreihe, Kart. 183, Nr. 63 und 65.

herbeigebracht wurden. Ludwig Tobar von Enzesfeld trug die goldenen Sporen, Siegmund Friedrich von Herberstein das Schwert und den Dolch und Gottfried Breuner den Orden vom Goldenen Vlies auf einem schwarzen Samtkissen. Der Turnierhelm wurde der Obhut des Obersten Stallmeisters Georg Ruprecht von Herberstein anvertraut, der Vizekanzler am Hof Karls von Steiermark Johann Cobenzel von Prossegg und der Hofkammerrat Hans Kitzl von Kaltenbrunn zeigten den großen Schild mit Lorbeeren und Wappen der unter habsburgischer Herrschaft stehenden Länder. Den Herzogshut des Verstorbenen brachte sein Kämmerer Georg Graf Nogarol, gefolgt von Heinrich von Hardegg und Leopold von Herberstein, die das schwarzbehangene Trauerpferd führten.

Trauerfahne und Trauerpferd vertraten in dem durch die Mitte des Kirchenschiffs schreitenden Leichenkondukt den verstorbenen Herrscher, dessen Leichnam auf dem Castrum doloris aufgebahrt lag. Die Aufstellung der Kriegsfahne hinter den Landeswappenfahnen und vor der Trauerfahne verwies nicht nur auf die militärischen Verdienste Karls von Steiermark bei der Verteidigung von Innerösterreich gegen die osmanischen Angriffe, sondern war auch im Zusammenhang mit der Verherrlichung seiner ritterlichen Tugenden zu sehen, die zunächst im Leichenkondukt und anschließend in Gestalt der auf dem Castrum doloris ausgestellten Insignien der Würde und Macht repräsentiert wurden. Die Fahne des Herzogtums Burgund befand sich in nächster Nähe des verstorbenen Herrschers, dessen Leichnam mit bereits genannten, die ritterlichen Tugenden Karls symbolisierenden Gegenständen sowie mit der Kriegsfahne bedeckt wurde, und vermittelte so dem Gedächtnis der Hinterbliebenen das Bild des politischen Körpers Karls von Steiermark als tugendhaften Beschützers des christlichen Glaubens in Innerösterreich. Als solcher verteidigte er den Glauben mit der Waffe in der Hand nach den Prinzipien des christlichen Rittertums, dessen Tradition von den Habsburgern, verstärkt nach dem Erhalt des burgundischen Erbes, wiederbelebt worden war. Karl von Steiermark gehörte der vierten Generation an, die diese Tradition fortführte und knüpfte bewusst an die Taten seines Vaters Ferdinand I., seines Großvaters Philipp des Schönen und seines Urgroßvaters Maximilian I. an. Diese Intention der Trauerfeier kam nicht nur in der Reihenfolge der Landeswappenfahnen im Kondukt sowie deren Aufstellung in unterschiedlicher Entfernung vom Sarg zum Ausdruck, sondern auch in der Platzierung der Kriegsfahne auf dem Castrum doloris direkt neben dem aufgebahrten Sarg und den Insignien der Würde und Macht, und nicht zuletzt auch in den Vigilien, die in den Nachmittags- und Abendstunden vor dem Hochaltar zum Gedenken an den Erzherzog und seine Taten zelebriert wurden.

Am Mittwoch, dem 17. Oktober 1590, gegen sechs Uhr morgens öffneten sich die Türen der Domkirche St. Ägydius, in der der Sarg mit den sterblichen

Überresten Karls von Steiermark auf dem Castrum doloris aufgebahrt lag.[30] Nachdem die Jesuiten überprüft hatten, dass die Trauerausschmückung, die Fahnen mit den Landeswappen sowie die Insignien der Würde und der politischen Macht an den richtigen Stellen platziert waren, betrat zwei Stunden später Erzherzog Ernst in Begleitung mehrerer Hofleute den Kirchenraum, um hier für das Heil seiner Seele zu beten. Er vertrat bei der Feier des letzten Abschieds den Kaiser. In der Zwischenzeit formierte sich vor der Kirche ein Trauerzug, der den Verstorbenen auf seinem Weg von Graz zur letzten Ruhestätte im Stift Seckau begleiten sollte. Dieses letzte Geleit wich zwar von den für Karls Vater Ferdinand I. und seinen älteren Bruder Maximilian II. ausgerichteten Leichenkondukten in der Reihenfolge der Trauergäste und den Ansprüchen an die Repräsentation geringfügig ab, wies aber dennoch alle Merkmale einer katholischen Begräbnisfeier auf, entsprechend der Tradition habsburgischer Trauerzeremonielle des 16. Jahrhunderts.

Angeführt wurde der Trauerzug von Propst Johann Rottenmann und einem jungen Priester mit Kreuz. Hinter ihnen gingen Arme und Kranke aus dem Spital, gefolgt von Schülern aus den örtlichen Schulen, die Dreiergruppen bildeten und brennende Kerzen oder Fackeln trugen. Als nächstes folgten zahlreiche Bürger, nach ihnen dann Hofleute und die obersten Beamten aller innerösterreichischen Länder, die unter der Herrschaft des Erzherzogs standen. Von der Witwe zur Teilnahme eingeladen wurden ebenfalls Vertreter der Stände der einzelnen Länder Innerösterreichs ohne Rücksicht auf ihre Konfession. Die Auswahl der nichtkatholischen Adeligen unterlag der strengen Aufsicht Marias von Bayern, die sich dabei auf die von den Landeshauptmännern vorgeschlagenen Listen stützte.[31] Alle Hofleute, Landesbeamten und Ständevertreter trugen brennende Kerzen und Fackeln. Den erwarteten Übergang der Seele des verstorbenen Erzherzogs aus der irdischen Welt in die Ewigkeit versinnbildlichten in diesem ersten Abschnitt des Leichenkondukts die Geistlichen. Neben großen Gruppen von Jesuiten, Dominikanern und Franziskanern mit weißen Kerzen sah man zahlreiche Pfarrgeistliche, Kaplane, Pröpste, Äbte und Bischöfe. Die Aufmerksamkeit der umstehenden Zuschauer zogen zwei Priester in Ornaten auf sich, die ein rauchendes Weihrauchfass und ein Weihwassergefäß trugen.

Der nächste Abschnitt des Trauerzugs, in dem Karl von Steiermark als Herrscher über Innerösterreich repräsentiert wurde, diente der Verherrlichung seiner irdischen Herrschaft. Aus der Domkirche St. Ägydius kamen nacheinander Adelige mit Fahnen mit Wappen der Windischen Mark, von Cilli, Görz, Krain, Kärnten und der Steiermark, in denen Karl zeit seines Lebens die Regentschaft ausübte. Ihnen folgten die Fahnen von Habsburg, Tirol, Ober- und

---

30 Ebd., Familienarchiv, Kart. 61.
31 Hierzu näher J. Hodapp, *Habsburgerinnen und Konfessionalisierung*, S. 205, 208–210.

Niederösterreich und Burgund, die auf die Herkunft des Hauses Habsburg, seinen territorialen Aufstieg und den Zusammenhalt der österreichischen Linie der Dynastie verwiesen. Vor dem Dom gesellten sich zu jeder Fahne weitere zwei Männer mit dem festlich geschmückten Trauerpferd. Diese Dreiergruppen mit jeweils einer Fahne und einem Pferd reihten sich nacheinander in den Trauerzug ein. Die Tugenden eines christlichen Ritters und Verdienste des Herrschers als Beschützers des Gemeinwohls wurden durch diejenigen Adeligen vertreten, die die Funeralwaffen vom Castrum doloris nahmen und mit der Kriegsfahne, den goldenen Sporen, dem Schwert und dem Dolch, dem Orden vom Goldenen Vlies, dem Turnierhelm, dem großen Schild und dem Herzogshut vor die Kirche traten und sich dem Leichenkondukt anschlossen.

Als Nächstes wurde der Sarg mit den sterblichen Überresten Karls von Steiermark hinausgetragen, der ähnlich wie bei den Begräbnisfeierlichkeiten für Ferdinand I. und Maximilian II. das gedachte Zentrum in der Anordnung des Leichenkonduktes bildete. Die Bahre wurde von zwölf adeligen Männern an jeder Seite getragen, deren Zahl als Anspielung auf dieselbe Zahl der Apostel zu verstehen war. Sie bildeten Gottes Ordnung auf Erden ab und verkündeten den umstehenden Zuschauern die Botschaft von der göttlichen Herkunft des Verstorbenen. Zu beiden Seiten wurden sie von weiteren achtzehn Adeligen begleitet, die sich während des Marsches durch die Stadt abwechselten. Die Gesamtzahl der Begleiter des Verstorbenen auf diesem letzten Weg betrug also sechzig und verwies durch ihre Zugehörigkeit zur Zwölferreihe wiederum auf das erwartete Seelenheil, denn nach dem Buch der Offenbarung bestätigte diese Zahl im Leben eines christlichen Ritters die Vollkommenheit der göttlichen Ordnung, die zur Erlösung führt.[32]

Die Anordnung des Leichenkonduktes im Abschnitt hinter dem Sarg machte deutlich, dass die Botschaft des politischen Körpers Karls als Herrschers von Innerösterreich auf die unmittelbar hinter der Bahre schreitenden nächsten Hinterbliebenen überging. Angeführt wurde diese Gruppe vom Neffen des Verstorbenen Erzherzog Ernst. Seine Vorrangstellung im letzten Geleit war mindestens zwei Umständen zu verdanken. Erstens, wie bereits erwähnt wurde, vertrat der jüngere Bruder Rudolfs II. den Kaiser, der die Würde eines österreichischen Herzogs innehatte und die Herrschaft über die österreichischen Länder ausübte. Auf dem ihm gebührenden Platz direkt hinter dem Sarg verkörperte er den erwarteten Zusammenhalt innerhalb der österreichischen Linie des Hauses Habsburg, die Eintracht und vor allem die politische Einheit ihrer Repräsentanten, auch wenn die österreichischen Länder zum Zweck der politischen Verwaltung vorübergehend in drei Territorien geteilt waren. Nach

---

32 Jan Royt – Hana Šedinová, *Slovník symbolů. Kosmos, příroda a člověk v křesťanské ikonografii*, Praha 1998, S. 23.

dem Tod Karls von Steiermark wurde angesichts der Minderjährigkeit seines ältesten Sohnes Erzherzog Ferdinand das Gebiet von Innerösterreich unter Vormundschaftsverwaltung gestellt, die eben von Erzherzog Ernst ausgeübt wurde.

Ihm folgte der zweitgeborene Sohn Karls von Steiermark, der erst siebenjährige Maximilian Ernst. Der älteste Sohn des Verstorbenen, der zwölfjährige Erzherzog Ferdinand, wurde durch einen Gesandten vertreten, der zusammen mit dem Vertreter von Wilhelm V. von Wittelsbach hinter Maximilian Ernst ging. Die symbolische Bedeutung der Anordnung für die Personen in unmittelbarer Nähe hinter dem aufgebahrten Sarg war leicht zu lesen. Der politische Körper sowie das politische Vermächtnis der Regierung in Innerösterreich gingen angesichts der Umstände vom Verstorbenen auf seinen Neffen Erzherzog Ernst über, den zu diesem Zeitpunkt ältesten männlichen Angehörigen der österreichischen Linie der Habsburger, ohne direkten Anteil an der Verwaltung der Stammlande. Der dem Gesandten von Karls ältestem Sohn zugewiesene Platz hinter dem persönlich anwesenden zweitgeborenen Sohn zeugte von Uneinigkeit in der Auffassung der gesellschaftlichen Stellung von Gesandten. Denn als Vertreter des ältesten Sohnes hätte ihm der zweitvorderste Platz hinter dem Sarg gebührt, also unmittelbar hinter dem Vertreter des Kaisers, dessen Vorrangstellung bei den Grazer Begräbnisfeierlichkeiten bereits lange zuvor im Briefwechsel zwischen Rudolf II. und Maria von Bayern Gegenstand komplizierter Verhandlungen gewesen war.

Obwohl sich anhand der Quellen nicht alle Personen in diesem Abschnitt des Leichenkondukts namentlich identifizieren lassen, ist zumindest die Anwesenheit des Rektors, des Kanzlers und des Pedells der jesuitischen Universität in Graz sicher nachweisbar. Sie folgten den Vertretern von Karls ältestem Sohn und Wilhelm V. von Wittelsbach.[33] Erst dahinter waren die Töchter Karls von Steiermark zu sehen – die älteste von ihnen, Anna, geführt von Wolf d. Ä. von Stubenberg und Leonhard d. Ä. von Harrach, Katharina Renata in Begleitung von Maximilian von Schrattenbach und vermutlich Johann Breuner, der Johann Ambrosius von Thurn abgelöst hatte. Ob auch die Witwe Maria von Bayern und die zweitgeborene Tochter, die sechzehnjährige Maria Christina, an den Begräbnisfeierlichkeiten in Graz teilnahmen, kann anhand der bisher bekannten Quellen nicht beantwortet werden.[34]

Die den Würdenträgern der jesuitischen Universität mit Rektor Emmerich Forsler an der Spitze vorbehaltenen vorrangigen Plätze im Trauerzug, die sich

---

33 Haus-, Hof- und Staatsarchiv Wien, Familienarchiv, Kart. 61.
34 Diese Erkenntnis wird auch durch die Untersuchungen von J. Hodapp bestätigt. Dazu J. Hodapp, *Habsburgerinnen und Konfessionalisierung*, S. 214.

unmittelbar hinter den nächsten männlichen Nachkommen und vor den weiblichen Hinterbliebenen befanden, spielten eine wichtige Rolle bei der Inszenierung des politischen Körpers des Verstorbenen. Karl von Steiermark sollte – der Familientradition zufolge – auf zwei Wegen ins kollektive Gedächtnis eingehen. Zum einen als kluger, mit den Tugenden christlicher Ritter ausgestatteter Herrscher, zum anderen, seiner anfänglichen Zugeständnisse genüber dem nichtkatholischen Adel ungeachtet, als überzeugter und treuer Anhänger des katholischen Glaubens in Innerösterreich. Für die Verbreitung des Katholizismus setzte er sich unter anderem mit der Gründung einer Universität in Graz ein, deren Verwaltung den Jesuiten anvertraut wurde. Anfangs hatte die Universität neben der theologischen und der artistischen auch eine Fakultät für Sprachen, an der man Latein und Griechisch studieren konnte.[35] Zur Festigung des katholischen Einflusses in Innerösterreich wurde in Graz außerdem eine päpstliche Nuntiatur errichtet. Der Nuntius Giovanni Andrea Caligari nahm jedoch an den Trauerfeierlichkeiten nicht teil, da er bereits drei Jahre zuvor auf eigenen Wunsch nach Rom zurückgekehrt war. Zum Zeitpunkt des Todes und der Bestattung Karls von Steiermark war die Grazer Nuntiatur vakant, wiederbesetzt wurde sie erst 1592 durch Girolamo Portia.[36]

Einen wichtigen Bestandteil der Begräbnisfeierlichkeiten in Graz bildete deren akustische Gestaltung.[37] Der Trauerzug schritt unter Glockengeläut voran, für musikalische Begleitung sorgten Paukenschläger mit türkischen Trommeln sowie sechs Trompeter, die an bestimmten Plätzen in der Stadt positioniert waren und beim Vorbeiziehen des Kondukts die musikalische Kulisse boten. Der Trauerzug ging von der Domkirche St. Ägydius aus, am städtischen Rathaus und Landhaus vorbei bis zum Eisernen Tor, wo der Sarg auf einen trauergeschmückten Wagen, bespannt mit vier Paaren spanischer Pferde, geladen wurde. Der Weg durch die Stadt führte an den bedeutendsten Objekten geistlicher und weltlicher Macht vorbei, auf die sich die Herrschaft Karls von Steiermark gestützt hatte: dem Dom St. Ägydius, verwaltet durch die zur Rekatholisierung eingesetzten Jesuiten, dem Landhaus als Sitz der Landstände sowie dem Rathaus, in dem Stadtratssitzungen abgehalten wurden. In den Nachmittagsstunden des 17. Oktobers 1590 verließ der Trauerwagen in Begleitung der meisten Trauergäste, in deren Obhut sich die Machtinsignien und Wappenfahnen befanden, die Stadt Graz und machte sich auf den Weg zum Stift Seckau.

---

35 Walter Höflechner unter Mitarbeit von Ingrid Maria Wagner und Alexandra Wagner, *Geschichte der Karl-Franzens-Universität Graz. Von den Anfängen bis in das Jahr 2008*, Graz 2009², S. 3–10.

36 Elisabeth Zingerle, *Girolamo Portia. Die Grazer Nuntiatur im Spannungsfeld zwischen römischer Kurie und innerösterreichischem Landesfürst (1592–1607)*, Graz 2015 (= Dissertation), S. 37–38.

37 Haus-, Hof- und Staatsarchiv Wien, Familienarchiv, Kart. 61.

Es ist anzunehmen, dass sich die Anordnung des Kondukts hinter den Stadtmauern aus sicherheitstechnischen und rein praktischen Gründen änderte. Auf den schmalen und schwer passierbaren Wegen fuhr der Wagen mit dem Sarg vermutlich im abschließenden Teil des Leichenkonduktes und wurde hier vom bewaffneten Hofgesinde zu Pferd begleitet.[38]

Beisetzung in der Gruft in Seckau und deren Ausschmückung

Obwohl der Sarg auf einem Wagen transportiert wurde und alle Trauergäste den Weg zu Pferd zurücklegten, schaffte der Trauerzug in der bergigen Landschaft kaum mehr als dreißig oder vierzig Kilometer am Tag. In allen Städten und Dörfern begrüßten die Bewohner das letzte Geleit in feierlicher Tracht und unter lautem Glockengeläut, es wurden Messen zum Seelenheil des Verstorbenen zelebriert, sei es in vorhandenen katholischen Kirchen oder kurzfristig errichteten Zelten, die man mit allen für einen katholischen Gottesdienst erforderlichen liturgischen Gegenständen ausgestattet hatte. In überwiegend nichtkatholischen Orten mussten die Bewohner die Anwesenheit der Mitglieder der römischen Kirche und das Zelebrieren ihrer Rituale geduldig über sich ergehen lassen.[39] Maria von Bayern hatte sich bereits im Vorfeld an Stadträte gewandt, um für die Teilnehmer des Trauerzugs Nahrungsmittel (Brot, Fleisch, Wein), sowie Wasser und Futter für etwa 1500 Pferde zu sichern. Aufmerksam hatte sie auch die Beschaffenheit der Wege und die Qualität der Unterkünfte in Gasthäusern und Ställen überprüft.[40] Der Trauerzug legte die Strecke von Graz über Bruck an der Mur, Leoben und Knittelfeld mit einer Gesamtlänge von etwa 120 Kilometern in drei Tagen zurück und traf am 20. Oktober 1590 am späten Nachmittag in Seckau ein.

Vor dem Stift wurden die Trauergäste von den Ordensbrüdern und Bischof Martin Brenner empfangen, der gleichzeitig auch Abt von Seckau war und nicht nur enge Beziehungen zu Maria von Bayern unterhielt, sondern auch den Jesuiten sehr nahestand. In den letzten Lebensjahren Karls von Steiermark machte er sich im Einklang mit den Beschlüssen des Tridentinums in hohem Maße um die Verbreitung und Festigung des Katholizismus in Innerösterreich verdient. Die Betonung des starken geistigen Bandes zwischen dem Verstorbenen, seinem Vermächtnis und dem ganzen Haus Habsburg einerseits und

---

38 Nachgewiesen von J. Hodapp, *Habsburgerinnen und Konfessionalisierung*, S. 297–298 für das 1597 stattgefundene Begräbnis von Erzherzogin Gregoria Maximiliane, die fünfte Tochter des Verstorbenen.
39 J. Hodapp, *Habsburgerinnen und Konfessionalisierung*, S. 202, 214, 298.
40 Ebd., S. 211–212.

der katholischen Kirche andererseits gehörte zu den wichtigsten Momenten der Begräbnisfeier in Seckau.[41] Zunächst wurde der Sarg mit den sterblichen Überresten des Herrschers vom Trauerwagen wieder auf eine Bahre gelegt. Anschließend formierte sich der Leichenkondukt als letztes Geleit auf dem Weg in die Klosterkirche. Die Anordnung entsprach derjenigen des Trauerzugs, der sich drei Tage zuvor vor dem Grazer Dom St. Ägydius in Bewegung gesetzt hatte.[42] Die Pferde blieben vor dem Eingang in den Kirchenraum stehen. Dort wurde der Sarg auf dem vor dem Hochaltar errichteten Castrum doloris ausgestellt und eine Vigil gefeiert, während der das Kircheninnere mit hunderten Kerzen und Fackeln hell erleuchtete. Als die Trauergäste am darauffolgenden Tag, dem 21. Oktober 1590, in die Kirche zurückkehrten, setzten sich die Feierlichkeiten des letzten Abschieds um sieben Uhr morgens mit der Totenmesse fort. Anschließend nahm man den Sarg mit den sterblichen Überresten Karls von Steiermark vom Castrum doloris und trug sie zusammen mit den goldenen Sporen, dem Schwert und dem Dolch, dem Turnierhelm, dem großen Schild und dem Herzogshut unter dem Gesang religiöser Lieder und Gebete zur Gruft, in der er beigesetzt werden sollte.

Karl von Steiermark und seine Gemahlin hatten bereits im Sommer 1572 mit der Errichtung einer Familiengruft in Seckau begonnen, als ihr erstgeborener Sohn Ferdinand gestorben war. Bei den Überlegungen, welcher Ort ihrer Familie als letzte Ruhestätte dienen sollte, spielten vermutlich besonders zwei Umstände eine entscheidende Rolle. Zum einen unterhielten sie enge persönliche Verbindungen zum dortigen Bischof und Abt und gleichzeitigen Beichtvater des Erzherzogs Jakob Eberlein, zum anderen war Seckau früher ein bedeutender marianischer Wallfahrtsort gewesen. Den Habsburgern wie den Wittelsbachern galt die Marienverehrung, die beiden Dynastien ganz besonders am Herzen lag, als ein probates Mittel zur Festigung des Katholizismus. Seckau als letzte Ruhestätte repräsentierte in dieser Perspektive die enge Verknüpfung der habsburgischen Dynastie mit dem katholischen Glauben in Innerösterreich.[43] Acht Jahre später wurden, nach dem Tod eines weiteren Sohnes des Ehepaars, Erzherzog Karl, die Steinmetzarbeiten an der Gruft noch einmal schneller vorangetrieben. Eine konkrete Vorstellung über die Ausgestaltung

---

41 Mit weiterführenden Literaturhinweisen ausführlicher ebd., S. 206–207.
42 Die Anordnung des Leichenkondukts unterlag der Aufsicht von „drei directores". Für die korrekte Reihenfolge der Geistlichen sorgten Propst Johann Rotenmann und der Almosenverteiler („elemosinarius"), verantwortlich für die Aufstellung der Bediensteten und Hofleute war Oberhofmarschall Hans von Ortenburg, die Ständevertreter einzelner innerösterreichischer Länder wurden dann schließlich von Hofkriegsrat Hans Friedrich Trauttmansdorff in Stellung gebracht.
43 Anna Coreth, *Pietas Austriaca. Österreichische Frömmigkeit im Barock*, Wien 1982²; J. Hodapp, *Habsburgerinnen und Konfessionalisierung*, S. 316–318.

des Grabmals sowie die anzubringenden Inschriften findet sich jedoch erst in Karls Testament vom 1. Juni 1584. Darin forderte er, „ein epithaphium oder grabstein" aus rotem und weißem Marmor zu errichten, auf dem der Name des Verstorbenen, Angaben zu seiner Herkunft und seinen Würden sowie sein Geburts- und Sterbedatum stehen sollten.[44]

An der Fertigstellung und Verzierung der Gruft waren primär vier Künstler beteiligt – der Steinmetz und Baumeister Alexander de Verda, der Bildhauer Sebastian Carlone, der Maler Theodoro Ghisi sowie der Schlosser Sebastian Schreinlechner. Die Bauarbeiten und der Anstrich der Decke wurden unter Leitung von Alexander de Verda und anderer Künstler aus Lugano und Umgebung bereits 1588 in Angriff genommen, das marmorne Grabmal hingegen kam erst ein Jahr später an die Reihe, als Karl von Steiermark den Bildhauer Sebastian Carlone nach Seckau holte. Vollendet wurde das bildhauerische Werk dann 1595. Für die malerische Verzierung des Kapellengewölbes und des Altars war Theodoro Ghisi zuständig, der 1588 auch das später an einer der Wände der Kapelle aufgehängte Bild *Symbolum apostolorum* schuf. Das Gitter am Kapelleneingang ist das Werk von Sebastian Schreinlechner. Die Ausgestaltung des Grabmals orientierte sich unverkennbar an der Verzierung der letzten Ruhestätten der Herzöge von Burgund, Maximilians I. in Innsbruck, Ferdinands I. in Prag, vermutlich des bayerischen Herzogs Wilhelm V. in München und nicht zuletzt auch der Repräsentanten der spanischen Linie der Habsburger in El Escorial, deren erste Bauphase Karl von Steiermark bei seiner Spanienreise gesehen hatte.[45]

Das Grabmal befindet sich zwischen zwei Fenstern der Fürstenkapelle. Die liegende Figur Karls von Steiermark im Harnisch wird durch einen Helm zu seinen Füßen und den Orden vom Goldenen Vlies auf der Brust verziert. Neben dem Herrscher von Innerösterreich ruht die ebenfalls aus weißem Marmor gefertigte Figur seiner Gemahlin Maria von Bayern. Zu Füßen und am Kopfende halten zwei Engelspaare mit den Gesichtern der frühzeitig verstorbenen Kinder des Ehepaares zwei Wappen aus weißem Marmor. Das bei den Köpfen befindliche Wappen ist dasjenige der österreichischen Habsburger mit der

---

44 Falls nicht anders angegeben, stützen sich die Ausführungen zur künstlerischen Verzierung der Gruft und der Fürstenkapelle in Seckau in erster Linie auf die Untersuchung von Brigitta Lauro, *Die Grabstätten der Habsburger. Kunstdenkmäler einer europäischen Dynastie*, Wien 2007, S. 131–138. Berücksichtigt wurde außerdem die ältere Studie von Georg Kodolitsch, *Drei steirische Mausoleen – Seckau, Graz und Ehrenhausen*, in: A. Novotny – B. Sutter (Hrsg.), Innerösterreich 1564–1619, S. 325–370, hier S. 328–336; wertvolle Erkenntnisse bringt Benno Roth OSB, *Seckau. Der Dom im Gebirge. Kunsttopographie vom 12. bis zum 20. Jahrhundert*, Graz-Köln-Wien 1983, S. 188–192.

45 B. Lauro, *Die Grabstätten der Habsburger*, S. 131–138; B. Roth OSB, *Seckau. Der Dom im Gebirge*, S. 181–182; J. Hodapp, *Habsburgerinnen und Konfessionalisierung*, S. 317–320.

Inschrift CAROLVS. SERENISS. ARCHIDVX. AVSTRIAE. ETC. HIC. POSITIVS. ANNO. M. D. C. XC. und mit einem Totenkopf auf der Rückseite. Zu Füßen der beiden liegenden Figuren findet sich das Wappen der bayerischen Wittelsbacher, auf dem MARIA. VTRIVSQVE. BAVARIAE. DVCISSA. ETC. CONIVX. QVONDAM. CAROLI. CHARISSIMA zu lesen ist. Auf dessen Rückseite stehen die Buchstaben I. H. S., auf die sich die Augen des Ehepaares richten. Das Grabmal verdeckt den Eingang zur Krypta, wo die Zinnsärge mit den sterblichen Überresten deponiert wurden.

In einem unter der Deckplatte mit den Figuren verlaufenden Band zieren zehn Landeswappen aus weißem Marmor das Grabmal, dieselben, die bei der Begräbnisfeier auf den vorangetragenen Fahnen gezeigt wurden. Trotz der linearen Anordnung in der Abfolge Windische Mark, Görz, Tirol, Kärnten, Burgund, Ober- und Niederösterreich, Steiermark, Krain, Habsburg und Cilli dürfen sie jedoch nicht von links nach rechts, sondern müssen von der Mitte aus gelesen werden. Während der Machtaufstieg der Habsburger in engem Zusammenhang mit dem Erwerb des Herzogtums Burgund stand, leitete die österreichische Linie des Hauses ihre selbständige politische Stellung von der Herrschaft Ferdinands I. in Ober- und Niederösterreich her. Daher befanden sich die beiden Wappen – von Burgund und von Ober- und Niederösterreich – in der Mitte der durch ihre Landeswappen repräsentierten Gebiete unter habsburgischer Herrschaft, und diese privilegierte Platzierung verwies eindeutig auf die herausragende Bedeutung dieser Herzogtümer. Sie figurierten im dynastischen Gedächtnis als die zentrale Klammer, in der die Herrschaft über die anderen habsburgischen Besitzungen ihren Ursprung hatte. Zugleich spiegelte die Anordnung der Landeswappen am Grabmal nicht nur die Einheit beider Linien des Adelshauses wider, sondern und ganz besonders den Zusammenhalt der österreichischen Habsburger, der nach dem Tod Ferdinands I. durch die Erbteilung der Länder unter seinen drei Söhnen vorübergehend gefährdet schien.

Im mittleren Teil des Grabmals befinden sich neun Reliefs aus weißem Marmor, auf denen Darstellungen des Leidens, der Kreuzigung und der Erlösung Christi eingemeißelt sind. Konkret handelt es sich um die Szenen Christus auf dem Ölberg, Judas' Verrat, Geißelung, Kreuzweg auf den Kalvarienberg, Kreuzigung, Grablegung, Abstieg in die Unterwelt, Auferstehung und Begegnung mit Maria Magdalena am leeren Grab. In den Ecken dieses mittleren Teils zieren vier Karyatiden das Werk, im unteren Teil sind sieben Tafeln mit in Gold ausgeführten Zitaten aus der Bibel und dem mittelalterlichen Gedicht aus franziskanischem Umfeld *Dies irae* angebracht. Die lateinischen Verse des Gedichts handeln vom Jüngsten Gericht und der Erlösung der menschlichen Seele.

Auf der Predella mit den Buchstaben I. H. S. steht der marmorne Altar. Die Predella zieren zudem sechs bemalte Kerzenständer aus Holz – drei mit dem Wappen der Habsburger und drei mit demjenigen der Wittelsbacher. Das Altarbild Die Verklärung Christi wurde in Stuckrahmen eingesetzt. Über dem Altar halten zwei Engel einen Schriftzug mit dem Zitat aus dem Matthäusevangelium HIC EST FILIVS MEVS DILECTVS HVNC AVDITE (Mt 17, 5: Dies ist mein geliebter Sohn ... auf ihn sollt ihr hören).

Das Altarbild wird von den Aposteln Petrus und Paulus flankiert. Über der Petrusfigur schwebt ein weiteres Zitat aus dem Matthäusevangelium FACIAMVS HIC TRIA TABERNACVLA (Mt 17,4: Wenn du willst, werde ich hier drei Hütten bauen ...), über Paulus ist zu lesen DOMINE BONVM EST NOS HIC ESSE (Mt 17, 4: Herr, es ist gut, dass wir hier sind). Die Wand über dem Grabmal ziert ein Bild mit einer Darstellung ebenfalls aus dem Matthäusevangelium. Wenn ihr nicht umkehrt und wie die Kinder werdet, könnt ihr nicht in das Himmelreich kommen (Mt 18, 3), die an die frühzeitig verstorbenen Kinder des Ehepaares erinnern soll. An der nördlichen Wand der Kapelle ist ein marmorner Schriftzug angebracht, in dem die wichtigsten Eckdaten des irdischen Lebens Karls von Steiermark auf Lateinisch verzeichnet sind – Angaben zu Herkunft, Geburt und Eheschließung. Die südliche Wand zieren Namen der Kinder und Enkelkinder des verstorbenen Ehepaares.

Die künstlerische Ausstattung des Grabmals von Karl von Steiermark und Maria von Bayern in der Fürstenkapelle des Stiftes Seckau vermittelte symbolisch die Botschaft der guten Herrschaft des Ehepaares über das Gebiet von Innerösterreich. Die beiden sollten als Förderer und Wahrer des Gemeinwohls gelten, die sich nach Vorbild ihrer Vorfahren zu christlichen Tugenden bekannten. Die schweren Aufgaben, die das Leben für sie bereithielt, meisterten sie mit Hilfe des katholischen Glaubens, der Unterstützung ihrer Kinder und nicht zuletzt auch im Bewusstsein der Zugehörigkeit zu den zwei mächtigsten Herrscherhäusern Mitteleuropas.

Tod Marias von Bayern

Die verwitwete Maria von Bayern und Erzherzog Ernst ließen am 3. November 1590 im Grazer Dom St. Ägydius eine Totenmesse für den verstorbenen Herrscher von Innerösterreich zelebrieren, an der die Witwe, anders als an der Trauerfeier in Seckau, persönlich teilnahm. Ein Jahr später begann der Maler Jacopo de Monte auf ihren Wunsch hin mit der Arbeit an einem monumentalen Epitaphbild, auf dem das Ehepaar mit all seinen Kindern dargestellt werden sollte. Die drei frühzeitig verstorbenen Kinder (zwei Söhne und eine Tochter) tragen auf dem Bild weiße Kleider. Maria von Bayern unternahm bis zu ihrem Tod mehrere Reisen nach Seckau, um dort die laufenden Arbeiten an der Verzierung der Familiengruft zu beaufsichtigen.[46]

Obwohl Rudolf II. unmittelbar nach dem Tod Karls von Steiermark dessen Gemahlin und die Geheimräte mit der Ausübung der Verwaltung von Innerösterreich beauftragte, war die politische Stellung der Witwe in dem konfessionell sehr unruhigen Land angesichts ihres streng katholischen Glaubens doch recht ungewiss. Noch vor dem Begräbnis sprachen ihr die nichtkatholischen Stände das Misstrauen aus und forderten, dass Erzherzog Ernst vorübergehend die Herrschaft im Land übernehmen solle. Kurz darauf büßte sie auch die politische Unterstützung Rudolfs II. und Ferdinands von Tirol ein, denn gemäß dem letzten Willen ihres Gemahls sollte sie nur die Vormundschaft über den ältesten Sohn Ferdinand übernehmen, was sie jedoch keinesfalls für die Dauer seiner Minderjährigkeit zur Ausübung der Herrschaft in Innerösterreich berechtigte. Ende Dezember 1590 fügte sie sich der Entscheidung Rudolfs II., der mit der Vormundschaftsregierung schließlich Erzherzog Ernst, den Neffen des Verstorbenen beauftragte.[47]

Nachdem Erzherzog Ernst 1593 in die spanischen Niederlande gegangen war, ging die Verwaltung von Innerösterreich an seinen Bruder Erzherzog Maximilian über. Erst 1596/1597 übernahm die politische Macht dann Erzherzog Ferdinand. Die Vertreter der Landstände der Steiermark, Kärntens und Krains begingen damals den entscheidenden Fehler, die Bestätigung der zuvor von Karl von Steiermark gewährten Religionsfreiheiten nicht zur Bedingung ihrer Huldigung gemacht zu haben. Denn dadurch ermöglichten sie dem neuen Herrscher Innerösterreichs, den von seinem Vater in den 1580er Jahren begonnenen Prozess der Rekatholisierung zu einem erfolgreichen Ende zu führen.[48]

Anstatt auf die Burg Görz zu ziehen, die für sie als Witwensitz vorgesehen war, lebte Maria von Bayern bis zu ihrem Tod in der Witwenresidenz in Judenburg und in Graz. Hier gründete sie mit Unterstützung des päpstlichen Nuntius ein Klarissenkloster, das sich bereits nach kurzer Zeit zu einem bedeutenden Zentrum des Katholizismus in der Steiermark entwickelte.[49] Die ersten sieben Nonnen kamen 1602 aus München in Begleitung von Simon Mänhardt, dem späteren Beichtvater der Witwe.[50] An ihrem Lebensende ver-

---

46 J. Hodapp, *Habsburgerinnen und Konfessionalisierung*, S. 330–331.
47 K. Keller, *Erzherzogin Maria von Innerösterreich*, S. 113–125.
48 Regina Pörtner, *The Counter-Reformation in Central Europe. Styria 1580–1630*, Oxford 2001, S. 71–143; E. Zingerle, *Girolamo Portia*; dies. (Hrsg.), *Nuntiatur des Girolamo Portia (1599–1602). Publikationen des Historischen Instituts beim Österreichischen Kulturforum in Rom. II. Abteilung. II. Reihe: Nuntiaturberichte. Grazer Nuntiatur 5*, Wien 2012.
49 J. Hodapp, *Habsburgerinnen und Konfessionalisierung*, S. 126–138.
50 Ebd., S. 147; zu den persönlichen Beichtvätern habsburgischer Erzherzoginnen näher Katrin Keller, *Habsburgerinnen und ihre Beichtväter. Die Höfe Graz, Krakau und Madrid*, in: Mat-

brachte Maria von Bayern viel Zeit unter den Nonnen, ob sie selbst jedoch ins Kloster eintrat, lässt sich anhand der Untersuchungen von Julia Hodapp nicht eindeutig beantworten.[51] Sie tat sich sehr durch ihre katholische Frömmigkeit hervor, hegte eine Vorliebe für Kunsthandwerk und Musik, interessierte sich für die in der Kunstkammer aufbewahrten exotischen Gegenstände und für höfische Gartenfeste.[52] Die enge Verbindung der habsburgischen Dynastie mit dem katholischen Glauben in Innerösterreich stellte sie durch den sorgfältig inszenierten Verlauf der 1595 und 1597 in Graz und Seckau ausgerichteten Begräbnisse ihrer beiden frühzeitig verstorbenen Töchter Katharina Renata und Gregoria Maximiliane demonstrativ zur Schau.[53]

Die letzten Wochen vor ihrem Tod am 29. April 1608 hielt sich Maria von Bayern im Klarissenkloster auf. Sie klagte über gesundheitliche Beschwerden wie Darmverschluss und wiederkehrende Brechanfälle. In die Ordenstracht der Klarissen gekleidet legte sie sich ins Totenbett, das in der erzherzoglichen Residenz stand. Nach ihrem Tod wurde ihr Herz in einem silbernen Becher in der Grazer Domkirche neben der Herzurne ihres Gemahls bestattet. Weitere Eingeweide wurden in einem Kupferfässchen aufbewahrt und vermutlich nach Seckau gebracht. Die Herzen und Eingeweide Karls von Steiermark und Marias von Bayern wurden in der Folgezeit an verschiedenen Orten bestattet und es lässt sich heutzutage nicht mit Sicherheit sagen, wo sie schließlich ihre wirklich letzte Ruhestätte fanden, wie die Untersuchungen von Julia Hodapp nahelegen.[54]

Nach ihrem Tod wurde der Körper der Erzherzogin obduziert, einbalsamiert und anschließend in aller Stille und ohne pompöses Leichenbegängnis mit Glockengeläut in das von ihr gegründete Klarissenkloster gebracht. Hier lag er vier Monate lang aufgebahrt, denn die Arbeiten am Grabmal im Stift Seckau mussten erst einmal beendet werden, so dass die sterblichen Überreste Marias von Bayern erst am 4. September 1608 in der Familiengruft beigesetzt werden konnten. Der Ort, wo ihr Vermächtnis in Wirklichkeit weiterlebte, war jedoch das Klarissenkloster in Graz, das zum Symbol der engen Verbindung katholischer Frömmigkeit und habsburgischer Herrschaft in Innerösterreich wurde.[55]

---

thias Meinhardt – Ulrike Gleixner – Martin H. Jung – Siegrid Westphal (Hrsg.), Religion macht Politik. Hofgeistlichkeit im Europa der Frühen Neuzeit (1500–1800), Wiesbaden 2014 (= Wolfenbütteler Forschungen, Band 137), S. 51–66.
51 J. Hodapp, *Habsburgerinnen und Konfessionalisierung*, S. 148–150.
52 K. Keller, *Erzherzogin Maria von Innerösterreich*, S. 68–94.
53 Ausführlich J. Hodapp, *Habsburgerinnen und Konfessionalisierung*, S. 215–305.
54 Ebd., S. 371; vgl. K. Keller, *Erzherzogin Maria von Innerösterreich*, S. 224–225.
55 Mit ausführlicher Argumentation J. Hodapp, *Habsburgerinnen und Konfessionalisierung*, S. 363–372.

VI. Trauerzug für Ferdinand von Tirol in Innsbruck und die Botschaft seines Grabmals

Erzherzog Ferdinand, später Ferdinand von Tirol genannt, stach durch seine kräftige Figur sowie seine körperliche Tüchtigkeit und Gelenkigkeit hervor, die ihm insbesondere bei der Jagd und Turnieren zugutekamen. Er verfügte jedoch auch über breites Allgemeinwissen und war kulturell bewandert, interessierte sich für Geschichte, Militär, Medizin und Naturwissenschaften. Seine intellektuellen Fähigkeiten und sein diplomatisches Geschick konnte der zweitgeborene Sohn Ferdinands I. bei den Verhandlungen mit den ständischen Gegnern der machtpolitischen und religiösen Interessen der Habsburger nicht selten zu seinem Vorteil ausspielen, zunächst als Statthalter des Königreichs Böhmen, später in Tirol und Vorderösterreich, wo er die Landesherrschaft ausübte. Einblicke in sein Weltbild gewähren nicht nur seine Sammlungen von Kunstgegenständen, Waffen und Büchern, sondern auch die Szenarien von Turnieren und anderen höfischen Vergnügungen, in denen ihm meistens die Rolle eines tapferen, mit Rittertugenden ausgestatteten Mannes zugewiesen war, der nach dem Vorbild seiner Vorfahren den christlichen Glauben beschützte. Besonders bei höfischen Festen in den Residenzen auf der Prager Burg, in Innsbruck und vor allem auf Schloss Ambras, wo oft Adelige aus zahlreichen europäischen Ländern zu Gast waren, konnten seine Geselligkeit und Gastfreundlichkeit ihre Wirkung entfalten. Kulturelle Einflüsse, die Mantua, Innsbruck, München, Prag, Wien und Dresden eng vernetzten, verdankten sich nicht nur den verwandtschaftlichen Beziehungen zwischen den dort herrschenden Adelshäusern, sondern auch ihrer weltanschaulichen Nähe und nicht zuletzt ihrem Bedürfnis nach pompöser Repräsentation.[1]

---

[1] Falls nicht anders angegeben, stützen sich die folgenden Ausführungen auf die Untersuchungen von Joseph Hirn, *Erzherzog Ferdinand II. von Tirol. Geschichte seiner Regierung und seiner Länder* I–II, Innsbruck 1885–1888; Václav Bůžek, *Ferdinand Tyrolský mezi Prahou a Innsbruckem. Šlechta z českých zemí na cestě ke dvorům prvních Habsburků*, České Budějovice 2006 (= Monographia historica 7); ders., *Ferdinand Tyrolský mezi Prahou, Innsbruckem a Ambrasem*, in: ders. – Rostislav Smíšek (Hrsg.), Habsburkové 1526–1740. Země Koruny české ve středoevropské monarchii, Praha 2017, S. 227–232. Michael Forcher, *Erzherzog Ferdinand II. Landesfürst von Tirol. Sein Leben. Seine Herrschaft. Sein Land*, Innsbruck-Wien 2017, brachte in seiner Darstellung hingegen keine neuen Erkenntnisse. Trotz entsprechender Ambitionen gelang es Forcher nicht, die erste moderne Biographie des Statthalters von Böhmen und Herrschers in Tirol und Vorderösterreich vorzulegen, die gegenwärtigen wissenschaftlichen Ansprüchen genügen würde. Da die recht unsystematisch zusammengestellte Forschungsliteratur nur unzureichend rezipiert und so gut wie keine Quellenforschung betrieben wurde, war auch wenig Anderes zu erwarten (vgl. hierzu die Rezension von Václav Bůžek in Mitteilungen des Instituts für Österreichische Geschichtsforschung 126, 2018, S. 410–411).

Erzherzog Ferdinand verbrachte seine vier ersten Lebensjahre gemeinsam mit seiner Mutter Anna Jagiello, seinem älteren Bruder Maximilian und seinen Schwestern in Linz, wo er am 14. Juni 1529 zur Welt gekommen war. Als sich die Familie 1533 vorübergehend in Innsbruck niederließ, wurde die Erziehung der Söhne Ferdinands I. unter die Aufsicht eines Hofmeisters gestellt, der humanistisch gebildete Präzeptoren in die Tiroler Metropole berief. Maximilian und Ferdinand wurden in Geschichte, Theologie, Mathematik und Kunst unterwiesen, große Aufmerksamkeit galt auch dem Sprachunterricht – die jungen Männer lernten Latein, Deutsch, Italienisch und Grundlagen des Tschechischen – sowie dem Training von Kraft und Beweglichkeit. Nach dem Umzug nach Prag 1543 trennten sich die Wege der Geschwister Maximilian, Ferdinand, ihrer Schwestern und des jüngeren Bruders Karl. Erzherzog Ferdinand erwarb um die Mitte der vierziger Jahre seine ersten militärischen Erfahrungen in Kämpfen, die sein Onkel Karl V. gegen die Reichslutheraner im Schmalkaldischen Krieg führte, für kurze Zeit hielt er sich auch in den Niederlanden auf. Als Ferdinand I. im Oktober 1547 für das Königreich Böhmen ein Statthalteramt errichtete, berief er seinen zweitgeborenen Sohn auf die Prager Burg und vertraute ihm die Amtspflichten an. Dem König galt dieses Amt als eine ständige Institution, über die er trotz seiner (in den Folgejahren immer längeren) Abwesenheit die Kontrolle in Hinsicht auf die politische Entwicklung im Land behalten konnte.

Bei seinen Aufenthalten in der böhmischen Hauptstadt wie auch auf seinen Reisen war Erzherzog Ferdinand von einem eigenen Hofstaat umgeben, der 1551 etwa 130 Hofleute mit Besoldung zählte.[2] Von 1551 haben sich außerordentlich viele Rechnungsbelege erhalten, deshalb weiß man, dass Ferdinand in diesem Jahr etwa 100 Tage im Ausland verbrachte, beispielsweise nahm er von Januar bis Anfang März am Reichstag zu Augsburg teil und reiste anschließend von hier aus nach Wien, wo er bis Anfang April blieb. Bis Ende des Jahres verließ er dann das Königreich Böhmen nicht mehr, aber die kurzen Aufenthalte in Prag, die sich im Zeitraum von April bis Dezember über insgesamt etwas mehr als 100 Tage erstreckten, wurden immer wieder von mehrtägigen Reisen in die anderen Landesteile unterbrochen, auf denen er sich im genannten Jahr bis zu 150 Tagen lang aufhielt. Am häufigsten brach er zur Jagd in die Pürglitzer Wälder oder die Kammerherrschaften Brandeis und Podiebrad auf. 1560 erwarb der Prager Statthalter Komotau, um es jedoch elf Jahre später wieder zu verkaufen. In den Jahren 1565 bis 1577 wurde er Pfandinhaber der Herrschaft Pürglitz, häufiger hielt er sich aber in Bresnitz auf, wohin seit Mitte der 1550er Jahre Philippine Welser regelmäßig von Augsburg aus zu ihrer Tante

---

2 Petr Vorel, *Místodržitelský dvůr arciknížete Ferdinanda Habsburského v Praze roku 1551 ve světle účetní dokumentace*, Folia historica bohemica 21, 2005, S. 7–66.

Katharina Loxan von Adler zu Besuch kam. Mit ihr schloss der zwei Jahre jüngere Ferdinand im Januar 1557 eine Ehe, die jedoch wegen der ungleichen gesellschaftlichen Stellung geheim gehalten werden sollte. Nach Geburt der beiden Söhne Andreas und Karl ließ sich Philippine Anfang der sechziger Jahre mit den Kindern auf Burg Pürglitz nieder. Hier brachte sie die Zwillinge Philipp und Maria zur Welt, die jedoch bereits im Kindesalter verstarben. Da alle Kinder einer geheimen Ehe entstammten, wurden sie angeblich jedesmal unmittelbar nach der Entbindung vor das Burgtor gelegt, wo Philippine sie dann „fand". Auf diese Weise war es möglich, sie taufen zu lassen und für ihre Erziehung zu sorgen. Die Ehe von Philippine Welser und Erzherzog Ferdinand wurde erst 1576 vom Papst für gültig erklärt.[3]

Die politischen Schritte Ferdinands in seinem Amt des Statthalters entsprachen den Intentionen seines Vaters. Wichtig waren ihm insbesondere die Festigung des katholischen Glaubens sowie die Bürokratisierung von Landämtern, die er mit Herren und Rittern besetzte, die sich als Unterstützer der habsburgischen Machtinteressen hervortaten und zugleich als Mitglieder der Ständegemeinde diese Bestrebungen innerhalb der verschiedenen regionalen Ständegruppierungen voranbringen konnten. Die erste Kriegshandlung des Erzherzogs stand im Spätsommer 1556 an, als er an der Spitze der habsburgischen Truppen zur Festung Siget aufbrach.[4] Seine ritterliche Tapferkeit und Unerschrockenheit wurde ein Jahr später vom spanischen König mit der Verleihung des Ordens vom Goldenen Vlies gewürdigt.[5]

Der Statthalter legte reges Interesse an den Bauarbeiten in der Prager Burg und der Gestaltung der umliegenden Gärten an den Tag. Nach seinem Entwurf wurde in den 1550er Jahren das Lustschloss Stern im Neuen königlichen Gehege am Weißen Berg errichtet.[6] Der Bau diente vermutlich nicht nur als Ausstellungsort für Skulpturen und Rüstungen, sondern es wurden hier auch höfische Feste und Vergnügungsveranstaltungen abgehalten. Auch auf dem Altstädter Ring, in beiden Innenhöfen der Prager Burg, im Wladislawsaal und

---

3 Zuletzt populärwissenschaftlich Karin Schneider-Ferber, *Philippine Welser. Die schöne Augsburgerin im Hause Habsburg*, Regensburg 2016; Blanka Kubíková – Jaroslava Hausenblasová – Sylva Dobalová (Hrsg.), *Ferdinand II. Arcivévoda Ferdinand II. Habsburský. Renesanční vladař a mecenáš. Mezi Prahou a Innsbruckem*, Praha 2017, S. 131.
4 František Kameníček, *Výprava arciknížete Ferdinanda na pomoc obleženému od Turků Sigetu roku 1556*, Sborník historický 4, 1886, S. 321–331.
5 Veronika Sandbichler, *Festkultur am Hof Erzherzog Ferdinands II.*, in: Heinz Noflatscher – Jan Paul Niederkorn (Hrsg.), Der Innsbrucker Hof. Residenz und höfische Gesellschaft in Tirol vom 15. bis 19. Jahrhundert, Wien 2005 (= Archiv für österreichische Geschichte, Band 138), S. 159–174, hier S. 164.
6 Sylva Dobalová – Jaroslava Hausenblasová – Ivan P. Muchka – Ivo Purš, *Hvězda. Arcivévoda Ferdinand Tyrolský a jeho letohrádek v evropském kontextu*, Praha 2014.

vor dem königlichen Lustschloss wurden häufig Ritterspiele veranstaltet.[7] Bei den Turnieren, die im Mittelpunkt der Ritterspiele standen, lag der Akzent weiterhin auf der Vorführung körperlicher Kraft der Kämpfer und ihrer Tugendhaftigkeit als christliche Ritter – um die Mitte des 16. Jahrhunderts wurden diese Abläufe jedoch um neue dramaturgische Elemente bereichert. Einerseits sollten die Turnierkämpfe der Unterhaltung der Zuschauer dienen, andererseits verwandelten sie sich durch Theatereinlagen in ein wirksames Instrument der Selbstrepräsentation des sich darin in der Rolle eines christlichen Ritters stilisierenden Erzherzogs sowie der politischen und religiösen Propaganda.[8] Die Teilnehmer einer solchen Theaterdarbietung betraten den Turnierplatz gekleidet in bunte Kostüme und Masken, die Musik ging in sprühenden Feuerwerkseffekten und krachenden Artilleriesalven unter. Gerade eine solche Vorführung mag sich den Blicken der Zuschauer, unter denen sich auch die Familie des Erzherzogs befand, am 9. November 1558 im königlichen Garten der Prager Burg dargeboten haben, denn dieses Datum wird gerade aufgrund der außergewöhnlichen szenischen Gestaltung in der Geschichte mitteleuropäischer Turniere besonders hervorgehoben. Das Turnier wurde als schillernder Abschluss der pompösen Feierlichkeiten zu Ehren des Kaisers und Königs Ferdinand I. inszeniert, der an diesem Tag zu seinem Besuch der böhmischen Hauptstadt eintraf.[9]

Bei den Jagdvergnügungen war es nicht nur die Menge und Art des eigenhändig erlegten Wildes, die zur Verherrlichung der Rittertugenden des Erzherzogs dienten. Ein wichtiges Mittel, um die Fähigkeiten und Eigenschaften eines adeligen Mannes der Renaissancezeit herauszustellen, war auch die Art und Weise, wie das Wild bei der Jagd oder Hetzjagd sowohl im Freien als auch in den Gehegen erlegt wurde. Nach Angaben der Jagdbücher verbrachte Erzherzog Ferdinand vom Ende der fünfziger bis Mitte der sechziger Jahre des 16. Jahrhunderts mit Unterbrechungen jedes Jahr mindestens 80 und höchstens 140 Tage auf der Jagd.[10] In Wirklichkeit gab er sich dieser Vergnügung allerdings noch weitaus häufiger hin, denn die Jagdbücher berücksichtigen nicht die auf

---

7 Jaroslav Pánek, *Der Adel im Turnierbuch Erzherzog Ferdinands II. von Tirol. Ein Beitrag zur Geschichte des Hoflebens und der Hofkultur in der Zeit seiner Statthalterschaft in Böhmen*, Folia historica bohemica 16, 1993, S. 77–96, hier S. 86–91.

8 Václav Bůžek, *The Manifestation of Religious Identity in the Symbolic Communications of Ferdinand of Tyrol*, in: Milena Bartlová – Michal Šroněk (Hrsg.), Public Communication in European Reformation. Artistic and other Media in Central Europe 1380–1620, Praha 2007, S. 89–102.

9 Václav Bůžek, *Symboly rituálu. Slavnostní vjezd Ferdinanda I. do Prahy 8. listopadu 1558*, in: Luděk Březina – Jana Konvičná – Jan Zdichynec (Hrsg.), Ve znamení zemí Koruny české. Sborník prací k šedesátým narozeninám profesorky Lenky Bobkové, Praha 2006, S. 112–128, hier S. 124–125.

10 Der Verfasser stützt sich hier auf die Analyse der Jagdbücher Erzherzog Ferdinands aus den Jahren 1558–1566, aufbewahrt in der Österreichischen Nationalbibliothek Wien, Cod. 8308

den Herrschaften böhmischer und österreichischer Adeliger stattgefundenen Jagden, an denen Ferdinand auf deren Einladung hin teilnahm. Hält man sich vor Augen, dass der Erzherzog zwischen seinem dreißigsten und vierzigsten Lebensjahr jährlich drei bis fünf Monate übers Jahr verteilt auf der Jagd verbrachte, lässt sich an seiner außerordentlichen körperlichen Tüchtigkeit kaum zweifeln. Die Ärzte gaben jedoch immer wieder zu bedenken, dass der Aufenthalt in den kalten und feuchten Wäldern maßgeblich zur Verschlechterung seines Gesundheitszustands beitrug.[11]

Von den Jagdfähigkeiten Erzherzog Ferdinands zeugte nicht nur die große Menge des eigenhändig erlegten Wilds bei den einzelnen Jagdunternehmungen, sondern auch die Anzahl der abgefeuerten Schüsse, die notwendig waren, um die in der freien Wildbahn doch über gewisse Vorteile verfügenden Tiere zur Strecke zu bringen. Diese Angaben standen in der Hierarchie der Einträge in den Jagdbüchern ganz oben und dienten der Begutachtung der Beute – je weniger Schüsse abgegeben wurden, umso höher deren symbolischer Wert. Der erfolgreiche Jäger gleicht in dieser Auffassung dem triumphierenden Ritter auf dem Turnierplatz, wo ebenfalls die Zahl der erfolgreich geführten Hiebe mit dem Turnierkolben über Sieg oder Niederlage entschied.[12]

Über den Erwerb der Landesherrschaft in Tirol und Vorderösterreich informierte Ferdinand die Stände während der Eröffnung des böhmischen Landtags, die am Ende Januars 1564 in Anwesenheit von Maximilian II. in Prag stattfand. Bei der nächsten Sitzung, die im Juni/Juli 1565 abgehalten wurde, billigten die Stände die Einführung einer Sondersteuer, deren Erlös sie Ferdinand als Geschenk übergeben wollten. Mit dieser ungewöhnlichen Geste sollte zum einen ihr Dank an den Statthalter, der zwanzig Jahre in Böhmen verbracht hatte, zum Ausdruck gebracht werden, zum anderen stellte sie aber auch eine Verpflichtung für die Zukunft dar.[13] Auch nach seiner Übersiedlung nach Innsbruck im Januar 1567 blieb Erzherzog Ferdinand ein exzellenter Kenner der politischen, religiösen und kulturellen Verhältnisse im Königreich Böhmen

---

(1558), Cod. 8307 (1559), Cod. 8304 (1560), Cod. 8279 (1561), Cod. 8256 (1562 und 1563), Cod. 8257 (1564), Cod. 7337 (1565), Cod. 8255 (in Übereinstimmung mit dem Datum auf dem Ledereinband vermutlich 1566).
11 Hierzu näher Katharina Seidl, „ ... how to assuage all outer and inner malady ...": Medicine at the court of Archduke Ferdinand II, in: Sabine Haag – Veronika Sandbichler (Hrsg.), Ferdinand II. 450 Years Sovereign Ruler of Tyrol. Jubilee exhibition, Innsbruck 2017, S. 67–71, hier S. 68; J. Hirn, Erzherzog Ferdinand II. von Tirol II, S. 486–487.
12 Matthias Pfaffenbichler, Die Turniere an den Höfen der österreichischen Habsburger im 16. Jahrhundert, in: Stefan Krause – Matthias Pfaffenbichler (Hrsg.), Turnier. 1000 Jahre Ritterspiele, Wien 2017, S. 155–169; V. Bůžek, Ferdinand Tyrolský mezi Prahou a Innsbruckem, S. 174–193; J. Pánek, Der Adel im Turnierbuch, S. 77–96.
13 Sněmy české od léta 1526 až po naši dobu III, Praha 1884, S. 248.

unter den Habsburgern und unterhielt nach wie vor vielfältige Verbindungen zum böhmischen Adel.[14]

Im Einklang mit dem letzten Willen seines Vaters übernahm er die Herrschaft über ein territorial zersplittertes und geographisch sehr vielfältiges Gebiet, das sich bis nach Tirol erstreckte und einen Teil von Elsass, Schwaben und Vorarlberg umfasste.[15] Die Festigung des katholischen Glaubens wurde seit 1561 insbesondere von den Jesuiten vorangetrieben, später auch von den Kapuzinern und Serviten.[16] Eine wichtige Stütze bildete auch der erste, 1573 ins Amt eingeführte päpstliche Nuntius in der Tiroler Metropole, Bartholomäus Portia.[17]

Obwohl Erzherzog Ferdinand in der Innsbrucker Hofburg residierte, hielt er sich viel häufiger auf dem unweit gelegenen Ambras auf, das er 1562 von seinem Vater erhielt. Zwei Jahre später übertrug er den formalen Besitz dieser am Alpenrand über der Stadt errichteten Burg auf Philippine Welser, zur gleichen Zeit wurde auch mit den umfangreichen Umbauarbeiten begonnen, mit denen der mittelalterliche Sitz in ein bequemes Schloss umgewandelt werden sollte. Nach den ursprünglichen Vorstellungen Ferdinands sollte der Bau vor allem als Wohnsitz seiner Familie dienen, nach 1570 änderte er jedoch seine Pläne und ließ zu Füßen des oberen Schlosses einen großen repräsentativen Raum bauen, der im 19. Jahrhundert den Namen Spanischer Saal erhielt. In den 1570er und 1580er Jahren entstanden auch im oberen Schloss neue repräsentative Räumlichkeiten, in denen Ferdinand vorübergehend Teile seiner umfangreichen Sammlung von Rüstungen, Porträts, Büchern, Mineralien und Kuriositäten aus dem Naturreich unterbrachte, die er bereits als Statthalter von Böhmen in Prag angelegt hatte. In der zweiten Hälfte der siebziger Jahre wurden für die Sammlungen mehrere neue Räumlichkeiten im unteren Schloss gebaut. 1589 ließ der Erzherzog zu diesem Zweck sogar ein eigenes Gebäude errichten und dort seine großen Kollektionen militärischer Ausrüstung und Ausstattung deponieren. In der Einrichtung und Verzierung der öffentlich zugänglichen repräsentativen Räumlichkeiten auf Schloss Ambras spiegelt sich

---

14 Michael A. Chisholm, *Hans Ernnstingers Beschreibung des Einzugs Erzherzog Ferdinands II. in Tirol im Jahre 1567*, Tiroler Heimat – Jahrbuch für Geschichte und Volkskunde Nord-, Ost- und Südtirols 73, 2009, S. 71–98.

15 Heinz Noflatscher, *Archduke Ferdinand II as Sovereign Ruler of Tyrol*, in: S. Haag – V. Sandbichler (Hrsg.), Ferdinand II. 450 Years Sovereign Ruler of Tyrol, S. 31–37.

16 Volker Press, *Vorderösterreich in der habsburgischen Reichspolitik des späten Mittelalters und der frühen Neuzeit*, in: Hans Maier – Volker Press – Dieter Stivermann (Hrsg.), Vorderösterreich in der frühen Neuzeit, Sigmaringen 1989, S. 1–41, hier S. 25–26; Anton Schindling – Walter Ziegler (Hrsg.), *Die Territorien des Reichs im Zeitalter der Reformation und Konfessionalisierung. Land und Konfession 1500–1650. Band I. Der Südosten*, Münster 1989, S. 95–96.

17 Johann Rainer, *Bartholomäus Portia als Nuntius bei Erzherzog Ferdinand II. von Tirol 1573/74*, Tiroler Wirtschaftsstudien 26, 1969, S. 347–360.

ein klug durchdachtes Programm der Selbstpräsentation des Herrschers von Tirol und Vorderösterreich wider, das erstmals um die Mitte der 1560er Jahre bei der künstlerischen Ausgestaltung der oberen Stockwerke des Innenhofs zum Einsatz kam. Die Darstellungen der Tugenden christlicher Ritter wechselten mit Figuren aus der Bibel, antiken Göttern und realen Kriegshelden des christlichen Mittelalters, zu denen Bacchus seine Triumphzüge führte.[18]

In der programmatischen Verzierung des Spanischen Saals wurden auf überaus sinnreiche Weise Symbole ritterlicher Tugenden mit den altehrwürdigen Wurzeln des dynastischen Gedächtnisses verbunden.[19] Die Wände zierten 27 gemalte Porträts von Tiroler Landesherren, die in der Grafschaft vom Mittelalter bis zu den Zeiten Erzherzogs Ferdinand die Regierung ausübten. Sein Konterfei bildete den imaginären Höhepunkt der malerischen Verzierung. Er trat hier als Herkules auf und verkörperte auf diese Weise den Triumph der Kraft, Tapferkeit und Kühnheit eines christlichen Ritters – alles Eigenschaften, die sich bereits seine Vorfahren als Herrscher von Tirol auf die Fahnen geschrieben hatten. In den Kartuschen über den einzelnen Bildnissen befanden sich Wappen der einzelnen Tiroler Landesherren. Im unteren Teil der südlichen Wand des Spanischen Saals wurden Szenen aus dem Leben von Romulus und Remus dargestellt, die auf die mythische Herkunft der Habsburger verwiesen. Der Spanische Saal diente vermutlich als eine Art Vorraum, von dem aus man zu der eigentlichen Audienz beim Herrscher Tirols kam, man konnte von hier aus aber auch in die umliegenden Renaissancegärten gelangen. Diese überraschten ihre Besucher mit geometrisch angelegten Beeten, Lustschlössern, künstlichen Labyrinthen, Hasengehegen, Volieren sowie einer Bacchus-Höhle, in der der Erzherzog seine berühmten Trinkgelage veranstaltete und nicht nur Vertreter des Reichs- wie des österreichischen, italienischen, spanischen, französischen, ungarischen und polnischen Adels zu Gast hatte, sondern auch Herren und Ritter aus dem Königreich Böhmen.[20]

---

18 Elisabeth Scheicher, *Ein „böhmisches" Schloss in Tirol. Zu den Fassadenmalereien des Ambraser Hochschlosses*, Österreichische Zeitschrift für Kunst und Denkmalpflege 1992, S. 4–18; Alfred Auer, *Das Inventarium der Ambraser Sammlungen aus dem Jahr 1621. I. Teil. Die Rüstkammer*, Jahrbuch des Kunsthistorischen Museums Wien 80, 1984; Ivo Purš – Hedvika Kuchařová (Hrsg.), *Knihovna arcivévody Ferdinanda II. Tyrolského I–II*, Praha 2015; Veronika Sandbichler, *„Innata omnium pulcherrimarum rerum inquisitio": Archduke Ferdinand II as a Collector*, in: S. Haag – V. Sandbichler (Hrsg.), Ferdinand II. 450 Years Sovereign Ruler of Tyrol, S. 77–81; Thomas Kuster, *„dieses heroische theatrum": The Heldenrüstkammer at Ambras Castle*, in: ebd., S. 83–87.

19 Elisabeth Scheicher, *Der spanische Saal von Schloss Ambras*, Jahrbuch der kunsthistorischen Sammlungen in Wien 71, 1975, S. 39–94.

20 Václav Bůžek, *Pijácké zábavy na dvorech renesančních velmožů (Ambras – Bechyně)*, in: ders. – Pavel Král (Hrsg.), Slavnosti a zábavy na dvorech a v rezidenčních městech raného novověku, České Budějovice 2000 (= Opera historica 8), S. 137–161; Václav Bůžek, *Der böhmische und*

Die zum Hofstaat Ferdinands von Tirol nach seiner Übersiedlung nach Innsbruck gehörenden Behörden waren der Geheimrat, der Hofrat, die Hofkammer und die Hofkanzlei. Der Hof war nicht nur für den Alltagsbetrieb der Residenz in der Hofburg zuständig, sondern hatte auch die Wünsche des Regenten zu erfüllen. An der Spitze des Hofstaates stand, ähnlich wie in Prag, der Obersthofmeister, dem der Oberstmarschall, der Oberstkämmerer, der Oberststallmeister sowie der Oberste Kanzler unterstanden, die ihrerseits wiederum die Aufsicht über den Dienst der Hofleute und Diener innehatten. Trotz wachsender Verschuldung stieg die Zahl der besoldeten Würdenträger am Innsbrucker Hof von der Mitte der sechziger bis Mitte der neunziger Jahre des 16. Jahrhunderts leicht an, Ausgaben für den weiblichen Hofstaat und diejenigen Diener mitgerechnet, die alljährlich für den Schlossbetrieb zuständig waren. Die Zahl der besoldeten Personen bewegte sich zwischen 220 im Jahr 1567 und bis zu 270 in 1595. Nicht nur die Gruppe der Hofdamen vergrößerte sich und zählte nun an die dreißig Personen, sondern auch die Zahl der Dauerbediensteten auf Ambras überstieg mittlerweile zehn Personen. Ohne diese beiden Gruppen kann man für den Hof Ferdinands von Tirol während seiner Regierung in Tirol und Vorderösterreich von etwa 220 bezahlten Personen ausgehen. In Wirklichkeit war die Zahl jedoch weitaus höher, denn in die Tiroler Metropole kamen auch nicht wenige junge Adelige aus verschiedenen Ländern Europas, um hier eine Zeitlang den höfischen Ehrendienst abzuleisten, für den sie in der Regel keine Besoldung erhielten. Zwischen 1567 und 1595 fanden sich unter den Hofleuten in der Tiroler Stadt kurzzeitig auch etwa zwei Dutzend Herren und Ritter aus Böhmen. In langfristiger Perspektive wurden die bedeutenderen Posten an Ferdinands Hof durch Mitglieder der untereinander verwandten böhmischen Herrengeschlechter derer von Kolowrat, Lobkowitz, Sternberg sowie der in Böhmen niedergelassenen Thun gestellt, die trotz ihrer unterschiedlichen Konfession dem Erzherzog am nächsten standen und deren Mitglieder oft das Amt des Leibkämmerers innehatten. Die verwandtschaftlichen Beziehungen zur Herrscherfamilie wurden durch Heiratsallianzen mit den Tiroler oder anderen adeligen Frauen des Hofstaats von Philippine Welser zusätzlich vertieft.[21] Den wesentlichen Großteil der Betriebskosten trugen die Landstände, die deshalb wiederholt gegen Ausgabenerhöhungen protestierten.[22]

Ferdinands Interesse an den Entwicklungen in den böhmischen Ländern hielt auch nach seiner Übersiedlung nach Innsbruck an. Attraktiv blieben für ihn die dort veranstalteten Hetzjagden, Teichabfischungen und Turniere, aber

---

mährische Adel am Hof Ferdinands von Tirol in Innsbruck und Ambras, in: H. Noflatscher – J. P. Niederkorn (Hrsg.), Der Innsbrucker Hof, S. 425–438.
21 V. Bůžek, *Der böhmische und mährische Adel am Hof Ferdinands von Tirol*, S. 425–438.
22 H. Noflatscher, *Archduke Ferdinand II as Sovereign Ruler of Tyrol*, S. 33.

vor allem waren es die habsburgischen Machtinteressen in Mitteleuropa im Zusammenhang mit der Nachfolge auf dem Kaiserthron, die wachsende osmanische Gefahr sowie die Unruhen im polnisch-litauischen Staat, die ihn immer wieder nach Prag führten. Krakau geriet insbesondere nach der Flucht Heinrichs III. von Valois in den Fokus, als Ferdinand Mitte 1574 als einer der Kandidaten für die polnische Königskrone gehandelt wurde. Eine seiner bedeutendsten Auslandsreisen mit wichtigem politischem Auftrag trat er Anfang Mai 1585 an, um einen Monat später bei zwei feierlichen Zeremonien in Prag und in Landshut im Auftrag des spanischen Königs seinem Bruder Karl, seinen zwei Neffen, Kaiser Rudolf II. und Erzherzog Ernst, sowie Wilhelm von Rosenberg, Leonhard von Harrach und Wilhelm V. von Wittelsbach den Orden vom Goldenen Vlies zu überreichen.[23]

Die letzten Augenblicke von Philippine Welser und Anna Katharina Gonzaga

Eine zweite Ehe erwog Ferdinand von Tirol aus rein politischen Gründen bereits in den letzten Lebensjahren von Philippine Welser, die in den Abendstunden des 24. Aprils 1580 starb, da ihre beiden Söhne – Kardinal Andreas von Österreich und Karl von Burgau – wegen Unebenbürtigkeit der Ehe von einer Nachfolge im Hause Habsburg ausgeschlossen waren. Philippines Gesundheitszustand verschlechterte sich seit den 1570er Jahren, sie litt unter wiederkehrender Magenübelkeit, Appetitlosigkeit und Fieber. Weder die Behandlung mit Klistier, Kräutern, Mineralwasser noch die Änderung von Essgewohnheiten hatten jedoch den erwünschten Erfolg. In der ersten Hälfte der siebziger Jahre fuhr sie mehrmals nach Karlsbad und Lucca zur Brunnenkur, unter Aufsicht des einstigen Leibarztes von Ferdinand I. Pietro Andrea Mattioli, aber auch dies brachte keine Linderung. Philippine nahm verschiedene, aus Heilkräutern gemischte Getränke zu sich, insbesondere aus Rhabarber, der ihren Organismus reinigen sollte. Dieselbe Wirkung erhofften sich die Ärzte von Kräuterpillen mit Betonie, Kamille und Duftveilchen.[24]

Die kranke Gemahlin des Herrschers von Tirol und Vorderösterreich hatte nie den Tod ihrer geliebten Tante Katharina Loxan von Adler verwunden, die am 13. April 1580 gestorben war und ihre letzte Ruhestätte in der Gruft

---

23 Václav Bůžek, *Symboly rituálu. Slavnost Řádu zlatého rouna v Praze a Landshutu roku 1585*, in: Jiří Mikulec – Miloslav Polívka (Hrsg.), Per saecula ad tempora nostra. Sborník prací k šedesátým narozeninám prof. Jaroslava Pánka I, Praha 2007, S. 296–302.
24 Österreichische Nationalbibliothek Wien, sign. 11 204; vgl. zur Kurbehandlung Valerio Finucci, *The Prince's Body. Vincenzo Gonzaga and Renaissance Medicine*, Cambridge-London 2015, S. 96–120.

unter dem Stiegenaufgang zur Silbernen Kapelle der Innsbrucker Hofkirche gefunden hatte, wo sich ein marmornes Grabmal von Alexander Colin findet. Seit dem Dahinscheiden ihrer Tante litt Philippine unter langanhaltendem Fieber und Körperschwäche, so dass sie nicht einmal das Bett verlassen konnte. Am Tag vor ihrem Tod legte sie die Beichte ab, empfing die Kommunion und erhielt vom Beichtvater Christoph Gampasser die Letzte Ölung. Im stillen Gebet verabschiedete sie sich nicht nur von ihrem Gemahl und den beiden Söhnen, sondern auch von anderen nahen Verwandten, die an ihrem Bett standen – dem Bruder Karl, ihrem Neffen Ferdinand von Wittelsbach, Otto Heinrich von Braunschweig und Jaroslav Liebstein von Kolowrat. Die Nachricht vom Tod der Gemahlin des Herrschers von Tirol und Vorderösterreich verbreitete sich von den Predigerkanzeln aus sehr schnell und im Land wurde Trauer verhängt. Die Fuggerzeitungen schilderten ausführlich die letzten Augenblicke des irdischen Lebens der frommen Herzogin und betonten, dass sie einen vorbildlichen katholischen Tod gestorben sei.[25]

Der tote Körper Philippine Welsers wurde auf dem von einem unbekannten Maler angefertigten Totenporträt festgehalten. Die Verstorbene hält in ihren zum Beten gefalteten Händen einen Rosenkranz sowie ein Kruzifix vom Papst, das Schwarz ihrer Kleidung kontrastiert mit der weißen Halskrause und den weißen Manschetten, den Kopf ziert eine tief in die Stirn gezogene englische Haube.[26] Bereits am 28. April 1580 fand die Trauerfeier statt, bei der der Sarg mit den sterblichen Überresten von Philippine Welser in der Gruft der Silbernen Kapelle in der Hofkirche Hl. Kreuz in Innsbruck bestattet und darüber ein marmornes Grabmal von Alexander Colin errichtet wurde. Die Grablatte der Tumba ziert die liegende Figur der verstorbenen Gemahlin Ferdinands von Tirol, die Reliefs verweisen auf ihr frommes, von Barmherzigkeit erfülltes Leben.[27]

Auch aus Ferdinands zweiter Ehe mit seiner Nichte Anna Katharina Gonzaga,[28] geschlossen 1582, gingen keine legitimen männlichen Nachkommen hervor. Die 37 Jahre jüngere Anna Katharina brachte drei Töchter zur Welt – Anna Eleonore, Maria und Anna. Das Ehepaar ließ sich im umgebauten Schloss Ruhelust im westlichen Teil des Gartens unweit der Hofburg nieder. Nach der Ankunft Anna Katharinas machte sich am Innsbrucker Hof verstärkt der Einfluss italienischer Kultur bemerkbar, sei es bei den Theatervorführungen,

---

25 Victor Klarwill (Hrsg.), *Fugger=Zeitungen. Ungedruckte Briefe an das Haus Fugger aus den Jahren 1568–1605*, Wien-Leipzig-München 1923, S. 45–47.
26 S. Haag – V. Sandbichler (Hrsg.), *Ferdinand II. 450 Years Sovereign Ruler of Tyrol*, S. 196.
27 K. Schneider-Ferber, *Philippine Welser*, S. 108–119.
28 Angesichts der verwandtschaftlichen Beziehung des Brautpaars musste zur Eheschließung ein päpstlicher Dispens eingeholt werden. Hierzu J. Hirn, *Erzherzog Ferdinand II. von Tirol* II, S. 451.

in der Musik, in der Kunst, bei den Essgewohnheiten oder der Dramaturgie zu verschiedenen festlichen Veranstaltungen.²⁹ Anna Katharina organisierte Wallfahrten, gründete Loreto-Kapellen, berief in den Jahren 1593 bis 1594 die Kapuziner nach Innsbruck, nach 1597 wurde mit dem Bau des Klosters für den weiblichen Zweig des Servitenordens begonnen. Das Kloster bestand aus dem eigentlichen Servitinnenkloster und einem Ordenshaus, in dem Frauen ohne Ordensgelübde lebten,³⁰ seit 1612 eben auch Anna Katharina und ihre zweitgeborene Tochter Maria. Die jüngste Tochter Anna heiratete 1611 Erzherzog Matthias. Nach ihrem Tod am 3. August 1621 fand die zweite Gemahlin Ferdinands von Tirol ihre letzte Ruhestätte im Innsbrucker Servitenkloster, dessen Generalvikar und Beichtvater Anna Katharinas, Josef Maria Barchi, ein Jahr später in einer panegyrischen Schrift das fromme Leben der verstorbenen Erzherzogin schilderte und ihren persönlichen Einsatz zur Festigung des Katholizismus in Tirol würdigte.³¹

Krankheiten und Tod Ferdinands von Tirol

Noch in der ersten Hälfte der 1550er Jahre beschrieb der in Diensten Ferdinands stehende italienische Arzt und Botaniker Renato Brassavola Symptome, die auf einen sich verschlechternden Gesundheitszustand des Erzherzogs schließen ließen – Kopfschmerzen, Herzrasen, Schwindel und mit Melancholieanfällen einhergehende Nervenschwäche. Die in Ungleichgewicht geratenen Körpersäfte sollten nach Prinzipien der Humoralmedizin durch regelmäßiges Trinken, ausreichend Schlaf und Mäßigung im Essen wieder zum Ausgleich gebracht werden. Die Behandlung versuchte einen Ausbruch der Gicht sowie die Entstehung von Nieren- und Gallensteinen zu verhindern.³² An der Wende der Jahre 1567 und 1568 wurde Ferdinand von den Leibärzten seines Vaters Pietro Andrea Mattioli und Julius Alexandrinus empfohlen, genauer auf seine Lebensweise zu achten. Sie betonten den schädlichen Einfluss des kalten und feuchten Tiroler Klimas und verschrieben ihm eine Reihe von Medikamenten, die die

---

29 Elena Taddei, *Anna Caterina Gonzaga und ihre Zeit: der italienische Einfluss am Innsbrucker Hof*, in: H. Noflatscher – J. P. Niederkorn, Der Innsbrucker Hof, S. 213–240.
30 Vgl. S. Haag – V. Sandbichler (Hrsg.), *Ferdinand II. 450 Years Sovereign Ruler of Tyrol*, S. 216, 218.
31 Hierzu näher Joseph Maria Barchi, *Das Leben und Ableiben der Hochwürdigisten Durchleüchtigisten Gottseligisten Fürstin unnd Frawen, Frawen Annae Julianae, Erzthertzogin zu Oesterreich etc.*, Innsbruck 1622. Hierzu S. Haag – V. Sandbichler (Hrsg.), *Ferdinand II. 450 Years Sovereign Ruler of Tyrol*, S. 219.
32 K. Seidl, „... *how to assuage all outer and inner malady ...*": *Medicine at the court of Archduke Ferdinand II*, S. 67.

Herztätigkeit fördern und gegen Blähungen und Schwindel helfen sollten.[33] Seit Ende der 1580er Jahre litt Ferdinand zunehmend unter Kreislauf-, Atem-, Verdauungs- und Ausscheidungsproblemen.[34] Linderung versprach er sich von Kräutergetränken, die nach Rezepturen von Philippine Welser zubereitet worden waren, von Klistieranwendung, von einer Heilkraft der nach Ambras gelieferten Säuerlinge aus Lucca und Obladis, von Mineral- und Dampfbädern in Karlsbad und Bormio. Das Karlsbader Mineralwasser wurde Ferdinand von den Ärzten gegen die durch Nierensteine ausgelösten Schmerzen empfohlen.[35] In den Frühjahrs- und Wintermonaten des Jahres 1594 litt er unter Appetitlosigkeit, Magenschmerzen, Brechanfällen und allgemeiner körperlicher Schwäche, seine von Gangräne befallenen Beine schwollen schmerzhaft an. Die Ärzte versuchten zwar, die Entzündungsherde zu öffnen und zu heilen, aber ihre Behandlung brachte dem Herrscher von Tirol und Vorderösterreich keine Linderung.[36]

Ferdinands Interesse an Medizin ist deutlich ablesbar an den Titeln seiner Bibliothek, in der sich mehr als 260 Bände aus diesem Wissenschaftsbereich befanden. Vertreten waren hier neben klassischen Werken der antiken und mittelalterlichen Ärzte ebenfalls Publikationen zur Allgemein-, Frauen-, Augen- und Hautmedizin, zur Chirurgie, Anatomie, Pharmakologie und zum Kurwesen. Gerade die Behandlungsmethoden aus dem Bereich der Balneologie sagten Ferdinand von Tirol und seiner Gemahlin sehr zu. Auch die Werke von Pietro Andrea Mattioli, Julius Alexandrinus und anderen Leibärzten Ferdinands I. hatten in der Bibliothek ihren festen Platz.[37]

Ferdinand von Tirol starb nach langwieriger Krankheit am 24. Januar 1595 kurz vor Mitternacht im Schloss Ruhelust in Innsbruck. An seinem Totenbett wachte lediglich seine zweite Gemahlin Anna Katharina mit den beiden Töchtern, nicht jedoch die Söhne aus Ferdinands erster Ehe. Seine Vorstellungen über den Umgang mit dem toten Körper legte Ferdinand im Testament vom 18. Juni 1594 dar, dem bereits drei andere Testamente vom 11. Febru-

---

33 Ebd., S. 67–68.
34 J. Hirn, *Erzherzog Ferdinand II. von Tirol* II, S. 516–517.
35 K. Seidl, „ ... how to assuage all outer and inner malady": Medicine at the court of Archduke Ferdinand II, S. 68; Josef Smolka – Marta Vaculínová, *Renesanční lékař Georg Handsch (1529–1578)*, Dějiny vědy a techniky 43, 2010, S. 1–26, hier S. 18–20.
36 J. Hirn, *Erzherzog Ferdinand II. von Tirol* II, S. 517–518; Österreichische Nationalbibliothek Wien, Sign. 11 204.
37 Josef Smolka, *Artis medicinalis libri. Lékařská literatura*, in: I. Purš – H. Kuchařová (Hrsg.), Knihovna arcivévody Ferdinanda II. Tyrolského. Texty, S. 145–179; Ivo Purš, *Knihovna arcivévody Ferdinanda II.*, in: B. Kubíková – J. Hausenblasová – S. Dobalová (Hrsg.), Ferdinand II. Arcivévoda Ferdinand II. Habsburský, S. 57–62, hier S. 57–58.

ar 1563, 22. April 1566 und 30. März 1570 vorangegangen waren.[38] Mit der Umsetzung des letzten Willens seines Vaters wurde der erstgeborene Sohn Andreas von Österreich betraut, zum damaligen Zeitpunkt Bischof von Brixen, der die Vorbereitungen zu den Begräbnisfeierlichkeiten in Angriff nahm. Am Tag nach Ferdinands Tod erstellten die obersten Landesbeamten Tirols eine Bekanntmachung, in der sie den Untertanen das Dahinscheiden des Herrschers mitteilten und sie aufforderten, für sein Seelenheil zu beten. Gleichzeitig wurde für den Zeitraum von sechs Monaten jede Art von lauten Lustbarkeiten im Land verboten, insbesondere Tanzen, Singen und Maskenbälle.[39]

Nach der Obduktion und Einbalsamierung wurde der Leichnam Ferdinands von Tirol in einen langen schwarzen Mantel spanischen Schnitts mit weißem Spitzenkragen gekleidet und während der folgenden drei Tage in der Schlosskapelle auf Ruhelust aufgebahrt.[40] Dieselbe Kleidung trägt der Herrscher auf dem Totenbildnis, das vermutlich vom Hofmaler Giovanni Pietro de Pomis angefertigt wurde und auf dem Ferdinand im Halbsitz, mit gekreuzten Händen und bedeckt mit dem Ornat des Ordens vom Goldenen Vlies dargestellt ist.[41] Dem Kupferstich eines unbekannten Autors kann man entnehmen, dass der Körper des Verstorbenen in der Schlosskapelle auf einem zweistufigen Sockel aufgebahrt lag, umgeben von zehn brennenden Kerzen und mit einem Kruzifix neben dem Kopf. Im hellen Schein der zehn Kerzen spiegelte sich die Ehrfurcht des Verstorbenen vor Gott und den heiligen zehn Geboten wider. Auf seinen gekreuzten Händen lag ein Rosenkranz. Obwohl die Machtinsignien auf dem Kupferstich nicht zu sehen sind, dürften sie wohl neben ihm ausgestellt worden sein.

Anschließend wurde der Leichnam in den Sarg gelegt und in die Silberne Kapelle der Hofkirche Hl. Kreuz in Innsbruck gebracht, wo bereits Ferdinands erste Gemahlin Philippine Welser bestattet worden war. Diesen Ort bestimmte Ferdinand im Testament vom 18. Juni 1594 zu seiner letzten Ruhestätte. Noch zu seinen Lebzeiten ließ er zwischen der Hofburg und der Hofkirche einen hölzernen Gang anlegen, damit Anna Katharina persönlich über die Errichtung seines Grabmals wachen konnte. Während die sterblichen Überreste Ferdinands von Tirol in der Schlosskapelle von Ruhelust ausgestellt waren, wurden aus

---

38 Elisabeth Wolfik, *„Was auf solches unser Ewiglichs absterben unser Fürstliches Begrebnus belange ...".* Tod, Begräbnis und Grablege Erzherzog Ferdinands II. von Tirol (1529–1595) als Beispiel für einen *„Oberschichtentod"* in der Frühen Neuzeit, Frühneuzeit-Info 11, 2000, Heft 1, S. 39–67, hier S. 43.
39 S. Haag – V. Sandbichler (Hrsg.), *Ferdinand II. 450 Years Sovereign Ruler of Tyrol*, S. 339.
40 E. Wolfik, *„Was auf solches unser Ewiglichs absterben unser Fürstliches Begrebnus belange ... ",* S. 45–47; S. Haag – V. Sandbichler (Hrsg.), *Ferdinand II. 450 Years Sovereign Ruler of Tyrol*, S. 345.
41 S. Haag – V. Sandbichler (Hrsg.), *Ferdinand II. 450 Years Sovereign Ruler of Tyrol*, S. 339.

Innsbruck Todesanzeigen an zahlreiche Höfe Europas und an die Stände in den Ländern seiner Herrschaft verschickt, wie im Testament ausdrücklich gefordert. Das Schloss Ruhelust vermachte Ferdinand seiner Gemahlin Anna Katharina, sein Sohn Karl sollte Schloss Ambras erben, unter der Bedingung, dass er die Sammlungen der Kunst- und Rüstkammer sowie der Bibliothek beisammenhielte.[42]

Der letzte Weg durch Innsbruck

Wegen Verzögerungen bei der Errichtung des monumentalen Grabmals in der Silbernen Kapelle und der sehr zeitaufwändigen Vorbereitung der Örtlichkeiten für die anstehenden Trauerfeierlichkeiten wurde der Abschied vom verstorbenen Herrscher Tirols und Vorderösterreichs wiederholt verschoben und schließlich erst neunzehn Monate nach seinem Tod realisiert. Ursprünglich rechnete man mit einem Termin in den Winter- oder Frühlingsmonaten an der Wende der Jahre 1595 und 1596, wie man den Rechnungen für die Anfertigung von Holzstegen entnehmen kann, die für die schneebedeckten oder während der Tauschmelze im Frühling unter Wasser stehenden Straßen Innsbrucks gezimmert werden mussten.[43]

Die meisten Aufträge im Zusammenhang mit den Vorbereitungen der Begräbnisfeierlichkeiten gingen insbesondere an Zimmermänner und Tischler, die nicht nur für die Errichtung der Holzkonstruktion des Castrum doloris zuständig waren, sondern denen zusammen mit anderen holzbearbeitenden Handwerkern auch die Aufgabe zufiel, den Katafalk, die Kanzel und eine große Zahl von Stühlen für die Hofkirche als dem geplanten Ort der Trauerfeier anzufertigen.[44] Auch die Tuchmacher sahen sich im Vorfeld der Zeremonie vor eine Bewährungsprobe gestellt, denn sie sollten innerhalb kürzester Zeit eine gewaltige Menge schwarzen Stoffs besorgen, insbesondere Barchent, Samt und Kamelot, die für die Trauerausschmückung der Wände und des Altars in der Schlosskapelle von Ruhelust und in der Silbernen Kapelle der Hofkirche, für die Kleidung der Trauergäste sowie für die Pferdedecken und Waffenfahnen gebraucht wurden.[45] Den an die Tuchmacher ergangenen Aufträgen lag eine Liste mit geladenen Trauergästen bei, die auf Kosten der Hofkammer Stoff für die Anfertigung einer einheitlichen Trauerkleidung erhalten sollten.[46]

---

42 E. Wolfik, „*Was auf solches unser Ewiglichs absterben unser Fürstliches Begrebnus belange …*", 44–47.
43 Ebd., S. 47.
44 Tiroler Landesarchiv Innsbruck, Kunstsachen III, Nr. 32/1–2, 10.
45 Ebd., Nr. 32/3, 5.
46 Ebd., Nr. 32/ 8–9.

Eine enorme Herausforderung stellten auch Aufträge an Kerzen- und Fackelmacher dar, denn diese hatten große Mengen weißen und gelben Wachses herzustellen und unterschiedlich große Kerzen und Fackeln zur Beleuchtung des aufgebahrten Leichnams, des Castrum doloris, der Altäre und des Trauerzugs zu liefern. Sie waren auch verantwortlich für einen ausreichend großen Vorrat an Öl für die an der Kuppel des Trauergerüsts befestigten Lämpchen.[47] Mit dem Aufmalen oder Aufsticken von Landeswappen auf die im Leichenkondukt getragenen und auf dem Castrum doloris aufgestellten Fahnen wurden der Hofmaler Hans Schmidt und der Hofbildhauer Hans Leonhardt Waldbürger beauftragt.[48]

In den Abendstunden des 28. Julis 1596 wurde der Sarg mit den sterblichen Überresten des Herrschers von Tirol und Vorderösterreich zurück in die Schlosskapelle auf Ruhelust überführt.[49] Der Sarg war mit einem goldenen Tuch mit silbergesticktem Kreuz und den vier Wappen der österreichischen Länder bedeckt. Darauf lagen ein Kruzifix, der Herzogshut, der Orden vom Goldenen Vlies, das Zepter, das Schwert, der Helm und der große Schild des Verstorbenen. Die Wände und Altäre der Schlosskapelle waren mit schwarzem Stoff verhängt und der Raum dadurch in beinahe vollständige Dunkelheit gehüllt, in der lediglich weiße Wachskerzen mit den Wappen der österreichischen Länder flackerten. Während der ganzen Nacht ertönte in der Kapelle leiser Gesang religiöser Lieder in sanfter Begleitung durch die Hofmusiker und sorgte zusätzlich für eine andächtige Atmosphäre.[50]

Am 29. Juli 1596 zwischen acht und zehn Uhr wurden am Sarg mit den sterblichen Überresten Ferdinands von Tirol in der Schlosskapelle auf Ruhelust eine Messe zelebriert und Psalmen gesungen. Am Mittag hallte durch Innsbruck, Hall und andere Städte lautes Glockengeläut, das in die Weiten der Alpenlandschaft die Nachricht vom letzten Weg des verstorbenen Herrschers verkündete. Über die Zusammensetzung des Leichenkondukts, der die über die Altstadt verlaufende Strecke von Schloss Ruhelust zur Silbernen Kapelle der Hofkirche in etwa vier Stunden zurücklegte, haben sich Zeugnisse fast reportagehaften Charakters in Schrift und Bild erhalten, auf die die historische Forschung bereits mehrfach dankbar zurückgegriffen hat.[51]

---

47 Ebd., Nr. 32/4.
48 Ebd., Nr. 32/6, 7.
49 E. Wolfik, „Was auf solches unser Ewiglichs absterben unser Fürstliches Begrebnus belange ...", S. 49.
50 Ebd., S. 50.
51 Es handelt sich insbesondere um die Beschreibung des Leichenkondukts in den Fuggerzeitungen (Österreichische Nationalbibliothek Wien, Cod. 8969 – *Die Begrebnus des durchleichtigisten hochgebornen Fürsten und Herren, Herren Ferdinanden Erzherzogen inne Österreich unnd Tyrol, sein gehaltne Procession, dessen hochseligsten Gedechtnus, den 29. Julii anno 96*). Hierzu vgl. V.

Angeführt wurde der Leichenzug von einem Priester mit Kruzifix. Hinter ihm gingen etwa einhundert arme und kranke Männer in schwarzen Kapuzenumhängen, die Demut und Hoffnung auf das Seelenheil des Verstorbenen symbolisierten. Ihnen folgten Repräsentanten städtischer Handwerker mit brennenden Kerzen in der Hand sowie hintereinandergehende Gruppen von Vertretern der Stadträte aus Innsbruck und Hall, Bediensteten und Beamten von Ferdinands Hof und Stadtschreiber von Freiburg und Enzenstein. Im folgenden Abschnitt des Trauerzugs sah man zwölf Kapuziner mit silbernem Kruzifix an der Spitze, gefolgt von Franziskanern, Pfarrklerus und Schülern. Die zwölf Kapuziner verwiesen durch ihre Zahl zum einen auf die heiligen Apostel, zum anderen auf die göttliche Ordnung auf Erden. Hinter ihnen gingen Hofsänger, angeführt vom Hofkapellmeister Jacob Regnart. Unter den höheren Geistlichen waren Äbte, Hofkaplane, der Hofprediger und Beichtvater Antonius Khlössl wie auch der Weihbischof von Brixen zu sehen, hinter ihnen dann eine Gruppe von adeligen Hofleuten. Abgeschlossen wurde dieser Abschnitt durch Hoftrommler und -trompeter, deren Musikinstrumente mit dem Wappen Ferdinands von Tirol verziert waren.

Der folgende Teil des Leichenkondukts diente ähnlich den Begräbnisfeierlichkeiten für Ferdinands Vater und seine beiden Brüder dazu, den Verstorbenen als tugendhaften Herrscher über das ihm anvertraute Gebiet und als christlichen Ritter darzustellen. Das symbolische Abbild der territorialen Herrschaft setzte sich aus mehreren Szenen zusammen. Jedes Land wurde durch

---

Klarwill (Hrsg.), *Fugger=Zeitungen*, S. 189–191. Weiterhin vgl. die kolorierte Zeichnung des Trauerzugs in der Wiener Albertina, Sign. Historische Blätter, Band 5, fol. 2–15, veröffentlicht im Katalog B. Kubíková - J. Hausenblasová - S. Dobalová (Hrsg.), *Ferdinand II. Arcivévoda Ferdinand II. Habsburský. Renesanční vladař a mecenáš mezi Prahou a Innsbruckem*, S. 200–205, im Ausschnitt auch bei S. Haag - V. Sandbichler (Hrsg.), *Ferdinand II. 450 Years Sovereign Ruler of Tyrol*, S. 346. Aufschluss über die einzelnen Bestandteile der Begräbnisfeierlichkeiten für Ferdinand von Tirol gibt die kolorierte Federzeichnung in Národní galerie Praha, Inv. Nr. 28 468. Eine Interpretation ihres Inhalts wurde vorgelegt von Gerda Mraz, *Pompa funebris für Erzherzog Ferdinand von Tirol. Eine Tiroler Bildquelle aus dem Jahr 1596 in der Prager Nationalgalerie*, in: Vít Vlnas - Tomáš Sekyrka (Hrsg.), Ars Baculum vitae. Sborník studií z dějin umění a kultury k 70. narozeninám prof. PhDr. Pavla Preisse, DrSc., Praha 1996, S. 99–107; anschließend auch E. Wolfik, „*Was auf solches unser Ewiglichs absterben unser Fürstliches Begrebnus belange ...*", S. 50–54. Diese bemerkenswerte Quelle wurde veröffentlicht ebenfalls im Katalog S. Haag - V. Sandbichler (Hrsg.), *Ferdinand II. 450 Years Sovereign Ruler of Tyrol*, S. 347. Falls nicht anders angegeben, stützen sich die Ausführungen im folgenden Teil dieses Kapitels insbesondere auf die Aussagen der in dieser Anmerkung zitierten Quellen und Forschungsliteratur. Bei der namentlichen Bestimmung von Hofleuten und Bediensteten wurden die lückenhaften Hofstaatsverzeichnisse herangezogen im Haus-, Hof- und Staatsarchiv Wien, Oberhofmeisteramt, Sonderreihe, Kart. 183, Nr. 62 (Hofstaatsverzeichnis um 1586), Nr. 66 (Hofstaatsverzeichnis nach 1590), Nr. 69 (Hofstaatsverzeichnis nach dem Tod Ferdinands von Tirol von 1595).

eine Dreiergruppe adeliger Männer mit Hüten und langen schwarzen Mänteln mit weißer Halskrause repräsentiert. Einer von ihnen trug jeweils eine Fahne mit Landeswappen, die beiden anderen führten ein mit einem langen, bis zu den Hufen reichenden schwarzen Samtumhang mit denselben aufgestickten Wappen verziertes Pferd.

Die Fahnen mit den Wappen von Tirol, Pfirt und anderen vorderösterreichischen Gebieten, Kühburg und kleineren Besitzungen im Elsass, Schwaben, Vorarlberg und Württemberg führten die Zersplitterung des territorialen Besitzes Ferdinands von Tirol deutlich vor Augen. Die Wappen der Stammgrafschaft Habsburg, der Erbländer Ober- und Niederösterreich, der Steiermark, Kärntens und Krains dienten dagegen zur Verherrlichung der altehrwürdigen Herrschaft des Hauses Habsburg in den österreichischen Ländern. Die Fahne Burgunds verwies wie schon bei den Begräbnissen von Ferdinands Vater und seinen beiden Brüdern auf den Ursprung der Herrschaft Maximilians I. in den niederländischen Provinzen, zu dessen politischem und kulturellem Vermächtnis sich sein Urenkel offen bekannte.

In der durch den Trauerzug inszenierten Verherrlichung der irdischen Herrschaft Ferdinands von Tirol verschränken sich drei Machtebenen, an die der Herrscher von Tirol und Vorderösterreich angeknüpft hatte: der Ursprung der territorialen und dynastischen Macht der Vorfahren, die Bestrebungen um den Erhalt der inneren Einheit der österreichischen Linie des Hauses Habsburg sowie die eigene politische Verantwortung in den Ländern seiner Regierung. Die Werte der Habsburger Herrschaft, die zu schützen Ferdinand zeitlebens bestrebt war, wurden im Trauerzug durch sein Kriegspferd und seine Kriegsfahne symbolisiert, das Trauerpferd verwies auf den Tod des natürlichen Körpers des Herrschers.

In einem weiteren Abschnitt des Kondukts wurde Ferdinand mit Hilfe der vor dem aufgebahrten Sarg getragenen Funeralwaffen als christlicher Ritter glorifiziert.[52] Den Orden vom Goldenen Vlies auf einem Samtkissen trug Herkules von Thurn, den Helm mit prächtigem Pfauenfederbusch sein Leibkämmerer und Stallmeister Johann Liebstein von Kolowrat. Der Leibmundschenk Christoph d. J. von Wolkenstein und Gaudenz Madrutsch wurden mit der Präsentation des großen Schildes mit 26 Landeswappen betraut. Das Schwert mit goldenem Band befand sich in Obhut eines nicht näher bestimmten Hofangehörigen aus dem Adelsgeschlecht der Schauenberger, das Zepter wurde von Kaspar von Hohenems, der Herzogshut vom Oberstkämmerer Georg Graf Nogarol vorgezeigt.

---

52 Ausführlicher E. Wolfik, „*Was auf solches unser Ewiglichs absterben unser Fürstliches Begrebnus belange …*", S. 51–52.

Dieser Gruppe folgten 28 Männer in schwarzen Mänteln, Hüten und mit verhüllten Gesichtern, mit dem aufgebahrten Sarg, der mit einem Tuch aus goldenem Brokatstoff mit aufgestickten Wappen von Tirol und den anderen österreichischen Ländern in Rot und Blau bedeckt war. An jeder Seite der Bahre gingen sechs Männer mit brennenden Fackeln. Die Personenzahlen in diesem Abschnitt waren nicht zufällig, sondern hatten wiederum einen symbolischen Wert. Die 28 Bahrenträger verwiesen auf sieben christliche Tugenden, denen das irdische Leben des Verstorbenen verpflichtet war, die beiden Sechsergruppen mit Fackeln waren als Verkörperung der zwölf Apostel und als Vorzeichen der Verkündigung des Evangeliums zu verstehen.[53]

Der Ehrenplatz unmittelbar hinter dem Sarg gebührte dem ältesten Sohn des Verstorbenen, Kardinal Andreas von Österreich. Hinter ihm ging Erzherzog Matthias, der bei diesem letzten Geleit Kaiser Rudolf II. vertrat. Ihm folgten drei Gesandte – Maximilian Anton von Trauttmannsdorff, Karl von Wolkenstein und Karl Gonzaga, die vermutlich als Vertreter von verwandten Adelsgeschlechtern aus dem Römisch-deutschen Reich und der Apenninenhalbinsel am Trauerzug teilnahmen. Die Witwe Anna Katharina erschien in Begleitung von Hieronymus von Lodron und dem Obersthofmeister ihres Hofstaats Darius Casteleti von Nomi. Die ältere Tochter wurde von Hans Jakob Khuen und Fortunat Madrutsch geführt, die jüngere von Sigmund von Welsberg und Philipp von Thun. Die Kleidung der drei Frauen bestand aus einem dunklen Rock mit langem weißem Mantel, weißer Kopfbedeckung und weißem Schleier. Dieselbe Trauerkleidung trugen auch deren Hofdamen, denen Gruppen von städtischen Frauen mit schwarzen Mänteln sowie Schals, Schleiern und Kopfbedeckungen in weißer Farbe folgten. Anhand der den Schneideraufträgen zu entnehmenden Anzahl zu nähender Trauerkleider kann man davon ausgehen, dass es sich bei dieser Gruppe um etwa vierzig Frauen handelte.[54] Mit einigem Abstand folgten Trabanten mit Hellebarden sowie andere Ordnungshüter, angeführt von Hauptmann Ferdinand von Spaur.

In der Hofkirche wurde der Sarg auf den vor dem Hochaltar befindlichen Katafalk aufgesetzt. Die Grundkonstruktion des darüber errichteten Castrum doloris eines unbekannten Schöpfers bestand aus einem rechteckigen Ziborium, aus dessen Ecken vier Paare korinthischer Säulen emporragten und jeweils eine Pyramide trugen.[55] Die insgesamt acht Säulen verwiesen auf den biblischen

---

53 Die Zahlen entsprechend einer Liste von Personen, denen der zur Anfertigung von Trauerkleidung verwendete Stoff erstattet werden sollte. Hierzu Tiroler Landesarchiv Innsbruck, Kunstsachen III, Nr. 32/9.
54 Ebd., Nr. 32/3.
55 Vgl. näher E. Wolfik, „Was auf solches unser Ewiglichs absterben unser Fürstliches Begrebnus belange …", S. 52–55; S. Haag – V. Sandbichler (Hrsg.), *Ferdinand II. 450 Years Sovereign Ruler of Tyrol*, S. 344–345; Tiroler Landesarchiv Innsbruck, Kunstsachen III, Nr. 32.

achten Tag, an dem Christus von den Toten auferstanden war, ihre Aufstellung auf dem Trauergerüst auf das ewige Leben des Herrschers von Tirol und Vorderösterreich. Das Castrum doloris wurde im oberen Teil durch eine zwiebelförmige Kuppel mit achteckigem Grundriss abgeschlossen, über der eine weitere Pyramide errichtet wurde. Der auf dem Gebälk ruhende Giebel war mit zwei liegenden Figuren verziert, bei denen es sich vermutlich um die Fides mit dem Kreuz und die Caritas mit zwei Kindern handelte. Zwischen ihnen befand sich ein Schild mit dem Wappen der österreichischen Länder und dem Herzogshut. Gleichartige Schilde zierten auch den Sims des Castrum doloris. Alle Pyramiden und die Kuppel wurden durch zahlreiche Öllämpchen beleuchtet, die in regelmäßigen Abständen im Gitter angebracht waren. An den Rändern der Pyramiden und der Kuppel standen zudem etwa dreihundert Kerzen. Der Lichtglanz fiel auf das monumentale Grabmal Maximilians I. inmitten des Kirchenraums, das im Einklang mit der burgundischen Begräbnistradition von 40 Bronzefiguren seiner Vorfahren bewacht wurde.[56]

Den Katafalk mit dem Sarg bedeckte ein goldenes Tuch, auf dem das Wappen der österreichischen Länder sowie der große Schild des Verstorbenen aufgenäht waren. In jeder Ecke des Castrum doloris brannten Kerzen, auf einem Holzstab war Ferdinands Helm ausgestellt. Auf dem goldenen Sargüberwurf lagen der Herzogshut, der Orden vom Goldenen Vlies auf einem roten Kissen, das Schwert, der Dolch und die Sporen. In den nächtlichen Stunden erreichte die Trauerfeier in der Vigil ihren Höhepunkt. Anhand einer Federzeichnung, die den Verlauf der Zeremonie festhielt, kann man darauf schließen, dass der auf dem Katafalk aufgebahrte Sarg mit den sterblichen Überresten Ferdinands von Tirol über Nacht in der Hofkirche verblieb, die Funeralwaffen jedoch bis zum Morgen an einem sicheren Ort deponiert wurden.[57]

Die Trauerfeier setzte sich am Vormittag des darauffolgenden Tages, des 30. Juli 1596, fort. Bereits seit den frühen Morgenstunden läuteten alle Kirchenglocken in Innsbruck, Wilten und Höttingen. Die Trauergäste brachen von Schloss Ruhelust zur Hofkirche auf. Auf dem sogenannten Rennplatz versammelten sich erneut auch die Pferde und die Adeligen mit den Landeswappenfahnen und den Funeralwaffen des verstorbenen Herrschers von Tirol und Vorderösterreich, um von hier aus zur Hofkirche zu gelangen. Während die Pferde vor dem Eingang stehen blieben, knieten die Adeligen mit den Fahnen

---

56 Vinzenz Oberhammer, *Die Bronzestandbilder des Maximilian-Grabmales in der Hofkirche zu Innsbruck*, Innsbruck 1935, S. 14–15; Thomas Schauerte, *Annäherung an ein Phantom. Maximilians I. Grabmalspläne im Kontext europäischer Traditionen*, in: Heinz Noflatscher – Michael A. Chisholm – Bertrand Schnerb (Hrsg.), Maximilian I. (1459–1519). Wahrnehmung – Übersetzung – Gender, Innsbruck – Wien – Bozen 2011 (= Die Innsbrucker Historischen Studien, Band 27), S. 373–400.
57 Vgl. Aufnahmen der kolorierten Federzeichnung in Národní galerie Praha, Inv. Nr. 28 468.

um das Castrum doloris nieder. Vor dem Hochaltar fanden sich die nächsten Hinterbliebenen ein, um an der Totenmesse teilzunehmen und die Leichenpredigt anzuhören. Während des Offertoriums wurde vermutlich eines der Pferde, dessen Rückendecke mit dem Wappen der österreichischen Länder verziert war, als symbolische Opfergabe vor den Hochaltar geführt. Nach der feierlichen Runde zwischen den beiden Nebenaltären und dem Hochaltar wurde es dann wieder nach draußen verbracht. Daraufhin traten die Adeligen mit den Funeralwaffen vor, um sie als symbolische Opfergaben kurz auf die Altarmensa zu legen und dann wieder zum Sarg zurückzutragen.[58] Die soeben beschriebene liturgische Praxis der Opferdarbringung stärkte die Hoffnung auf das Seelenheil des Verstorbenen und verwies auf die ewigwährende Erinnerung an seine Taten als Herrscher, die er als überzeugter christlicher Ritter und Beschützer des katholischen Glaubens vollbracht hatte. Die Leichenpredigt hielt ein Prediger von einer in der Nähe des Castrum doloris errichteten Kanzel aus, für die akustische Kulisse sorgten die über den Raum verteilten Hoftrompeter.

Botschaft des Grabmals

Nach der Totenmesse und kurzen Vorbereitungen unter der Leitung des Obersten Hofmarschalls Karl Schurf von Schönwört wurde der Sarg mit den sterblichen Überresten Ferdinands von Tirol in der Gruft in der Silbernen Kapelle der Hofkirche beigesetzt, die Ferdinand in seinem Testament vom 18. Juni 1594 als letzte Ruhestätte bestimmt hatte. Am gleichen Ort war bereits seine erste Gemahlin Philippine Welser bestattet worden. Der nördliche Teil der Kapelle entstand nach dem Entwurf von Hans Lucchese in den Jahren 1577–1578, der südliche wurde 1586–1588 von Albrecht Lucchese errichtet. Im darauffolgenden Jahr wurden die beiden Teile durch ein prunkvolles Gitter getrennt. Zu diesem Zeitpunkt entstanden auch die ersten Entwürfe des Grabmals von Alexander Colin, der bis 1596 zusammen mit seinem Sohn Abraham und dem niederländischen Bildhauer Roman Flieschauer d. J. an seiner Fertigstellung arbeitete.[59]

---

58 Hierzu näher G. Mraz, *Pompa funebris*, S. 103.
59 Falls nicht anders angegeben, stützen sich die Ausführungen zum Grabmal Ferdinands von Tirol insbesondere auf die Untersuchungen von Johanna Felmayer – Karl und Ricarda Oettinger – Elisabeth Scheicher (Hrsg.), *Die Kunstdenkmäler der Stadt Innsbruck. Die Hofbauten*, Wien 1986, S. 427–448 (= Österreichische Kunsttopographie, Band 47); Brigitta Lauro, *Die Grabstätten der Habsburger. Kunstdenkmäler einer europäischen Dynastie*, Wien 2007, S. 145–150; Michael Krapf, *Alexander Colins Konzeption des Grabmals Erzherzog Ferdinands II. in der Silbernen Kapelle in Innsbruck*, Wiener Jahrbuch für Kunstgeschichte 26, 1973, S. 199–207;

Der auf dem Katafalk unter dem Castrum doloris stehende, mit dem goldenen Brokatüberwurf mit aufgestickten Wappen der österreichischen Länder bedeckte Sarg wurde wieder auf eine Bahre gestellt, den mindestens vierzehn adelige Männer trugen. An der Spitze des Leichenkondukts als letzten Geleits des Sargs auf dem Weg zur Grabstätte gingen Hofsänger mit Gesangbüchern in den Händen, gefolgt vom Hofkaplan und einigen anderen geistlichen Würdenträgern mit brennenden Fackeln sowie die Klosteräbte mit Mitren und Stäben. Der Hofmarschall führte die Gruppe der Adeligen mit den Funeralwaffen an. Hinter ihnen folgte die Bahre mit dem Sarg, der anschließend von sechs Männern mit Hilfe von Gurten in die Gruft hinabgelassen wurde.[60]

Die Grabplatte mit der liegenden Figur Ferdinands von Tirol im Harnisch, dem Orden vom Goldenen Vlies um den Hals, dem Herzogshut auf dem Kopf sowie dem Helm zu seinen Füßen und mit gefalteten Händen ist umgeben von 26 im Boden eingelassenen Landeswappen.[61] Als Verzierung des monumentalen Grabmals aus schwarzem Marmor und Alabaster verweisen sie nicht nur auf seine territoriale Macht in Tirol und Vorderösterreich wie auch in Teilen von Elsass, Schwaben, Vorarlberg und Württemberg, sondern auch auf die Herrschaft des Hauses Habsburg in den Königreichen Böhmen und Ungarn und den österreichischen Erblanden. Die Wappen Brabants, Burgunds und Kastiliens dienten als symbolische Repräsentation der spanischen Linie der habsburgischen Dynastie und erinnerten an das nach dem Tode Maximilians I. geteilte Territorialerbe. Die gleichen 26 Landeswappen und der Orden vom Goldenen Vlies zieren den großen Trauerschild des Verstorbenen im nördlichen Teil der Silbernen Kapelle, über dem der Helm mit dem Pfauenfederbusch angebracht ist. Das Haupt mit aufgesetztem Herzogshut ruht auf einem Kissen, zu Füßen der Figur liegt der Helm.

Die Wände sind mit vier Szenen aus dem Leben des Erzherzogs verziert, die dessen wichtigste politische und religiöse Schritte widerspiegeln. Auf der ersten Darstellung feiert Ferdinand zusammen mit seinem Vater Ende April 1547 den Sieg der Katholiken über die Protestanten in der Schlacht bei Mühlberg, auf der zweiten ist er sechs Monate später in Prag als Statthalter des Königreichs Böhmen zu sehen. Die weiteren beiden Szenen stellen die Kriegszüge gegen

---

E. Wolfik, „*Was auf solches unser Ewiglichs absterben unser Fürstliches Begrebnus belange …*", S. 56–62.
60 E. Wolfik, „*Was auf solches unser Ewiglichs absterben unser Fürstliches Begrebnus belange …*", S. 56.
61 An der Kopfseite waren es die Wappen von Niederösterreich, Oberösterreich, Böhmen; an der rechten Seite des Verstorbenen befanden sich diejenigen von Ungarn, Burgund, Steiermark, Krain, Schwaben, Burgau, Tirol, Kühburg, Elsass, Portenau; zu seiner Linken dann Kastilien, Brabant, Kärnten, Württemberg, Vorderösterreich, Habsburg, Pfirt, Görz, Slowenien, Friesland; zu seinen Füßen schließlich Nellenburg, Cilli, Hohenberg.

die Türken in den Jahren 1556 und 1566 dar, während derer sich Ferdinand als Beschützer des christlichen Glaubens in Mitteleuropa hervorgetan hatte. Diese Bilder aus dem irdischen Leben Ferdinands von Tirol waren maßgeblich an der Konstitution des unsterblichen politischen Körpers des einstigen Statthalters von Böhmen und späteren Herrschers von Tirol und Vorderösterreich als eines christlichen Ritters beteiligt, der im Einklang mit der altehrwürdigen Tradition seiner wohlgeborenen Vorfahren als katholischer Beschützer des christlichen Glaubens und tugendhafter Herrscher ins Gedächtnis eingegangen war.[62] Die Waffen des christlichen Ritters gehören zur Verzierung der rechten Seite des Grabmals, denn sie bestätigen die Richtigkeit der Taten des Dieners Gottes, um die herum sich sein politischer Körper herausbildete.

Von den Tugenden eines christlichen Ritters künden auch die lateinischen Inschriften, die sich an den Seiten des großen Schildes mit dem goldenen Vlies, dem Herzogshut und dem Helm mit Pfauenfederbusch finden. Auf dem Sims des Grabmals standen die Figuren der Heiligen Thomas, Georg, Franz und Leopold, deren Fürbitten den zweitgeborenen Sohn Ferdinands I. auf seinem Weg zum Triumph der Ewigkeit begleiteten. Die erwartete Gnade des göttlichen Schutzes und das Seelenheil des verstorbenen Herrschers von Tirol und Vorderösterreich kamen in den Motiven der Kreuzigung mit den Figuren der Jungfrau Maria und des heiligen Johannes zum Ausdruck, denen sich sein Gesicht zuwandte.

---

62 E. Wolfik, „*Was auf solches unser Ewiglichs absterben unser Fürstliches Begrebnus belange ...*", S. 60–61; Václav Bůžek, *Die Begräbnisfeierlichkeiten nach dem Tod Ferdinands I. und seiner Söhne*, Historie – otázky – problémy 7, 2015, Nr. 2, S. 260–273, hier S. 270–272.

Schluss

Der vorliegende Band widmet sich den Krankheiten, dem Sterben, dem Tod und den Begräbnisfeierlichkeiten für Ferdinand I. und seine Söhne Maximilian II., Karl von Steiermark und Ferdinand von Tirol. Eine gewisse Beachtung finden anhand der erhaltenen knappen Zeugnisse gleichfalls die letzten Stunden ihrer Gemahlinnen Anna Jagiello, Maria von Habsburg, Maria von Bayern, Philippine Welser und Anna Katharina Gonzaga. Im Fokus stand dabei jedoch nicht die Erforschung der Krankheitsursachen aus medizingeschichtlicher Perspektive, sondern es sollte unter Anwendung des historisch-anthropologischen Ansatzes gezeigt werden, wie sich der verschlechternde Gesundheitszustand der genannten Herrscher auf die Ausübung der alltäglichen Regierungsgeschäfte auswirkte. Die Interpretation des Todes und der feierlichen Leichenbegängnisse dieser habsburgischen Herrscher erfolgt vor dem Hintergrund zeitgenössischer Repräsentation des katholischen Glaubens, der Landesherrschaft, der politischen Macht und des dynastischen Gedächtnisses der Habsburger, insofern es anhand der fragmentarisch erhaltenen Schrift-, Bild- und Sachquellen möglich war. Als besonders aufschlussreich für das Verständnis des Inhalts und der Bedeutung der bei den Begräbnisfeierlichkeiten für die verstorbenen Herrscher der zweiten Hälfte des 16. Jahrhunderts zum Einsatz kommenden Symbole erwiesen sich die theoretischen Konzepte symbolischer Kommunikation, insbesondere die von Ernst Kantorowicz formulierte These von den zwei Körpern des Königs. In der sich zwischen den nächsten Hinterbliebenen, weiteren Verwandten und Hofleuten entfaltenden Kommunikation begann sich unmittelbar nach dem Tod des jeweiligen Herrschers und während der sich anschließenden Trauerfeierlichkeiten in Innsbruck, Prag, Graz und Wien das Bild seines politischen Körpers zu konstituieren, der den interpretativen Schwerpunkt jedes Kapitels bildet.

Trotz des sich kontinuierlich verschlechternden Gesundheitszustands von Ferdinand I., der nach Aussagen von Diplomaten, Agenten und Hofleute bereits seit Ende 1563 die alltägliche Ausübung der Herrschaftspflichten nicht unerheblich beeinträchtigte, erfolgte die Übergabe der Regierung über das Römisch-deutsche Reich und die Länder der Habsburgermonarchie an seinen ältesten Sohn Maximilian II. erst im April 1564. Ferdinand I. verbrachte die letzten Monate seines Lebens in seinem Schlafzimmer in der Hofburg, wo er sich geistig auf einen ruhigen Abschied von der irdischen Welt vorbereitete. An seinem Sterbebett wechselten sich seine Söhne, seine Schwiegertochter, die engsten Vertrauenspersonen seines Hofstaats, Leibärzte und Musiker ab, fast ununterbrochen wachte sein Beichtvater Matthias Sitthard bei ihm. Ab Ende

Mai/Anfang Juni 1564 blieb den Leibärzten angesichts des kritisch gewordenen Gesundheitszustands Ferdinands I. nur noch die Hoffnung auf ein Wunder Gottes.

Der schwerkranke Maximilian II. fühlte sich seit Mitte 1572 zunehmend schlechter. Monatelang erteilte er keine Audienzen und reduzierte auch die zu erledigenden Regierungsaufgaben auf ein notwendiges Minimum. Als sich im Laufe des Jahres 1575 kurzfristig eine Besserung einstellte, unternahm er Reisen nach Prag, Dresden und Regensburg. Obwohl die Beschwerden jedoch bald und noch intensiver zurückkehrten und Maximilian sich seines schlechten Gesundheitszustands durchaus bewusst war, sah er sich dennoch in der Lage, mit Hilfe seiner ihm besonders nahestehenden Hofleute und Diener die alltäglich zu erledigenden Aufgaben auf der politischen Agenda des Römisch-deutschen Reiches sowie der unter seiner Herrschaft stehenden Länder der habsburgischen Monarchie zu bewältigen. Eine deutliche und anhaltende Verschlechterung brachte das Frühjahr 1576, von dem an Maximilian nicht mehr das Bett verlassen konnte und immer häufiger seinen Sohn Rudolf II. beauftragte, ihn bei langwierigen politischen Verhandlungen zu vertreten. Ungeachtet der starken Schmerzen und allgemeiner Schwäche brach er noch vor dem Sommer 1576 nach Regensburg auf, um dort den Reichstag zu eröffnen. Audienzen zu erteilen oder an den Sitzungen teilzunehmen war jedoch nach wie vor nicht möglich. Die meiste Zeit verbrachte er im Bett, an dem sich seine Gemahlin Maria, seine Schwester Anna von Bayern, ihr Sohn Wilhelm V. von Wittelsbach, der päpstliche Nuntius, der spanische Gesandte, einige enge Vertraute aus den Reihen der Hofleute, die Leibärzte sowie sein Beichtvater Lambert Grueter im Gebet abwechselten. Kurz vor seinem Tod legte Maximilian II. eine kurze Beichte ab, empfing die heilige Kommunion und die letzte Ölung.

Karl von Steiermark litt in den letzten zehn Jahren seines Lebens unter diversen gesundheitlichen Beschwerden, konnte jedoch seinen Pflichten als Herrscher in Innerösterreich ohne gravierendere Beeinträchtigungen nachkommen. An sein Sterbebett kamen in den letzten Lebensstunden seine Gemahlin Maria von Bayern und sein Beichtvater Sigismund Ernhofer, der ihn ordnungsgemäß auf den katholischen Tod vorbereitete. Auch Ferdinand von Tirol wurde durch seine langanhaltenden, aber anscheinend nicht derart schwerwiegenden gesundheitlichen Beschwerden nicht wesentlich an der Besorgung der täglichen Regierungsgeschäfte gehindert. Die ersten Symptome seiner chronischen Leiden traten allerdings bereits vierzig Jahre vor seinem Tod auf. Stärkere Schmerzen machten dem Herrscher von Tirol und Vorderösterreich erst im Laufe des Jahres 1594 zu schaffen. An seinem Totenbett verweilten abwechselnd seine zweite Gemahlin Anna Katharina mit den beiden Töchtern und der Beichtvater Anton Khlössl, der Ferdinand von Tirol in gebührender Form auf den katholischen Tod vorbereiten sollte.

Die Vorbereitungen der feierlichen Leichenbegängnisse Ferdinands I., Maximilians II., Karls von Steiermark und Ferdinands von Tirol verliefen angesichts der unterschiedlichen gesellschaftlichen und politischen Stellung der Verstorbenen nicht ganz identisch, in Bezug auf den Inhalt glichen die einzelnen Schritte einander jedoch stark, denn deren korrekte Umsetzung war an den habsburgischen Höfen Mitteleuropas zu Beginn der Neuzeit eine notwendige Bedingung für die allgemein erwartete Erfüllung des katholischen Begräbnisrituals.

Nach dem Tod eines habsburgischen Herrschers wurde schnell und vorwiegend durch die päpstlichen Nuntien und spanischen Gesandten am kaiserlichen Hof die Nachricht vom guten Tod eines Katholiken nach Rom und Madrid vermittelt. Sie beriefen sich dabei auf die Tatsache, dass der Herrscher noch zu seinen Lebzeiten gebeichtet und die heilige Kommunion sowie die heilige Ölung empfangen hatte. In ihren Aussagen stimmen sie auch darin überein, dass der Sterbende auf dem Totenbett ein Kruzifix umklammert und dadurch die Botschaft vom Opfertod Jesu Christi verkündet hatte. Am Bett des sterbenden Herrschers standen jeweils die nächsten Verwandten sowie der Beichtvater, ein Arzt und ein Kämmerer oder eine andere Vertrauensperson aus dem Hofstaat. Ferdinand I. sah im Augenblick des Todes am 25. Juli 1564 zum Bildnis seiner 1547 verstorbenen Gemahlin Anna Jagiello auf, so dass sie ihm zumindest in seiner Vorstellung beistehen konnte. Noch zu Lebzeiten pflegte Ferdinand die Erinnerung an sie und ihr Vermächtnis gemeinsam mit seinen Söhnen bei mehreren Gedenkfeiern. Maria von Habsburg erfuhr vom Tod ihres Gemahls Maximilian II. am 12. Oktober 1576 in der Kapelle, wo sie zuvor dem Gottesdienst beigewohnt hatte. Im sicheren Wissen darüber, dass er tatsächlich einen katholischen Tod gestorben sei, sprach sie Gott ihren Dank aus und fiel vor Aufregung in Ohnmacht. Ihr Alltag einer kaiserlichen Witwe, den sie in den Jahren 1583 bis 1603 im Madrider Kloster Descalzas Reales verbrachte, war erfüllt von ihrem katholischen Glauben, Frömmigkeit und dem Bewusstsein der Wichtigkeit einer einheitlichen Politik beider Linien der habsburgischen Dynastie. Ihr Gesundheitszustand verschlechterte sich deutlicher erst ein Jahr vor ihrem Tod.

Nach der Obduktion, Einbalsamierung, Einkleidung, Sargeinbettung und dem Versand von Traueranzeigen an die nächsten Familienmitglieder wurde der tote Körper eines Habsburger Herrschers oder eines österreichischen Erzherzogs öffentlich aufgebahrt. Das Herz, das Gehirn und weitere Eingeweide wurden in eigenen Urnen entweder mit in den Sarg gelegt oder gesondert bestattet. Der Leichnam Ferdinands I. wurde am 30. Juli 1564 in der Hofkapelle der Wiener Hofburg ausgestellt. Da Maximilian II. in Regensburg starb, wurde sein Körper zunächst in der Residenz des dortigen Bischofs aufbewahrt, von dort vermutlich am 19. Oktober 1576 in die Michaelskapelle überführt und erst am 6. November 1576 auf dem Katafalk vor dem Hochaltar des Regensburger

Doms aufgebahrt. Anschließend wurde der Sarg auf dem Schiffsweg über die Donau ins Stift Wilhering unweit von Linz gebracht. Die Aufbahrung der sterblichen Überreste Karls von Steiermark erfolgte zwei Tage nach seinem Tod am 10. Juli 1590. Von der Hofkapelle seiner Grazer Residenz wurden sie dann am 14. Oktober 1590 in die Domkirche St. Ägydius überführt. Nachdem Ferdinand von Tirol am 24. Januar 1595 gestorben war, wurde sein Körper zunächst in die Kapelle des Schlosses Ruhelust in Innsbruck verbracht, drei Tage später dann in die Silberne Kapelle der Hofkirche Hl. Kreuz. Bei der Aufbahrung der sterblichen Überreste handelte es sich um den ersten Schritt des katholischen Begräbnisrituals, bei dem der von der irdischen Welt dahinscheidende natürliche Körper des Herrschers durch seinen sich im kollektiven Gedächtnis etablierenden politischen Körper ersetzt wurde, dessen symbolisches Bild sich während der anschließenden Trauerfeier konstituierte. Um den Hals trug der Verstorbene den Orden vom Goldenen Vlies, seine Hände umgriffen ein Kruzifix, die rechte Hand berührte ein vergoldetes Rapier.

Im nächsten Schritt wurden Traueranzeigen an die königlichen und fürstlichen Höfe Europas sowie an die obersten Beamten in den unter der Herrschaft des Verstorbenen stehenden Ländern verschickt. In den darauffolgenden Wochen erhielt die Familie dann Beileidsbekundungen, die auf die tugendhaften Eigenschaften und edlen Taten des verstorbenen Herrschers Bezug nahmen. Dadurch formierte sich das Grundgerüst seines politischen Körpers, der in das Gedächtnis der hinterbliebenen Vertreter der habsburgischen Dynastie Eingang fand.

Gleichzeitig mit dem Versand der Traueranzeigen begannen die nächsten Familienangehörigen über den Ort der letzten Ruhestätte nachzudenken, der üblicherweise im Testament angegeben war. Nach dem Tod Ferdinands I. oblag die Vorbereitung der Begräbnisfeierlichkeiten seinem ältesten Sohn Maximilian II., der in dieser Hinsicht dem letzten Willen seines Vaters folgte. Dieser bestimmte in seinem Testament vom 1. Juni 1543 den Prager Veitsdom zu seiner letzten Ruhestätte, im folgenden Dokument vom 4. Februar 1547 brachte er dann seinen Wunsch zum Ausdruck, neben seiner Gemahlin Anna Jagiello bestattet zu werden. Maximilian II. selbst hinterließ kein Testament, in dem er sich konkret zum Ort seiner letzten Ruhestätte geäußert hätte, so dass die Wahl von seinen hinterbliebenen Söhnen getroffen werden musste. Die ursprünglichen Pläne, die vor allem der zweitgeborene Sohn des Verstorbenen, Erzherzog Ernst, durchsetzen wollte, sahen Wien als Ort des feierlichen Abschieds vor. Da dort aber zu diesem Zeitpunkt eine Pestepidemie wütete, beschloss der älteste Sohn Rudolf II., seinem Vater ein Begräbnis in Prag auszurichten. Im Falle Karls von Steiermark waren es seine Witwe Maria von Bayern und der mit dieser Aufgabe von Rudolf II. betraute Neffe des Verstorbenen, Erzherzog Ernst, die sich der Vorbereitung der Begräbnisfeierlichkeiten annahmen. Gemäß dem testamentarischen Wunsch Karls vom 1. Juni 1584 sollte das Stift Seckau zur letzten Ruhestätte werden, wo er selbst noch den Bau der Familiengruft beaufsichtigt hatte. Ferdinand von Tirol hielt seine Vorstellungen über den Ort der letzten Ruhestätte in seinem dritten Testament vom 18. Juni 1594 fest und bestimmte dazu die Silberne Kapelle der Innsbrucker Hofkirche. Seinen letzten Willen zu erfüllen, verpflichtete sich sein erstgeborener Sohn Andreas von Österreich, dem die Aufsicht über die Vorbereitungen der Trauerfeier zufiel.

Die zum Teil deutlichen Verzögerungen bei der Vorbereitung der feierlichen Leichenbegängnisse waren sowohl auf gewisse Unsicherheiten bei der Suche nach einem Termin oder auf wiederholte Terminverschiebungen von Seiten der nächsten Hinterbliebenen zurückzuführen. Bei Karl von Steiermark und stärker noch bei Ferdinand von Tirol blockierten die länger als geplant dauernden Abschlussarbeiten an ihren Grabmälern die endgültige Festlegung eines Termins, die wiederholten Terminänderungen bei den Trauerfeierlichkeiten für Ferdinand I. und Maximilian II. hatten ausschließlich politische und dynastische Gründe. Im Falle des erstgenannten Herrschers sah sich sein Sohn Maximilian II. durch die angespannte Lage an der siebenbürgisch-ungarischen Grenze und die gleichzeitig verlaufenden Sitzungen des Reichstags und des böhmischen Landtags sowie im Hinblick auf seinen eigenen Gesundheitszustand gezwungen, den Begräbnistermin immer wieder aufzuschieben. Erst Anfang Juni 1565, fast ein Jahr nach Ferdinands Tod, beschloss er, dass der letzte Abschied zunächst in Wien, und zwar an dessen erstem Todestag, dem 25. Juli 1565, stattfinden und anschließend die Bestattung in Prag erfolgen sollte, denn den dortigen Veitsdom hatte der Tote als seine letzte Ruhestätte gewählt. Da es angesichts der für den 30. Juni 1565 geplanten Eröffnung des böhmischen Landtags mehr als wahrscheinlich schien, dass Vertreter der böhmischen Stände nicht nach Wien kommen würden, verschob Maximilian II. den Termin der Trauerfeierlichkeiten erneut und legte ihn auf den 5. August 1565.

Als Rudolf II. Anfang Januar 1577 seine Brüder, die Erzherzöge Matthias und Maximilian, ins oberösterreichische Wilhering entsandte, damit sie an der Überführung der sterblichen Überreste ihres Vaters Maximilians II. nach Prag teilnahmen, wollte er sich angesichts des Begräbnistermins noch nicht endgültig festlegen. Schließlich gab er jedoch dem Druck der obersten Hof- und Landesbeamten des Königreichs Böhmen nach und beschloss gemäß ihrer Forderung, dass das Begräbnis noch vor der Huldigungsreise des neuen Kaisers in die böhmischen Nebenländer, also spätestens vor Ende April 1577 stattfinden sollte. Noch bevor der Sarg Maximilians II. am 6. Februar 1577 in Prag eintraf, hatte der päpstliche Nuntius nach Rom berichtet, dass die Trauerfeier laut Entscheidung Rudolfs II. am 20. März 1577 ausgerichtet würde. Zu diesem Zeitpunkt war jedoch das Castrum doloris vor dem Hochaltar des Veitsdoms noch nicht ganz fertig, deshalb begann die Veranstaltung doch erst zwei Tage später.

Neben der Terminfestlegung wurde auch die Form und konkrete Ausgestaltung der Begräbnisfeierlichkeiten für die habsburgischen Herrscher bzw. österreichischen Erzherzöge Gegenstand eines schriftlich geführten Meinungsaustauschs zwischen den nächsten Hinterbliebenen, den Hof- und den obersten Landesbeamten, denn es handelte sich hierbei um den nächsten verbindlichen Schritt eines katholischen Begräbnisrituals. Obwohl sich der Reichsvizekanzler Johann Ulrich Zasius sowie andere höfische Würdenträger, die für die Vorbereitung des Wiener Begräbnisses Ferdinands I. zuständig waren, grundsätzlich am Trauerzeremoniell des spätmittelalterlichen burgundischen Hofes orientierten, legten sie doch mehr Wert auf die Verherrlichung der christlichen Tugenden, des katholischen Glaubens und der irdischen Regierung des verstorbenen Herrschers. Als unmittelbares Vorbild für den Leichenkondukt Ferdinands I. und durch dessen Vermittlung dann auch derjenigen seiner Söhne dienten die Begräbnisfeierlichkeiten für Karl V., die am 29. und 30. Dezember 1558 in Brüssel und am 24. und 25. Februar 1559 in Augsburg ausgerichtet worden waren.

Im vorderen Teil des Kondukts vor dem aufgebahrten Sarg wurde Ferdinand I. als christlicher Ritter präsentiert, der von Gottes Gnaden mit der kaiserlichen und den königlichen Würden belehnt worden war. Die Tugenden eines solchen spiegelten sich in den Funeralwaffen des verstorbenen Herrschers wider: dem Orden vom Goldenen Vlies, dem Funeralhelm mit Kaiserkrone, dem großen kaiserlichen Schild sowie dem Harnisch mit dem Doppeladler. Konkrete Verweise auf seine politische Macht wurden durch das Vorzeigen der Krönungskleinodien des Römisch-deutschen Reiches sowie der beiden Königreiche Böhmen und Ungarn geboten. Noch deutlichere Konturen nahm die Glorifizierung der Würde von Kaiser- und Königsmacht im folgenden Abschnitt des Kondukts an, der der eindrucksvollen Repräsentation territorialer Macht Ferdinands I. gewidmet war. Jedes Herrschaftsgebiet wurde durch drei adelige Männer vertreten, die auf Fahnen und Pferdeschabracken das Landeswappen des jeweiligen, unter der Herrschaft des Verstorbenen stehenden Territoriums zeigten. Die Anordnung des Trauerzugs im Abschnitt hinter der Bahre machte deutlich, dass die symbolische Botschaft des während der Begräbnisfeierlichkeiten Gestalt annehmenden politischen Körpers Ferdinands I. auf seine männlichen Nachfahren überging, denen aus diesem Grund die Ehrenplätze direkt hinter der Bahre vorbehalten waren.

Einen Monat vor dem feierlichen Leichenbegängnis wurden aus den Hofkanzleien Böhmens, Ungarns und aus der Reichshofkanzlei Briefe mit der Unterschrift Maximilians II. an Adelige aus dem Römisch-deutschen Reich, Böhmen und Ungarn verschickt, in denen sie aufgefordert wurden, sich spätestens am 1. August 1565 in Wien einzufinden, um dort persönlich an der

Trauerfeier für Ferdinand I. teilzunehmen. Die Trauerkleidung für die geladenen adeligen Gäste wurde mit genügend zeitlichem Vorlauf und auf Kosten der Hofkammer angeschafft, passende Schuhe musste sich jeder Teilnehmer selbst besorgen. Die oberste Aufsicht über die richtige Reihenfolge der Trauergäste im Leichenkondukt führte Veit Schärtinger aus der Leibkammer des verstorbenen Herrschers, direkt vor Ort sorgte der Oberste Kanzler Joachim von Neuhaus für die korrekte Aufstellung der böhmischen Adeligen auf dem Sammelplatz. Für die Sicherheit der Trauergäste sorgten die entlang der Strecke von der Hofburg zum Stephansdom positionierten kaiserlichen Trabanten mit Hellebarden.

Im Mittelpunkt der Trauerausschmückung des Stephansdoms stand das vor dem Hochaltar errichtete Castrum doloris, das den Raum für die öffentliche Ausstellung des Sargs mit den sterblichen Überresten Ferdinands I. sowie der Insignien seiner Macht und Territorialherrschaft gestaltete. Um das Trauergerüst herum waren die Trauergäste in mehreren konzentrischen Kreisen gruppiert und bildeten in dieser Aufstellung die soziale Pyramide der hierarchisch aufgebauten Gesellschaft ab. Die Söhne des Verstorbenen an deren Spitze standen in nächster Nähe, die randständigen Mitglieder der Gesellschaft befanden sich in weitester Entfernung vom Castrum doloris. Nach der Abendvigil verließen dann alle Trauergäste den Dom. Am darauffolgenden Tag, in den frühen Morgenstunden des 7. August 1565, fanden sie sich dort wieder ein, um dem Höhepunkt des katholischen Begräbniszeremoniells beizuwohnen – der Totenmesse mit der im Voraus angeforderten Leichenpredigt für Ferdinand I.

Bei der Vorbereitung der Trauerfeier für Ferdinand I., Maximilian II. und Karl von Steiermark musste man die logistisch anspruchsvolle Überführung der sterblichen Überreste im Blick haben. Im Falle des Erstgenannten wurde der Sarg im Anschluss an das Zeremoniell auf einen Wagen geladen und nach Prag gebracht. Im Zusammenhang mit dem Transport des Leichnams mussten im Vorfeld die Wege im Königreich Böhmen mit erhöhter Aufmerksamkeit auf Sicherheit und Passierbarkeit hin untersucht und passende Unterkunfts- und Verpflegungsmöglichkeiten auf der vorgesehenen Strecke gefunden werden. Ein wichtiger Faktor bei der Auswahl der einzelnen Stationen auf dem Weg war auch das Vorhandensein einer größeren und gut erhaltenen Kirche vor Ort, in der ein einfacher Katafalk zur Aufbahrung des Sargs über Nacht errichtet werden konnte. Die Teilnehmer des Trauerzugs für Karl von Steiermark begleiteten dessen Sarg auf der bergigen Strecke von Graz über Bruck an der Mur, Leoben und Knittelfeld nach Seckau, die sie auf Pferden in drei Tagen zurücklegten.

Am aufwendigsten war die Überführung der sterblichen Überreste Maximilians II., deren Verlauf sogar in drei Phasen aufgeteilt werden musste. Die erste begann am 8. November 1576, als der Sarg mit einem schwarzbehangenen und in Kerzenschein getauchten Schiff über die Donau von Regensburg nach Wilhering gebracht wurde. Für die Sicherheit des Geleits waren kaiserliche

Trabanten zuständig, die den Sarg nicht nur tagsüber auf dem Schiff bewachten, sondern ihn auch beim nächtlichen Transport in vorher bestimmte Kirchen und während der dort abgehaltenen Gottesdienste beaufsichtigten. Die zweite Überführung – von Wilhering nach Linz – fand vor dem 29. Januar 1577 statt. In der oberösterreichischen Metropole wurde eine kurze Andacht für den Verstorbenen gefeiert, an der vor allem Vertreter der ober- und niederösterreichischen Stände teilnahmen. Diese begleiteten dann gemeinsam mit den Erzherzögen Matthias und Maximilian den Sarg auf dem dritten Abschnitt seines Weges nach Böhmen. Die Strecke verlief in einem schwierigen Terrain von Linz über Bad Leonfelden bis zur böhmischen Landesgrenze. Im Stift Hohenfurth warteten dann einige ausgewählte Repräsentanten böhmischer Stände sowie der Olmützer Bischof als Vertretung des erkrankten Erzbischofs von Prag. Von dort aus wurde der Weg über Krumau eingeschlagen, wo der Sarg mit den sterblichen Überresten des Kaisers von den übrigen Adeligen und Geistlichen des Königreichs Böhmen sowie der Markgrafschaft Mähren empfangen wurde, und führte dann weiter über Budweis, Sobieslau, Miltschin, Beneschau und Jessenitz nach Prag. An jedem Ort einer Übernachtung wurde der Sarg von kaiserlichen Trabanten und Hartschieren mit Feuerwaffen in die dortige katholische Kirche getragen, wo anschließend die Totenmesse gefeiert wurde. Falls man ausnahmsweise an Orten nächtigen musste, wo sich keine katholische Kirche befand, errichteten die Hartschiere auf einem freien Platz ein mit schwarzem Tuch behangenes Zelt, wo der Sarg untergebracht und die ganze Nacht über bewacht wurde.

Als Rudolf II. und seine Brüder Ende Januar 1577 die Planung der Trauerfeier für Maximilian II. in Angriff nahmen, diente ihnen das Wiener Begräbnis Ferdinands I. als ausdrückliches Vorbild. Sie ließen sich aus Wien eine detaillierte Beschreibung des Leichenkondukts und der vor zwölf Jahren im Stephansdom abgehalten Trauerzeremonie schicken, der sogar Abschriften von Rechnungen diverser an der Trauerausschmückung des Konduktweges und des Stephansdoms beteiligten Händler, Handwerker und Künstler beigeheftet waren. In den einzelnen Rechnungsposten spiegelten sich Ansprüche an die aufwendige Repräsentation wider, die Rudolf II. bei Vorbereitung der Trauerfeier für Maximilian II. nicht unberücksichtigt lassen durfte. Mit genügend zeitlichem Vorlauf sorgte die Hofkammer für ausreichende Vorräte an Trauerfahnen, Kerzen und schwarzem Tuch und wandte sich der Errichtung des Castrum doloris zu. Rechtzeitig besorgte man sich auch die Einwilligung der böhmischen Stände zur Aussendung einiger der obersten Landesbeamten auf Burg Karlstein, um die dortigen Burggrafen zu bitten, mit ihnen gemeinsam die Wenzelskrone, den königlichen Apfel und das Zepter zur Trauerfeier nach Prag zu bringen.

Als besonders kompliziert erwies sich für die Veranstalter der Trauerfeier zu Ehren Maximilians II. die Einladung von Trauergästen in einer Weise, die ihrer

Position innerhalb der Hierarchie des Hofes bzw. des jeweiligen Landes unter Maximilians Herrschaft entsprach. Obwohl Rudolf II. zahlreiche der adeligen Gäste persönlich angeschrieben und zu den Begräbnisfeierlichkeiten eingeladen hatte, wurden einige – insbesondere die ins Ausland verschickten – Einladungen mit Verspätung zugestellt, so dass es bis zum letzten Augenblick unsicher blieb, ob man die betreffenden Personen in Prag erwarten durfte. Bei der Anordnung des Trauerzugs konnten die Veranstalter zwar wiederum auf die detaillierte Beschreibung des Leichenkondukts für Ferdinand I. zurückgreifen, die sie zuvor in der Reichshofkanzlei angefordert hatten – nicht wenige Sorgen bereitete ihnen jedoch das Verhalten insbesondere einiger auswärtiger Gesandter am kaiserlichen Hof, die einen vorrangigen Platz für sich beanspruchten, weil sie überzeugt waren, dass mit der diplomatischen Vertretung gleichzeitig auch die gesellschaftliche Stellung der vertretenen Person auf sie überging. Diese Auffassung stieß jedoch verständlicherweise auf den Widerwillen höhergeborener Personen, die altehrwürdigen Adelsgeschlechtern entstammten.

Besondere Aufmerksamkeit wurde im Vorfeld des Leichenbegängnisses der Sauberkeit in den Prager Straßen gewidmet. Der Weg des Trauerzugs führte von der St. Jakobskirche zum Altstädter Ring und weiter über den Obstmarkt und an der St. Clemenskirche vorbei, über die Karlsbrücke bis in die Kleinere Prager Stadt, wo er dann den im Bau befindlichen Palast der Herren von Neuhaus passierte und auf dem Hradschin im St. Veitsdom sein Ende fand. Über den gestampften Lehm der Straße und zahlreiche Pfützen wurden Holzstege gelegt. In einigen Fällen war es sogar notwendig, Stadttore zu vergrößern, damit der Trauerzug in seiner Breite hindurchpasste. Entlang des ganzen Weges standen geharnischte Männer mit Gewehren und Lanzen, die ihre fest zugewiesenen Plätze die ganze Zeit über nicht verlassen durften.

Die Vorbereitungen der Begräbnisfeierlichkeiten für Maximilian II. und mehr noch für Ferdinand von Tirol zogen sich vor allem wegen der verspäteten Fertigstellung des Castrum doloris und der künstlerischen Verzierung des Grabmals in die Länge. In beiden Fällen bestand die Grundkonstruktion des darüber errichteten Castrum doloris, das zur öffentlichen Ausstellung des Sargs mit den sterblichen Überresten bei der Totenmesse diente, aus einem rechteckigen Ziborium, aus dessen Ecken korinthische Säulen emporragten und die jeweils eine Pyramide trugen. Im oberen Teil wurde das Trauergerüst durch eine mit Kerzen und Öllämpchen beleuchtete Kuppel abgeschlossen. In dem durch sie geschaffenen heiligen Raum direkt über dem Sarg hingen die Machtinsignien – bei Maximilian II. die Kaiser- und die Königskrone, bei Ferdinand von Tirol der Herzogshut. Die beiden Kronen Maximilians waren aus farbigem Glas gefertigt, in dem sich das flackernde Kerzenlicht der Lichtpyramiden widerspiegelte. Der päpstliche Nuntius schilderte in seinem Bericht über die Totenmesse eindrucksvoll die Wirkung des Lichts, die durch etwa dreitausend weitere Kerzen auf den oberen Teilen der Pyramiden und der Hängevorrichtung für die beiden Insignien zusätzlich verstärkt wurde. Ihr Glanz sollte gemäß der Dramaturgie der Trauerfeier den sternbesäten, unendlichen Nachthimmel evozieren.

Anders als das Grabmal für Ferdinand von Tirol in der Silbernen Kapelle der Innsbrucker Hofkirche wurde die künstlerische Verzierung der letzten Ruhestätten Ferdinands I. und Maximilians II. im Prager Veitsdom und Karls von Steiermark in der Fürstlichen Kapelle des Stiftes Seckau erst einige Jahre nach den Begräbnisfeierlichkeiten fertiggestellt. Erst 1590 wurden die Särge mit den sterblichen Überresten von Anna Jagiello, Ferdinand I. und Maximilian II. aus der Krypta in den oberirdischen Teil der Gruft im Veitsdom verbracht und dort bestattet, obwohl Erzherzog Ferdinand bereits im Laufe der Vorbereitungen zur Trauerfeier für seinen Vater im Herbst 1564 Anweisungen für den Bau und die Verzierung gegeben hatte. Nach ein paar Monaten ließ er jedoch verlauten, dass in Prag kein geeigneter Künstler zu finden sei, deshalb erhielten einige Zeit später Alexander und Abraham Colin aus Innsbruck den Auftrag zur Gruftverzierung. Sie waren es auch, die in die Grabplatte mit den Figuren von Ferdinand I. und Anna Jagiello die liegende Gestalt ihres ältesten Sohnes Maximilian II. integrierten. Die künstlerische Ausgestaltung der Gruft diente der Verherrlichung beider verstorbenen Herrscher aus dem Hause Habsburg, als direkter Nachfolger der römischen Kaiser und böhmischen Könige, die ebenfalls im St. Veitsdom ihre letzte Ruhestätte gefunden hatten.

Die Verzierung des Grabmals von Karl von Steiermark und Maria von Bayern in der Fürstenkapelle des Stiftes Seckau vermittelte symbolisch die Botschaft der guten Herrschaft des Ehepaares über das Gebiet von Innerösterreich. Zu den wichtigsten Stützen ihrer Herrschaft zählten der katholische Glaube, ihre Kinder und das Bewusstsein der Zugehörigkeit zu den zwei mächtigsten Herrscherhäusern Mitteleuropas. Auch das Grabmal Ferdinands von Tirol in der Silbernen Kapelle der Innsbrucker Hofkirche sollte an die territoriale Ausdehnung seiner Herrschaft in Tirol und Vorderösterreich erinnern und auf das dynastische Gedächtnis des Hauses Habsburg, dessen inneren Zusammenhalt und politische Macht Bezug nehmen. Der unsterbliche politische Körper des Verstorbenen konstituierte sich um die Tugenden eines christlichen Ritters herum, denn als ein solcher ging er in das dynastische Gedächtnis der Habsburger ein – als Beschützer christlicher Werte gegen die osmanischen Angriffe und des katholischen Glaubens gegen die Protestanten in Mitteleuropa, wie man anhand der am Grabmal verwendeten Symbole schlussfolgern kann.

Obwohl die im Fokus des vorliegenden Bandes stehenden vier Habsburger Herrscher der zweiten Hälfte des 16. Jahrhunderts nicht über denselben Status verfügten, unterschieden sich die Begräbnisfeierlichkeiten für Ferdinand I., Maximilian II., Karl von Steiermark und Ferdinand von Tirol hinsichtlich der verwendeten Symbole persönlicher wie dynastischer Repräsentation durchaus nicht so wesentlich, wie man vielleicht annehmen könnte. Die öffentliche Aufbahrung der sterblichen Überreste, der Leichenkondukt und die Totenmesse bildeten verbindliche Schritte eines stereotypen Rituals des letzten Abschieds von einem Habsburger Herrscher. Stark am Vorbild der Begräbnisfeierlichkeiten für Karl V. orientiert diente das Zeremoniell vorrangig der Repräsentation des katholischen Glaubens des Verstorbenen, der territorialen Ausdehnung seiner Herrschaft, der politischen Macht und des dynastischen Gedächtnisses, die sich während der Trauerfeier zum symbolischen Bild des sich um die Tugenden eines christlichen Ritters konstituierenden unsterblichen politischen Körpers verdichteten, wie bereits mehrfach betont wurde. Dem entsprach auch die Anordnung des Trauerzugs, die Reihenfolge der zur Schau getragenen Fahnen mit Landeswappen der jeweiligen Herrschaftsgebiete, das Vorzeigen der Funeralwaffen sowie die öffentliche Aufbahrung des Sarges auf dem Castrum doloris während der Vigil und der Totenmesse. Die Kontinuität des katholischen Glaubens, der Territorialherrschaft und der politischen Macht des verstorbenen Herrschers ging im Verlauf der Begräbniszeremonie auf seine nächsten männlichen Nachkommen über, denen im Leichenkondukt die Plätze unmittelbar hinter der Bahre vorbehalten waren und die während der Totenmesse in nächster Nähe des im Castrum doloris ausgestellten Sarg standen.

Die Verherrlichung des unsterblichen politischen Körpers der habsburgischen Kaiser und österreichischen Erzherzöge als triumphierender christlicher Herrscher bildete den Hauptinhalt der im Druck erschienenen und mit Kupferstichen verzierten Trauerlieder, die noch vor der Trauerfeier in Auftrag gegeben wurden, deren Drucklegung jedoch erst danach erfolgte. Vergleichbar dazu wurden auch die bei der Totenmesse vorgetragenen Leichenpredigten bereits im Vorfeld der Trauerfeier verfasst, um dann im Anschluss daran, nach Genehmigung durch die Zensur, gedruckt zu werden.

Angesichts der lediglich lückenhaft erhaltenen Buchhaltungsdokumente und deren verhältnismäßig geringer Aussagekraft wurde in dem vorliegenden Band keine ausführliche Untersuchung zum finanziellen Aufwand der Begräbnisfeierlichkeiten oder Anzahl der Trauergäste unternommen und auch nicht ihr unmittelbarer Einfluss auf das alltägliche Leben in Wien, Prag, Innsbruck und Graz berücksichtigt, wo die Trauergäste vorübergehend wohnten, aßen, ihre Hygiene verrichteten, Räumlichkeiten zur Unterbringung von Pferden und Kutschen in Anspruch nahmen. Eine eingehendere Analyse verdient die symbolische Sprache der Trauerbekundungen, Einladungen zur Trauerfeier sowie der Höflichkeitsformeln in Absagebriefen. Erst seit Kurzem widmet sich die interdisziplinäre Forschung auch der musikalischen Komponente der Begräbnisfeierlichkeiten an den habsburgischen Höfen der beginnenden Neuzeit sowie der Trauersymbolik der ephemeren Architektur – nicht nur der Castra doloris – aus komparativer Sicht. Nicht zuletzt ist auch der Überlegung nachzugehen, dass die Vorbereitungen der Begräbnisfeierlichkeiten für die verstorbenen Habsburger Kaiser und österreichischen Erzherzöge in der zweiten Hälfte des 16. Jahrhunderts möglicherweise auch als geeigneter Rahmen für vertrauliche Gespräche und Verhandlungen über aktuelle dynastische Auseinandersetzungen und politische Angelegenheiten in Europa fungierten, und inwieweit sich diese Tatsache eventuell in der Zusammensetzung der geladenen Trauergäste widerspiegelt.

Quellen- und Literaturverzeichnis

Archivquellen

Archivo General de Palacio Madrid
Sección Histórica, Honras fúnebres Felípe II. Por el Emperador Fernando de Alemania (1564), Caja 79, Expediente 7

Bayerisches Hauptstaatsarchiv München
Kurbayern Äußeres Archiv, Sign. 4290, 4298, 4308–4310, 4329, 4331–4333, 4347

Germanisches Nationalmuseum Nürnberg
Sign. HB 26 595

Herzog August Bibliothek Wolfenbüttel
Sign. 211.1 (Quod.)
Sign. A:182.1 Quod. (3)

Staats- und Stadtbibliothek Augsburg
Sign. 4 Bio 701-57

Haus-, Hof- und Staatsarchiv Wien
Familienakten, Kart. 60, 61, 65
Hofkammerarchiv, Reichsakten, Fasz. 202
Oberhofmeisteramt, Sonderreihe, Kart. 183

Museum der Stadt Wien
Inv. Nr. 116 845

Oberösterreichisches Landesarchiv Linz
Landschaftsakten, A IV–A V (1566–1835), Schachtel 14, Sign. A IV 1

Österreichische Nationalbibliothek Wien
Cod. 4279, Cod. 7566, Cod. 7337, Cod. 8255–Cod. 8257, Cod. 8269–Cod. 8270, Cod. 8279, Cod. 8304, Cod. 8307, Cod. 8308
Sign. 11 204
Sign. 261.754–b.Fid [urspr.] ÖNB Wien, PG. 6849

Stadtmuseum Graz
Leichenzug Karls II. von der Steiermark, 1590, Kupferstich Daniel Hefners nach Zeichnungen von Georg Behem, 1594/1595

Tiroler Landesarchiv Innsbruck
Kunstsachen III, Nr. 32/1-10

Archiv Pražského hradu
Dvorní stavební úřad, Inv. Nr. 27, Kart. 1

Národní archiv Praha
Královská registra Nr. 62
Stará manipulace, Inv. Nr. 1580, Sign. K 1, Kart. 1051-1052

Národní galerie Praha
Inv. Nr. 28 468

Státní oblastní archiv Třeboň
Historica Třeboň, Sign. 4423, Sign. 4545, Sign. 4549, Sign. 4550-4551, Sign. 4553 a, Sign. 4868 A, Sign. 4959

Státní oblastní archiv Třeboň, pracoviště Jindřichův Hradec
Rodinný archiv pánů z Hradce, Inv. Nr. 368, Sign. II C 3, Kart. 17

Edierte Quellen

Bejblík, Alois (Hrsg.), Fynes Moryson – John Tylor, Cesta do Čech, Praha 1977.
Bibl, Viktor (Hrsg.), Korrespondenz Maximilians II. Band I. Familienkorrespondenz 1564 Juli 26–1566 August 11, Wien 1916.
Bues, Almut (Hrsg.), Nuntiaturberichte aus Deutschland 1572–1585 nebst ergänzenden Aktenstücken. VII. Band. Nuntiatur Giovanni Dolfins (1573–1574), Tübingen 1990.
Campori, Cesare (Hrsg.), Roderico Alidosi, Relazione di Germania e della corte di Rodolfo II. Imperatore negli anni 1605–1607 fatta da Roderici Alidosi ambasciatore del Granduca di Toscana Ferdinando I., Modena 1872.
Černušák, Tomáš (Hrsg.), Epistulae et acta nuntiorum apostolicorum apud imperatorem 1592–1628. Tomus IV. Epistulae et acta Antonii Caetani 1607–1611. Pars

IV. September 1608–Junius 1609, Praha 2013; Pars V. Julius 1609–Februarius 1611, Praha 2017.

Edelmayer, Friedrich – Kammerhofer, Leopold – Mandlmayr, Martin C. – Prenner, Walter – Vocelka, Karl G. (Hrsg.), Die Krönungen Maximilians II. zum König von Böhmen, Römischen König und König von Ungarn (1562/63) nach der Beschreibung des Hans Habersack, ediert nach CVP 7890, Wien 1990.

Fučíková, Eliška (Hrsg.), Tři francouzští kavalíři v rudolfínské Praze. Jacques Esprinchard, Pierre Bergeron, François de Bassompierre, Praha 1989.

von Gévay, Anton (Hrsg.), Itinerar Kaiser Ferdinand's I. 1521–1564, Wien 1843.

Goetz, Walter (Hrsg.), Briefe und Akten zur Geschichte des 16. Jahrhunderts mit besonderer Rücksicht auf Baierns Fürstenhaus. Band V. Beiträge zur Geschichte Herzog Albrechts V. und des Landsberger Bundes, 1556–1598, München 1898.

Hausenblasová, Jaroslava (Hrsg.), Der Hof Kaiser Rudolfs II. Eine Edition der Hofstaatsverzeichnisse 1576–1612, Praha 2002 (= Fontes historiae artium 9).

Khevenhüller-Metsch, Georg (Hrsg.), Hans Khevenhüller, kaiserlicher Botschafter bei Philipp II. Geheimes Tagebuch 1548–1605, Graz 1971.

Klarwill, Victor (Hrsg.), Fugger=Zeitungen. Ungedruckte Briefe an das Haus Fugger aus den Jahren 1568–1605, Wien-Leipzig-München 1923.

Kolár, Jaroslav (Hrsg.), Marek Bydžovský z Florentina, Svět za tří českých králů. Výbor z kronikářských zápisů o letech 1526–1596, Praha 1987.

Koller, Alexander (Hrsg.), Nuntiaturberichte aus Deutschland nebst ergänzenden Aktenstücken. Dritte Abteilung 1572–1585. IX. Band. Nuntiaturen des Giovanni Delfino und des Bartolomeo Portia (1577–1578), Tübingen 2003.

Koller, Alexander (Hrsg.), Nuntiaturberichte aus Deutschland nebst ergänzenden Aktenstücken. Dritte Abteilung 1572–1585. X. Band. Nuntiaturen des Orazio Malaspina und des Ottavio Santacroce. Interim des Cesare dell'Arena (1578–1581), Berlin-Boston 2012.

Leeb, Josef (Hrsg.), Deutsche Reichstagsakten. Reichsversammlungen 1556–1662. Der Kurfürstentag zu Frankfurt 1558 und der Reichstag zu Augsburg 1559 I–III, Göttingen 1999.

Leuchtmann, Horst (Hrsg.), Die Münchner Fürstenhochzeit von 1568. Massimo Troiano, Dialoge, italienisch/deutsch, München 1980.

Mathioli, Petr Ondřej, Herbář neboli Bylinář. Dílo veškeré lékařské přírodní vědy I–III, Olomouc 1998.

Mikulec, Jiří (Hrsg.), Mikuláš Dačický z Heslova, Paměti (S úvodem Josefa Janáčka), Praha 1996.

Neri, Daniela (Hrsg.), Nuntiaturberichte aus Deutschland 1572–1585 nebst ergänzenden Aktenstücken. VIII. Band. Nuntiatur Giovanni Dolfins (1575–1576), Tübingen 1997.

Pánek, Jaroslav (Hrsg.), Václav Březan, Životy posledních Rožmberků I–II, Praha 1985.

Pazderová, Alena (Hrsg.), Epistulae et acta nuntiorum apostolicorum apud imperatorem 1592–1628. Tomus I. Epistulae et acta Caesaris Speciani 1592–1598. Pars I. Mai 1592–Dezember 1592. Pars II. Januar 1593–Dezember 1593. Pars III. Januar 1594–Dezember 1594, Praha 2016.

Roubík, František (Hrsg.), Regesta fondu Militare Archivu Ministerstva vnitra Republiky československé v Praze I (1527–1589), Praha 1937.

Schweizer, Joseph (Hrsg.), Nuntiaturberichte aus Deutschland nebst ergänzenden Aktenstücken 1589–1592. II. Abteilung. Die Nuntiatur am Kaiserhofe. Band III. Die Nuntien in Prag Alfonso Visconte 1589–1591, Camillo Caetano 1591–1592, Paderborn 1919 (= Quellen und Forschungen aus dem Gebiete der Geschichte, in Verbindung mit ihrem Historischen Institut in Rom herausgegeben von der Görres-Gesellschaft, Band 18).

Sněmy české od léta 1526 až po naši dobu III–V, Praha 1884–1887.

Steinherz, Samuel (Hrsg.), Nuntiaturberichte aus Deutschland 1560–1572 nebst ergänzenden Aktenstücken. Vierter Band. Nuntius Delfino 1564–1565, Wien 1914.

Strohmeyer, Arno (Hrsg.), Der Briefwechsel zwischen Ferdinand I., Maximilian II. und Adam von Dietrichstein 1563–1565, Wien-München 1997.

Tošnerová, Marie (Hrsg.), Paměti města Žatce (1527–1609), Žatec 1996 (= Studie Regionálního muzea v Žatci 2).

Turba, Gustav (Hrsg.), Venetianische Depeschen vom Kaiserhofe. Band III (1554–1576), Wien 1895.

Venturini, Elena (Hrsg.), Le collezioni Gonzaga. Il Carteggio tra la Corte Cesarea e Mantova (1559–1636), Milano 2002.

Vybíral, Zdeněk (Hrsg.), Paměti Pavla Korky z Korkyně. Zápisky křesťanského rytíře z počátku novověku, České Budějovice 2014 (= Prameny k českým dějinám 16.–18. století, Reihe B, Band 4).

Wührer, Jakob – Scheutz, Martin (Hrsg.), Zu Diensten Ihrer Majestät. Hofordnungen und Instruktionsbücher am frühneuzeitlichen Wiener Hof, Wien-München 2011 (= Quelleneditionen des Instituts für Österreichische Geschichtsforschung, Band 6).

Zingerle, Elisabeth (Hrsg.), Nuntiatur des Girolamo Portia (1599–1602). Publikationen des Historischen Instituts beim Österreichischen Kulturforum in Rom. II. Abteilung. II. Reihe. Nuntiaturberichte. Grazer Nuntiatur 5, Wien 2012.

Literatur

Allo Manero, María Adelaida– Llorente, Juan Francisco Esteban, El estudio de las exequias reales en la Monarquía hispana: siglos XVI, XVII y XVIII, Artigrama 19, 2004, S. 39–94.

Altfahrt, Margit, Die politische Propaganda für Maximilian II. Erster Teil, Mitteilungen des Instituts für Österreichische Geschichtsforschung 88, 1980, S. 283–312; zweiter Teil, Mitteilungen des Instituts für Österreichische Geschichtsforschung 89, 1981, S. 53–92.

Álvarez, Manuel Fernández, Jana Šílená. Zajatkyně z Tordesillasu, Praha-Litomyšl 2002.

Andtritsch, Johann, Landesfürstliche Berater am Grazer Hof, in: Alexander Novotny – Berthold Sutter (Hrsg.), Innerösterreich 1564–1619, Graz 1967 (= Joannea: Publikationen des Steiermärkischen Landesmuseums und der Steiermärkischen Landesbibliothek, Band 3), S. 73–117.

Angermeier, Heinz, Der Wormser Reichstag 1495 – ein europäisches Ereignis, Historische Zeitschrift 261, 1995, S. 739–768.

Arteta, Antonio Ubieto – Campistol, Juan Reglá – Zamora, José María Jover – Serrano, Carlos Seco, Dějiny Španělska, Praha 1995.

Auer, Alfred, Das Inventarium der Ambraser Sammlungen aus dem Jahr 1621. I. Teil. Die Rüstkammer, Jahrbuch des Kunsthistorischen Museums Wien 80, 1984.

Aurnhammer, Achim – Däuble, Friedrich, Die Exequien für Karl V. in Augsburg, Brüssel und Bologna, in: Studien zur Thematik des Todes im 16. Jahrhundert, Wolfenbüttel 1983, S. 141–191.

Babeau, Albert, Une ambassade en Allemagne sous Henri IV., Revue Historique 21, 1896, S. 28-49.

Baczkowski, Krzysztof, Der polnische Adel und das Haus Österreich. Zur zeitgenössischen Diskussion über die habsburgische Kandidatur für den polnischen Thron während des Ersten und Zweiten Interregnums, in: Friedrich Edelmayer – Alfred Kohler (Hrsg.), Kaiser Maximilian II. Kultur und Politik im 16. Jahrhundert, Wien-München 1992 (= Wiener Beiträge zur Geschichte der Neuzeit 19), S. 70–83.

Barchi, Joseph Maria, Das Leben und Ableiben der Hochwürdigisten Durchleüchtigisten Gottseligisten Fürstin unnd Frawen, Frawen Annae Julianae, Ertzhertzogin zu Oesterreich etc., Innsbruck 1622.

Barrios, Feliciano, El Consejo de Estado de la monarquía española: 1521–1812, Madrid 1984.

Bastl, Beatrix, Tugend, Liebe, Ehe. Die adelige Frau in der Frühen Neuzeit, Wien-Köln-Weimar 2000.

Becker, Moritz Alois, Die letzten Tage und der Tod Maximilians II., Blätter des Vereins für Landeskunde von Niederösterreich 11, 1877, S. 308–342.

Berning, Benita, „Nach altem löblichen Gebrauch". Die böhmischen Königskrönungen der Frühen Neuzeit, Köln-Weimar-Wien 2008 (= Stuttgarter Historische Forschungen, Band 6).

Bibl, Viktor, Maximilian II. Der rätselhafte Kaiser. Ein Zeitbild, Hellerau bei Dresden 1929.

Bibl, Viktor, Zur Frage der religiösen Haltung K. Maximilians II., Wien 1917.

Birkenmeier, Jochen, Via regia. Religiöse Haltung und Konfessionspolitik Kaiser Maximilians II. (1527–1576), Berlin 2008.

Bloch, Marc, Králové divotvůrci. Studie o nadpřirozenosti přisuzované královské moci, zejména ve Francii a Anglii, Praha 2004.

Braun, Bettina – Keller, Katrin – Schnettger, Matthias (Hrsg.), Nur die Frau des Kaisers? Kaiserinnen in der Frühen Neuzeit, Wien 2016 (= Veröffentlichungen des Instituts für Österreichische Geschichtsforschung, Band 64).

Bravermanová, Milena – Kobrlová, Jana – Samohýlová, Alena, Textilie z hrobu Maxmiliána II. Habsburského z Colinova mauzolea v katedrále sv. Víta na Pražském hradě, Archaeologica historica 20, 1995, S. 497–521.

Bravermanová, Milena – Samohýlová, Alena, Textilie z hrobu Ferdinanda I. Habsburského z Colinova mauzolea v katedrále sv. Víta na Pražském hradě, Muzejní a vlastivědná práce 105, 1997, Nr. 2, S. 65–91.

Brey, Fernando Bouza, Las exequias del emperador Carlos V en la Catedral de Santiago, Cuadernos de estudios gallegos 43, 1959, S. 267–276.

Brix, Michael, Die Trauerdekoration für die Habsburger in den Erblanden. Studien zur ephemeren Architektur des 16. bis 18. Jahrhunderts, Kiel 1971 (= Dissertation).

Brix, Michael, Trauergerüste für die Habsburger in Wien, Wiener Jahrbuch für Kunstgeschichte 26, 1973, S. 208–265.

Březina, Luděk, Mezi králem a stavy. Dolnolužické zemské fojtství na prahu novověku (1490–1620), Praha 2016.

von Buchholtz, Franz Bernhard, Geschichte der Regierung Ferdinand des Ersten. Aus gedruckten und ungedruckten Quellen I–IX, Wien 1831–1838 (Nachdruck Graz 1971).

Burke, Peter, The Fabrication of Louis XIV, New Haven-London 1992.

Bůžek, Václav, August von Sachsen, die Habsburger und der böhmische Adel, in: Winfried Müller – Martina Schattkowsky – Dirk Syndram (Hrsg.), Kurfürst August von Sachsen. Ein nachreformatorischer „Friedensfürst" zwischen Territorium und Reich, Dresden 2017, S. 28–37.

Bůžek, Václav, Der böhmische und mährische Adel am Hof Ferdinands von Tirol in

Innsbruck und Ambras, in: Heinz Noflatscher – Jan Paul Niederkorn (Hrsg.), Der Innsbrucker Hof. Residenz und höfische Gesellschaft in Tirol vom 15. bis 19. Jahrhundert, Wien 2005, S. 425–438.

Bůžek, Václav, Der festliche Einzug Ferdinands I. in Prag am 8. November 1558, in: Friedrich Edelmayer – Martina Fuchs – Georg Heilingsetzer – Peter Rauscher (Hrsg.), Plus ultra. Die Welt der Neuzeit. Festschrift für Alfred Kohler zum 65. Geburtstag, Münster 2008, S. 289–304.

Bůžek, Václav, Die Begräbnisfeierlichkeiten nach dem Tod Ferdinands I. und seiner Söhne, Historie – otázky – problémy 7, 2015, Nr. 2, S. 260–273.

Bůžek, Václav, Die Habsburger in der frühneuzeitlichen tschechischen Geschichtsforschung, Opera historica 20, 2019, S. 288–315.

Bůžek, Václav, Drogi do poznania historii Habsburgów w czeskich naukach historycznych, Kwartalnik Historyczny 125, 2018, S. 471–481.

Bůžek, Václav, Dvůr habsburských císařů v letech 1526–1740 a historiografie na prahu 21. století, in: ders. – Pavel Král (Hrsg.), Šlechta v habsburské monarchii a císařský dvůr (1526–1740), České Budějovice 2003 (= Opera historica 10), S. 5–32.

Bůžek, Václav, Ferdinand I. – tvůrce středoevropské monarchie, in: ders. – Rostislav Smíšek (Hrsg.), Habsburkové 1526–1740. Země Koruny české ve středoevropské monarchii, Praha 2017, S. 35–42.

Bůžek, Václav, Ferdinand I. ve svědectvích o jeho nemocech, smrti a posledních rozloučeních, Český časopis historický 112, 2014, S. 402–431.

Bůžek, Václav, Ferdinand Tyrolský mezi Prahou a Innsbruckem. Šlechta z českých zemí na cestě ke dvorům prvních Habsburků, České Budějovice 2006 (= Monographia historica 7).

Bůžek, Václav, Ferdinand Tyrolský mezi Prahou, Innsbruckem a Ambrasem, in: ders. – Rostislav Smíšek (Hrsg.), Habsburkové 1526–1740. Země Koruny české ve středoevropské monarchii, Praha 2017, S. 227–232.

Bůžek, Václav, Ferdinand von Tirol zwischen Prag und Innsbruck. Der Adel aus den böhmischen Ländern auf dem Weg zu den Höfen der ersten Habsburger, Wien-Köln-Weimar 2009.

Bůžek, Václav, Ferdinand II. Tyrolský v souřadnicích politiky Habsburků a jeho sebeprezentace, in: Ivo Purš – Hedvika Kuchařová (Hrsg.), Knihovna arcivévody Ferdinanda II. Tyrolského. Texty, Praha 2015, S. 13–40.

Bůžek, Václav, Heinrich Julius von Braunschweig-Wolfenbüttel am Prager Kaiserhof, in: Werner Arnold – Brage Bei der Wieden – Ulrike Gleixner (Hrsg.), Herzog Heinrich Julius zu Braunschweig und Lüneburg (1564–1613): Politiker und Gelehrter mit europäischem Profil, Braunschweig 2016 (= Quellen und Forschungen zur Braunschweigischen Landesgeschichte, Band 49), S. 42–56.

Bůžek, Václav, Ideály křesťanského rytířství v chování urozeného muže předbělohorské doby, in: Radmila Švaříčková Slabáková – Jitka Kohoutová – Radmila Pavlíčková – Jiří Hutečka a kolektiv, Konstrukce maskulinní identity v minulosti a současnosti. Koncepty, metody, perspektivy, Praha 2012, S. 47–60, 416–421.

Bůžek, Václav, Karel Štýrský na cestě k rekatolizaci Vnitřních Rakous, in: ders. – Rostislav Smíšek (Hrsg.), Habsburkové 1526–1740. Země Koruny české ve středoevropské monarchii, Praha 2017, S. 232–235.

Bůžek, Václav, Konfessionelle Pluralität in der kaiserlichen Leibkammer zu Beginn des 17. Jahrhunderts, in: Joachim Bahlcke – Karen Lambrecht – Hans-Christian Maner (Hrsg.), Konfessionelle Pluralität als Herausforderung. Koexistenz und Konflikt in Spätmittelalter und Früher Neuzeit. Winfried Eberhard zum 65. Geburtstag, Leipzig 2006, S. 381–395.

Bůžek, Václav, Maxmilián II. mezi disimulací a kompromisem, in: ders. – Rostislav Smíšek (Hrsg.), Habsburkové 1526–1740. Země Koruny české ve středoevropské monarchii, Praha 2017, S. 70–75.

Bůžek, Václav, Nobles: Between Religious Compromise and Revolt, in: Howard Louthan – Graeme Murdock (Hrsg.), A Companion to the Reformation in Central Europe, Leiden-Boston 2015 (= Brill's Companions to the Christian Tradition 61), S. 316–337.

Bůžek, Václav, Obecné dobré v myšlení české a moravské šlechty během bratrského sporu Rudolfa II. a Matyáše, Studia Comeniana et historica 43, 2013, S. 110–123.

Bůžek, Václav, Pasov 1552 – Augšpurk 1555. Římsko-německá říše ve zprávách královského dvořana, in: Eva Semotanová (Hrsg.), Cestou dějin. K poctě prof. dr. Svatavy Rakové, CSc., II, Praha 2007, S. 43–67.

Bůžek, Václav, Passau 1552 – Augsburg 1559. Zeugnisse böhmischer Adliger über den Hof und die Reichspolitik Ferdinands I., Mitteilungen des Instituts für Österreichische Geschichtsforschung 116, 2008, S. 291–330.

Bůžek, Václav, Pijácké zábavy na dvorech renesančních velmožů (Ambras – Bechyně), in: ders. – Pavel Král (Hrsg.), Slavnosti a zábavy na dvorech a v rezidenčních městech raného novověku, České Budějovice 2000 (= Opera historica 8), S. 137–161.

Bůžek, Václav, Poslední rozloučení s Ferdinandem I. ve Vídni. Oslava křesťanského rytíře, jeho vlády a habsburské dynastie, Dějiny a současnost 36, 2014, Nr. 4, S. 10–14.

Bůžek, Václav, Rudolf II. v zajetí vlastních kompromisů a osamocení, in: ders. – Rostislav Smíšek (Hrsg.), Habsburkové 1526–1740. Země Koruny české ve středoevropské monarchii, Praha 2017, S. 77–84.

Bůžek, Václav, Sňatky dcer Ferdinanda I. a Anny Jagellonské, in: ders. – Rostislav Smíšek (Hrsg.), Habsburkové 1526–1740. Země Koruny české ve středoevropské monarchii, Praha 2017, S. 223–227.

Bůžek, Václav, Symboly rituálu. Prohlášení Ferdinanda I. císařem ve Frankfurtu nad Mohanem, in: Martin Nodl a Petr Sommer ve spolupráci s Evou Doležalovou (Hrsg.), Verba in imaginibus. Františku Šmahelovi k 70. narozeninám, Praha 2004, S. 159–167.

Bůžek, Václav, Symboly rituálu. Slavnost Řádu zlatého rouna v Praze a Landshutu roku 1585, in: Jiří Mikulec – Miloslav Polívka (Hrsg.), Per saecula ad tempora nostra. Sborník prací k šedesátým narozeninám prof. Jaroslava Pánka I, Praha 2007, S. 296–302.

Bůžek, Václav, Symboly rituálu. Slavnostní vjezd Ferdinanda I. do Prahy 8. listopadu 1558, in: Luděk Březina – Jana Konvičná – Jan Zdichynec (Hrsg.), Ve znamení zemí Koruny české. Sborník prací k šedesátým narozeninám profesorky Lenky Bobkové, Praha 2006, S. 112–128.

Bůžek, Václav, The Manifestation of Religious Identity in the Symbolic Communications of Ferdinand of Tyrol, in: Milena Bartlová – Michal Šroněk (Hrsg.), Public Communication in European Reformation. Artistic and other Media in Central Europe 1380–1620, Praha 2007, S. 89–102.

Bůžek, Václav (Hrsg.), Ein Bruderzwist im Hause Habsburg (1608–1611), České Budějovice 2010 (= Opera historica 14).

Bůžek, Václav a kolektiv, Společnost českých zemí v raném novověku. Struktury, identity, konflikty, Praha 2010.

Bůžek, Václav – Marek, Pavel, Krankheiten, Sterben und Tod Kaiser Rudolfs II. in Prag, Mitteilungen des Instituts für Österreichische Geschichtsforschung 125, 2017, S. 40–67.

Bůžek, Václav – Marek, Pavel, Nemoci, smrt a pohřby Rudolfa II., Český časopis historický 111, 2013, S. 1–30.

Bůžek, Václav – Marek, Pavel, Smrt Rudolfa II., Praha 2015.

Bůžek, Václav – Pálffy, Géza, Integrace šlechty z českých a uherských zemí ke dvoru Ferdinanda I., Český časopis historický 101, 2003, S. 542–581.

Bůžek, Václav – Smíšek, Rostislav, Habsburkové uprostřed raně novověké Evropy, in: dies. (Hrsg.), Habsburkové 1526–1740. Země Koruny české ve středoevropské monarchii, Praha 2017, S. 9–32.

Bůžek, Václav – Smíšek, Rostislav, Pohřby Habsburků, in: dies. (Hrsg.), Habsburkové 1526–1740. Země Koruny české ve středoevropské monarchii, Praha 2017, S. 614–624.

Bůžek, Václav – Smíšek, Rostislav, Říšský sněm v Augšpurku roku 1559 pohledem Jáchyma z Hradce, Folia historica bohemica 23, 2008, S. 35–89.

Campos y Fernández de Sevilla, Francisco Javier, Exequias privadas y funerales de Estado por Carlos I/V: Yuste y Bruselas (1559), Boletín de Arte 22, 2001, S. 15–43.

Campos y Fernández de Sevilla, Francisco Javier, Los funerales de Carlos V en Bruselas (29/30-XII-1558), in: Carlos I y su tiempo. Actas del Congreso Beresit III, Toledo 2002, S. 319–333.

Casarotto, Philippine, Katholische Leichenpredigten auf die Habsburgerkaiser 1519–1792. Bestandaufnahme und Gattungsmerkmale, in: Rudolf Lenz (Hrsg.), Leichenpredigten als Quelle historischer Wissenschaften IV, Stuttgart 2004, S. 459–476.

Cerman, Ivo (Hrsg.), Habsburkové 1740–1918. Vznikání občanské společnosti, Praha 2016.

Chisholm, Michael A., Hans Ernnstingers Beschreibung des Einzugs Erzherzog Ferdinands II. in Tirol im Jahre 1567, Tiroler Heimat – Jahrbuch für Geschichte und Volkskunde Nord-, Ost- und Südtirols 73, 2009, S. 71–98.

Chrościcki, Juliusz A. – Hengerer, Mark – Sabatier, Gérard (Hrsg.), Les funérailles princières en Europe, XVIe–XVIIIe siècle I–III, Rennes-Versailles 2012–2015.

Chudoba, Bohdan, Karl von Steiermark und der spanische Hof, in: Alexander Novotny – Berthold Sutter (Hrsg.), Innerösterreich 1564–1619, Graz 1967 (= Joannea: Publikationen des Steiermärkischen Landesmuseums und der Steiermärkischen Landesbibliothek, Band 3), S. 63–72.

Coreth, Anna, Pietas Austriaca. Österreichische Frömmigkeit im Barock, Wien 1982².

Černušák, Tomáš, Nunciatura u císařského dvora v prvních letech vlády Rudolfa II. a české země, Český časopis historický 111, 2013, S. 728–742.

Damisch, Eduard, Der Leichenzug des Erzherzogs Carl II., Beherrscher der innerösterreichischen Lande. Ein Beitrag zur Kulturgeschichte des XVI. Jahrhunderts, Graz 1869.

Das Leichenbegängnis Erzherzog Karl II. von Steiermark im Jahre 1590, Gabe des katholischen Press-Vereines in der Diözese Seckau für das Jahr 1888, Graz 1888, S. 81–96.

Die letzten Lebenstage Kaiser Ferdinands I., Archiv für Geographie, Historie, Staats- und Kriegskunst 8, 1817, S. 60–62.

Dobalová, Sylva – Hausenblasová, Jaroslava, Die Zitruskultur am Hofe Ferdinands I. und Anna Jagiellos. Import und Anbau von Südfrüchten in Prag 1526–1564, Studia Rudolphina 15, 2015, S. 9–36.

Dobalová, Sylva – Hausenblasová, Jaroslava – Muchka, Ivan P. – Purš, Ivo, Hvězda. Arcivévoda Ferdinand Tyrolský a jeho letohrádek v evropském kontextu, Praha 2014.

Dostál, Josef, Ohlas Bartolomějské noci na dvoře Maxmiliána II., Český časopis historický 37, 1931, S. 335–349.

Dostál, Josef, „Princesse de Bohême" a její cesta na francouzský trůn, in: Od pravěku k dnešku I, Praha 1930, S. 414–427.

Drecoli, Hennig, Der Passauer Vertrag (1552). Einleitung und Edition, Berlin-New York 2000.

Dressler, Helga, Alexander Colin, Karlsruhe 1973.

Duerloo, Luc, Dynasty and Piety. Archduke Albert (1598–1621) and Habsburg Political Culture in an Age of Religious Wars, Farnham 2012.

Duchhardt, Heinz, Tunis – Algier – Jerusalem? Zur Mittelmeerpolitik Karls V., in: Alfred Kohler – Barbora Haider – Christine Ottner unter Mitarbeit von Martina Fuchs (Hrsg.), Karl V. 1500–1558. Neue Perspektiven seiner Herrschaft in Europa und Übersee, Wien 2002 (= Zentraleuropa – Studien, Band 6), S. 685–690.

Dvorský, Jiří, Pražské paměti Jana Piláta Rakovnického z Jenštejna z let 1575–1605, Pražský sborník historický 7, 1972, S. 161–172.

Eckart, Wolfgang Uwe – Jütte, Robert, Medizingeschichte. Eine Einführung, Köln-Weimar-Wien 2007.

Edelmayer, Friedrich, Ehre, Geld, Karriere. Adam von Dietrichstein im Dienst Kaiser Maximilians II., in: Friedrich Edelmayer – Alfred Kohler (Hrsg.), Kaiser Maximilian II. Kultur und Politik im 16. Jahrhundert, Wien-München 1992 (= Wiener Beiträge zur Geschichte der Neuzeit, Band 19), S. 109–142.

Evans, Robert John Weston, Rudolf II. a jeho svět. Myšlení a kultura ve střední Evropě 1576–1612, Praha 1997.

Evans, Robert John Weston, Vznik habsburské monarchie 1550–1700, Praha 2003.

Felmayer, Johanna – Oettinger, Karl und Ricarda – Scheicher, Elisabeth (Hrsg.), Die Kunstdenkmäler der Stadt Innsbruck. Die Hofbauten. Wien 1986, S. 427–448 (= Österreichische Kunsttopographie, Band 47).

Fero, Marc, Dějiny Francie, Praha 2006.

Finucci, Valeria, The Prince's Body. Vincenzo Gonzaga and Renaissance Medicine, Cambridge-London 2015.

Forcher, Michal, Erzherzog Ferdinand II. Landesfürst von Tirol. Sein Leben. Seine Herrschaft. Sein Land, Innsbruck-Wien 2017.

Földényi, László F., Melancholie – její formy a proměny od starověku po současnost, Praha 2013.

Fučíková, Eliška (Hrsg.), Prag um 1600. Beiträge zur Kunst und Kultur am Hofe Rudolfs II., Essen-Freren 1988.

Fučíková, Eliška – Bradburne, James M. – Bukovinská, Beket – Hausenblasová, Jaroslava – Konečný, Lubomír – Muchka, Ivan – Šroněk, Michal (Hrsg.), Rudolf II. a Praha. Císařský dvůr a rezidenční město jako kulturní a duchovní centrum střední Evropy, Praha-London-Milano 1997.

Fučíková, Eliška – Bukovinská, Beket – Muchka, Ivan, Umění na dvoře Rudolfa II., Praha 1988.

Gotthard, Axel, Der Augsburger Religionsfrieden, Münster 2004 (= Reformationsgeschichtliche Studien und Texte, Band 148).

Grohs, Brigitte, Italienische Hochzeiten. Die Vermählung der Erzherzoginnen Barbara und Johanna von Habsburg im Jahre 1565, Mitteilungen des Instituts für Österreichische Geschichtsforschung 96, 1988, S. 331–381.

Haag, Sabine – Sandbichler, Veronika (Hrsg.), Ferdinand II. 450 Years Sovereign Ruler of Tyrol. Jubilee exhibition, Innsbruck 2017.

Haag, Sabine – Schmitz von Ledebur, Katja (Hrsg.), Kaiser Karl V. erobert Tunis. Dokumentation eines Kriegszuges in Kartons und Tapisserien, Wien 2003.

Hanß, Stefan, Die materielle Kultur der Seeschlacht von Lepanto (1571). Materialität, Medialität und die historische Produktion eines Ereignisses I–II, Würzburg 2017 (= Istanbuler Texte und Studien, Band 38/1–2).

Hanß, Stefan, Lepanto als Ereignis, Dezentrierende Geschichte(n) der Seeschlacht von Lepanto (1571), Göttingen 2017 (= Berliner Mittelater- und Frühneuzeitforschung, Band 21).

Hausenblasová, Jaroslava, Anna Jagellonská – manželka Ferdinanda I., in: Václav Bůžek – Rostislav Smíšek (Hrsg.), Habsburkové 1526–1740. Země Koruny české ve středoevropské monarchii, Praha 2017, S. 221–223.

Hausenblasová, Jaroslava, Die Privatsphäre des Herrschers zwischen Norm und Praxis. Die Formierung der „Leibkammer" der österreichischen Habsburger und ihre Stellung in den Hofordnungen und Instruktionen im 16. Jahrhundert, in: Anita Hipfinger – Josef Löffler – Jan Paul Niederkorn – Martin Scheutz – Thomas Winkelbauer – Jakob Wührer (Hrsg.), Ordnung durch Tinte und Feder? Genese und Wirkung von Instruktionen im zeitlichen Längsschnitt vom Mittelalter bis zum 20. Jahrhundert, Wien-München 2012 (= Veröffentlichungen des Instituts für Österreichische Geschichtsforschung, Band 60), S. 87–105.

Hausenblasová, Jaroslava, Ferdinand I. a pražský humanistický okruh. Několik poznámek k problematice panovnického mecenátu kolem poloviny 16. století, Acta Universitatis Carolinae – Historia Universitatis Carolinae Pragensis 47, 2007, S. 89–97.

Hausenblasová, Jaroslava, Prag in der Regierungzeit Ferdinands I. Die Stellung der Stadt im System des höfischen Residenznetzwerks, Historie – otázky – problémy 7, 2015, Nr. 2, S. 9–28.

Hausenblasová, Jaroslava, Reflexe událostí první rakousko-turecké války v soukromé korespondenci Ferdinanda I., Anny Jagellonské a Marie Habsburské, Historie – otázky – problémy 6, 2014, Nr. 2, S. 125–137.

Hausenblasová, Jaroslava, Soukromí jako obřad. Rituály a ceremoniál na dvoře Anny Jagellonské, in: Martin Nodl – František Šmahel (Hrsg.), Rituály, ceremonie a festivity ve střední Evropě 14. a 15. století, Praha 2009 (= Colloquia medievalia Pragensia

12), S. 97–108.

Hausenblasová, Jaroslava – Mikulec, Jiří – Thomsen, Martina (Hrsg.), Religion und Politik im frühneuzeitlichen Böhmen. Der Majestätsbrief Kaiser Rudolfs II. von 1609, Stuttgart 2014 (= Forschungen zur Geschichte und Kultur des östlichen Mitteleuropas, Band 46).

Hawlik-van de Water, Magdalena, Der schöne Tod. Zeremonialstrukturen des Wiener Hofes bei Tod und Begräbnis zwischen 1640 und 1740, Wien-Freiburg-Basel 1989.

Heilingsetzer, Georg, Ein Baustein zur Entstehung der Habsburgermonarchie. Die Hochzeit Erzherzog Ferdinands in Linz (1521), in: Wilfried Seipel (Hrsg.), Kaiser Ferdinand I. 1503–1564. Das Werden der Habsburgermonarchie, Wien-Milano 2013, S. 67–74.

Hernán, Enrique García, Políticos de la monarquía Hispánica (1469–1700). Ensayo y Diccionario, Madrid 2002.

Hipfinger, Anita – Löffler, Josef – Niederkorn, Jan Paul – Scheutz, Martin – Winkelbauer, Thomas – Wührer, Jakob (Hrsg.), Ordnung durch Tinte und Feder? Genese und Wirkung von Instruktionen im zeitlichen Längsschnitt vom Mittelater bis zum 20. Jahrhundert, Wien-München 2012 (= Veröffentlichungen des Instituts für Österreichische Geschichtsforschung, Band 60).

Hirn, Joseph, Erzherzog Ferdinand II. von Tirol. Geschichte seiner Regierung und seiner Länder I–II, Innsbruck 1885–1888.

Hochedlinger, Michael – Maťa, Petr – Winkelbauer, Thomas (edd.), Verwaltungsgeschichte der Habsburgermonarchie in der Frühen Neuzeit. Band 1/1–2. Hof und Dynastie, Kaiser und Reich, Zentralverwaltungen, Kriegswesen und landesfürstliches Finanzwesen, Wien 2019 (= Mitteilungen des Instituts für Österreichische Geschichtsforschung, Ergänzungsband 62).

Hodapp, Julia, Habsburgerinnen und Konfessionalisierung im späten 16. Jahrhundert, Münster 2018 (= Reformationsgeschichtliche Studien und Texte, Band 169).

Höflechner, Walter unter Mitarbeit von Ingrid Maria Wagner und Alexandra Wagner, Geschichte der Karl-Franzens-Universität Graz. Von den Anfängen bis in das Jahr 2008, Graz 2009^2.

Holá, Mlada, Holdovací cesty českých panovníků do Vratislavi v pozdním středověku a raném novověku (1437–1617), Praha 2012.

van der Horst, Han, Dějiny Nizozemska, Praha 2005.

Hrbek, Jiří, Panovnický ceremoniál a rituál v historickém bádání začátku 21. století, Český časopis historický 108, 2010, S. 496–518.

Hubková, Jana, Die Festlichkeiten zu Ehren Kaiser Maximilians II. in der Flugschriftenpublizistik der Jahre 1549–1564, Studia Rudolphina 17–18, 2018, S. 35–65.

Janáček, Josef, České dějiny. Doba předbělohorská 1526–1547, I/1–2, Praha 1971, 1984.

Janáček, Josef, Rudolf II. a jeho doba, Praha 1987.

Janssens, Gustaaf, El sermón funebre predicado por Francois Richardot en Bruselas ante Felipe II con la ocasión de la muerte del emperador Carlos V, in: José Martínez Millán (Hrsg.), Carlos V y la quiebra del humanismo político en Europa (1530–1558) I, Madrid 2001, S. 349–362.

Jeitler, Markus, Linz und Wien als Residenzen Erzherzog Matthias', in: Václav Bůžek (Hrsg.), Ein Bruderzwist im Hause Habsburg (1608–1611), České Budějovice 2010 (= Opera historica 14), S. 225–253.

Jütte, Robert, Das Zepter der heroischen Medizin: Das Klistier in der medikalen Alltagskultur des Mittelalters und der frühen Neuzeit, in: Gertrud Blaschitz – Helmut Hundsbichler – Gerhard Jaritz – Elisabeth Vavra (Hrsg.), Symbole des Alltags. Alltag der Symbole. Festschrift für Harry Kühnel zum 65. Geburtstag, Graz 1992, S. 777–803.

Kameníček, František, Výprava arciknížete Ferdinanda na pomoc obleženému od Turků Sigetu roku 1556, Sborník historický 4, 1886, S. 321–331.

Kantorowicz, Ernst H., Dvě těla krále. Studie středověké politické teologie, Praha 2014.

Karner, Herbert (Hrsg.), Die Wiener Hofburg 1521–1705. Baugeschichte, Funktion und Etablierung als Kaiserresidenz, Wien 2014 (= Österreichische Akademie der Wissenschaften. Denkschriften der philosophisch-historischen Klasse, Band 444).

Kaulbach, Hans-Martin, Pax im Kontext. Zur Ikonographie von Friedenskonzepten vor und nach 1648, De zeventiende eeuw 13, 1997, S. 323–334.

Kavka, František – Skýbová, Anna, Husitský epilog na koncilu tridentském a původní koncepce habsburské rekatolisace Čech. Počátky obnoveného pražského arcibiskupství, Praha 1969.

Keller, Katrin, Erzherzogin Maria von Innerösterreich (1551–1608). Zwischen Habsburg und Wittelsbach, Wien-Köln-Weimar 2012.

Keller, Katrin, Habsburgerinnen und ihre Beichtväter. Die Höfe Graz, Krakau und Madrid, in: Matthias Meinhardt – Ulrike Gleixner – Martin H. Jung – Siegrid Westphal (Hrsg.), Religion macht Politik. Hofgeistlichkeit im Europa der Frühen Neuzeit (1500–1800), Wiesbaden 2014 (= Wolfenbüttler Forschungen, Band 137), S. 51–66.

Keller, Katrin, Kurfürstin Anna von Sachsen (1532–1585), Regensburg 2010.

Klíma, Jan, Dějiny Portugalska, Praha 1996.

Kodolitsch, Georg, Drei steirische Mausoleen – Seckau, Graz und Ehrenhausen, in: Alexander Novotny – Berthold Sutter (Hrsg.), Innerösterreich 1564–1619, Graz 1967 (= Joannea: Publikationen des Steiermärkischen Landesmuseums und der Steiermärkischen Landesbibliothek, Band 3), S. 325–370.

Kohler, Alfred, Ferdinand I. 1503–1564. Fürst, König und Kaiser, München 2003.

Kohler, Alfred, Ferdinand I. und Karl V., in: Wilfried Seipel (Hrsg.), Kaiser Ferdinand I.

1503–1564. Das Werden der Habsburgermonarchie, Milano-Wien 2003, S. 15–23.

Kohler, Alfred, Karl V. 1500–1558. Eine Biographie, München 2000.

Kohler, Alfred, „Tu felix Austria nube …". Vom Klischee zur Neubewertung dynastischer Politik in der neueren Geschichte Europas, Zeitschrift für historische Forschung 21, 1994, S. 461–482.

Kohler, Alfred, Vom habsburgischen Gesamtsystem Karls V. zu den Teilsystemen Philipps II. und Maximilians II., in: Friedrich Edelmayer – Alfred Kohler (Hrsg.), Kaiser Maximilian II. Kultur und Politik im 16. Jahrhundert, Wien-München 1992 (= Wiener Beiträge zur Geschichte der Neuzeit 19), S. 13–37.

Kolár, Jaroslav, Tři příspěvky k časové poezii 16.–17. století v Čechách, Strahovská knihovna 3, 1968, S. 165–189.

Koller, Alexander, Imperator und Pontifex. Forschungen zum Verhältnis von Kaiserhof und römischer Kurie im Zeitalter der Konfessionalisierung (1555–1648), Münster 2012 (= Geschichte in der Epoche Karls V., Band 13).

Koller, Alexander, Maria von Spanien, die katholische Kaiserin, in: Bettina Braun – Katrin Keller – Matthias Schnettger (Hrsg.), Nur die Frau des Kaisers? Kaiserinnen in der Frühen Neuzeit, Wien 2016 (= Veröffentlichungen des Instituts für Österreichische Geschichtsforschung, Band 64), S. 85–97.

Koller, Ariane, Die letzte Feier der monarchia universalis. Abdankung, Tod und Begräbnis Kaiser Karl V., in: Francine Giese – Anna Pawlak – Markus Thome (Hrsg.), Tomb, Memory, Space. Concepts of Representation in Premodern Christian and Islamic Art, Berlin-Boston 2018, S. 307–324.

König-Lein, Susanne, „mit vielen Seltenheiten gefüllet": Die Kunstkammer in Graz unter Erzherzog Karl II. von Innerösterreich und Maria von Bayern, in: Sabine Haag – Franz Kirchweger – Paulus Rainer (Hrsg.), Das Haus Habsburg und die Welt der fürstlichen Kunstkammern im 16. und 17. Jahrhundert, Wien 2015 (= Schriften des Kunsthistorischen Museums, Band 15), S. 195–227.

Král, Pavel, Smrt a pohřby české šlechty na počátku novověku, České Budějovice 2004 (= Monographia historica 4).

Krapf, Michael, Alexander Colins Konzeption des Grabmals Erzherzog Ferdinands II. in der Silbernen Kapelle in Innsbruck, Wiener Jahrbuch für Kunstgeschichte 26, 1973, S. 199–207.

Krause, Stefan – Pfaffenbichler, Matthias (Hrsg.), Turnier. 1000 Jahre Ritterspiele, Wien 2017.

Kubíková, Blanka – Hausenblasová, Jaroslava – Dobalová, Sylva (Hrsg.), Ferdinand II. Arcivévoda Ferdinand II. Habsburský. Renesanční vladař a mecenáš. Mezi Prahou a Innsbruckem, Praha 2017.

Kuster, Thomas, „dieses heroische theatrum": The Heldenrüstkammer at Ambras Castle, in: Sabine Haag – Veronika Sandbichler (Hrsg.), Ferdinand II. 450 Years Sovereign Ruler of Tyrol. Jubilee exhibition, Innsbruck 2017, S. 83–87.

Laferl, Christopher F., Die Kultur der Spanier in Österreich unter Ferdinand I. 1522–1564, Wien-Köln-Weimar 1997 (= Junge Wiener Romanistik, Band 14).

Lanzinner, Maximilian, Friedenssicherung und politische Einheit des Reiches unter Kaiser Maximilian II. (1564–1576), Göttingen 1993.

Lanzinner, Maximilian, Fürst, Räte und Landstände. Die Entstehung der Zentralbehörden in Bayern 1511–1598, Göttingen 1980 (= Veröffentlichungen des Max-Planck-Instituts für Geschichte, Band 61).

Lanzinner, Maximilian, Geheime Räte und Berater Kaiser Maximilians II. (1564–1576), Mitteilungen des Instituts für Österreichische Geschichtsforschung 102, 1994, S. 296–315.

Laubach, Ernst, Ferdinand I. als Kaiser. Politik und Herrscherauffassung des Nachfolgers Karls V., Münster 2001.

Laubach, Ernst, Ferdinand I. und das Reich, in: Wilfried Seipel (Hrsg.), Kaiser Ferdinand I. 1503–1564. Das Werden der Habsburgermonarchie, Milano-Wien 2003, S. 131–147.

Lauer, Reinhard, Siget. Heldenmythos zwischen den Nationen, in: ders. (Hrsg.), Erinnerungskultur in Südosteuropa, Berlin-Boston 2011 (= Abhandlungen der Akademie der Wissenschaften zu Göttingen, Neue Folge, Band 12), S. 189–216.

Lieb, Norbert, Die Augsburger Familie Seld, München 1958.

Lauro, Brigitta, Die Grabstätten der Habsburger. Kunstdenkmäler einer europäischen Dynastie, Wien 2007.

Ledvinka, Václav, Dům pánů z Hradce pod Stupni (Příspěvek k poznání geneze a funkcí renesančního šlechtického paláce v Praze), Folia historica bohemica 10, 1986, S. 269–316.

Lorenz, Sönke – Schindling, Anton – Setzler, Wilfried (Hrsg.), Primus Truber. Der slowenische Reformator und Württemberg, Stuttgart 2011.

Louthan, Howard – Murdock, Graeme (Hrsg.), A Companion to the Reformation in Central Europe, Leiden-Boston 2015 (= Brill's Companions to the Christian Tradition, volume 61).

Luttenberger, Albrecht P., Kurfürsten, Kaiser und Reich. Politische Führung und Friedenssicherung unter Ferdinand I. und Maximilian II., Mainz 1994 (= Veröffentlichungen des Instituts für europäische Geschichte Mainz, Abteilung Universalgeschichte, Band 149).

Malettke, Klaus – Grell, Chantal (Hrsg.), Hofgesellschaft und Höflinge an europäischen Fürstenhöfen in der Frühen Neuzeit (15.–18. Jahrhundert), Münster-Hamburg-Berlin 2001 (= Forschungen zur Geschichte der Neuzeit, Marburger Beiträge 1).

Marek, Pavel, La embajada española en la corte imperial 1558–1641. Figuras de los embajadores y estrategias clientelares, Praha 2013.

Marek, Pavel, Marie Španělská – manželka Maxmiliána II., in: Václav Bůžek – Rostislav Smíšek (Hrsg.), Habsburkové 1526–1740. Země Koruny české ve středoevropské monarchii, Praha 2017, S. 235–237.

Marek, Pavel, Pernštejnské ženy. Marie Manrique de Lara a její dcery ve službách habsburské dynastie, Praha 2018.

Martínez Millán, José (Hrsg.), Carlos V y la quiebra del humanismo político en Europa (1530–1558) I–III, Madrid 2001.

Martínez Millán, José – Conti, Santiago Fernández, La monarchía de Felipe II: La casa del rey II, Madrid 2005.

Maťa, Petr – Winkelbauer, Thomas, Einleitung: Das Absolutismuskonzept, die Neubewertung der frühneuzeitlichen Monarchie und der zusammengesetzte Staat der österreichischen Habsburger im 17. und frühen 18. Jahrhundert, in: dies. (Hrsg.), Die Habsburgermonarchie 1620–1740. Leistungen und Grenzen des Absolutismusparadigmas, Stuttgart 2006 (= Forschungen zur Geschichte und Kultur des östlichen Mitteleuropa, Band 24), S. 7–42.

Meußer, Anja, Für Kaiser und Reich. Politische Kommunikation in der frühen Neuzeit: Johann Ulrich Zasius (1521–1570) als Rat und Gesandter der Kaiser Ferdinands I. und Maximilians II., Husum 2004 (= Historische Studien, Band 477).

Morávek, Jan, Královské mausoleum v chrámu sv. Víta a jeho dokončení v letech 1565–1590, Umění 7, 1959, S. 52–53.

Mraz, Gerda, Pompa funebris für Erzherzog Ferdinand von Tirol. Eine Tiroler Bildquelle aus dem Jahr 1596 in der Prager Nationalgalerie, in: Vít Vlnas – Tomáš Sekyrka (Hrsg.), Ars Baculum vitae. Sborník studií z dějin umění a kultury k 70. narozeninám prof. PhDr. Pavla Preisse, DrSc., Praha 1996, S. 99–107.

Mühlberger, Kurt, Bildung und Wissenschaft. Kaiser Maximilian II. und die Universität Wien, in: Friedrich Edelmayer – Alfred Kohler (Hrsg.), Kaiser Maximilian II. Kultur und Politik im 16. Jahrhundert, Wien-München 1992 (= Wiener Beiträge zur Geschichte der Neuzeit, Band 19), S. 203–230.

Müller-Jahncke, Wolf-Dieter – Friedrich, Christoph unter Mitarbeit von Julius Paulus, Geschichte der Arzneimitteltherapie, Stuttgart 1996.

Neuhaus, Helmut, Römischer König im Schatten des kaiserlichen Bruders? Zum Verhältnis zwischen Karl V. und Ferdinand I., in: Alfred Kohler – Barbara Haider – Christine Ottner (Hrsg.), Karl V. 1500–1558. Neue Perspektiven seiner Herrschaft in Europa und Übersee, Wien 2002 (= Zentraleuropa – Studien, Band 6), S. 345–358.

Neuhaus, Helmut, Von Karl V. zu Ferdinand I. Herrschaftsübergang im Heiligen Römischen Reich 1555–1558, in: Christine Roll unter Mitarbeit von Bettina Braun und Haide Stratenwerth (Hrsg.), Recht und Reich im Zeitalter der Reformation. Festschrift für Horst Rabe, Frankfurt am Main-Berlin-Bern-New York-Paris 1997, S. 417–440.

Niederkorn, Jan Paul, Die dynastische Politik der Habsburger im 16. und frühen 17. Jahrhundert, Jahrbuch der europäischen Geschichte 8, 2007, S. 29–50.

Niederösterreichische Landesausstellung Renaissance in Österreich, Wien 1974 (= Katalog des Niederösterreichischen Landesmuseums, Neue Folge, Nr. 97).

Noflatscher, Heinz, Archduke Ferdinand II as Sovereign Ruler of Tyrol, in: Sabine Haag – Veronika Sandbichler (Hrsg.), Ferdinand II. 450 Years Sovereign Ruler of Tyrol. Jubilee exhibition, Innsbruck 2017, S. 31–37.

Noflatscher, Heinz, Räte und Herrscher. Politische Eliten an den Habsburgerhöfen der österreichischen Länder 1480–1530, Mainz 1999 (= Veröffentlichungen des Instituts für Europäische Geschichte Mainz, Band 161).

Noflatscher, Heinz – Chisholm, Michael A. – Schnerb, Bertrand (Hrsg.), Maximilian I. (1459–1519). Wahrnehmung – Übersetzungen – Gender, Innsbruck-Wien-Bozen 2011 (= Innsbrucker historische Studien, Band 27).

Noflatscher, Heinz – Niederkorn, Jan Paul (Hrsg.), Der Innsbrucker Hof, Residenz und höfische Gesellschaft in Tirol vom 15. bis 19. Jahrhundert, Wien 2005 (= Archiv für österreichische Geschichte, Band 138).

Oberhammer, Vinzenz, Die Bronzestandbilder des Maximilian-Grabmales in der Hofkirche zu Innsbruck, Innsbruck 1935.

Oexle, Otto Gerhard, Memoria in der Gesellschaft und der Kultur des Mittelalters, in: Joachim Heinzle (Hrsg.), Modernes Mittelalter. Neue Bilder einer populären Epoche, Frankfurt am Main 1994, S. 297–323.

Pálffy, Géza, Die Repräsentation des Königreichs Ungarn am Begräbnis Kaiser Maximilians II. in Prag 1577, in: Jiří Mikulec – Miloslav Polívka (Hrsg.), Per secula ad tempora nostra. Sborník prací k šedesátým narozeninám prof. Jaroslava Pánka I, Praha 2007, S. 276–283.

Pálffy, Géza, Die Türkenabwehr in Ungarn im 16. und 17. Jahrhundert – ein Forschungsdesiderat, Anzeiger der philosophisch-historischen Klasse der Österreichischen Akademie der Wissenschaften 137, 2002, S. 99–131.

Pálffy, Géza, Heraldische Repräsentation der Jagiellonen und der Habsburger. Die Wappen des königlichen Oratoriums im Prager Veitsdom im mitteleuropäischen Kontext, Historie – otázky – problémy 7, 2015, Nr. 2, S. 176–190.

Pálffy, Géza, Kaiserbegräbnisse in der Habsburgermonarchie – Königskrönungen in Ungarn. Ungarische Herrschaftssymbole in der Herrschaftsrepräsentation der Habsburger, Frühneuzeit-Info 19, 2008, Heft 1, S. 41–66.

Pálffy, Géza, Krönungsmähler in Ungarn im Spätmittelater und in der Frühen Neuzeit.

Weiterleben des Tafelzeremoniells des selbständigen ungarischen Königshofes und Machtrepräsentation der ungarischen politischen Elite, Mitteilungen des Instituts für Österreichische Geschichtsforschung 115, 2007, S. 85–111; 116, 2008, S. 60–91.

Pálffy, Géza, The Kingdom of Hungary and the Habsburg Monarchy in the Sixteenth Century, New York 2009 (= East European Monographs DCCXXXV).

Pánek, Jaroslav, Der Adel im Turnierbuch Erzherzog Ferdinands II. von Tirol. Ein Beitrag zur Geschichte des Hoflebens und der Hofkultur in der Zeit seiner Statthalterschaft in Böhmen, Folia historica bohemica 16, 1993, S. 77–96.

Pánek, Jaroslav, Ferdinand I. – der Schöpfer des politischen Programms der österreichischen Habsburger?, in: Petr Maťa – Thomas Winkelbauer (Hrsg.), Die Habsburgermonarchie 1620–1740. Leistungen und Grenzen des Absolutismusparadigmas, Stuttgart 2006 (= Forschungen zur Geschichte und Kultur des östlichen Mitteleuropa, Band 24), S. 63–72.

Pánek, Jaroslav, K povaze vlády Rudolfa II. v Českém království, Folia historica bohemica 18, 1997, S. 71–86.

Pánek, Jaroslav, Maximilian II. als König von Böhmen, in: Friedrich Edelmayer – Alfred Kohler (Hrsg.), Kaiser Maximilian II. Kultur und Politik im 16. Jahrhundert, Wien-München 1992 (= Wiener Beiträge zur Geschichte der Neuzeit, Band 19), S. 55–69.

Pánek, Jaroslav, Regierungsstrategie und Regierungsformen Ferdinands I. in den böhmischen Ländern, in: Martina Fuchs – Teréz Oborni – Gábor Ujváry (Hrsg.), Kaiser Ferdinand I. Ein mitteleuropäischer Herrscher, Münster 2005 (= Geschichte in der Epoche Karls V., Band 5), S. 323–337.

Pánek, Jaroslav, Stavovská opozice a její zápas s Habsburky 1547–1577. K politické krizi feudální třídy v předbělohorském českém státě, Praha 1982.

Pánek, Jaroslav, Výprava české šlechty do Itálie v letech 1551–1552, Praha 1987.

Paravicini, Werner, Karel Smělý. Zánik domu burgundského, Praha 2000.

Patrouch, Joseph F., Queen's Apprentice. Archduchess Elizabeth, Empress María, the Habsburgs, and the Holy Roman Empire, 1554–1569, Leiden 2010 (= Studies in Medieval and Reformation Traditions, volume 148).

Pauser, Josef – Scheutz, Martin – Winkelbauer, Thomas (Hrsg.), Quellenkunde der Habsburgermonarchie (16.–18. Jahrhundert). Ein exemplarisches Handbuch, Wien-München 2004 (= Mitteilungen des Instituts für Österreichische Geschichtsforschung, Ergänzungsband 44).

Pavlíčková, Radmila, Konfessionelle Polemik in der Begräbnishomiletik. Fünf Leichenpredigten des Kontroverspredigers Georg Scherer aus den Jahren 1583–1603, Acta Comeniana 24, 2010, S. 7–41.

Pfaffenbichler, Matthias, Die Turniere an den Höfen der österreichischen Habsburger im 16. Jahrhundert, in: Stefan Krause – ders. (Hrsg.), Turnier. 1000 Jahre Ritterspiele, Wien 2017, S. 155–169.

Pflüger, Christine, Kommissare und Korrespondenzen. Politische Kommunikation im Alten Reich (1552–1558), Köln-Weimar-Wien 2005.

Pillich, Walter, Königin Katharina von Polen in Linz, Historisches Jahrbuch der Stadt Linz 1966, Linz 1967, S. 169–198.

Polišenský, Josef, Dějiny Británie, Praha 1982.

Popelka, Liselotte, Castrum doloris oder „Trauriger Schauplatz". Untersuchungen zu Entstehung und Wesen ephemerer Architektur, Wien 1994.

Pörtner, Regina, The Counter-Reformation in Central Europe: Styria 1580–1630, Oxford 2001.

Pražáková, Kateřina, Habsburg Empire and French Kingdom in their Struggle for the Polish Crown, in: Maud Harivel – Florian Schmitz – Simona Slanička (Hrsg.), Wahlkorruption in der Frühen Neuzeit. Electoral Corruption in the Early Modern Period. Corruption électorale au début de l'époque moderne, Frankfurt am Main 2019, S. 87–96.

Pražáková, Kateřina, Obraz Polsko-litevského státu a Ruska ve zpravodajství české šlechty (1450–1618), České Budějovice 2015 (= Monographia historica 15).

Pražáková, Kateřina, Vláda Maxmiliána II. pohledem rožmberského zpravodajství, Folia historica bohemica 29, 2014, S. 257–283.

Prchal Pavlíčková, Radmila, O útěše proti smrti. Víra, smrt a spása v pohřebních kázáních v období konfesionalizace, Praha 2017.

Press, Volker, Vorderösterreich in der habsburgischen Reichspolitik des späten Mittelalters und der frühen Neuzeit, in: Hans Maier – ders. – Dieter Stivermann (Hrsg.), Vorderösterreich in der frühen Neuzeit, Sigmaringen 1989, S. 1–41.

Procacci, Giuliano, Dějiny Itálie, Praha 1997.

Purš, Ivo, Habsburkové na českém trůnu a jejich zájem o alchymii a okultní nauky, in: ders. – Vladimír Karpenko (Hrsg.), Alchymie a Rudolf II. Hledání tajemství přírody ve střední Evropě v 16. a 17. století, Praha 2011, S. 93–128.

Purš, Ivo, Knihovna arcivévody Ferdinanda II., in: Blanka Kubíková – Jaroslava Hausenblasová – Sylva Dobalová (Hrsg.), Ferdinand II. Arcivévoda Ferdinand II. Habsburský. Renesanční vladař a mecenáš. Mezi Prahou a Innsbruckem, Praha 2017, S. 57–62.

Purš, Ivo – Karpenko, Vladimír (Hrsg.), Alchemy and Rudolf II. Exploring the Secrets of Nature in Central Europe in the 16th and 17th centuries, Praha 2016.

Purš, Ivo – Karpenko, Vladimír (Hrsg.), Alchymie a Rudolf II. Hledání tajemství přírody ve střední Evropě v 16. a 17. století, Praha 2011.

Purš, Ivo – Kuchařová, Hedvika (Hrsg.), Knihovna arcivévody Ferdinanda II. Tyrolského I–II, Praha 2015.

Purš, Ivo – Smolka, Josef, Martin Ruland starší a mladší a prostředí císařských lékařů, in: Ivo Purš – Vladimír Karpenko (Hrsg.), Alchymie a Rudolf II. Hledání tajemství přírody ve střední Evropě v 16. a 17. století, Praha 2011, S. 581–605.

Rainer, Johann, Bartholomäus Portia als Nuntius bei Erzherzog Ferdinand II. von Tirol 1573/74, Tiroler Wirtschaftsstudien 26, 1969, S. 347–360.

Rauch, Margit, Großherzogin Johanna – „in hochbedrangter kommernis", in: Sabine Haag (Hrsg.), Nozze italiane. Österreichische Erzherzoginnen im Italien des 16. Jahrhunderts, Wien 2010, S. 139–144.

Rauscher, Peter, Kriegführung und Staatsfinanzen. Die Habsburgermonarchie und das Heilige Römische Reich vom Dreißigjährigen Krieg bis zum Ende des habsburgischen Kaisertums 1740, Münster 2010 (= Geschichte in der Epoche Karls V., Band 10).

Rauscher, Peter, Personalunion und Autonomie. Die Ausbildung der zentralen Verwaltung unter Ferdinand I., in: Martina Fuchs – Teréz Oborni – Gábor Ujváry (Hrsg.), Kaiser Ferdinand I. Ein mitteleuropäischer Herrscher, Münster 2005 (= Geschichte in der Epoche Karls V., Band 5), S. 13–39.

Rauscher, Peter, Zwischen Ständen und Gläubigern. Die kaiserlichen Finanzen unter Ferdinand I. und Maximilian II. (1556–1576), Wien-München 2004 (= Veröffentlichungen des Instituts für Österreichische Geschichtsforschung, Band 41).

Rebitsch, Robert, Magdalena, Erzherzogin von Österreich, in: Biographisch-Bibliographisches Kirchenlexikon 21, Nordhausen 2003, S. 876–881.

Réthelyi, Orsolya – Romhányi, Beatrix F. – Spekner, Enikö – Végh, András (Hrsg.), Mary of Hungary. The Queen and Her Court 1521–1531, Budapest 2005.

Roth, Benno OSB, Seckau. Der Dom im Gebirge. Kunsttopographie vom 12. bis zum 20. Jahrhundert, Graz-Köln-Wien 1983.

Royt, Jan – Šedinová, Hana, Slovník symbolů. Kosmos, příroda a člověk v křesťanské ikonografii, Praha 1998.

Rudersdorf, Manfred, Maximilian II. 1564–1576, in: Anton Schindling – Walter Ziegler (Hrsg.), Die Kaiser der Neuzeit 1519–1918. Heiliges Römisches Reich, Österreich, Deutschland, München 1990, S. 79–97.

Rudolph, Harriet, Das Reich als Ereignis. Formen und Funktionen der Herrschaftsinszenierung bei Kaisereinzügen (1558–1618), Köln-Weimar-Wien 2011 (= Norm und Struktur. Studien zum sozialen Wandel in Mittelater und Früher Neuzeit, Band 38).

Rudolf, Karl Friedrich, „Yo el infante – ich, der Infant". Ferdinand, „Prinz in Hispanien", in: Wilfried Seipel (Hrsg.), Kaiser Ferdinand I. 1503–1564. Das Werden der Habsburgermonarchie, Wien-Milano 2013, S. 31–51.

Sandbichler, Veronika, Der Hochzeitskodex Erzherzog Ferdinands II., Jahrbuch der kunsthistorischen Sammlungen in Wien 6–7, 2004–2005, S. 47–90.

Sandbichler, Veronika, Eleonore, Erzherzogin von Österreich, Duchessa di Mantova e Monferrato „sempre cosi lucido specchio inanti gli occhi", in: Sabine Haag (Hrsg.), Nozze italiane. Österreichische Erzherzoginnen im Italien des 16. Jahrhunderts, Wien 2010, S. 83–86.

Sandbichler, Veronika, Festkultur am Hof Erzherzog Ferdinands II., in: Heinz Noflatscher – Jan Paul Niederkorn (Hrsg.), Der Innsbrucker Hof. Residenz und höfische Gesellschaft in Tirol vom 15. bis 19. Jahrhundert, Wien 2005 (= Archiv für österreichische Geschichte, Band 138), S. 159–174.

Sandbichler, Veronika, „Innata omnium pulcherrimarum rerum inquisitio": Archduke Ferdinand II as a Collector, in: Sabine Haag – dies. (Hrsg.), Ferdinand II. 450 Years Sovereign Ruler of Tyrol. Jubilee exhibition, Innsbruck 2017, S. 77–81.

Sánchez, Magdalena S., The Empress, the Queen and the Nun. Women and Power at the Court of Philipp III of Spain, Baltimore-London 1998.

Seibt, Ferdinand (Hrsg.), Renaissance in Böhmen. Geschichte, Wissenschaft, Architektur, Plastik, Malerei, Kunsthandwerk, München 1985.

Seidl, Katharina, Herzogin Barbara – „allain, dass mir die waill gar lang ist", in: Sabine Haag (Hrsg.), Nozze italiane. Österreichische Erzherzoginnen im Italien des 16. Jahrhunderts, Wien 2010, S. 111–112.

Seidl, Katharina, „ ... how to assuage all outer and inner malady ...": Medicine at the court of Archduke Ferdinand II, in: Sabine Haag – Veronika Sandbichler (Hrsg.), Ferdinand II. 450 Years Sovereign Ruler of Tyrol. Jubilee exhibition, Innsbruck 2017, S. 67–71.

Seipel, Wilfried (Hrsg.), Kaiser Ferdinand I. 1503–1564. Das Werden der Habsburgermonarchie, Wien-Milano 2003.

Senfelder, Leopold, Kaiser Maximilians II. letzte Lebensjahre und Tod. Medizinisch-historische Studie, Wien 1898.

Schauerte, Thomas, Annäherung an ein Phantom. Maximilians I. Grabmalspläne im Kontext europäischer Traditionen, in: Heinz Noflatscher – Michael A. Chisholm – Bertrand Schnerb (Hrsg.), Maximilian I. (1459–1519). Wahrnehmung – Übersetzung – Gender, Innsbruck – Wien – Bozen 2011 (= Die Innsbrucker Historischen Studien, Band 27), S. 373–400.

Scheicher, Elisabeth, Der spanische Saal von Schloss Ambras, Jahrbuch der kunsthistorischen Sammlungen in Wien 71, 1975, S. 39–94.

Scheicher, Elisabeth, Ein „böhmisches" Schloss in Tirol. Zu den Fassadenmalereien des Ambraser Hochschlosses, Österreichische Zeitschrift für Kunst und Denkmalpflege 1992, S. 4–18.

Scheichl, Andrea, „Höfische und bürgerliche, öffentliche und private Feste" in Graz

1564–1619. Ein vergleichender Überblick, Frühneuzeit-Info 11, 2000, Heft 1, S. 27–38.

Schemper-Sparholz, Ingeborg, Unis ou séparés dans la mort: sépultures et monuments funéraires des impératrices et des veuves d'empereurs Habsbourg, in: Juliusz A. Chrościcki – Mark Hengerer – Gérard Sabatier (Hrsg.), Les Funérailles princières en Europe. XVIᵉ–XVIIIᵉ siècle. 2. Apothéoses monumentales, Versailles-Paris 2013, S. 91–108.

Schilling, Heinz, Die Stadt in der Frühen Neuzeit, München 1993 (= Enzyklopädie deutscher Geschichte, Band 24).

Schindling, Anton – Ziegler, Walter (Hrsg.), Die Kaiser der Neuzeit 1519–1918. Heiliges Römisches Reich, Österreich, Deutschland, München 1990.

Schindling, Anton – Ziegler, Walter (Hrsg.), Die Territorien des Reichs im Zeitalter der Reformation und Konfessionalisierung. Land und Konfession 1500–1650. Band I. Der Südosten, Münster 1989.

Schneider, Bernd Christian, Ius reformandi. Die Entwicklung eines Staatskirchenrechts von seinen Anfängen bis zum Ende des Alten Reiches, Tübingen 2001.

Schneider-Ferber, Karin, Philippine Welser. Die schöne Augsburgerin im Hause Habsburg, Regensburg 2016.

Schoder, Elisabeth, Die Reise der Kaiserin Maria nach Spanien (1581/82), in: Friedrich Edelmayer (Hrsg.), Hispania – Austria II. Die Epoche Philipps II. (1556–1598). La época de Felipe II (1556–1598), Wien-München 1999 (= Studien zur Geschichte und Kultur der iberischen und iberoamerikanischen Länder, Band 5), S. 151–180.

Schöppler, Hermann, Über den Tod Kaiser Maximilians II., Mitteilungen zur Geschichte der Medizin und Naturwissenschaften 9, 1910, S. 219–225.

Schrader, Stephanie, Greater than Ever He Was. Ritual and Power in Charles V's 1558 Funeral Procession, Nederlands Kunsthistorisch Jaarboek 49, 1998, S. 68–93.

Schulze, Winfried, Landesdefension und Staatsbildung. Studien zum Kriegswesen des innerösterreichischen Territorialstaates (1564–1619), Wien-Köln-Graz 1973.

Simons, Madelon, Een Theatrum van Representatie? Aartshertog Ferdinand van Oostenrijk stadhouder in Praag tussen 1547 en 1567, Amsterdam 2009.

Smíšek, Rostislav, Habsburkové v alegorické řeči soudobých panegyriků, in: Václav Bůžek – ders. (Hrsg.), Habsburkové 1526–1740. Země Koruny české ve středoevropské monarchii, Praha 2017, S. 636–638.

Smolka, Josef, Artis medicinalis libri. Lékařská literatura, in: Ivo Purš – Hedvika Kuchařová (Hrsg.), Knihovna arcivévody Ferdinanda Tyrolského. Texty, Praha 2015, S. 145–179.

Smolka, Josef, Cosmographici, Geographici, Geometrici, Mathematici, Philosophici, Astronomici, Astrologici, Militaris rei, Architecturae, Humanarum Literarum, alteriusque generis libri. Filosofie, matematika, fyzika, astronomie, astrologie, kosmografie, geografie, zemědělství, zoologie, botanika, in: Ivo Purš – Hedvika Kuchařová (Hrsg.), Knihovna arcivévody Ferdinanda Tyrolského. Texty, Praha 2015, S. 217–278.

Smolka, Josef – Vaculínová, Marta, Renesanční lékař Georg Handsch (1529–1578), Dějiny vědy a techniky 43, 2010, S. 1–26.

Soltész, Ferenc Gábor – Tóth, Csába – Pálffy, Géza, Coronatio Hungarica in nummis. A magyar uralkodók koronázási érmei és zsetonjai (1508–1916), Budapest 2016.

Sporhan-Krempel, Lore, Agatha Streicher um 1520–1581, in: Elisabeth Noelle-Neumann (Hrsg.), Baden-Württembergische Portraits. Frauengestalten aus fünf Jahrhunderten, Stuttgart 1999, S. 16–22.

Stangl, Waltraud, Tod und Trauer bei den Österreichischen Habsburgern 1740–1780. Dargestellt im Spiegel des Hofzeremoniells, Saarbrücken 2010.

Stejskal, Aleš, Poslední noc císaře Maxmiliána II. očima Adama z Dietrichštejna (Příspěvek k dílu Václava Březana), Archivum Trebonense 1996, S. 96–106.

Stollberg-Rilinger, Barbara, Rituale, Frankfurt am Main-New York 2013 (= Historische Einführungen, Band 16).

Stollberg-Rilinger, Barbara – Neu, Tim, Einleitung, in: Barbara Stollberg-Rilinger – Tim Neu – Christina Brauner (Hrsg.), Alles nur symbolisch? Bilanz und Perspektiven der Erforschung symbolischer Kommunikation, Köln-Weimar Wien 2013 (= Symbolische Kommunikation in der Vormoderne. Studien zur Geschichte, Literatur und Kunst), S. 11–31.

Strohmeyer, Arno, Konfessionskonflikt und Herrschaftsordnung. Das Widerstandsrecht bei den österreichischen Ständen (1550–1650), Mainz 2006 (= Veröffentlichungen des Instituts für europäische Geschichte Mainz, Abteilung für Universalgeschichte, Band 201).

Sucheni-Grabowska, Anna, Zu den Beziehungen zwischen den Jagiellonen und den Habsburgern. Katharina von Österreich, die dritte Gemahlin des Königs Sigismund August, Historisches Jahrbuch der Stadt Linz 1979, Linz 1980, S. 59–100.

Sutter Fichtner, Paula, A Community of Illness. Ferdinand I and his Family, in: Martina Fuchs – Alfred Kohler (Hrsg.), Kaiser Ferdinand I. Aspekte eines Herrscherlebens, Münster 2003 (= Geschichte in der Epoche Karls V., Band 2), S. 203–216.

Sutter Fichtner, Paula, Emperor Maximilian II, New Haven-London 2001.

Sutter Fichtner, Paula, Ferdinand I of Austria: The Politics of Dynasticism in the Age of the Reformation, New York 1982.

Sutter Fichtner, Paula, Ferdinand I. Wider Türken und Glaubensspaltung, Graz-Wien-Köln 1982.

Taddei, Elena, Anna Caterina Gonzaga und ihre Zeit: der italienische Einfluss am Innsbrucker Hof, in: Heinz Noflatscher – Jan Paul Niederkorn (Hrsg.), Der Innsbrucker Hof, Residenz und höfische Gesellschaft in Tirol vom 15. bis 19. Jahrhundert, Wien 2005 (= Archiv für österreichische Geschichte, Band 138), S. 213–240.

Taddei, Elena, Barbara von Österreich d'Este. Ergänzungen zum Leben einer Habsburgerin in Ferrara, in: Klaus Brandstätter (Hrsg.), Tirol – Österreich – Italien. Festschrift für Josef Riedmann zum 65. Geburtstag, Innsbruck 2005, S. 629–640.

Teplý, František, Dějiny města Jindřichova Hradce I/2. Dějiny města za vlády pánů z Hradce a linie Telecké (1453–1604), Jindřichův Hradec 1927.

Thomas, Christiane, Wien als Residenz unter Ferdinand I., Jahrbuch des Vereines für Geschichte der Stadt Wien 49, 1993, S. 101–117.

Tomek, Václav Vladivoj, Dějepis města Prahy XII, Praha 1901.

Uličný, Petr, The Garden of Archduke Ferdinand II at Prague Castle, Studia Rudolphina 17–18, 2018, S. 23–34.

Uličný, Petr, The Palace of Queen Anne Jagiello and Archduke Ferdinand II of Tyrol by the White Tower in Prague Castle, Historie – otázky – problémy 7, 2015, Nr. 2, S. 142–161.

Vocelka, Karl, Das Wiener Turnier, in: Stefan Krause – Matthias Pfaffenbichler (Hrsg.), Turnier. 1000 Jahre Ritterspiele, Wien 2017, S. 171–179.

Vocelka, Karl, Die politische Propaganda Kaiser Rudolfs II. (1576–1612), Wien 1981.

Vocelka, Karl, Habsburgische Hochzeiten 1550–1600. Kulturgeschichtliche Studien zum manieristischen Repräsentationsfest, Wien-Köln-Graz 1976 (= Veröffentlichungen der Kommission für die Neuere Geschichte Österreichs 65).

Vocelka, Karl, Rudolf II. und seine Zeit, Wien-Köln-Graz 1985.

Vocelka, Karl – Heller, Lynne, Die Lebenswelt der Habsburger. Kultur- und Mentalitätsgeschichte einer Familie, Graz-Wien-Köln 1997.

Vocelka, Karl – Heller, Lynne, Die private Welt der Habsburger. Leben und Alltag einer Familie, Graz-Wien-Köln 1998.

Vocelka, Rosemarie, Die Begräbnisfeierlichkeiten für Kaiser Maximilian II. 1576/77, Mitteilungen des Instituts für Österreichische Geschichtsforschung 84, 1976, S. 105–136.

Vorel, Petr, Místodržitelský dvůr arciknížete Ferdinanda Habsburského v Praze roku 1551 ve světle účetní dokumentace, Folia historica bohemica 21, 2005, S. 7–66.

Vorel, Petr, Státoprávní vyčlenění českých zemí ze Svaté říše římské. Důsledky říšské reformy Maxmiliána I. Habsburského, Český časopis historický 111, 2013, S. 743–804.

Vorel, Petr, The War of the Princes. The Bohemian Lands and the Holy Roman Empire 1546–1555, New York 2015.

Vorel, Petr (Hrsg.), Stavovský odboj roku 1547 – první krize habsburské monarchie, Pardubice-Praha 1999.

Vybíral, Zdeněk, Bitva u Moháče. Krvavá porážka uherského a českého krále Ludvíka Jagellonského v boji s Osmany 29. srpna 1526, Praha 2008.

Vybíral, Zdeněk, Politická komunikace aristokratické společnosti českých zemí na počátku novověku, České Budějovice 2005 (= Monographia historica 6).

Wiedemann, Theodor, Beiträge zur Geschichte des Bisthums Wiener Neustadt. V. Lambertus Gruter, Österreichische Vierteljahresschrift für katholische Theologie 7, 1868, S. 241–262.

Wiesflecker, Hermann, Kaiser Maximilian I. Das Reich, Österreich und Europa an der Wende zur Neuzeit I–V, Wien 1971–1986.

Wiesflecker, Hermann, Maximilian I. Die Fundamente des habsburgischen Weltreiches, Wien-München 1991.

Wiesflecker-Friedhuber, Inge, Kaiser Maximilian I. und die Stadt Innsbruck, in: Heinz Noflatscher – Jan Paul Niederkorn (Hrsg.), Der Innsbrucker Hof. Residenz und höfische Gesellschaft in Tirol vom 15. bis 19. Jahrhundert, Wien 2005 (= Archiv für österreichische Geschichte, Band 138), S. 125–158.

Winkelbauer, Thomas, Die Habsburgermonarchie vom Tod Maximilians I. bis zum Aussterben der Habsburger in männlicher Linie (1519–1740), Stuttgart 2015, 2018^2.

Winkelbauer, Thomas, Ständefreiheit und Fürstenmacht. Länder und Untertanen des Hauses Habsburg im konfessionellen Zeitalter I–II, Wien 2003 (= Österreichische Geschichte 1522–1699).

Wolfik, Elisabeth, „Was auf solches unser Ewiglichs absterben unser Fürstliches Begrebnus belange ...". Tod, Begräbnis und Grablege Erzherzog Ferdinands II. von Tirol (1529–1595) als Beispiel für einen „Oberschichtentod" in der Frühen Neuzeit, Frühneuzeit-Info 11, 2000, Heft 1, S. 39–67.

Wührer, Jakob, Ein teilausgebautes Haus ohne Fundament? Zum Forschungsstand des frühneuzeitlichen Wiener Hofes am Beispiel der Organisationsgeschichte, Mitteilungen des Instituts für Österreichische Geschichtsforschung 117, 2009, S. 23–50.

Wünsch, Josef, Der Einzug Kaiser Maximilian II. in Wien 1563, Wien 1914.

Zingerle, Elisabeth, Girolamo Portia. Die Grazer Nuntiatur im Spannungsfeld zwischen römischer Kurie und innerösterreichischem Landesfürst (1592–1607), Graz 2015 (= Dissertation).

Orts- und Namensregister

Ortsregister

A

Aachen 18, 41
Adrianopel 26
Afrika 33, 36
Alcalá de Henares 150
Algerien 19
Alpen 184, 193
Ambras 179, 184, 185, 186, 190, 192
Amerika 36
Amstetten 103
Apenninenhalbinsel 15, 20, 21, 24, 45, 79, 196
Aragon 17, 34, 39, 45, 49, 79, 132
Ärmelkanal 27
Arras 37, 42
Artois 38
Augsburg 12, 17, 23, 24, 33, 36, 37, 42, 43, 47, 49, 75, 79, 81, 127, 142, 180, 206
 - Dom Mariä Heimsuchung 44, 46, 47, 48
 - Moritzkirche 43, 44
 - Obstmarkt 44
 - Palast von Anton Fugger 44, 47

B

Bad Leonfelden 123, 124, 208
Barcelona 150
Beneschau 83, 124, 208
Böhmen 11, 17, 19, 21, 22, 25, 28, 31, 36, 44, 45, 51, 61, 71, 72, 74, 75, 78, 79, 80, 83, 84, 86, 89, 93, 94, 97, 98, 100, 101, 102, 103, 114, 116, 117, 120, 121, 123, 124, 125, 126, 128, 132, 134, 135, 136, 139, 140, 141, 147, 149, 179, 180, 183, 184, 186, 199, 205, 206, 207, 208
Bologna 48, 97
Bormio 190
Bosnien 79, 133
Brabant 38, 39, 199
Brandeis 180
Breslau 135
Bresnitz 180
Brixen 191, 194
Bruck an der Mur 150, 161, 171, 207
Brüssel 12, 17, 28, 33, 36, 37, 38, 39, 40, 44, 45, 47, 49, 79, 127, 206
 - Coudenberg 33, 37
 - Kathedrale St. Michael und St. Gudula 33, 37, 41, 42
Buda 18
Budweis 122, 124, 208
Bulgarien 79, 133
Burgau 199
Burgund 15, 16, 17, 33, 39, 45, 48, 49, 79, 132, 164, 165, 166, 168, 173, 174, 195, 199

C

Calais 24
Cateau-Cambrésis 24
Cetingrad 18
Cilli 164, 165, 174, 199
Colliure 150

Como 96
Córdoba 39

D

Dalmatien 79, 133
Dobříš 116
Donau 55, 102, 103, 119, 120, 207
Dresden 100, 160, 179, 202
Drosendorf 83
Düsseldorf 20, 88

E

Eferding 103
El Escorial 36, 173
Elsass 184, 195, 199
Enns 103
Enzenstein 194
Europa 9, 15, 16, 33, 36, 46, 47, 49, 56, 88, 91, 93, 95, 119, 165, 186, 192, 204, 212

F

Ferrara 21
Finale 29
Flandern 39
Florenz 21, 26
Franche-Comté 15
Frankfurt am Main 23, 34
Frankreich 24, 33, 64
Freiburg 194
Freistadt 123
Friaul 17, 25, 157
Friesland 199

G

Galizien 39
Geldern 39
Gent 16
Genua 150

Gibraltar 38, 47
Göllendorf 154
Görz 17, 25, 80, 133, 157, 159, 164, 165, 174, 199
Görz (Burg) 176
Gradisca 17, 25
Granada 39, 45
Graz 11, 12, 20, 25, 157, 158, 159, 160, 161, 162, 163, 164, 166, 167, 169, 170, 171, 172, 175, 176, 177, 201, 204, 207, 211
 – Domkirche St. Ägydius 161, 163, 164, 165, 166, 167, 168, 169, 170, 172, 175, 177, 204
 – Hofkapelle 161, 162, 163, 204
Großwardein 82
Guadalajara 150

H

Habsburg (Grafschaft) 80, 133, 164, 165, 167, 174, 195, 199
Hall 21, 194
Hennegau 38
Herzogenburg 103
Hohenberg 199
Hohenfurth 123, 124, 208
Hollabrunn 83
Höttingen 187

I

Iberische Halbinsel 15, 45, 68, 79
Ingolstadt 162
Innerösterreich 25, 28, 71, 80, 133, 157, 158, 159, 163, 164, 165, 166, 167, 169, 170, 171, 172, 173, 175, 176, 177, 210
Innsbruck 11, 12, 15, 20, 22, 25, 85, 117, 157, 173, 179, 180, 184, 186, 188, 189, 190, 191, 192, 193, 194, 197, 198, 199, 201, 204, 205, 210, 211

– Altstadt   193
– Hofburg   20, 184, 186, 188
– Rennplatz   197
– Ruhelust   188, 190, 191, 192, 193, 204
– Silberne Kapelle der Hofkirche Hl. Kreuz   188, 191, 192, 193, 197, 198, 199, 204, 205, 210
Istrien   17, 25, 157
Italien   33

J

Jędrzejów   103
Jerusalem   38, 39
Jessenitz   83, 124, 208
Judenburg   176

K

Kaplitz   123
Karlovac   159
Karlsbad   187, 190
Karlstein   128, 135, 208
Kärnten   16, 25, 80, 133, 157, 159, 162, 164, 165, 174, 176, 195, 199
Kastilien   15, 16, 17, 22, 34, 39, 40, 45, 46, 48, 49, 68, 79, 132, 199
Knittelfeld   171, 207
Köln   130, 137, 138, 143, 144, 145
Komotau   180
Konopischt   122
Konstantinopel   36
Korneuburg   82
Krain   16, 17, 24, 25, 80, 133, 157, 159, 162, 164, 165, 174, 176, 195, 199
Krakau   20, 187
Kroatien   18, 59, 78, 79, 80, 133, 164
Krumau   122, 124, 208
Kühburg   195, 199

L

Landshut   187
Leoben   171, 207
León   39, 40, 45
Lepanto   26
Linz   20, 22, 85, 102, 103, 119, 120, 121, 122, 123, 124, 153, 180, 204, 208
– Schlossberg   120, 121
Lissabon   36, 150
Lombardei   24, 41
Lucca   187, 190
Lugano   173
Lüttich   37, 42, 63
Luxemburg   38

M

Madrid   26, 108, 113, 149, 150, 151, 152, 157, 160, 203
– Kloster Descalzas Reales   27, 150, 151, 152, 203
– Kloster Santo Domingo et Real   72
Mähren   17, 30, 80, 124, 134, 208
Mailand   56
Mainz   44, 46, 137, 138, 143, 145
Mallorca   39
Mantua   88, 179
Mariazell   160
Marseille   150
Meißen   78
Melk   103
Metz   24
Mexiko   37
Miltschin   83, 124, 208
Mitteleuropa   51, 80, 85, 87, 149, 158, 175, 187, 200, 203, 210
Mittelmeer   19, 26, 34
Mohács   17
Moldawien   79, 133

Montpellier 106
Montserrat 35, 150
Moskau 26, 104
Mühlberg 19, 199
München 20, 56, 66, 88, 95, 96, 102, 103, 108, 109, 114, 121, 123, 127, 138, 140, 142, 158, 173, 176, 179

N

Nancy 15
Navarra 39, 45
Neapel 24, 39, 45, 79, 132
Nellenburg 199
Neuhaus 83
Niederlanden 27, 33, 34, 176, 195
Niederlausitz 17, 80, 134
Niederösterreich 16, 25, 28, 39, 71, 80, 93, 94, 114, 133, 152, 153, 164, 165, 168, 174, 195, 199

O

Oberlausitz 17, 80, 134
Oberösterreich 16, 25, 28, 39, 45, 48, 71, 80, 93, 120, 123, 133, 152, 164, 165, 167, 174, 195, 199
Obladis 190
Olmütz 84, 124, 125, 126, 128, 134, 145, 208
Osmanisches Reich 18, 26, 93, 104, 157, 159
Osterhofen 103

P

Padua 96, 97, 150
Paris 36, 140
Passau 23, 30
Peuerbach 103
Pfirt 17, 80, 133, 195, 199
Pisa 97

Podiebrad 180
Polnisch-litauischer Staat 26, 46, 102, 104, 157, 187
Portenau 199
Portugal 27, 150
Prag 11, 12, 22, 23, 25, 27, 28, 47, 51, 55, 67, 71, 72, 73, 83, 84, 85, 89, 90, 91, 98, 100, 102, 103, 105, 116, 121, 122, 123, 124, 125, 126, 127, 128, 129, 130, 132, 134, 139, 140, 141, 142, 143, 144, 145, 146, 147, 148, 149, 150, 160, 162, 173, 179, 180, 181, 182, 183, 184, 186, 187, 201, 202, 204, 205, 208, 209, 210, 211
- Altstadt 83, 125, 129
- Altstädter Ring 89, 90, 129, 139, 140, 181, 209
- St. Clemenskirche 83, 84, 129, 140, 209
- Jakobskirche 126, 129, 130, 136, 209
- Karlsbrücke 84, 129, 209
- Kleinseite, Kleinere Stadt 73, 84, 129, 209
- Lustschloss Stern 181
- Neustadt 139
- Obstmarkt 129, 139, 140, 209
- Palast der Herren von Neuhaus 129, 209
- Prager Burg 17, 27, 30, 36, 73, 86, 101, 128, 129, 130, 160, 179, 180, 181, 182, 209
- St. Thomaskirche 73
- Veitsdom 70, 73, 84, 85, 86, 102, 127, 128, 129, 136, 141, 142, 143, 144, 145, 146, 147, 148, 149, 150, 204, 205, 209, 210
- Veitsdom – Wenzelskapelle 102, 150

Preßburg 18, 22, 23, 47, 55, 57, 58, 96
- St. Martinskirche 58
Pulkau 83
Pürglitz 180, 181

R

Regensburg 27, 100, 101, 102, 103, 104, 106, 107, 108, 113, 114, 115, 116, 117, 118, 119, 120, 152, 202, 203, 207
- Michaelskapelle 118, 203
- Petersdom 115, 118, 119, 203, 204
Rijeka 17, 25
Rom 41, 56, 66, 71, 91, 96, 98, 100, 102, 108, 113, 114, 125, 132, 140, 142, 143, 148, 159, 170, 203, 205
- Kirche Santi Apostoli 71, 72
Römisch-deutsches Reich 15, 18, 19, 20, 22, 23, 24, 25, 26, 28, 29, 31, 33, 34, 37, 38, 39, 42, 43, 45, 47, 48, 49, 51, 54, 57, 59, 63, 70, 71, 78, 79, 88, 93, 94, 104, 119, 128, 134, 135, 136, 137, 138, 140, 148, 196, 202, 206

S

Salzburg 47, 111
Saint-Quentin 24
San Jerónimo de Yuste 24, 35
Saragossa 150
Sardinien 39, 79, 132
Schärding 103
Schlesien 17, 80, 103, 134
Schmalkalden 154
Schwaben 133, 184, 195, 199
Schweidnitz-Jauer (Herzogtum) 103
Seckau 157, 161, 162, 167, 170, 171, 172, 173, 174, 175, 176, 177, 205, 207, 210
- Fürstenkapelle 173, 210
Senlis 15

Serbien 79, 133
Sevilla 39
Siebenbürgern 18, 85
Siget 24, 26, 94, 181
Sizilien 24, 34, 39, 45, 79, 132
Slawonien 59, 78, 79, 80, 133
Slowenien 199
Sobieslau 83, 124
Spanien 16, 18, 22, 24, 26, 27, 33, 45, 68, 69, 79, 94, 113, 122, 144, 146, 150
Steiermark 16, 25, 80, 133, 157, 159, 162, 164, 165, 174, 176, 195, 199
Straubing 103, 104
Stuhlweißenburg 18

T

Tirol 17, 25, 28, 57, 71, 73, 80, 133, 164, 165, 167, 174, 179, 180, 183, 184, 185, 187, 188, 189, 190, 192, 193, 195, 196, 197, 199, 200, 202, 210
Toledo 24, 35, 39, 45
Toul 24
Trient 24, 57, 107
Trier 137, 138, 143, 145
Triest 25, 157
Tulln 103
Tunis 19, 38

U

Ulm 107
Ungarn 11, 17, 18, 24, 25, 26, 28, 30, 44, 45, 51, 71, 72, 78, 79, 80, 86, 93, 94, 96, 104, 133, 135, 199, 206

V

Valencia 39
Valladolid 16, 22
Vaucelles 24
Venedig 26, 56, 66, 71, 95, 107, 108

Verdun   24
Veszprém   134, 144, 145
Villach   150
Vilshofen   103
Vorarlberg   184, 195, 199
Vorderösterreich   17, 25, 28, 71, 80, 133, 179, 183, 185, 187, 188, 190, 192, 193, 195, 197, 199, 200, 202, 210

W

Walachei   79, 133
Warschau   102
Westminster   36
Wien   11, 12, 16, 18, 22, 26, 47, 51, 55, 58, 59, 67, 70, 72, 73, 74, 75, 80, 81, 87, 94, 96, 98, 102, 103, 127, 134, 142, 148, 149, 152, 153, 157, 179, 180, 201, 203, 205, 207, 208, 211
– Augustinerkirche   57, 158
– Hofburg   24, 57, 58, 61, 64, 65, 68, 69, 71, 75, 82, 86, 96, 97, 157, 201, 203, 207
– Rotes Tor   82
– Stephansdom   74, 75, 76, 81, 82, 127, 153, 207, 208
Wiener Neustadt   110, 118, 134
Wilhering   118, 119, 120, 121, 122, 123, 204, 205, 207, 208
Wilten   197
Windische Mark   164, 165, 174
Worms   16, 17, 18
Württemberg   17, 133, 195, 199
Würzburg   59

Z

Zlabings   83
Zwettl   153

Namensregister

A

Acquaviva d'Aragona, Herzog von Atri, Giangirolamo   40
Ajnický, Jakub   83
Albín von Helfenberg, Wenzel   83
Albrecht von Habsburg (Sohn Maximilians II.)   150
Albrecht V. Wittelsbach   20, 44, 46, 56, 95, 99, 102, 105, 106, 109, 120, 123, 129, 158
Alexandrinus von Neustein, Julius   59, 60, 62, 105, 106, 107, 109, 110, 189, 190
Alfonso II. d'Este   21
Álvarez de Toledo y Pimentel, Herzog von Alba, Fernando   40
Amman, Jost   91, 93, 94, 114
Amorfortius, Stephanus Lauraeus   60, 61
Andreas von Österreich   181, 187, 191, 196, 205
Anna von Foix   87
Anna von Habsburg (Tochter Ferdinands I., verheiratet von Bayern)   20, 56, 108, 109, 112, 113, 158, 202

Anna von Habsburg (Tochter Maximilians II.) 27, 149
Anna Jagiello 12, 16, 17, 19, 20, 21, 55, 68, 70, 85, 86, 87, 88, 89, 90, 102, 121, 129, 148, 157, 180, 201, 203, 204, 210
Anna von Sachsen 160
Anna von Steiermark (Tochter Karls von Steiermark) 163, 169
Anna von Tirol (Tochter Ferdinands von Tirol) 188, 189
Anna Eleonore von Tirol (Tochter Ferdinands von Tirol) 188
Anna Katharina Gonzaga 12, 21, 187, 188, 189, 190, 191, 192, 196, 201, 202
de Aragón y de Sarmiento, Herzog von Villahermosa, Martín 40
Arco, Scipio von 61, 65
Arch, Siegmund von 45
Arias de Saavedra, Graf de Castellar, Juan 39
Auersperg, Andreas von 133
Auersperg, Wolf Engelbrecht von 164
August von Sachsen 100, 138
Augustinus 64, 154
Avis 17

B

Bacchus 185
Balassi, András 135
Bánffy, Ladislaus 78
Barbara von Habsburg (Tochter Ferdinands I.) 21
Barchi, Josef Maria 189
Báthory, Stephan 102, 103
Batthyány, Boldizsár 135
Bemelsberg, Konrad d.Ä von 134
Berghes, Robert II. von 42
Blanca von Valois 135

Bockai, Stephan 133
Bollweyln, Niklas von 45
de Borja, Juan 150
Bořita von Martinitz, Georg 116
Bořita von Martinitz, Johann 128
Brassavola, Renato 189
Brendel von Homburg, Daniel 44, 46, 101, 137
Brenner, Martin 171
Breuner, Gottfried 166
Breuner, Johann 169
Brus von Müglitz, Anton 84, 124, 134
Březan, Václav 107, 109
Bydžovský von Florentinum, Marek 117, 140

C

Caligari, Giovanni Andrea 170
Camutius, Andreas 105
Carlone, Sebastian 173
Don Carlos von Habsburg (Sohn Philipps II.) 157
Carranza de Miranda, Bartolomé 35
Carrichter, Bartholomeus 60, 62, 67, 69
Casteleti von Nomi, Darius 196
de Castilla, Juan 38
de Castro, Cristóbal 38
Cavriani, Giulio 101
De la Cerda, Pedro 38
Christian II. von Oldenburg 17
Clough, Richard 37
Cobenzel von Prossegg, Johann 166
Cock, Hieronymus 37
Colin, Abraham 85, 148, 198, 210
Colin, Alexander 85, 148, 188, 198, 210
Colonna von Fels, Kaspar 46

Concini, Giovanni Battista 108, 149
Crato von Krafftheim, Johannes 59, 60, 105, 106, 107, 108, 109, 110, 114, 147

D

Dačický von Heslov, Nikolaus 117
Delfino (Dolfin), Giovanni 96, 97, 98, 100, 101, 103, 108, 113, 114, 122, 126, 128, 137, 138, 143, 144, 145, 147, 148
Delfino, Zaccaria 56, 66, 68
Dessewffy, Johann 78
Dietrichstein, Adam von 107, 108, 109, 111, 112, 113, 122, 129, 145, 149, 154, 155
Dobó, Franz 133
Dodoens, Rembert 105, 106, 114
Doetechum (Doetecom, Duetecum), Johannes von 37
Doetechum (Doetecom, Duetecum), Lucas von 37
Doria, Giovanni Andrea 150

E

Eberlein, Jakob 172
Eck, Ernst von 153
Eck, Wolf von 164
Eisenburg, Wolf von 134
Eleonore von Burgund (Tochter Philipps des Schönen) 15, 16
Eleonore von Habsburg (Tochter Ferdinands I.) 21
Elisabeth von Habsburg (Tochter Ferdinands I.) 20, 88
Elisabeth von Habsburg (Tochter Maximilians II.) 27, 144, 149
Elizabeth Tudor 27, 157
Eltz, Jakob III. von 137
Emanuel Philibert von Savoyen 40

Ernhofer, Sigismund 161, 202
Ernst von Habsburg (Sohn Maximilians II.) 28, 98, 103, 121, 123, 130, 137, 143, 149, 162, 167, 168, 169, 175, 176, 187, 204

F

Fejérkövi, István 134, 145
Ferdinand von Aragon 15, 33, 40
Ferdinand I. von Habsburg 10, 11, 12, 15, 16, 17, 18, 19, 21, 22, 23, 24, 25, 31, 33, 34, 36, 37, 42, 43, 44, 45, 46, 47, 48, 49, 51, 52, 53, 54, 55, 56, 57, 58, 59, 60, 61, 62, 63, 64, 65, 66, 67, 68, 69, 70, 71, 74, 75, 76, 77, 78, 79, 80, 81, 83, 84, 85, 86, 87, 89, 92, 93, 120, 121, 127, 129, 130, 132, 134, 135, 142, 143, 144, 146, 148, 157, 160, 164, 165, 166, 167, 168, 173, 174, 179, 180, 182, 187, 190, 194, 195, 199, 200, 201, 202, 203, 204, 205, 206, 207, 208, 209, 210
Ferdinand von Steiermark (Ferdinand II.) 28, 162, 163, 169, 176
Ferdinand von Tirol 10, 12, 20, 21, 22, 25, 58, 64, 67, 71, 73, 74, 80, 82, 83, 84, 85, 88, 89, 117, 123, 133, 137, 143, 157, 176, 179, 180, 181, 182, 183, 184, 185, 186, 187, 188, 189, 190, 191, 192, 193, 194, 195, 196, 197, 198, 199, 200, 201, 202, 203, 204, 205, 209, 210
Ferdinand von Wittelsbach 128, 188
Ferrabosco, Pietro 129
Flieschauer, Roman d. J. 198
Forgách, Franz 58, 82
Forsler, Emmerich 169
Francesco III. Gonzaga 20, 21
Francesco Maria deMedici 21
Frannsperg von Wildesheim, Georg 45

Franz I. von Valois   16
Friedrich III. von Habsburg   15
de Fuensalida, Gaspar   39
Fugger   188, 193
Fürstenberg, Albrecht   135
Fürstenberg, Heinrich   45
Fürstenberg, Joachim   45

G
Gampasser, Christoph   188
Galen (griechischer Arzt)   59
Gallio, Tolomeo   96, 97, 100, 101, 103, 115, 128
Gerstmann, Martin von   135
Ghisi, Theodoro   173
Gienger, Georg   62, 63, 65
Gillus, Wolf Georg   139
Gregor XIII.   96, 128, 144
Gregoria Maximiliane von Steiermark (Tochter Karls von Steiermark)   171, 177
Grueter, Lambert   110, 112, 113, 118, 119, 134, 146, 202
Grumbach, Wilhelm von   59
Guarinoni, Bartholomäus   105
de Guerena, San Juan   40
Guglielmo III. Gonzaga   21
Guyot, Jean, genannt Castileti Maessen   63

H
Haberstock, Ludwig   99, 102, 106, 108, 109, 114, 120, 121, 123, 125, 127, 129, 138, 140, 142, 145
Habsburg   9, 15, 16, 17, 20, 22, 25, 27, 28, 31, 35, 36, 42, 46, 48, 49, 51, 54, 76, 77, 79, 85, 87, 91, 93, 118, 119, 131, 138, 143, 144, 151, 158, 160, 164, 165, 166, 168, 169, 171, 172, 173, 174, 175, 179, 184, 185, 195, 199, 201, 203, 210, 211, 212
Hannewald, Bartholomeus   75
Hardegg, Heinrich von   133, 166
Hardegg, Wolf Dietrich von   45
Harrach, Karl von   153, 164
Harrach, Leonhard von   110, 121, 163, 169, 187
Hasenstein von Lobkowitz, Bohuslav Felix   116
Heinrich II. von Valois   24
Heinrich III. von Valois   105, 187
Helena von Habsburg (Tochter Ferdinands I.)   21
Herberstein, Georg Ruprecht von   166
Herberstein, Leopold von   166
Herberstein, Siegmund Friedrich von   166
Herbrot, Hans Jakob   130, 131
Hodapp, Julia   177
Hodějovský von Hodějov, Bernhard   139
Hofmann von Grünpüchl, Friedrich   133
Hohenems, Kaspar von   195
Hurtado de Mendoza, Marquis de Almazan, Francisco   108
Hurtado de Mendoza y Fajardo, Graf von Monteagudo, Francisco   137

I
Ilsung, Georg   107
Irone, Vincenzo   108
Isabella von Burgund (Tochter Philipps des Schönen)   15, 16
Isabella von Habsburg (Gattin Karls V.)   35, 36
Isabella von Kastilien   15

Isabella Clara Eugenia von Habsburg 29
Isenburg, Salentin von 130, 137, 138, 144
Iwan IV., genannt der Schreckliche 26, 104, 105

J
Jagiello 17, 20, 26, 46, 87
Jakob der Größere 68
Jamnitzer, Wenzel 91
Jimenez, Peter 163
Johann von Habsburg (Sohn Ferdinands I.) 20
Johann Friedrich von Sachsen 19
Johann Georg von Brandenburg 100, 138
Johann Zápolya 18
Johann Sigismund Zápolya 72
Johann III. von Portugal 17
Johanna von Habsburg (Tochter Ferdinands I.) 21
Johanna von Kastilien und Aragon 15

K
Kantorowicz, Ernst 11, 201
Kapoun von Svojkov, Albrecht 116
Karl von Burgau 181, 187, 192
Karl Gonzaga 196
Karl der Kühne 15, 39
Karl von Steiermark 10, 12, 20, 25, 28, 44, 46, 58, 64, 67, 71, 80, 82, 84, 88, 89, 123, 133, 137, 143, 151, 157, 158, 159, 160, 161, 162, 163, 164, 165, 166, 167, 168, 169, 170, 171, 172, 173, 174, 175, 176, 177, 180, 187, 201, 202, 203, 204, 205, 207, 210
Karl IV. von Luxemburg 135
Karl V. von Habsburg 11, 15, 16, 17, 18, 19, 22, 23, 24, 33, 34, 35, 36, 37, 39, 40, 41, 42, 43, 45, 46, 47, 48, 49, 51, 71, 75, 79, 81, 88, 89, 92, 127, 142, 164, 180, 206, 211
Karl VIII. von Valois 15
Karl IX. von Valois-Orléans 27
Kasimir IV. Jagiello 87
Katharina von Burgund (Tochter Philipps des Schönen) 15, 17
Katharina von Habsburg (Tochter Ferdinands I.) 20, 120
Katharina Renata von Steiermark (Tochter Karls von Steiermark) 163, 169, 177
Kendi, Wolfgang 133
Khevenhüller, Bartolomäus 164
Khevenhüller, Christoph Moritz 133
Khevenhüller, Hans 150, 160, 162
Khlesl, Melchior 153
Khlössl, Antonius 194, 202
Khuen von Belassy, Johann Jacob 111, 196
Khuen von Belassy, Rudolf 74, 109, 110, 111, 112, 135
Kitzl von Kaltenbrunn, Hans 166
Kokořovec von Kokořov, Georg 79
Kölderer von Burgstall, David 114
Koller, Ariane 42
von Kolowrat 186
Korka von Korkyně, Pavel 36, 47, 80, 116, 117, 126, 136, 139, 140, 142
Kuenburg, Michael 43

L
de Lannoy, Fürst von Sulmona, Carlo 40
Lazius, Wolfgang 87, 88, 90

Leonidas (König von Sparta)   87
Leskovec von Leskovec, Johann   79
Liebstein von Kolowrat, Johann   195
Liebstein von Kolowrat, Jaroslav   188
Liegnitz, Heinrich von   45
Lobkowitz   186
Lodron, Hieronymus von   196
Logau, Matthäus von   103
Losenstein, Dietmar von   45
Losenstein, Georg Achaz von   133
Loxan von Adler, Katharina   181, 187
Lucchese, Albrecht   198
Lucchese, Hans   198
Lucius Junius Brutus   87
Ludwig Jagiello   16, 17, 87
Ludwig VI. von der Pfalz   138
de Lulin, Próspero   38
Luther, Martin   19, 60, 154

M

Madrutsch, Fortunat   196
Madrutsch, Gaudenz   195
Madruzzo, Ludovico   47
Magdalena von Habsburg (Tochter Ferdinands I.)   21
Malaspina, Orazio   149
Malovec von Malovice, Zdeněk   79
Mänhardt, Simon   176
Manrique, Marquis von Aguilar, Luis Fernández   40
Mansfeld, Vollrad von   78
Manuel I. von Portugal   16
Margarethe von Habsburg (Tochter Ferdinands I.)   21
Margarethe von Habsburg (Tochter Maximilians II.)   27, 149, 152
Margarethe von Habsburg (Tocher Karls von Steiermark)   151

Maria von Bayern   12, 20, 151, 158, 160, 161, 162, 163, 167, 169, 171, 172, 173, 174, 175, 176, 177, 201, 202, 204, 210
Maria von Burgund   15, 34, 132
Maria von Habsburg (Gattin Maximilians II.)   12, 22, 25, 27, 59, 62, 64, 74, 93, 95, 99, 102, 108, 109, 111, 113, 119, 121, 125, 143, 144, 146, 147, 149, 150, 151, 152, 153, 154, 155, 201, 202, 203
Maria von Habsburg (Tochter Ferdinands I.)   20, 137
Maria von Portugal   157
Maria Stuart   157
Maria von Tirol (Tochter Ferdinands von Tirol und Philippines Welser)   181
Maria von Tirol (Tochter Ferdinands von Tirol und Annas Katharina Gonzaga)   188
Maria Tudor   43
Maria von Ungarn   16, 43
Maria Christina von Steiermark (Tochter Karls von Steiermark)   169
Matthias von Habsburg   28, 30, 118, 121, 122, 125, 130, 137, 143, 149, 152, 153, 189, 196, 205, 208
Mattioli, Pietro Andrea   187, 189, 190
Maximilian I. von Habsburg   15, 16, 33, 40, 91, 92, 132, 160, 165, 166, 173, 195, 197, 199
Maximilian II. von Habsburg   10, 11, 12, 20, 22, 23, 24, 25, 27, 28, 30, 47, 55, 57, 58, 59, 61, 63, 64, 66, 67, 68, 69, 71, 72, 73, 74, 78, 80, 82, 85, 88, 89, 90, 91, 92, 93, 94, 95, 96, 97, 98, 99, 100, 101, 102, 103, 104, 105, 106, 107, 108, 109, 110, 111, 112, 113, 114, 115, 116, 117, 118, 119, 120, 121, 122, 123, 124, 125, 126, 127, 128, 129, 130, 131, 132, 133,

134, 135, 136, 137, 138, 139, 140, 141, 142, 143, 144, 145, 146, 147, 148, 153, 154, 155, 157, 162, 164, 167, 168, 180, 183, 201, 202, 203, 204, 205, 206, 207, 208, 209, 210
Maximilian von Habsburg (Sohn Maximilians II.) 28, 118, 121, 122, 125, 130, 137, 143, 149, 150, 176, 205, 208
Maximilian Ernst von Steiermark (Sohn Karls von Steiermark) 163, 169
Melanchthon, Philipp 106
Mercurialis, Hieronymus 97
Mérey, Michal 78
Mezon von Teltsch, Johannes XVIII. 124, 134, 145
Mičan von Kleinstein, Čeněk 130
Michele, Johann 95
Monika (Heilige) 154
de Monte, Jacopo 175
Montfort, Ulrich von 45
Montfort, Wolf von 165
Morone, Giovanni 57, 108
Münsterberg, Karl II. von 134

N

Nádasdy, Ferenc 135
Neefe, Johann 60
Neubeck, Johann Caspar 134
Neuhaus, Joachim von 45, 47, 75, 79, 83, 207
Neuhaus, Zacharias von 134
Nogarol, Georg 166, 195

O

Oetting, Friedrich von 45
Oetting, Wolf von 45
von Oldenburg 17
Oldenburg, Christoph von 78
Oppersdorf, Johann von 134

Ortenburg, Ernst von 133
Ortenburg, Hans von 172
Ortenburg, Joachim von 136
Öttingen, Friedrich von 78
Öttingen, Gottfried von 135
Öttingen, Wilhelm von 136
Otto Heinrich von Braunschweig 188

P

Pachecco Osorio de Toledo, Marquis de Cerralbo, Rodrigo 40
Pálffy, Nikolaus 133
Pantoja de la Cruz, Juan 151
Pappenheim, Konrad von 136, 145
Paracelsus (schweizer Arzt) 59, 60
Pavlíčková Radmila 153
Perez de Ribaneira, Fernán 40
Pernstein, Jaroslav von 45
Pernstein, Wratislaw von 78, 122, 135, 149
Philipp der Gute 33
Philipp II. von Habsburg 22, 24, 25, 26, 27, 33, 34, 36, 37, 38, 40, 42, 43, 46, 48, 49, 144, 149, 150, 151, 154, 155, 157
Philipp III. von Habsburg 151
Philipp I. der Schöne 15, 166
Philipp von Tirol (Sohn Ferdinands von Tirol) 181
Pius IV. 71
Plauen, Heinrich V. von 78
Plauen, Heinrich VI. von 78
de Pomis, Giovanni Pietro 191
Popel von Lobkowitz, Johann d. J. 79
Popel von Lobkowitz, Ladislav II. 79, 116, 122
Popp, Hans 128
Portia, Bartholomäus 184
Portia, Girolamo 170

Praetorius, Johannes 154
Prinkenstein, Franz von 107
Prusinovský von Víckov, Wilhelm 84
Pruskovský von Pruskov, Georg 74, 106, 116
Pürckhamer von Pürckhenau, Christoph 153

R

De Regla, Juan 35
Regnart, Jacob 194
Renata von Lothringen 158
Revay, Ferenc 135
Richardot, François 42
de Rocafull, Nicolás 39
Rondeletius, Guillaume 106
Rosenberg, Peter Wok von 45, 47, 78, 134
Rosenberg, Wilhelm von 79, 103, 105, 116, 121, 122, 135, 139, 187
Rottenmann, Johann 167, 172
Rudolf II. Habsburg 11, 27, 28, 29, 30, 52, 85, 96, 98, 100, 101, 102, 103, 105, 109, 110, 111, 114, 116, 118, 119, 120, 121, 122, 124, 125, 127, 128, 130, 137, 138, 139, 140, 143, 145, 146, 148, 149, 152, 162, 163, 168, 169, 176, 187, 196, 202, 204, 205, 208, 209
Rumpf von Wielross, Wolf 141

S

Sagstetter von Gurk, Urban 74, 82
Salm, Johann von 135
Schärtinger, Veit 75, 207
Schauenberg von 195
Scherer, Georg 153, 154
Schleinitz, Johann von 134
Schlick, Joachim 45
Schmidt, Hans 193
Schrader Stephanie 41
Schrattenbach, Maximilian von 163, 169
Schreinlechner, Sebastian 173
Schurf von Schönwört, Karl 198
Schwanberg, Adam von 135
Schwanberg, Peter von 79
Schwarzburg, Günther von 40, 78, 107, 136
Scribonius, Heinrich 84
Seld, Georg Sigmund 56, 57, 58, 59, 60, 62, 63, 64, 65
Seldenegg, Jakob von 45
Selim II. 26
Sennyey, Alexander 133
Sigismund I. Jagiello 87
Sigismund II. August Jagiello 20, 120, 157
Sitthard, Matthias 62, 64, 65, 66, 67, 71, 201
Smiřický von Smiřice, Jaroslav 79, 135
Solms, Reinhard von 45
Soranzo, Giacomo 95
Španovský von Lisov, Michal 135, 139
Spaur, Ferdinand von 196
von Sternberg 186
Sternberg, Johann von 122
Sternberg, Zdeněk von 79
Strada, Jacopo 81
Streicher, Agatha 107
Strozzi, Giulio 119
Stubenberg, Franz von 164
Stubenberg, Wolf von 163, 169
Süleyman I. 18, 26
Sulz, Alwig von 78
Suma, Peter 114
Suriano, Michele 56
Sutter Fichtner, Paula 115

T

Tannhaus, Jakob von 135
Teufenbach, Karl von 164
Thun 186
Thun, Philipp von 196
Thun, Raimund von 133
Thurn, Hans (Johann) Ambrosius von 163, 169
Thurn, Herkules von 195
Thurn, Sigismund von 164
Tobar von Enzesfeld, Ludwig 166
Trastámara 17
Trautson, Ferdinand 164
Trautson, Hans 78, 110, 122
Trautson, Johann 44
Trautson, Pavel Sixt 133
Trauttmansdorff, Hans Friedrich 172
Trauttmansdorff, Maximilian Anton 172, 196
Trčka von Lípa, Burian 116, 135
Trivulzio, Claudio 144
Trmický von Trmice, Georg 89
Truber, Primus 159

U

Ursula von Habsburg (Tochter Ferdinands I). 20
Utzinger, Alexander 154

V

Valois 17, 87
Vchynský von Vchynice, Johann 89, 128, 135
de Verda, Alexander 173
Vergil 92
Visconti, Ottavio 165
Vocelka, Karl 52

W

Wagen von Wagenberg, Balthasar 164
Waldbürger, Hans Leonhardt 193
Waldstein, Friedrich von 55
Waldstein, Johann von 135
Welsberg, Sigmund von 196
Welser, Karl 188
Welser, Philippine 12, 180, 181, 184, 186, 187, 188, 190, 191, 198, 201
Wilhelm I. von Oranien 40, 41
Wilhelm V. von Jülich-Kleve-Berg 20, 137
Wilhelm V. von Wittelsbach 108, 109, 110, 112, 113, 128, 130, 137, 158, 163, 169, 173, 187, 202
Winnenberg, Philipp von 78
Wittelsbach 20, 46, 56, 172, 174, 175
Windischgrätz, Wilhelm von 165
Wladislaw II. Jagiello 16, 87
Wolkenstein, Christoph d. J. von 195
Wolkenstein, Karl von 196

Z

Zajíc von Hasenburg, Wenzel 134
Zasius, Johann Ulrich 57, 68, 74, 75, 95, 96
Zollern, Karl von 45
Zrínyi von Serin, Nikolaus 78